Bewertung und kognitive Wahrnehmung von Realoptionen

Betriebswirtschaftliche Forschung im Rechnungswesen

Herausgegeben von Nils Crasselt, Rolf Uwe Fülbier, Joachim Gassen, Bernhard Pellens und Thorsten Sellhorn

Band 18

Zur Qualitätssicherung und Peer Review der vorliegenden Publikation

Die Qualität der in dieser Reihe erscheinenden Arbeiten wird vor der Publikation durch Herausgeber der Reihe geprüft.

Notes on the quality assurance and peer review of this publication

Prior to publication, the quality of the work published in this series is reviewed by editors of the series.

Simon Werker

Bewertung und kognitive Wahrnehmung von Realoptionen

Simulationsbasierte und experimentelle Analysen im Kontext der Energiewirtschaft

PL ACADEMIC RESEARCH

Bibliografische Information der Deutschen Nationalbibliothek
Die Deutsche Nationalbibliothek verzeichnet diese Publikation in der Deutschen Nationalbibliografie; detaillierte bibliografische Daten sind im Internet über http://dnb.d-nb.de abrufbar.

Zugl.: Wuppertal, Univ., Diss., 2015

D 468
ISSN 2191-6098
ISBN 978-3-631-66889-4 (Print)
E-ISBN 978-3-653-06310-3 (E-Book)
DOI 10.3726/978-3-653-06310-3

PL Academic Research ist ein Imprint der Peter Lang GmbH.

Peter Lang – Frankfurt am Main · Bern · Bruxelles · New York · Oxford · Warszawa · Wien

Diese Publikation wurde begutachtet.

www.peterlang.com

Geleitwort

von Prof. Dr. Nils Crasselt

Flexible Produktionsanlagen, wie z. B. moderne Gas- oder Kohlekraftwerke, geben ihrem Betreiber die Möglichkeit, auch kurzfristig auf Preisschwankungen an den Absatz- und Beschaffungsmärkten zu reagieren. Die flexiblen Einsatzmöglichkeiten können als so genannte Realoptionen beschrieben und mit ursprünglich für Aktienoptionen entwickelten Methoden bewertet werden. Als problematisch erweist sich hierbei aber, dass die Methoden auf teils rigiden Annahmen beruhen, die bei der Bewertung von Realoptionen noch weniger erfüllt sind als bei der Bewertung von Aktienoptionen. Dies betrifft u.a. die angenommene Vollständigkeit des Kapitalmarktes, die in Standardmethoden getroffenen Verteilungsannahmen sowie auch den Informationsstand und die Rationalität der Bewertungssubjekte selbst. Diese Annahmeverletzungen können dazu führen, dass unter theoretischen Idealbedingungen „richtige" Optionswerte, die mit Standardmethoden ermittelten rechnerischen Werte und die subjektiven Werteinschätzungen von Managern teils deutlich auseinander fallen.

In seiner Dissertation untersucht Simon Werker die Anwendung der Realoptionstheorie im Kontext der Energiewirtschaft. Dabei stehen mögliche Abweichungen zwischen den drei genannten Wertkategorien im Mittelpunkt des Interesses. Der erste Hauptteil der Arbeit ist der Frage gewidmet, wie stark sich eine vereinfachende Verteilungsannahme auf den rechnerischen Optionswert auswirkt. Hintergrund dieser mit einer Monte-Carlo-Simulation bearbeiteten Fragestellung ist die Beobachtung, dass tatsächliche Renditeverteilungen für Strom- und Commodity-Kontrakte nicht der in Standardmethoden oftmals unterstellten Log-Normalverteilung entsprechen. Im zweiten Hauptteil untersucht Herr Werker anhand von zwei Experimenten, wie stark subjektive Optionswert-Schätzungen von rationalen Optionswerten abweichen. Hierbei leitet Herr Werker seine Hypothesen aus den Verzerrungen beobachtbaren Entscheidungsverhaltens ab, die aus Analysen in anderen Kontexten bekannt sind.

Die Dissertation von Simon Werker hält sowohl für Wissenschaftler als auch für Praktiker vielfältige neue und interessante Einblicke bereit. Während der erste Hauptteil die beruhigende Erkenntnis bereithält, dass vereinfachende Verteilungsannahmen im betrachteten Anwendungskontext nur zu geringen Verzerrungen führen, sollten die Ergebnisse des zweiten Hauptteils Wissenschaftler und Praktiker aufhorchen lassen. Die intuitive, subjektive Bewertung von Realoptionen weicht in den meisten Fällen stark von den rational begründeten Werten ab. Für das Controlling stellt sich somit die Aufgabe, geeignete Bewertungs- und Steuerungsinstrumente zur Sicherung der Rationalität in flexiblen Entscheidungsprozessen bereit zu stellen. Als wichtigen Baustein in der hierzu geführten Diskussion wünsche ich der Arbeit einen breiten Leserkreis in Wissenschaft und Praxis.

Wuppertal, im November 2015 Nils Crasselt

Vorwort

Die vorliegende Arbeit entstand während meiner Zeit als wissenschaftlicher Mitarbeiter am Lehrstuhl für Controlling von Prof. Dr. Nils Crasselt an der Bergischen Universität Wuppertal. Im August 2015 wurde sie vom Fachbereich Wirtschaftswissenschaften als Dissertation angenommen.

Mein besonderer Dank gilt meinem Doktorvater Prof. Dr. Nils Crasselt. Durch seine fachliche Kompetenz und seine persönliche Art hat er nicht nur wesentlich zum Gelingen dieser Arbeit beigetragen, sondern mir auch eine sehr schöne Promotionszeit mit ausreichend Freiraum in der Ausgestaltung meiner Dissertation ermöglicht.

Prof. Dr. Stefan Thiele danke ich für den konstruktiven Austausch während zahlreicher Doktorandenkolloquien und die Übernahme des Zweitgutachtens.

Meinen Kolleginnen Sarah Schalwat und Nina Kalhöfer sowie meinen Kollegen Dr. Henric Fründ, Thorsten Ohliger und Dr. Christian Lohmann bin ich sehr dankbar für die tolle gemeinsame Zeit am Lehrstuhl. Gerne werde ich mich an diese Zeit zurückerinnern.

Die Arbeit entstand im Rahmen einer Forschungskooperation mit einem großen deutschen Energieversorgungsunternehmen. Ich möchte daher all jenen danken, die die Kooperation ins Leben gerufen haben und mir das Vertrauen geschenkt haben, diese Position auszufüllen. Ausdrücklich danke ich zudem den vielen Wegbegleitern und Diskussionspartnern innerhalb und außerhalb des Risikocontrollings, die durch ihr Fachwissen und ihre langjährige Praxiserfahrung ganz erheblich zum Gelingen der Arbeit beigetragen haben. Mein besonderer Dank gilt Dr. Peter Scherpereel, der für mich während aller Phasen der Arbeit ein wichtiger Diskussionspartner war und mir stets die notwendige Flexibilität gewährt hat, um den Spagat zwischen Universität und Praxispartner erfolgreich zu bewältigen.

Für die Aufnahme meiner Arbeit in diese Schriftenreihe danke ich zudem den Professoren Nils Crasselt, Rolf Uwe Fülbier, Joachim Gassen, Thorsten Sellhorn und Bernhard Pellens sowie dem Verlag Peter Lang.

Der größte Dank gilt jedoch meiner Familie für Ihre Unterstützung in allen Lebenslagen. Auch das intensive Korrekturlesen dieser Arbeit war eine große Hilfe. Verbleibende Fehler bleiben selbstverständlich meine eigenen. Allen voran danke ich meiner Frau Emma und meinen bezaubernden Kindern Theo und Lotta. Ihnen widme ich diese Arbeit.

Krefeld und Wuppertal, im November 2015 Simon Werker

Inhaltsverzeichnis

Abbildungsverzeichnis

Tabellenverzeichnis

Abkürzungsverzeichnis

A	Anhang
Abs.Diff.	Absolute Differenz
Agg.	Aggregiert
API#2	All Publications Index
ATM	At the money
B&S	Black/Scholes
CAPM	Capital Asset Pricing Model
CDS	Clean Dark Spread
CF	Cashflow
c.p.	Ceteris paribus
CPT	Cumulative Prospect Theory
DB	Deckungsbeitrag
DCF	Discounted Cashflow
Df	Anzahl der Freiheitsgrade
Diff.	Differenz
EEX	European Energy Exchange
EF	Emissionsfaktor
Emp.	Empirische Verteilung
EnWG	Energiewirtschaftsgesetz
EUT	Erwartungsnutzentheorie
FT-SE	Financial Times Stock Exchange
GBM	Geometrische Brown'sche Bewegung
GE	Geldeinheiten
Gr.	Gruppe
GWB	Gesetz gegen Wettbewerbsbeschränkungen
H	Hypothese
HP	Hochpunkt
iid	unabhängig, identisch verteilt
ITM	In the money
IW	Innerer Wert
Lognormal	Lognormalverteilung
KW	Kraftwerk
MC	Monte-Carlo
Max	Maximum
Min	Minimum
Mind.	Mindestens

MWh	Megawattstunde
MWh_{el}	Elektrische Megawattstunde
NEPOOL	New England Power Pool
Normal	Normalverteilung
NPV	Net Present Value
NS	Nullstelle
OMEL	Operador del Mercado Iberico de Energia
OTM	Out of the money
OW	Optionswert
PJM	Pennsylvania New Jersey Maryland Interconnection LLC
QQ-Plot	Quantile-Quantile-Plot
Rel.Diff.	Relative Differenz
Sep.	separiert
Std.abw.	Standardabweichung
TP	Tiefpunkt
UK	United Kingdom
US	Vereinigte Staaten
WG	Wirkungsgrad
WK	Wechselkurs
WP	Wendepunkt
ZW	Zeitwert

Symbolverzeichnis

A‘, B‘, A‘‘, B‘‘	Ergebnisse von Handlungsalternativen
a,b,c	Lotterien
a(S,t)	Allgemeine Driftrate
α	Risikoaversionsparameter
B	Geldkonto
b(S,t)	Allgemeine Varianzrate
C	Kaufoption
γ	Verfügbarkeitsprämie
d	Zustand eines gesunkenen Underlyingpreises
dt	Marginale Zeitveränderung
δt	Diskrete Zeitveränderung
dW	Wiener-Prozess
∅	Durchschnitt
Δ	(Options-)Delta
e	e-Funktion
EU()	Erwartungsnutzenfunktion
ERW()	Erwartungswert
€	Euro
F	Forwardpreis
f()	Wertfunktion der Prospect Theory
g()	Wahrscheinlichkeitsdichtefunktion
K	Ausübungspreis
K_{var}	Variable Kosten
L	Untere Dreiecksmatrix
$l_{i,j}$	Matrixeinträge in Zeile i, Spalte j
L^T	Transponierte Dreiecksmatrix
Ln()	Natürlicher Logarithmus
λ	Verlustaversionsparameter
M	Korrelationsmatrix
μ	Mittlere Rendite des Underlyings
$\tilde{\mu}$	Drift des Underlyings
n	Anzahl
N()	Kumulative Standardnormalverteilung
η	Korrekturterm
p	(Risikoneutrale) Wahrscheinlichkeiten
p <	Signifikanzniveau

P	(Options-)Preis
$\mathbb{P}$	Reales Wahrscheinlichkeitsmaß
PO	Nettorückflüsse
q	Dividendenrendite
$\mathbb{Q}$	Risikoneutrales Wahrscheinlichkeitsmaß
r	Risikoloser Zinssatz
r^*	Rendite des Underlyings
ρ	Korrelationskoeffizient
S	Preis des Underlyings
Σ	Summe
σ	Volatilität
t	Zeitpunkt
T	Restlaufzeit
u	Zustand eines gestiegenen Underlyingpreises
u()	Nutzenfunktion
US$	US-Dollar
∞	Unendlich
V	Vermögen
υ	Schiefe
ν	Lagerkosten
w()	Reale Eintrittswahrscheinlichkeiten
ω	Wölbung
X	Stochastische Variable
Y	Endwertfaktor
Z	Stochastische Variable
ZZ^{gl}	Gleichverteilte Zufallszahl
ZZ^{st}	Standardnormalverteilte Zufallszahl

1. Einleitung

1.1 Problemstellung und Motivation

Unternehmerische Entscheidungssituationen sind von unsicheren Erwartungen über zukünftige Entwicklungen geprägt.[1] Das entstehende Risiko etwa eines Investitionsprojektes gilt es, adäquat im Entscheidungsprozess zu berücksichtigen. Hierfür existieren in der betriebswirtschaftlichen Theorie zahlreiche Bewertungsmethoden, die entweder einen Risikoabschlag auf die erwarteten Cashflows oder alternativ einen Risikoaufschlag auf den zu verwendenden Kalkulationszinssatz vornehmen.[2] Das bekannteste Verfahren in diesem Zusammenhang ist die Kapitalwertmethode, in der ein risikoadjustierter Diskontierungszinssatz z. B. durch eine marktbasierte Quantifizierung des Risikoaufschlags mithilfe des CAPM berücksichtigt werden kann.[3]

Klassische Bewertungsverfahren wie die Kapitalwertmethode stoßen jedoch dann an ihre Grenzen, wenn der zukünftige Projekterfolg durch aktives Eingreifen des Managements im Zeitablauf beeinflusst werden kann, d.h. die Unternehmensaktivitäten nicht ex-ante unabhängig von der zukünftigen Umweltentwicklung determiniert sind.[4] Besteht eine solche Handlungsflexibilität der Entscheidungsträger, sind ergänzende Verfahren heranzuziehen, um den Wert des Projektes nicht systematisch zu unterschätzen. Seit ca. Anfang der 1980er Jahre haben sich in diesem Zusammenhang Methoden zur Bewertung von sogenannten Realoptionen etabliert.[5] Diese entstammen der Analogie zwischen unternehmerischen Entscheidungssituationen,

---

1 Der Großteil der betriebswirtschaftlichen Entscheidungstheorie beschäftigt sich aus diesem Grund mit Entscheidungsmodellen unter Risiko. Vgl. exemplarisch Bamberg et al. 2012, S. 67ff., Daxhammer und Facsar 2012, S. 153ff. und Laux 2012, S. 81ff.

2 Vgl. zu den risikointegrierenden Bewertungsmethoden allgemein Ballwieser 2011, S. 67ff. und Timmreck 2006, S. 39ff. Darauf aufsetzende Verfahren der Risikoberücksichtigung wie etwa der Szenarioanalyse oder der Sensitivitätsanalyse werden hier nicht näher betrachtet. Vgl. hierzu exemplarisch Blohm und Lüder 2012, S. 225ff. und Brealey et al. 2011, S. 271ff.

3 Vgl. Wöhe 2013, S. 493f. und S. 525f. Durch die Anwendung des CAPM wird marktbasiert die risikoberücksichtigende Renditeforderung der Eigenkapitalgeber bestimmt. Sofern das Investitionsprojekt nicht vollständig eigenkapitalfinanziert ist, wird der Kalkulationszinssatz anschließend als gewogener Kapitalkostensatz aus den Renditeforderungen der Eigen- und Fremdkapitalgebern ermittelt. Vgl. Wöhe 2013, S. 525.

4 Vgl. Copeland et al. 2008, S. 390 und Trigeorgis 1995b, S. 1f.

5 Vgl. grundlegend zum Begriff „Realoption" Myers 1977, zum Konzept der Realoptionsbewertung Trigeorgis 1986 und zur zugrunde liegenden Optionspreistheorie Black und Scholes 1973 und Cox et al. 1979.

die von Unsicherheit, Handlungsflexibilität und Irreversibilität geprägt sind, und finanzwirtschaftlichen Aktienoptionen.[6]

Ein fast schon idealtypisches Beispiel für die Anwendung des Realoptionsansatzes in der Praxis ist die Bewertung eines Kraftwerks. Flexible Kraftwerke, wie z.B. moderne Gas- oder Steinkohlekraftwerke, können in ihrer Fahrweise sehr kurzfristig an die Preiskonstellationen auf den relevanten Commoditymärkten für Strom, Gas, Steinkohle und CO_2-Zertifikate angepasst werden.[7] In enger Strukturverwandtschaft zu Aktienoptionen geben sie dem Kraftwerksbetreiber faktisch das Recht, das Kraftwerk bei positiven Markpreisentwicklungen zur Stromproduktion einzusetzen, d.h. die Realoption auszuüben, und bei negativen Marktpreisentwicklungen auf die Stromproduktion zu verzichten, d.h. die Option verfallen zu lassen. Hieraus resultiert für den Kraftwerksbetreiber ein asymmetrisches und optionstypisches Rückzahlungsprofil des Kraftwerkseinsatzes mit einseitigem Gewinnpotential.[8] Der Chance auf positive Deckungsbeiträge steht kein Verlustrisiko in Form negativer Deckungsbeiträge gegenüber.

Aufbauend auf der allgemeinen Optionspreistheorie und den zahlreichen Beiträgen zu Realoptionsbewertungen existieren in der wirtschaftswissenschaftlichen Literatur bereits einige Beiträge, die sich mit der Anwendung des Realoptionsansatzes im Kontext von Kraftwerksbewertungen auseinandersetzen.[9] Der Großteil dieser Arbeiten grenzt sich jedoch bereits in der Ausrichtung deutlich von den Zielsetzungen der hier vorliegenden Arbeit ab. Häufig dient der Kraftwerksbezug insbesondere der Veranschaulichung der Bewertungsmethodik und der Präsentation eines Praxisbeispiels.[10] Zudem wird mitunter die Investitionsentscheidung in ein Kraftwerk als reale Option beleuchtet, d.h. der Handlungsspielraum des Managements vor dem Kraftwerksbau und nicht die operative Einsatzflexibilität des Kraftwerks während der Betriebszeit in den Mittelpunkt der Realoptionsbewertung gesetzt.[11] Unter den Beiträgen, die sich gezielt mit der Einsatzflexibilität auseinandersetzen, werden unter anderem die Fragen adressiert, welchen Wert die Option besitzt, zwischen verschiedenen Brennstoffarten wechseln zu können, oder welche Einschränkungen durch technische Restriktionen und Wechselkosten auf den

---

6 Vgl. Amram und Kulatilaka 1999a, S. 13f. und Dixit und Pindyck 1994, S. 3.

7 Zur Flexibilität moderner Kraftwerke vgl. exemplarisch Jarass und Obermair 2012 S. 83f.

8 Vgl. zur Asymmetrie der Rückzahlungen einer Option Trigeorgis 1995, S. 2. und Kap. 2.1 in dieser Arbeit.

9 Vgl. zur Interpretation eines Kraftwerks als Realoption exemplarisch Amend 2001, S. 179ff., Borchert und Hasenbeck 2009, S. 116f., Gardner und Zhuang 2000, S. 9ff., Geman 2005, S. 298ff., Hartmann 2007, S. 47ff. und Rams 2001, S. 155ff. sowie Kap. 2.2 in dieser Arbeit.

10 Vgl. exemplarisch Amend 2001, Borchert und Hasenbeck 2009, Frayer und Uludere 2001, und Rams 2001.

11 Vgl. exemplarisch Pindyck 2004, S. 736ff.

Kraftwerkswert im Sinne einer Kette verbundener Optionen ausgehen.[12] Zahlreiche weitere Fragestellungen wurden bisher jedoch nicht adressiert und bieten daher ein entsprechend großes Forschungsfeld.

Die vorliegende Arbeit greift in diesem Kontext zwei Fragestellungen auf, die sich bei der Quantifizierung von Kraftwerksoptionen mit optionspreistheoretischen Verfahren ergeben. Sie fokussiert dabei stets auf solche Realoptionen, die sich aus der Flexibilität der Kraftwerksfahrweise ergeben. Den Ausgangspunkt des ersten Analysefeldes bildet die Fragestellung, wie gut die klassischen Optionspreisverfahren geeignet sind, um operative Kraftwerksoptionen zu bewerten, vor dem Hintergrund, dass die Verfahren ursprünglich für den Zweck der Bewertung von Aktienoptionen auf Kapitalmärkten entwickelt wurden. Neben allgemeinen analogieeinschränkenden Faktoren durch den Übergang von Finanz- zu Realoptionen stehen hierbei die zugrunde liegenden Prämissen der Optionspreistheorie und insbesondere die Annahme normalverteilter logarithmierter Renditen des Underlyings im Mittelpunkt der Untersuchung.[13] Empirische Studien belegen, dass der Strompreis durch überproportional häufige Extremrenditen geprägt ist, die sich in sogenannten Fat Tails der Renditeverteilungen niederschlagen.[14] Die Annahme normalverteilter Logrenditen ist empirisch nicht haltbar.[15] Als Forschungsfrage des ersten Hauptteils der Arbeit wird daher untersucht, welche Auswirkungen die Missachtung von Fat Tails in den Renditeverteilungen der Commodities auf die Bewertung von Kraftwerksoptionen hat. Da die Beantwortung der Frage nicht nur relevant für die Bewertung von Kraftwerken ist, sondern auch Konsequenzen für deren operative Steuerung und für das Management der Risikoposition des Kraftwerks hat, ist sie von besonderer theoretischer und praktischer Bedeutung.[16]

Daneben behandelt die vorliegende Arbeit eine zweite Forschungsfrage, die den realoptionsbasierten Entscheidungsfindungsprozess des Managements adressiert. Den Kontext der Untersuchung bilden erneut operative Kraftwerksoptionen, die inhaltliche und methodische Ausrichtung divergiert jedoch deutlich von dem ersten Teilbereich. In der wirtschaftswissenschaftlichen Literatur existieren zahlreiche Ansätze, um Realoptionswerte zu quantifizieren.[17] Diese zielen

---

12 Vgl. zum Flexibilitätswert alternativer Brennstoffeinsätze u.a. Brekke und Schieldrop 2000 und Kulatilaka 1993 sowie zur Bewertung operativer Kraftwerksoptionen im Zeitablauf unter Berücksichtigung technischer Restriktionen Deng und Oren 2003, Gardner und Zhuang 2000, Thompson et al. 2004 und Tseng und Barz 2002.

13 Vgl. zu den Annahmen der Optionspreistheorie Black und Scholes 1973, S. 640.

14 Vgl. exemplarisch Bottazzia et al. 2005, S. 54ff., Eberlein und Stahl 2003, S. 32ff., Eydeland und Wolyniec 2003, S. 73ff. und Weron 2009, S. 460ff.

15 Die Bezeichnungen „logarithmierte Rendite“ und „Logrendite“ werden in der Arbeit synonym verwendet.

16 Vgl. zur Absicherung einer optionsbasierten Risikoposition allgemein Hull 2012, S. 481ff.

17 Vgl. für einen Methodenüberblick zur allgemeinen Optionsbewertung Becker 2012, S. 26 sowie umfassend zur Realoptionsbewertung Trigeorgis 1995a.

darauf ab, eine Rationalitätssteigerung von Managemententscheidungen durch die monetäre Bewertung der Handlungsflexibilität herbeizuführen. Im unternehmerischen Umfeld können die präskriptiv ausgerichteten Bewertungsmodelle jedoch stets nur als Entscheidungsunterstützung fungieren. Die Entscheidung selbst trifft letztlich der verantwortliche Manager, wodurch persönliche Einschätzungen und menschliche Verhaltensweisen zu einem bedeutsamen Einflussfaktor werden.[18] Aus dem Forschungsstrang der Behavioral Economics sind diesbezüglich robuste Wirkungszusammenhänge bekannt, in denen menschliches Verhalten systematisch von rationalem Verhalten abweicht.[19] Solche irrationalen Verzerrungen werden häufig durch die Verwendung von Heuristiken im Entscheidungsprozess ausgelöst und können zu suboptimalen Entscheidungen in Unternehmen führen.[20] Als zweites Untersuchungsfeld wird damit der Forschungsfrage nachgegangen, wie reale Optionen intuitiv, d.h. unter Beachtung verhaltenswissenschaftlicher Effekte, von Entscheidungsträgern bewertet werden und zu welchen Verzerrungen es dabei kommt. Nur wenige Studien adressieren bisher einen solch deskriptiv ausgelegten Ansatz zur Realoptionstheorie.[21] Das Ziel der zweiten Untersuchung ist es daher zum einen, mögliche intuitive Über- bzw. Unterbewertungen von Realoptionen aufzudecken und den Einfluss optionspreisrelevanter Parameter auf die menschliche Wahrnehmung der Realoptionswerte zu analysieren. Daneben wird das explizite Ziel verfolgt, durch den konkreten Anwendungsfall der operativen Einsatzsteuerung eines Kraftwerks die Auswirkungen verhaltenswissenschaftlicher Einflüsse in einer besonderes praxisnahen und -relevanten, optionswertbasierten Entscheidungssituation zu untersuchen.

1.2 Gang der Untersuchung

In Kap. 2.1 werden zunächst die charakteristischen Merkmale einer Option dargestellt und die grundlegende Analogie zwischen Real- und Finanzoptionen als Fundament der realoptionstheoretischen Bewertung unternehmerischer Handlungsflexibilität erläutert. Unmittelbar anschließend erfolgt in Kap. 2.2 die Darstellung und Einordung einer Kraftwerksoption als spezifischer und im Rahmen dieser Arbeit relevanter Realoptionen. Anhand eines vorab definierten Kriterienkatalogs wird sowohl die ausgeprägte Analogie zwischen dem flexiblen Kraftwerkseinsatz

18 Einen Überblick über mögliche Auswirkungen menschlicher Eigenschaften in unternehmerischen Entscheidungen liefern Camerer und Malmendier 2007.

19 Vgl. exemplarisch Tversky und Kahneman 1974, S. 1124ff. Einen systematischen Einblick in die grundlegenden Zusammenhänge der Behavioral Finance bietet Barberis und Thaler 2003, S. 1051ff.

20 Vgl. Tversky und Kahneman 1974, S. 1124ff.

21 Zu den Studien, die einen Beitrag zu einer deskriptiven Realoptionstheorie leisten, zählen u.a. Busby und Pitts 1997, Howell und Jägle 1997, Miller und Shapira 2004, Rockenbach 2004 und Yavas und Sirmans 2005.

und einer Finanzoption herausgearbeitet als auch auf analogieeinschränkende Merkmale eingegangen.

Im Anschluss werden in Kap. 3 die konzeptionellen Grundlagen der Optionspreistheorie präsentiert. Die grundlegenden Modelle von Black/Scholes (1973) und Cox/Ross/Rubinstein (1979) stehen dabei im Fokus. Zwar wird auf Besonderheiten, die sich aus der Bewertung von Kraftwerken als Spreadoptionen mit mehreren Unsicherheitsquellen ergeben, im Detail erst an späterer Stelle eingegangen. Es wird jedoch von Anfang an darauf geachtet, jene methodischen Aspekte besonders zu vertiefen, die vor dem spezifischen Hintergrund von besonderer Bedeutung für den weiteren Verlauf der Arbeit sind. Zudem werden ausschließlich Zahlenbeispiele verwendet, die nicht nur der Verdeutlichung der Methodik dienen, sondern gleichzeitig Entscheidungssituationen abbilden, die im Hauptteil der Arbeit wiederkehren.

Den Grundlagenteil abschließend wird in Kap. 4 ein kurzes Zwischenfazit gezogen und die bis dahin nur rudimentär vorgenommene Einordung der beiden Hauptteile im Detail vorgestellt. Beides erscheint an dieser Stelle sinnvoll, um den weiteren Verlauf der Arbeit zu verdeutlichen. Neben den in Kap. 2 und Kap. 3 gebündelten und beide Hauptteile verbindenden theoretischen Grundlagen wird insbesondere auf die spezifischen methodischen Forschungsansätze der beiden Untersuchungen eingegangen. Insgesamt verfolgt der strukturelle Aufbau der Arbeit damit das Ziel der eigenständigen Lesbarkeit der beiden Hauptteile, wobei heranleitend gemeinsame Grundlagen vermittelt und die Hauptteile einordnend vorbereitet werden.

Die Analyse des Einflusses von Fat Tails auf kraftwerksspezifische Realoptionswerte als erster Hauptteil der Arbeit erfolgt in Kap. 5. Nach einer Einführung in die Problemstellung und einem Überblick über den Gang der Untersuchung in Kap. 5.1 erfolgen in Kap. 5.2 zunächst zwei vorgelagerte Analysen. Zum einen wird der grundsätzliche Einfluss von Fat Tails auf Optionswerte und Optionsdeltas modellanalytisch untersucht (Kap. 5.2.1). Zum anderen werden die im Rahmen der späteren Analyse verwendeten empirischen Preisdaten auf die Normalverteilung hin getestet (Kap. 5.2.2). Anschließend erfolgt die realoptionsbasierte Kraftwerksbewertung auf Basis unterschiedlicher Verteilungsannahme mithilfe von Monte-Carlo-Simulationen in Kap. 5.3. Die hierfür notwendigen Grundlagen zur simulationsbasierten Bewertung von Kraftwerksoptionen werden unmittelbar in der Analyse präsentiert. Dies erscheint als zielführend, da sie anders als die Inhalte des Grundlagenteils nicht für das zweite Hauptkapitel relevant sind. Die Darstellung der Simulationsergebnisse erfolgt in Kap. 5.3.4. Das erste Untersuchungsfeld abschließend erfolgt in Kap. 5.4 eine Diskussion der Ergebnisse und ein Ausblick, indem insbesondere die Ergebnisse der Monte-Carlo-Simulationen und der theoretischen Voruntersuchung gegenüberstellend analysiert werden.

Die intuitive Wahrnehmung von Realoptionswerten wird als zweiter Hauptteil dieser Arbeit in Kap. 6 untersucht. Die Analyse umfasst zwei experimentelle Studien, die an der Bergischen Universität Wuppertal und bei einem großen Unternehmen der deutschen Energiewirtschaft durchgeführt wurden. Zunächst erfolgt in Kap. 6.1 eine kurze Einführung in die Problemstellung und Zielsetzung sowie den Gang der Untersuchung. Anschließend werden in Kap. 6.2 theoretisch fundiert Hypothesen über zu erwartende verhaltensbasierte Effekte im Rahmen der menschlichen Wahrnehmung von Realoptionswerten hergeleitet. Diese werden in Kap. 6.3 und Kap. 6.4 in zwei separaten Experimenten getestet. Das erste Experiment in Kap. 6.3 fokussiert auf einen Vergleich intuitiver Werturteile von Studenten und rationaler Optionswerte sowie auf den Einfluss der Moneyness, der Restlaufzeit und der Volatilität des Underlyings.[22] Das Experimentdesign wird in Kap. 6.3.1, die Experimentergebnisse werden in Kap. 6.3.2 präsentiert. Das zweite Experiment analysiert speziell die intuitive Realoptionsbewertung von Praktikern und adressiert unmittelbar die praxisrelevante Bewertung von operativen Kraftwerksoptionen. Zudem ermöglicht es den Vergleich zwischen den Optionswertwahrnehmungen von Studenten und Praktikern. Das Experimentdesign und die Ergebnisse sind in Kap 6.4.1 und 6.4.2 dargestellt.

Die Arbeit schließt in Kap. 7 mit einem Fazit ab, in dem die Ergebnisse der Analysen prägnant zusammengefasst werden und ein Ausblick auf weiteren Forschungsbedarf geworfen wird. Die in der Einführung aufgeworfene Problemstellung aufgreifend bildet das Fazit gemeinsam mit dem Grundlagenteil den strukturellen Rahmen um die beiden zentralen Untersuchungsteile.

22 Unter Volatilität wird die Schwankung des Underlyingwertes im Zeitablauf verstanden, die als Standardabweichung der Wertveränderungen des Underlyings bestimmt werden kann. Vgl. Hull 2012, S. 369.

2. Unternehmerische Flexibilität als Realoption

2.1 Analogie zwischen finanzwirtschaftlichen Optionen und unternehmerischen Entscheidungssituationen

Eine Finanzoption ist ein finanzwirtschaftlicher Titel, der dem Inhaber das Recht verbrieft, ein zugrunde liegendes Bezugsgut (z. B. eine Aktie) zu einem festgelegten Zeitpunkt oder während einer bestimmten Frist zu einem vereinbarten Preis zu kaufen oder zu verkaufen.[23] Das Bezugsgut wird auch als Underlying bezeichnet.[24] Unterteilen lassen sich Optionen in Kauf- (Calls) und Verkaufsoptionen (Puts).[25] Mit einer Kaufoption erwirbt der Optionsinhaber das Recht, das Underlying vom Stillhalter der Option zu einem festgelegten Preis zu kaufen. Aufgrund seines Ausübungswahlrechts profitiert der Inhaber damit von steigenden Preisen des Underlyings, während er gegen fallende Preise abgesichert ist. Maximal die Optionsprämie, d.h. den Kaufpreis der Option, hat er als Verlust zu verbuchen. Analog hierzu wird durch eine Verkaufsoption das Recht verbrieft, das Underlying zu einem vorab festgelegten Preis zu verkaufen. Der Inhaber profitiert folglich von fallenden Preisen.

Originär aus der Finanzwirtschaft kommend ist die Betrachtung von Optionen auch außerhalb der Finanzmärkte für zahlreiche Entscheidungssituationen relevant, da sich die Bewertungskonzepte zum Teil übertragen lassen.[26] Ursächlich hierfür ist die Analogie bestimmter realwirtschaftlicher Entscheidungssituationen zu finanzwirtschaftlichen Optionen.[27] Insbesondere in Situationen, in denen ein Entscheidungsträger über Handlungsflexibilität im Zeitablauf verfügt und die Entscheidung durch Unsicherheit und Irreversibilität geprägt ist, kann eine enge Strukturverwandtschaft festgestellt werden.[28] Erstmals durch Myers (1977) wurde in diesem Zusammenhang der heute weitverbreitete Begriff „Realoption" (*real option*)

---

23 Vgl. exemplarisch Becker 2012, S. 313ff. und Busse von Colbe, Walther et al. 2011, S. 573. Ist die Ausübungsmöglichkeit der Option auf einen Zeitpunkt beschränkt, spricht man von einer „europäischen Option", ist sie während der gesamten Laufzeit möglich, handelt es sich um eine „amerikanische Option". Vgl. Hull 2012, S. 31.

24 Vgl. auch in der deutschsprachigen Übersetzung Hull 2012, S. 31.

25 Vgl. hier und im Folgenden Hull 2012, S. 31f. und Kruschwitz und Husman 2012, S. 279.

26 Vgl. grundlegend die Werke von Myers 1977 und Trigeorgis 1986.

27 Vgl. exemplarisch für die Vielzahl denkbarere Anwendungsfälle Amram und Kulatilaka 1999a, S. 142ff., Brealey et al. 2011, S. 582ff., Ernst und Häcker 2002, S. 61ff. und ausführlich Hommel et al. 2003.

28 Vgl. Amram und Kulatilaka 1999a, S. 13f. Eine Einordung der in dieser Arbeit betrachteten realen Kraftwerksoptionen erfolgt in Kap. 2.2.

geprägt.[29] Durch das Präfix „Real-“ soll ausgedrückt werden, dass es sich bei einer Realoption nicht um einen verbrieften Finanztitel handelt, dessen Wert von der Entwicklung einer Aktie abhängt, sondern um eine realwirtschaftliche, unternehmerische Entscheidungssituation, die lediglich in ihrer Struktur der monetären Entscheidungskonsequenten eine große Ähnlichkeit zu Finanzoptionen aufweist. Durch eine solche Erweiterung des Betrachtungsobjektes um reale Optionen seit den 1970er Jahren hat die gesamte Optionspreistheorie erheblich an Bedeutung gewonnen.[30] In Tab. 1 ist die zugrunde liegende Analogie veranschaulicht. Aufgrund ihrer elementaren Bedeutung für die Verwendung optionspreistheoretischer Bewertungsverfahren zur Quantifizierung von Realoptionen ist sie auch für die vorliegende Arbeit von besonderer Relevanz.

Tab. 1: Grundlegende Analogie zwischen Aktien- und Realoptionen[33]

	Symbol	**Aktienoption (Kaufoption)**	**Realoption (Kaufoption)**
Basiswert[31] (Underlying)	S	Aktienkurs	Barwert zukünftig erwarteter Zahlungsflüsse einer Investition
Ausübungspreis[32]	K	Fixer, vereinbarter Preis	Zukünftige Investitionsauszahlung

29 Vgl. Myers 1977, S. 163. Eine Definition für die Bezeichnung „Realoption“ (*real option*) liefern z. B. Kogut und Kulatilaka 2001, S. 745: “A real option is the investment in physical and human assets that provides the opportunity to respond to future contingent events”. Noch stärker auf die Analogie zu Finanzoptionen ausgerichtet, definieren Copeland/Antikarov (2002) eine Realoption als „das Recht, aber nicht die Pflicht, innerhalb eines vereinbarten Zeitraums (der Laufzeit der Option) zu vorab festgelegten Kosten (dem Basispreis oder Ausübungspreis) in bestimmter Weise tätig zu werden (zum Beispiel das Projekt zu verschieben, zu erweitern, zu reduzieren oder aufzugeben)“. Copeland und Antikarov 2002, S. 21f.

30 Ein ganzer Forschungsstrang mit unzähligen Beiträgen widmet sich dem Thema. Zu den zentralen Arbeiten zählen u.a. die grundlegenden Beiträge von Brennan und Schwartz 1985, Kester 1984, McDonald und Siegel 1986, Myers 1977 und Trigeorgis 1986 sowie die Werke von Amram und Kulatilaka 1999a, Dixit und Pindyck 1994, Schwartz und Trigeorgis 2004, Tourinho 1979 und Trigeorgis 1996. Vgl. überblicksweise Zeng und Zhang 2011. Eine praxisorientierte Fokussierung auf die Umsetzbarkeit des Ansatzes erfolgte nachgelagert u.a. durch Copeland und Antikarov 2002, Crasselt und Tomaszewski 2002 und Hommel et al. 2001.

31 Der Basiswert einer Kaufoption wird in der deutschsprachigen Literatur häufig auch als „Bezugsgut“ bezeichnet. Vgl. hierzu gegenüberstellend Busse von Colbe, Walther et al. 2011, S. 573 und Tietze 2010, S. 359. Im Rahmen dieser Arbeit wird vorwiegend von Basiswert bzw. Underlying gesprochen.

32 Der Ausübungspreis wird in der Literatur synonym auch als Basispreis bezeichnet. Vgl. exemplarisch Kruschwitz und Husman 2012, S. 280.

33 Die Darstellung erfolgt in Anlehnung an Crasselt und Tomaszewski 1999, S. 557.

	Symbol	Aktienoption (Kaufoption)	Realoption (Kaufoption)
Restlaufzeit	T	Fixe, vereinbarte Restlaufzeit	Verbleibender Zeitspanne, in der die Investition getätigt werden kann
Volatilität	σ	Volatilität des Aktien-kurses	Schwankung des Barwertes der Investitionsmöglichkeit
Zinssatz	r	Risikoloser Zinssatz	Risikoloser Zinssatz

Exemplarisch ist in Tab. 1 eine reale Kaufoption dargestellt, wie sie z.B. durch die Möglichkeit zur Erweiterung von Produktionskapazitäten bei positivem Nachfrageverlauf vorliegen kann. Das relevante Underlying ist hier folglich durch die Barwertentwicklung des Investitionsprojektes gegeben. Neben der Erweiterungsoption wird in der Literatur eine ganze Reihe von Realoptionstypen beschrieben. Häufig zu finden sind etwa Bezeichnungen wie Abbruchoptionen, Warteoptionen, Wechseloptionen etc.[34] Auf die zum Teil unterschiedliche Klassifizierungen soll an dieser Stelle jedoch nicht näher eingegangen werden, da sie für diese Arbeit wenig Relevanz besitzen. Vielmehr sei betont, dass sich die verschiedenen Realoptionstypen im Wesentlich auf die Grundformen der Kauf- oder Verkaufsoptionen sowie eine Kombination der beiden zurückführen lassen.[35]

Von zentraler Bedeutung für die Übertragung der Optionspreistheorie auf realwirtschaftliche Entscheidungssituationen ist die charakteristische Struktur der zustandsabhängigen Optionsrückzahlungen. Die erwarteten Zahlungsflüsse einer (Real-)Option weisen eine asymmetrische Verteilung auf.[36] Ursächlich hierfür ist das Ausübungswahlrecht des Optionsinhabers, d.h. die Handlungsflexibilität im Zeitablauf.[37] Liegt bei einer Kaufoption der Wert des Underlyings S_T zum Fälligkeitszeitpunkt T über dem festgelegten Ausübungspreis K der Option, so wird der Inhaber die Option ausüben und die Differenz S_T-K als Deckungsbeitrag vereinnahmen.[38]

34 Vgl. exemplarisch Crasselt und Tomaszewski 2011, S. 648ff., Kulatilaka 1995, S. 99 ff. und Trigeorgis 1995b, S. 5ff. Einen Literaturüberblick über Forschungsbeiträge bezüglich der einzelnen Kategorien von Realoptionen liefert Trigeorgis 1996, S. 2f. Die in Tab. 1 dargestellte grundlegende Analogie ist entsprechend in der Einzelfallbetrachtung an die jeweilige Option anzupassen.

35 Vgl. Crasselt und Tomaszewski 2011, S. 648ff.

36 Vgl. Trigeorgis 1995b, S. 2.

37 Vgl. Trigeorgis und Mason 2004, S. 48.

38 Vgl. hier und im Folgenden Hull 2012, S. 254ff. Im Rahmen dieser Arbeit wird durch die Begrifflichkeiten „Finanz-/Aktienoption“ bzw. „Realoption“ der Unterschied zwischen Finanz- und Realoptionen explizit kenntlich gemacht, sofern dieser bedeutsam ist und nicht unmittelbar aus dem Kontext hervorgeht. Ansonsten wird der allgemeine Begriff „Option“ verwendet.

Liegt hingegen der Preis des Underlyings unter dem Ausübungspreis, so ist die Optionsausübung wirtschaftlich nicht sinnvoll und der Inhaber wird sie verfallen lassen. Das Profil der Zahlungsflüsse ist folglich $Max(S_T\text{-}K;\ 0)$, d.h. es besteht ein einseitiges Gewinnpotenzial ohne Verlustrisiko.[39] Dementsprechend ergeben sich die Rückflüsse bei einer Verkaufsoption als $Max(0;\ K\text{-}S_T)$.[40] Ein typisches Beispiel für eine reale Kaufoption ist die bereits genannte Möglichkeit der Erweiterung einer Produktionskapazität, durch die bei positivem Verlauf die Differenz aus dem Barwert zusätzlicher Cashflows (S_T) und den Auszahlungen für die Erweiterung (K) eingenommen werden kann.[41] Eine reale Verkaufsoption hingegen ist z.B. durch eine vertraglich fixierte Ausstiegsmöglichkeit aus einem Investitionsprojekt gegeben, das gemeinsam mit anderen Investoren durchgeführt wurde. Soweit nicht anders angegeben, werden im Folgenden stets Kaufoptionen betrachtet.

Aus dem asymmetrischen Rückzahlungsprofil folgt, dass eine Option stets einen positiven Wert besitzt.[42] Dieser setzt sich aus einem inneren Wert (*intrinsic value*) und einem Zeitwert (*extrinsic value*) zusammen.[43] Anknüpfungspunkt für die Unterteilung des Optionswertes ist die vorgestellte Rückzahlungsfunktion $Max(S_T\text{-}K;\ 0)$. Der innere Wert ergibt sich als Differenz des Underlyingpreises im Betrachtungszeitpunkt und dem risikolos diskontierten Ausübungspreis, sofern die Differenz positiv ist.[44] Andernfalls ist der intrinsische Wert null. Im Fälligkeitszeitpunkt der Option entspricht der innere Wert folglich dem Wert der Rückzahlungsfunktion.[45] Der Zeitwert hingegen resultiert aus der Handlungsflexibilität des Optionsinhabers, der Unsicherheit der Underlyingpreisentwicklung und der verbleibenden Restlaufzeit der Option.[46] Er entsteht dadurch, dass sich der Wert des Underlyings bis zum Ende der Optionsfrist noch verändern kann und der Entscheidungsträger die

---

39 Vgl. Trigeorgis und Mason 2004, S. 48. Ein Verlust kann sich lediglich aus der Optionspreiszahlung ergeben, nicht jedoch aus den zukünftigen Optionszahlungen.

40 Vgl. Hull 2012, S. 258.

41 Vgl. hier und im Folgenden exemplarisch Meyer 2006, S. 182f. und S. 247f.

42 Vgl. Rudolph 2010, S. 21ff. Auf Möglichkeiten zur Bestimmung dieses Optionswertes wird intensiv in Kap. 3 eingegangen. An dieser Stelle soll jedoch bereits der Blick auf den Optionswert als Bewertungsergebnis geworfen werden.

43 Unter „Zeitwert" wird in der gesamten Arbeit der Zeitwert der Option verstanden, d.h. der Wert, den die Option zusätzlich zum inneren Wert aufgrund ihrer Restlaufzeit besitzt. Vgl. exemplarisch Hull 2012, S. 997. Abzugrenzen hiervon ist etwa der aus der externen Rechnungslegung bekannte Begriff des „beizulegenden Zeitwertes" (vgl. Pellens et al. 2014, S. 104) sowie die Zeitwertdefinition, wie sie zum Teil bei dynamischen Investitionsrechnungen verwendet wird und die unter „Zeitwert" den Wert einer Zahlung zum Zeitpunkt ihres Anfallens versteht. Vgl. Becker 2012, S. 58.

44 Der innere Wert einer Kaufoption lässt sich folglich aus der Formel bestimmen. Vgl. Merk 2011, S. 12. In der Literatur wird häufig der Zeitpunkt der Ausübung betrachtet und der innere Wert folglich mit angegeben. Vgl. exemplarisch Bank und Gerke 2005, S. 358.

45 Vgl. Copeland und Antikarov 2002, S. 26.

46 Vgl. hier und im Folgenden Rudolph 2010, S. 25.

Möglichkeit hat, auf die Entwicklungen gezielt zu reagieren. Der Zeitwert weist stets einen positiven Wert auf, solange eine gewinnbringende Ausübung noch möglich ist. Abb. 1 veranschaulicht den Zusammenhang von innerem Wert und Zeitwert einer Kaufoption in Abhängigkeit von dem Preis des Underlyings.

Abb. 1: Zusammensetzung des Optionswertes.[47]

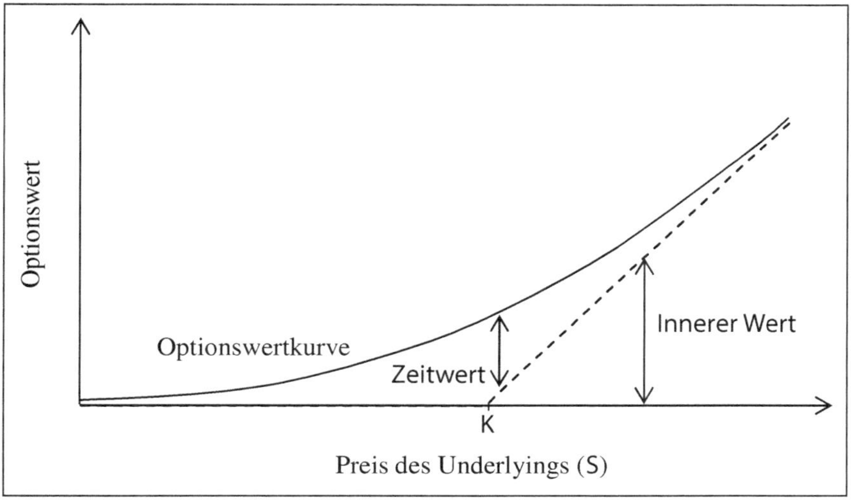

Die Anwendung des Realoptionsansatzes, d.h. die Verwendung der später in Kap. 3 vorgestellten klassischen Optionsbewertungsmodelle zur Visualisierung unternehmerischer Entscheidungssituationen und zur Quantifizierung realer Optionen, ist insbesondere dann sinnvoll, wenn die Entscheidungssituation von den drei Charakteristika *Unsicherheit*, *Flexibilität* und *Irreversibilität* geprägt ist.[48] Gemeinsam bilden diese Merkmale die Ursache für die Strukturverwandtschaft einer unternehmerischen Entscheidungssituation zu einer klassischen Aktienoption. *Unsicherheit* ist bei Aktienoptionen durch die Volatilität des Aktienkurses gegeben, durch die ex-ante nicht bekannt ist, ob die Option zum Ausübungszeitpunkt im Geld (ITM), am Geld (ATM) oder aus dem Geld (OTM) notieren wird.[49] Analog hierzu können bei Realoptionen z.B. unsichere Preis- oder Mengenentwicklungen von Bezugs- oder Absatzgütern ei-

47 Quelle: Eigene Darstellung. In Anlehnung an Black und Scholes 1973, S. 638.
48 Vgl. Baecker et al. 2003, S. 17 und Dixit und Pindyck 1994, S. 3.
49 Die Bezeichnungen „im Geld" und „aus dem Geld" werden in der Optionspreistheorie verwendet, wenn bei einer Kaufoption der Underlyingpreis größer bzw. kleiner als der Ausübungspreis ist. Entsprechen sich Underlying- und Ausübungspreis, wird von einer Option „am Geld" gesprochen. Vgl. exemplarisch Rudolph 2010, S. 25. Im Ausübungszeitpunkt besitzen nur Optionen im Geld einen Wert.

nes Unternehmens vorliegen.[50] Die *Flexibilität* als zweitem Kriterium resultiert im Rahmen von Aktienoptionen aus dem Wahlrecht des Optionsinhabers, am Ende der Optionslaufzeit frei über den Kauf der Aktie, d.h. über die Ausübung der Option, entscheiden zu können. Auf ganz ähnliche Art und Weise verfügen Entscheidungsträger in Unternehmen häufig über Handlungsspielräume im Zeitablauf. Im Sinne einer realen Option ist es z.B. denkbar, dass ein Manager eine Investitionsentscheidung bewusst verzögert, um zunächst die Marktentwicklung abzuwarten und hierauf reagieren zu können.[51] Zuletzt charakterisiert die *Irreversibilität* die Optionsausübungsentscheidung als unumkehrbar.[52] Sobald die Option ausgeübt wird, ist das Wahlrecht verfallen. Zudem kann der Ausübungspreis in der Regel nicht durch eine Desinvestition wieder vollständig zurückgewonnen werden. Im Kontext von realen Entscheidungssituationen ist die Irreversibilität aufgrund von unternehmens- oder branchenspezifischen Investitionen häufig stark ausgeprägt. Die soeben beschriebene Option, mit einer Erweiterungsoption abzuwarten, verfällt etwa, sobald die Investition durchgeführt wird.[53]

Die drei bis hierhin genannten Charakteristika können als analogiebegründend klassifiziert werden und sind notwendige Voraussetzung für den Einsatz des Realoptionsansatzes. Gleichzeitig reichen sie im konkreten Anwendungsfall jedoch bei weitem nicht aus, um die Anwendbarkeit des Realoptionsansatzes abschließend zu beurteilen. Vielmehr gilt es, spezifische Besonderheiten zu berücksichtigen, die die Analogie einer betrachteten Realoption zu den zugrunde liegenden Finanzoptionen unter Umständen beachtlich einschränken. Dies können z.B. die Existenz gleich mehrerer realer Unsicherheitsquellen sein, die den Wert einer Realoption beeinflussen, oder auch das Verhalten von Wettbewerbern, die über ähnliche Realoptionen verfügen.[54] Anders als in den Ausführungen zur Unsicherheit, Flexibilität und Irreversibilität sollen die analogieeinschränkenden Merkmale in dieser Arbeit kontextspezifisch, d.h. unmittelbar bezogen auf den Anwendungsfall der Kraftwerksoptionen, betrachtet werden. Im nachfolgenden Unterkapitel werden daher zunächst die Investition in ein Kraftwerk und die operative Kraftwerksteuerung als spezifische Realoptionen vorgestellt. Im Anschluss wird das Ausmaß der Analogie für operative Kraftwerksoptionen inklusive analogieeinschränkender Faktoren im Detail herausgearbeitet. Da die Notwendigkeit von Bewertungsmodellanpassungen für die Quantifizierung von Realoptionswerten von dem Ausmaß des Analogie

50 Vgl. zur Klassifikation denkbarer Unsicherheitsquellen Copeland und Antikarov 2002, 289ff.

51 Diese als Warteoption zu klassifizierende Realoption wird z.B. durch McDonald und Siegel 1986 eingehend betrachtet.

52 Vgl. hier und im Folgenden Dixit und Pindyck 1994, S. 6ff.

53 Liegt keine Irreversibilität vor, so könnte bei negativem Verlauf die Investition rückgängig gemacht werden und somit die Option, d.h. die Handlungsflexibilität, trotz der Optionsausübung erhalten bleiben. Vgl. Dixit und Pindyck 1994, S. 6.

54 Vgl. zu analogieeinschränkenden Merkmalen Crasselt 2003, S. 23.

abhängt, dient das Kapitel unmittelbar der Vorbereitung der kraftwerksspezifischen Realoptionsbewertungen im weiteren Verlauf der Arbeit.

2.2 Fossile Kraftwerke als spezifische Realoptionen

Der Betreiber eines Kraftwerks kann grundsätzlich flexibel über dessen Einsatz zur Stromproduktion entscheiden.[55] Insbesondere kann er die Marktpreisentwicklungen der relevanten Commodities in Sinne eines ökonomischen Kalküls berücksichtigen. Er hat das Recht, nicht aber die Pflicht, Strom zu produzieren und dafür die variablen Kosten des Kraftwerkseinsatzes in Form von Brennstoff- und CO_2-Kosten zu bezahlen.[56] Analog zu einer finanziellen Kaufoption erwirbt er durch die Zahlung der variablen Kosten als Ausübungspreis (K) den produzierten Strom als Underlying (S) der Realoption.[57] Alternativ kann auch argumentiert werden, dass der Kraftwerksbetreiber das Recht, nicht aber die Pflicht hat, den sogenannten kraftwerksspezifischen Spread zu vereinnahmen, der sich gerade aus der Differenz der Stromerlöse und den variablen Kosten des Kraftwerks ergibt. In beiden Fällen kann die Möglichkeit des flexiblen Kraftwerkseinsatzes folglich als reale Kaufoption interpretiert werden.[58] Wird zudem der Betrachtungshorizont erweitert und nicht ein einziger Zeitpunkt, sondern die gesamte Lebensdauer eines Kraftwerks betrachtet, kann ein Kraftwerk

55 Zur Flexibilität moderner Kraftwerke vgl. exemplarisch Jarass und Obermair 2012, S. 83f. Von rechtlichen Einschränkungen wird hier wie auch im Folgenden abstrahiert. Vgl. hierzu ausführlich u.a. Schneider und Theobald 2013.

56 Hier und im Folgenden beziehen sich die Ausführungen stets auf fossile Kraftwerke in Deutschland. Es werden ausschließlich variable Kosten betrachtet, da nur diese für den kurzfristigen Kraftwerkseinsatz im Sinne einer Produktionsprogrammplanung, d.h. für die Optionsausübungsentscheidung, Relevanz besitzen. Vgl. exemplarisch Schneider et al. 2005, S. 22ff. Fixkosten wie Abschreibungen oder Personalkosten werden folglich nicht berücksichtigt. Zudem wird im Rahmen dieser Arbeit nicht explizit zwischen den Größen der variablen Kosten und der Grenzkosten unterschieden, da vereinfachend von einer Identität der beiden Kostengrößen aufgrund eines linearen Verlaufs der Kostenfunktion ausgegangen wird. Vgl. ähnlich Panos 2013, S. 312 und Ströbele et al. 2012, S. 249. Es sei jedoch betont, dass für den operativen Kraftwerkseinsatz aufgrund der Strompreisbildung in Form der Merit Order grundsätzlich die Grenzkosten des Kraftwerks relevant sind. Vgl. Erdmann und Zweifel 2010, S. 303f.

57 Vgl. hierzu ähnlich Erdmann und Zweifel 2010, S. 60f.

58 Im Hinblick auf die Verbundwirkung der Kraftwerksoptionen ist es hilfreich zu erwähnen, dass die einzelne Kraftwerksoption auch als Verkaufsoption interpretiert werden kann. Wird davon ausgegangen, dass das Kraftwerk grundsätzlich Strom produziert, so hat der Kraftwerksbetreiber faktisch das Recht, zu einem späteren Zeitpunkt den Strom zum Preis der Brennstoff- und CO_2-Kosten zu verkaufen, indem er die Stromproduktion aussetzt und damit die variablen Kosten vermeidet.

als eine Kette von (verbundenen) Realoptionen klassifiziert werden.[59] Jede beliebig kurze Einsatzperiode bildet dabei theoretisch eine eigene Realoption, deren Ausübung von den im Fälligkeitszeitpunkt aktuellen Marktpreisen und den technischen Eigenschaften des Kraftwerks abhängt. Eine Marktpreiskonstellation aus Strompreis, Brennstoff- und CO_2-Kosten, bei der der kraftwerksspezifische Spread positiv ist, d.h. die Kraftwerksoption im Geld endet, bedeutet, dass das Kraftwerk eingesetzt und ein positiver Deckungsbeitrag erwirtschaftet wird.[60] Ist hingegen der Spread negativ, so wird das Kraftwerk in der entsprechenden Periode nicht zur Stromproduktion eingesetzt und ein Deckungsbeitrag von null erreicht.

Die drei Eigenschaften der Flexibilität, Unsicherheit und Irreversibilität lassen sich in dieser spezifischen Realoption in besonderem Maße wiederfinden.[61] Die Entwicklung der relevanten und werttreibenden Marktpreise für Strom, Brennstoffe und CO_2-Zertifikate sind von großer Unsicherheit geprägt. Als börsennotierte Commodities unterliegen sie starken Preisschwankungen.[62] Zudem weisen gerade moderne Gas- und Steinkohlekraftwerke eine große Flexibilität in der Fahrweise auf.[63] Ein Kraftwerksbetreiber kann sehr kurzfristig entscheiden, ob bzw. mit welcher Leistung ein Kraftwerk zur Stromproduktion eingesetzt wird. Investitionen in Kraftwerke sind zudem irreversibel, da es sich bei Kraftwerken um industriespezifische Anlagen ohne alternative Verwendung handelt.[64] Daneben ist auch die Entscheidung über die Kraftwerksfahrweise durch Irreversibilität geprägt, da über die periodenspezifische Fahrweise im jeweiligen Zeitpunkt nur einmalig entschieden werden kann. In Anlehnung an Tab. 1 konkretisiert Tab. 2 den Analogieschluss, indem spezifisch für Kraftwerksoptionen die strukturelle Verwandtschaft verdeutlicht wird. Neben der Entscheidung über den Kraftwerkseinsatz als operativer Realoption wird auch eine Investitionsentscheidung über einen Kraftwerksneubau als strategische

59 In Anlehnung an die in Kap. 2.1 exemplarisch genannte Klassifizierung von Realoptionen kann der Kraftwerkseinsatz als Kette von Wechseloptionen interpretiert werden. Vgl. zur Bewertung verbundener Wechseloptionen Kulatilaka und Trigeorgis 1994. Inwiefern die einzelnen Realoptionen, d.h. die Ausübungsentscheidungen im Zeitablauf, sich gegenseitig beeinflussen, hängt unmittelbar von der Flexibilität des Kraftwerks ab. Technische Restriktionen und Wechselkosten können zu starken Abhängigkeiten zwischen den Optionen führen. Für die Bewertung der Realoptionen resultiert hieraus das Problem der fehlenden Additivität der Realoptionen. Vgl. Trigeorgis 1996, S. 227ff.

60 Von technischen Restriktionen und Kosten eines Fahrplanwechsels wird an dieser Stelle abstrahiert.

61 Aus diesem Grund existieren in der Literatur zahlreiche Beispiele, in denen Kraftwerke als Betrachtungsobjekt einer Realoptionsbewertung gewählt werden. Vergleiche exemplarisch Gardner und Zhuang 2000, Kulatilaka 1993 und Rams 2001 sowie die in Kap. 1.1 angegebene Literatur.

62 Die historischen Marktpreisvolatilitäten der relevanten Commodities können über die Seite http://www.eex.com nachvollzogen werden.

63 Einen Überblick geben Jarass und Obermair 2012, S. 83f.

64 Vgl. Dixit und Pindyck 1994, S. 8.

Realoption im Sinne einer Warteoption dargestellt, die eine besonders enge Verknüpfung zu Tab. 1 herstellt. Für die vorliegende Arbeit ist jedoch insbesondere die operative Kraftwerksoption die relevante Betrachtungsebene, d.h. die Möglichkeit der marktpreisorientierten Einsatzsteuerung des Kraftwerks.

Tab. 2: Analogie zwischen Finanzoptionen und kraftwerkbezogenen Realoptionen[65]

	Symbol	**Aktienoption (Kaufoption)**	**Kraftwerksbezogene Realoptionen**	
			Operative Kraftwerksoption (Kraftwerkseinsatz)[66]	**Strategische Kraftwerksoption (Investition)**
Basiswert (Underlying)	S	Aktienkurs	Alt. 1: Strompreis Alt. 2: Kraftwerksspezifischer Spread	Barwert der zukünftigen Cashflows des Kraftwerks
Ausübungspreis	K	Fixer, vereinbarter Preis	Alt. 1: Volatile Brennstoff- und CO_2-Kosten Alt. 2: Null	Investitionsauszahlung für den Kraftwerksbau
Restlaufzeit	T	Fixe, vereinbarte Restlaufzeit	Zeitspanne bis zur bewerteten Einsatzperiode[67]	Zeitspanne, bis die Investitionsmöglichkeit verfällt
Volatilität	σ	Volatilität des Aktienkurses	Volatilitäten der relevanten Commodities	Volatilität des Barwertes der zukünftigen Cashflows
Zinssatz	r	Risikoloser Zinssatz	Risikoloser Zinssatz	Risikoloser Zinssatz

Neben dem Analogieschluss mittels der drei charakteristischen Merkmale der Entscheidungssituation lässt sich auch die zuvor in Abb. 1 dargestellte Unterteilung in den inneren Wert und den Zeitwert unmittelbar auf den Anwendungsfall der operativen Kraftwerksoption übertragen. Der innere Wert entspricht hier der Differenz zwischen dem Strompreis und den variablen Kosten des Kraftwerks bzw. beträgt null, sofern die Differenz negativ ist. Der Zeitwert resultiert aus der Schwankung der Commoditypreisen, der Restlaufzeit bis zum Kraftwerkseinsatz und der Flexibilität in der Kraftwerksfahrweise und ist stets positiv. Er ist umso größer, je näher das Kraftwerk am

65 Von kraftwerkspezifischen Rüstkosten, die bei der Veränderung der Kraftwerksfahrweise anfallen, wird in dieser Darstellung abstrahiert.
66 Die Dauer einer Einsatzperiode hängt von der Flexibilität des Kraftwerks ab.
67 Die Darstellung erfolgt in Anlehnung an Hartmann 2007, S. 47.

Geld ist. Da der Realoptionsansatz im Gegensatz zu klassischen Bewertungsverfahren wie z. B. der Kapitalwertmethode diesen Zeitwert berücksichtigen und quantifizieren kann, ist er folglich gerade für Kraftwerke, die häufig nah am Geld sind, von großer Bedeutung.[68] Besonders deutlich wird dies durch die Relevanzkriterien von Copeland/Antikarov (2002), die als Beurteilungsmaßstab herangezogen werden können, um die Bedeutsamkeit des Realoptionsansatzes in der betrachteten Entscheidungssituation einzuschätzen.[69] Diesem Maßstab zur Folge ist der Realoptionsansatz insbesondere dann relevant, wenn eine *hohe Zukunftsunsicherheit*, eine *ausgeprägte Handlungsflexibilität* und zudem ohne Berücksichtigung der Flexibilität ein *Kapitalwert nahe null* vorliegt. Die ersten beiden Kriterien wurden in Bezug auf eine Kraftwerksoption bereits erörtert und bestätigt. Das dritte Relevanzkriterium trifft mit Blick auf eine operative Kraftwerksoption immer dann zu, wenn sich die erwarteten Stromerlöse und die variablen Kosten des Kraftwerkseinsatzes nahezu entsprechen. Für die im Rahmen dieser Arbeit vorwiegend betrachteten Steinkohlekraftwerke, die häufig nah am Geld sind, kann in Anlehnung an Copeland/Antikarov (2002) folglich eine hohe Relevanz des Realoptionsansatzes attestiert werden.[70]

Während die Bedeutsamkeit des Realoptionsansatzes für die Kraftwerksbewertung somit belegt werden konnte, reicht der bis hierhin vorgestellte Analogieschluss nicht aus, um die Anwendbarkeit der Methodik abschließend beurteilen zu können. Die Betrachtung soll daher kontextspezifisch um mögliche Analogieeinschränkungen erweitert werden. Aufgrund der kapitalmarktorientierten Herkunft der Optionspreismodelle ist häufig zu beobachten, dass diese bei der Bewertung realer Entscheidungssituationen an ihre Grenzen stoßen.[71] Ursächlich hierfür sind zum einen Marktunvollkommenheiten wie Transaktionskosten, fehlende Marktliquidität oder gänzlich fehlende Märkte für das Bezugsgut. Zum anderen können kontextbezogene Besonderheiten wie z. B. eine fehlende Optionsexklusivität aufgrund von

68 Klassische Bewertungskalküle der Investitionsrechnung vernachlässigen die Wertbestandteile, die aus der Handlungsflexibilität resultieren, da sie von einem ex-ante determinierten Verlauf ausgehen. Vgl. exemplarisch Baecker et al. 2003, S. 22f. und Trigeorgis 1995, S. 1. Realoptionsansätze sind in der Lage gerade den Wert der Handlungsflexibilität zu quantifizieren. Vgl. Trigeorgis und Mason 2004, S. 48. Folglich werden die Kapitalwertmethode und der Realoptionsansatz in der Literatur häufig als komplementäre Bewertungsansätze interpretiert. Vgl. exemplarisch Copeland und Antikarov 2002, S. 105ff., Crasselt 2003, S. 37ff., Hungenberg et al. 2001, S. 11, Trigeorgis 1995, S. 2 und Trigeorgis und Mason 2004, S. 48. Ein Methodenvergleich kann u.a. Copeland et al. 2008, S. 391ff. entnommen werden.

69 Vgl. hier und im Folgenden Copeland und Antikarov 2002, S. 31.

70 Die Handlungsflexibilität von Gas- und Steinkohlekraftwerken ist nicht nur theoretisch bedeutsam, sondern wird in der Praxis durch die marktorientierte Steuerung der Kraftwerke auch genutzt. Die variierenden Mengeneinspeisungen nach Primärenergieträger können der Plattform http://www.transparency.eex.com/de/ entnommen werden.

71 Vgl. exemplarisch Brealey et al. 2011, S. 598f. und Hungenberg et al. 2005, S. 12ff.

Wettbewerbern oder Optionsinterdependenzen aufgrund technischer oder marktbezogener Restriktionen vorliegen. Hungenberg/Wulf/Stellmaszek (2005) präsentieren vier Kriterien, anhand derer das Ausmaß der Analogie konkreter Realoptionen zu finanzwirtschaftlichen Optionen analysiert werden kann.[72] Die Kriterien umfassen die *Anzahl der Unsicherheitsquellen*, die *Handelbarkeit des Basiswerts*, die *Exklusivität der Option* sowie die *Interaktion mit anderen Optionen* und spannen Intervalle möglicher Ausprägungen von Realoptionen auf.[73] Nur in dem theoretischen Fall von liquiden Märkten, auf denen der Basiswert gehandelt wird, einer vollkommenen Optionsexklusivität, durch die der Inhaber auf keine Weise in seinem Ausübungswahlrecht eingeschränkt ist, keiner Interaktion mit anderen Optionen und einer einzigen Unsicherheitsquelle liegt eine perfekte Analogie vor. Je nach Merkmalsausprägung kann die betrachtete Realoption hiervon jedoch beliebig weit abweichen und einen entsprechenden Anpassungsbedarf der Optionsbewertungsverfahren hervorrufen. Im Folgenden wird anhand der vier genannten Kriterien der operative Kraftwerkseinsatz als Realoption eingeordnet. Bevor anschließend auf die konkrete Bewertungsmethodik eingegangen wird, werden überleitend Ansätze präsentiert, wie etwaige Analogieunvollkommenheiten in der Wertermittlung berücksichtigt werden können.

Klassische Aktienoptionen sind lediglich vom Preis der Aktie und damit von einer einzigen Unsicherheitsquelle abhängig.[74] Bei Realoptionen hingegen spielen regelmäßig *mehrere Unsicherheitsquellen* eine Rolle.[75] Diese können durch Marktdaten wie Rohstoffpreise, Wechselkurse, Zinsen etc. hervorgerufen werden oder ihren Ursprung in technischen, politischen oder sonstigen Umweltzuständen haben. Kraftwerke vereinnahmen absatzseitig den Strompreis und müssen auf der Beschaffungsseite die Kosten für Brennstoffe und CO_2-Zertifikate tragen. Ihr Wert ist also von mehreren Unsicherheitsquellen in Form von Strom-, Brennstoff- und CO_2-Zertifikatepreisen sowie gegebenenfalls Wechselkursen abhängig. Da Kraftwerke die Differenz dieser unsicheren Größen erwirtschaften, können sie als reale Spreadoptionen mit mehreren Unsicherheitsquellen klassifiziert werden.[76] Die Anzahl der Unsicherheitsquellen ergibt sich dabei aus dem Kraftwerkstyp. Tab. 3 enthält eine Übersicht über fossile Kraftwerke und ihre marktbasierten Unsicherheitsquellen.[77]

72 Vgl. Hungenberg et al. 2005, S. 12.
73 Vgl. ähnlich Crasselt 2003, S. 23f.
74 Vgl. Hull 2012, S. 31f.
75 Vgl. Amram und Kulatilaka 1999a, S. 91ff.
76 Vgl. Carmona und Durrleman 2003, S. 18f. und Rams 2001, S. 161f. Der Spread eines Kraftwerks bezeichnet den Deckungsbeitrag des Kraftwerks und wird in der Regel in der Einheit €/MWh angegeben.
77 Vgl. Erdmann und Zweifel 2010, S. 298f., Schofield 2007, S. 193ff. und Ströbele et al. 2012, S. 244f.

Tab. 3: Übersicht über Kraftwerksspreads und marktpreisbezogenen Unsicherheitsquellen

Kraftwerkstyp	**Spread**	**Unsicherheitsquellen**
Kernkraftwerk	Nuclear-Spread	Marktpreis für Strom Brennstoffkosten (Uran)
Braunkohlekraftwerk	Clean Lignite Spread/ Clean Brown Spread	Marktpreis für - Strom - CO_2-Zertifikate Kosten für Braunkohle
Steinkohlekraftwerk	Clean Dark Spread	Marktpreis für - Strom - Steinkohle (in US$) - CO_2-Zertifikate Wechselkurs US$/€
Gaskraftwerk	Clean Spark Spread	Marktpreis für - Strom - Gas - CO_2-Zertifikate

Als weiterer Einschränkung mangelt es Realoptionen häufig an der *Handelbarkeit des Basiswertes.* Entweder existiert kein Markt und damit kein Preis für das Bezugsgut oder die Liquidität des Marktes ist so stark eingeschränkt, dass keine verlässlichen Marktpreise vorliegen.[78] Zur Einordnung von Kraftwerksoptionen sind aufgrund der Spreadeigenschaft einer Kraftwerksoption gleich mehrere Märkte zu betrachten. Den in Tab. 3 dargestellten Unsicherheitsquellen entsprechend sind insbesondere der Strommarkt, die Brennstoffmärkte und der Markt für CO_2-Zertifikate relevant. Die marktwirtschaftlichen Handelsaktivitäten im deutschen Strommarkt haben sich seit der Liberalisierung 1998 durch die Neufassung des Energiewirtschaftsgesetztes (EnWG) deutlich intensiviert.[79] Heutzutage ist Strom ein börslich gehandeltes Commodity mit liquiden Spot- und Terminmärkten.[80] Wichtigster Börsenplatz für Strom in Deutschland ist die European Energy Exchange (EEX) in Leipzig, die zugleich die größte Liquidität der europäischen Strombörsen aufweist. Als Terminkontrakte werden Futures mit einer Restlaufzeit von bis zu sechs Jahren gehandelt.[81] Die

78 Vgl. Crasselt 2003, S. 24f.

79 Vgl. Borchert et al. 2006, S. 5ff.

80 Vgl. hier und im Folgenden Bundeskartellamt 2011, S. 48f. Der Begriff „Commodity" bezeichnet homogene und häufig börslich gehandelte Güter.

81 Obwohl ein Großteil der Stromkontrakte außerbörslich über sogenannte Over-the-Counter-Kontrakte abgeschlossen wird, bildet der Börsenpreis aus Arbitragegründen eine wichtige Referenzgröße für den gesamten Markt. Vgl. Bundeskartellamt 2011, S. 48.

Liquidität ist allerdings mit zunehmender Restlaufzeit abnehmend.[82] Ähnliche Eigenschaften gelten auch für Steinkohle und Gas, die als Brennstoffe ebenfalls an der EEX gehandelt werden sowie für den Handel mit CO_2-Zertifikaten.[83] Abgesehen von den genannten Liquiditätseinschränkungen führen die unmittelbar beobachtbaren Marktpreise eindeutig zu einer engen Strukturverwandtschaft zwischen operativen Kraftwerksoptionen und Finanzoptionen. Insbesondere im relativen Vergleich zu anderen Realoptionen ist die Analogie in diesem Kriterium sehr hoch.

Das Kriterium der *Exklusivität* bezieht sich auf die Abhängigkeit der Optionsausübungsentscheidung von dem Verhalten anderer Marktteilnehmer.[84] Während der Inhaber einer klassischen Finanzoption das exklusive Recht hat, seine Ausübungsentscheidung unabhängig von anderen Marktteilnehmern zu treffen, können reale Optionen in ihrer Exklusivität eingeschränkt sein. Ein klassisches Beispiel hierfür sind Expansionsoptionen.[85] Ein Unternehmen, das eine Expansion plant, kann in seiner Handlungsflexibilität z. B. durch den vorzeitigen Eintritt eines Wettbewerbers behindert werden.[86] Im Kontext der Energiewirtschaft sind solche Einschränkungen insbesondere bei strategischen Optionen möglich.[87] Bezogen auf die operative Handlungsflexibilität einzelner Kraftwerke hingegen kann die Optionsexklusivität als ausgeprägt klassifiziert werden. Der Kraftwerksbetreiber kann eigenständig entscheiden, ob er die Option ausübt, d.h. das Kraftwerk zur Stromproduktion einsetzt. Die Entscheidung hängt ausschließlich von der Preisentwicklung der Underlyings ab und unterscheidet sich damit nicht von der Ausübungsentscheidung bei Finanzoptionen.[88]

Als vierte typische Eigenschaft realer Optionen ist das Vorliegen von *Optionsinterdependenzen* und damit von gegenseitigen Wertbeeinflussungen zu beachten. Während Finanzoptionen in der Regel unabhängig voneinander ausübbar sind und

---

82 Dabei ist festzustellen, dass mit steigenden Produktlaufzeiten die Liquidität der Märkte zunimmt. So kann für eine Stromlieferung als Jahresprodukt von liquiden Märkten für ca. drei Jahre in die Zukunft ausgegangen werden, während für eine Stromlieferung als Monatsprodukt lediglich für ca. sechs Monate liquide Märkte vorliegen. Vgl. für einen Überblick über Strombörsen Grimm et al. 2008, S. 162ff.

83 Auf eine intensivere Betrachtung der Märkte wird verzichtet, da die Existenz beobachtbarer Marktpreise für alle relevanten Commodities an dieser Stelle ausreichend ist.

84 Vgl. hier und im Folgenden Smit, Han T. J. und Trigeorgis 1999 S. 24ff. und Tomaszewski 2000, S. 143ff.

85 Vgl. Ernst et al. 2012, S. 314.

86 Liegt eine solche Form der mangelnden Exklusivität vor, wird in der Literatur auch von kollektiven Realptionen gesprochen. Vgl. Ernst et al. 2012, S. 301.

87 Die Abhängigkeit kann daraus resultieren, dass die Kraftwerke in Deutschland für denselben gesättigten Markt produzieren und somit in unmittelbarer Konkurrenz zueinander stehen.

88 Auf Besonderheiten der Kapazitätsvorhaltung für Regelenergie und kartellrechtliche Einflüsse wird an dieser Stelle nicht näher eingegangen. Ebenso wird hier von technischen Einschränkungen und Wechselkosten abstrahiert.

sich der Wert eines Optionsportfolios als Summe der Einzeloptionswerte ergibt, bedingen sich die Werte realer Optionen gegenseitig.[89] Der Grad der Verbundenheit kann dabei stark variieren. Wird der operative Kraftwerkseinsatz als Kette von Realoptionen aufgefasst, liegen nur in dem theoretischen Fall von perfekter Kraftwerksflexibilität ohne technische Restriktionen und ohne Umstellungskosten keine Optionsinterdependenzen vor. In der Realität jedoch liegen sowohl technische als auch monetär bedingte Einschränkungen vor, wodurch die Ausübungsentscheidung der Option, d.h. die Fahrweise des Kraftwerks, unmittelbar von der Fahrweise der Vorperiode bedingt wird.[90] Das folgende Zahlenbeispiel soll den Zusammenhang verdeutlichen.

Betrachtet wird ein Kraftwerk mit 1.000 MW Leistung über zwei Zeitpunkte. Im ersten Zeitpunkt liegt der Strompreis bei 50€/MWh und die Brennstoff- und CO_2-Kosten bei 40€/MWh.[91] Das Kraftwerk produziert Strom und erwirtschaftet als Deckungsbeitrag den Spread in Höhe von 10.000€. Im zweiten Zeitpunkt sinkt nun der Strompreis auf 38€/MWh. Liegen keine technischen Restriktionen vor und fallen keine Umstellungskosten an, so würde der Kraftwerksbetreiber das Kraftwerk nun ausschalten, um einen negativen Deckungsbeitrag in Höhe von -2.000€ zu vermeiden. Es sei jedoch angenommen, dass in dem Kraftwerk 3.000€ Umstellungskosten anfallen. Die Folge dieser Umstellungskosten ist, dass es für den Kraftwerksbetreiber ökonomisch vorteilhaft ist, das Kraftwerk weiterhin zur Stromproduktion einzusetzen, obwohl der Strompreis unterhalb der Brennstoff- und CO_2-Kosten liegt, da der negative Deckungsbeitrag der Stromproduktion nun geringer als die Umstellungskosten ist.

In dem betrachteten Beispiel übt der Kraftwerksbetreiber im zweiten Zeitpunkt folglich eine Option aus, die aus dem Geld ist, d.h. bei der der Ausübungspreis den Wert des Underlyings übersteigt.[92] Der Grund hierfür sind die Optionsinterdependenzen in Form von Umstellungskosten. Der Gesamtwert des Kraftwerks kann nicht länger als Summe der einzelnen Optionen quantifiziert werden. Vielmehr ist diese Struktur der Kraftwerksflexibilität wie folgt zu interpretieren.[93] Mit jeder Anschaltentscheidung, d.h. der Ausübung einer Kaufoption, erhält der Kraftwerksbetreiber implizit eine Abschaltoption, d.h. eine Verkaufsoption. Entsprechend ist mit jeder

---

89 Vgl. zu sogenannten „compound options" grundlegend Geske 1979.

90 Vgl. für eine Einordung der Flexibilität unterschiedlicher Kraftwerkstechnologien Ströbele et al. 2012, S. 243ff.

91 Im Rahmen dieser Arbeit wird, soweit nicht explizit anders angegeben, unter MWh stets MWh_{el} verstanden.

92 Bekannt ist diese, häufig zeitliche Abhängigkeit und die daraus resultierende Entscheidungsstruktur in der Literatur als Ringtauschoption. Vgl. Amend 2001, S. 192ff. Durch das Vorliegen von Wechselkosten entsteht ein Preisintervall, in dem der Zustand des Kraftwerks nicht eindeutig definiert ist, sondern von der vergangenen Preisentwicklung abhängt. Dieses Preisintervall wird auch als Hysteresebereich bezeichnet. Vgl. hierzu auch Dixit 2004, S. 165f.

93 Vgl. zu Wechseloptionen grundlegend Carr 1988.

Abschaltentscheidung, d.h. der Ausübung einer Verkaufsoption, gleichzeitig eine neue Anschaltoption verbunden. Das Ausmaß der Interdependenzen der aufeinander folgenden Optionen wird dabei determiniert durch den Grad der Kraftwerksflexibilität. Das hier betrachtete Merkmal der Optionsinterdependenzen ist also dann relevant, wenn nicht eine einzelne Einsatzperiode als Realoption, sondern der Gesamtwert des Kraftwerks bestimmt werden soll.[94]

Trotz der Einschränkungen hat die Einordnung von Kraftwerksoptionen anhand der vier vorgestellten Kriterien gezeigt, dass die Einsatzsteuerung von Kraftwerken eine recht hohe Analogie zu finanzwirtschaftlichen Optionen aufweist. Ursächlich hierfür sind insbesondere die Klassifikation des Underlyings als handelbares Produkt mit beobachtbarem Marktpreis und die Exklusivität der Option. Gerade die Existenz eines Marktpreises für das Underlying ist bei vielen anderen Realoptionen nicht gegeben. Zusammenfassend stellt Abb. 2 die Erkenntnisse illustrativ dar.

Abb. 2: Analogie zwischen operativen Kraftwerksoptionen und Finanzoptionen.[95]

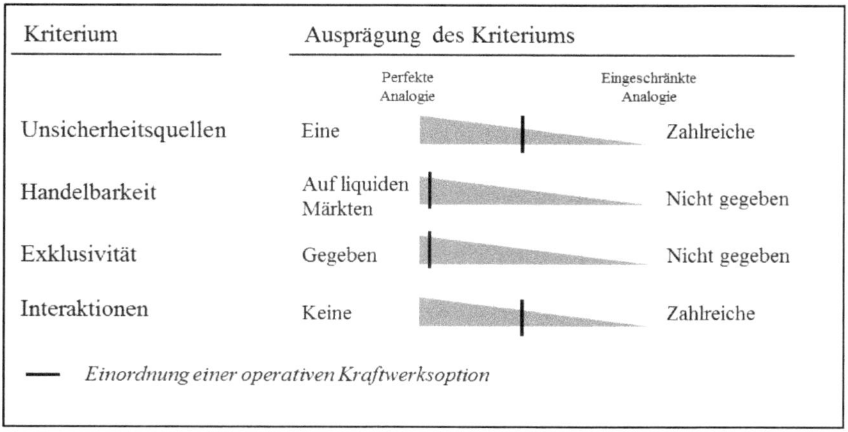

Wie die Kriterien *Anzahl der Unsicherheitsquellen* und *Optionsinterdependenzen* jedoch gezeigt haben, besitzen auch Kraftwerksoptionen systematische Abweichungen von klassischen Finanzoptionen, die in der Bewertung grundsätzlich zu berücksichtigen sind. Im Folgenden soll daher ein kurzer Überblick über Anpassungsmöglichkeiten in der Optionsbewertung gegeben werden, durch die Abweichungen in allen vier Kriterien berücksichtigt werden können. Die Ausführungen

94 Im Rahmen dieser Arbeit erfolgt in den beiden Hauptteilen in Kap. 5 und Kap. 6 eine Fokussierung auf einzelne Einsatzperioden, so dass die Optionsinterdependenzen von untergeordneter Bedeutung sind.

95 Quelle: In Anlehnung an Hungenberg et al. 2005, S. 12.

erfolgen ein Stück weit im Vorgriff auf die in Kap. 3 vorgestellten Optionspreismodelle von Cox/Ross/Rubinstein (1979) und Black/Scholes (1973). Mit der Zielsetzung, lediglich eine erste Idee möglicher Methodenanpassungen zu präsentieren, erscheint dies jedoch unproblematisch. Eine detaillierte Umsetzung der relevanten Methodenanpassungen wird in Kap. 5 speziell für die Bewertung kraftwerksspezifischer Realoptionen präsentiert.

Je nach Kriterium und Kriteriumsausprägung sind die Anpassungserfordernisse unterschiedlich stark ausgeprägt. Liegen bei einer Realoption *mehrere Unsicherheitsquellen* vor, so sind diese je nach Risikotyp in der Modellierung des Underlyings oder der nachgelagerten Optionsbewertung zu berücksichtigen.[96] In dem diskreten Modell von Cox/Ross/Rubinstein (1979) wird originär nur eine Unsicherheitsquelle berücksichtigt und die Preisentwicklung des Underlyings (z. B. der Strompreis) in Form eines Binomialbaums mit zwei möglichen Zuständen je Periode modelliert.[97] Hängt nun der Wert einer Option von zwei Unsicherheitsfaktoren ab (z. B. Strompreis und Gaspreis) kann das Modell recht einfach angepasst werden. Durch die Erweiterung des Binomialbaums zu einem mehrdimensionalen Entwicklungsbaum kann für jeden Zustand die Entwicklung jeder Unsicherheitsquelle unter Beachtung von Korrelationen abgebildet werden.[98] Die hierauf aufbauende Bewertung erfolgt anschließend analog zu der Vorgehensweise im Ursprungsmodell, indem die Zahlungen zum Ende der Optionslaufzeit und der Optionswert zum Bewertungszeitpunkt ermittelt werden.[99] Auch das wohl bekannteste Optionspreismodell von Black/Scholes (1973) berücksichtigt zunächst nur eine Unsicherheitsquelle,[100] kann jedoch ebenfalls erweitert werden. Insbesondere durch die Erweiterung durch Margrabe (1978) wird die Modellierung einer zweiten Unsicherheitsquelle ermöglicht.[101] Von besonderer Bedeutung ist dies für die Bewertung von Kraftwerksoptionen, da durch das Margrabe-Modell Spreadoptionen bewertet werden können, d.h. Optionen, deren Underlying durch die Differenz zweier unsicherer Preisentwicklungen (z. B.

96 Vgl. exemplarisch Copeland und Antikarov 2002, S. 270ff. und Friedl 2003, S. 385ff.

97 Vgl. hierzu ausführlich Kap. 3.2.

98 Copeland/Antikarov (2002) stellen in diesem Zusammenhang in Anlehnung an das Binomialmodell von Cox/Ross/Rubinstein (1979) den sogenannten „Quadranomialansatz“ vor. Vgl. Copeland und Antikarov 2002, S. 298ff.

99 Vgl. Copeland und Antikarov 2002, S. 298ff.

100 Vgl. hierzu ausführlich Kap. 3.3.

101 Vgl. Margrabe 1978, S. 179. Eine nahezu identische Bewertungserweiterung präsentiert auch Fischer 1978, S. 172, indem er den Ausübungspreis der Option als variable Größe in der Optionsbewertung modellierte. In den Kontext der Realoptionsbewertung übertrugen das Konzept insbesondere McDonald und Siegel 1986, S. 711ff. Während Margrabe 1978 und Fischer 1978 auf dem kontinuierlichen Modell von Black/Scholes (1973) aufsetzen, präsentieren Hommel und Müller 2000, S. 74ff. und Koch 2001, S. 85f. zeitdiskrete Ansätze zur Bewertung von Tauschoptionen.

Strompreis und Gaspreis) gegeben ist.[102] Allerdings stößt es dann an seine Grenzen, wenn komplexere Optionen mit mehr als zwei Unsicherheitsquellen zu bewerten sind.[103] Mit Blick auf Tab. 3 ist diese verbleibende Einschränkung für die Kraftwerksoptionsbewertungen im Rahmen dieser Arbeit bedeutsam. Eine flexiblere Möglichkeit der Integration mehrerer Unsicherheitsquellen bieten Simulationsverfahren.[104] Sie ermöglichen es, beliebig viele Unsicherheitsquellen – ebenfalls unter Beachtung von Korrelationen – zu modellieren und über die Zahlungsverteilung im Zeitpunkt der Optionsausübung den Optionswert zu bestimmten.[105]

Wie zuvor beschrieben, ist die *Handelbarkeit des Basiswertes* ein Kriterium, das bei Realoptionen sehr häufig nicht gegeben ist. Um auch ohne beobachtbare Marktpreise eine Bewertung vornehmen zu können, sind in einem ersten Schritt Marktwerte des Underlyings behelfsweise mithilfe von klassischen Bewertungsverfahren wie z. B. der Kapitalwertmethode zu schätzen.[106] Auf Basis dieser abgeleiteten Wertentwicklung des Underlyings kann anschließend die eigentliche Optionsbewertung aufgebaut werden. Die Anpassungserfordernisse setzten hier also nicht an den Optionspreismodellen selber an, sondern an der vorgelagerten Herleitung der Underlyingpreisentwicklung. Zwar ist dieses zweistufige Verfahren problematisch, da mit der Kapitalwertmethode im ersten Schritt auf ein Instrument zurückgegriffen werden muss, das den Optionscharakter des Bewertungsobjektes gerade nicht berücksichtigt. Im relativen Vergleich zu einer gänzlichen Missachtung der Optionalität aufgrund fehlender Marktpreise und einer reinen kapitalwertbasierten Bewertung erscheint die Vorgehensweise dennoch als vorteilhaft. Da wie bereits betont für die relevanten Preisentwicklungen einer Kraftwerksoptionsbewertung beobachtbare Marktpreise vorliegen, wird der Aspekt im weiteren Verlauf dieser Arbeit keine Rolle spielen. Zu beachten ist jedoch, dass anders als bei den handelbaren Underlyings von Finanzoptionen die Lagerung von Brennstoffen wie

---

102 Margrabe (1978) fokussiert in seiner Arbeit auf Tauschoptionen, die dem Inhaber das Recht einräumen, einen risikobehafteten Wertgegenstand gegen einen anderen risikobehafteten Wertgegenstand zu tauschen. Vgl. Margrabe 1978, S. 177. Derartige Tauschoptionen können jedoch unmittelbar als Spreadoptionen mit zwei Unsicherheitsquellen interpretiert werden, wenn der Ausübungspreis der Spreadoption mit null angenommen wird. Vgl. Venkatramanan und Carol 2011, S. 450. Eine Spreadoption wird dabei wie folgt definiert: „A spread option is an option whose pay-off depends on the price spread between two correlated assets". Venkatramanan und Carol 2011, S. 447. Einen guten Überblick zum Thema Spreadoptionen mit explizitem Bezug auf energiewirtschaftliche Optionen liefern Carmona und Durrleman 2003.

103 Vgl. Margrabe 1978, S. 179.

104 Vgl. zum Einsatz von Monte-Carlo-Simulationen zur Optionsbewertung grundlegend Boyle 1977, S. 325.

105 Vgl. ausführlich Kap. 5.3.2.

106 Vgl. hier und im Folgenden Crasselt 2003, S. 25f.

Steinkohle und Gas mit hohen Kosten verbunden ist.[107] Umso bedeutsamer ist es, dass für die Kraftwerksbewertung nicht nur sogenannte Spotmarkt-Produkte mit sofortiger Fälligkeit, sondern auch Terminmarktprodukte für zukünftige Lieferungen von Strom, Kohle, Gas etc. handelbar sind, die der Optionsbewertung zugrunde gelegt werden können.[108] Alternativ hierzu können Lagerkosten und Lagererlöse auch durch Ab- bzw. Aufschläge in der Verzinsung des Underlyings berücksichtigt werden, wie dies bei der Bewertung von Optionen auf dividendenzahlende Aktien bekannt ist.[109]

Die Erweiterung der Optionspreismodelle um die Bewertung von Optionen auf dividendenzahlende Underlyings bietet auch die Möglichkeit, die *mangelnde Exklusivität* einer Realoption zu berücksichtigen.[110] Wird eine Option auf eine dividendenzahlende Aktie gehalten, so geht dem Optionsinhaber während der Haltedauer der Wert der gezahlten Dividenden faktisch verloren, da diese aus dem Unternehmen abfließen und sich der Aktienkurs entsprechend reduziert. Analog hierzu kann sich der Wert einer Realoption im Zeitverlauf durch das Verhalten anderer Wettbewerber verringern. Die Anpassungen der Bewertungsmethoden sind folglich in beiden Anwendungsfällen strukturgleich. Wie in Abb. 2 dargestellt, liegt bei den im Rahmen dieser Arbeit betrachteten operativen Kraftwerksoptionen Exklusivität vor, d.h. es bestehen keine Anpassungserfordernisse.

Optionsinterdependenzen als letztes Kriterium sind bei Realoptionen der Regelfall. Sie sind der Grund, weshalb sich der Wert realer Optionen häufig nicht als Summe der Einzeloptionswerte ergibt.[111] Zur Bewertung verbundener Optionen eignen sich insbesondere flexible Verfahren wie das bereits angesprochene Binomialmodell von Cox/Ross/Rubinstein (1979) oder Simulationsverfahren.[112] Die verbundenen Optionen sind dabei als Bewertungseinheit zu betrachten, so dass der Optionspreisbaum oder die Simulation unmittelbar zum Gesamtoptionswert führt. Ist beispielsweise eine Kaufoption C_2 nur existent, wenn zuvor eine andere Kaufoption C_1 ausgeübt wurde, so führt eine gemeinsame Bewertung dazu, dass die Zahlungsstruktur von C_1 durch die Funktion $Max(S_T\text{-}K+ OW_T^{C_2}; 0)$ dargestellt werden kann. Hierbei bezeichnet $OW_T^{C_2}$ den Wert der Option C_2 zum Zeitpunkt der Optionsausübung von C_1.

107 Mögliche Zusatzerlöse durch die Lagerhaltung (*conveniance yield*) stehen diesen entgegen. Vgl. Menne 2010, S. 31. Die Lagerbarkeit von Strom als weiterem relevanten Commodity ist noch stärker eingeschränkt.

108 In Kap. 5.3.3 wird hierauf detailliert eingegangen.

109 Vgl. zur Berücksichtigung von Dividendenzahlungen Hull 2012, S. 295 und S. 405ff. Vgl. zu commoditybezogenen Anpassungen Geman 2005, S. 98f. Problematisch ist dies jedoch für Strom als nicht wirtschaftlich lagerbares Commodity. Die Umsetzung im Rahmen dieser Arbeit wird in Kap. 5.3.3 näher erläutert.

110 Vgl. hier und im Folgenden Tomaszewski 2000, S. 155ff.

111 Vgl. Trigeorgis 1996, S. 227ff.

112 Es existieren zudem auch analytische Verfahren mit geschlossenen Bewertungsformeln. Grundlegend sind hierfür die Arbeiten von Geske (1979) sowie im Kontext von Wechseloptionen Carr (1988).

Dargestellt ist also der Fall einer einseitigen Abhängigkeit der zeitlich nachgelagerten Option C_2 von C_1. Wird die Interdependenz nicht berücksichtig, erfolgt eine Überbewertung. Da im Rahmen dieser Arbeit auf Einzeloptionswerte fokussiert wird, ist die Bewertung von verbundenen Optionen jedoch von untergeordneter Bedeutung.

Nachdem bis hierhin die enge Analogie zwischen operativen Kraftwerksoptionen und Finanzoptionen verdeutlicht worden ist, die die Verwendung von Bewertungsmethoden der klassischen Optionspreistheorie erst ermöglicht, und erste Einblicke gegeben wurden, wie die Bewertungsmethoden auch an Analogieeinschränkungen angepasst werden können, sollen nachfolgend die Grundlagen der Optionsbewertung vorgestellt werden, die von elementarer Bedeutung für die vorliegende Arbeit sind.

3. Konzeptionelle Grundlagen der (Real-) Optionsbewertung

3.1 Grundlegende Bewertungskonzeption

Aufgrund der technischen Eigenschaften moderner Kraftwerke und den Marktstrukturen der Stromwirtschaft seit der Liberalisierung können Kraftwerke, wie in Kap. 2.2 detailliert dargestellt, als „reale Optionen“ aufgefasst werden.[113] Für die Bewertung, d.h. die Quantifizierung des kraftwerkspezifischen Realoptionswertes, ist der zugrunde liegende Analogieschluss zu finanzwirtschaftlichen Optionen essenziell.[114] Nur aufgrund der Strukturverwandtschaft kann für eine Kraftwerksbewertung auf die umfassenden Methoden zur Bewertung von Finanzoptionen zurückgegriffen werden. Im Folgenden werden daher die Grundlagen der klassischen Optionspreistheorie dargestellt und auf die im Rahmen dieser Arbeit besonders relevanten Modelle von Cox/Ross/Rubinstein (1979) und Black/Scholes (1973) zur Wertermittlung von Finanzoptionen eingegangen. In dem gesamten Grundlagenteil wird darauf geachtet, einen möglichst engen Bezug zu den beiden Hauptteilen dieser Arbeit herzustellen. Der Fokus liegt dabei je nach zu vermittelnder Grundlage entweder stärker auf der Vorbereitung von Kap. 5 oder von Kap. 6. Das später in Kap. 3.2 eingeführte Zahlenbeispiel dient so z.B. nicht nur der Illustration der Bewertungslogik, sondern bildet gleichzeitig die Basis für die in Kap. 6.3 durchgeführte experimentelle Untersuchung. Es sei jedoch explizit betont, dass dieses Kapitel auf die methodische Vorstellung klassischer Optionspreismodelle ausgerichtet ist. Zwar wird mitunter bereits ein Bezug zu kraftwerkstypischen Realoptionen hergestellt, der konkrete Anwendungsbezug steht jedoch nicht im Vordergrund.

Die Grundidee der Optionsbewertung ist es, dass auf einem vollkommenen und vollständigen Kapitalmarkt zwei Portfolien, die in allen zukünftigen Umweltzu ständen zu gleichen Rückflüssen führen, auch den gleichen Preis im Bewertungszeitpunkt besitzen müssen.[115] Damit baut die Optionspreistheorie auf der Annahme

113 Vgl. hierzu exemplarisch auch Deng et al. 2001, S. 388ff., Deng und Oren 2003, S. 166ff., Gardner und Zhuang 2000, S. 9ff., Hartmann 2007, S. 47ff., Thompson et al. 2004, S. 546ff. und Tseng und Barz 2002, S. 298.

114 Vgl. Amram und Kulatilaka 1999, S. 5f. und Bonduelle et al. 2003, S. 4.

115 Der Annahmenrahmen des vollkommenen Kapitalmarktes impliziert u.a., dass es keine Informations- und Transaktionskosten gibt, dass Wertpapiere beliebig teilbar sind und dass auch Leerverkäufe möglich sind. Vgl. Laux und Schabel 2009, S. 156. Die Vollständigkeit impliziert u.a. dass es einen einheitlichen Marktzinssatz gibt, zu dem beliebige Geldmengen angelegt oder aufgenommen werden können, und dass im Marktgleichgewicht Arbitragefreiheit vorliegt. Vgl. Breuer 2008, S. 81f. und Obermeier und Gasper 2008, S. 146f. Hieraus folgt, dass jedes Wert-

der Arbitragefreiheit auf.[116] Auf einem vollständigen Kapitalmarkt existiert zu jeder Option ein sogenanntes Duplikationsportfolio, das aus dem Underlying (z. B. einer Aktie) und einem Kredit bzw. eine Geldanlage zum risikolosen Zinssatz besteht und in allen zukünftigen Umweltsituationen zu den gleichen Rückflüssen wie die zu bewertende Option führt.[117] Um nun im Sinne eines vollkommenen Kapitalmarktes Arbitragefreiheit zu gewährleisten, muss der Preis der Option exakt dem Wert des Duplikationsportfolios entsprechen, wobei sich der Wert des Duplikationsportfolios unmittelbar aus dem beobachtbaren Marktpreis des Underlyings im Bewertungszeitpunkt ergibt. Durch diese Form der Optionsbewertung entfällt die problematische Bestimmung eines risikoadjustierten Diskontierungszinssatzes für die Optionsrückzahlungen.[118]

Die mathematische Umsetzung und Interpretation der vorgestellten Grundidee kann in Bewertungsmodellen auf unterschiedliche Weise erfolgen, wodurch neben dem Duplikationsansatz häufig auch das Konzept der risikoneutralen Bewertung herangezogen wird.[119] Auf den gleichen Annahmen beruhend, argumentiert der Ansatz der risikoneutralen Bewertung nicht über die Wertgleichheit zweier sich duplizierender Wertgegenstände, sondern besagt, dass sich der Wert einer Option unmittelbar als risikolos diskontierter Erwartungswert der Optionsrückzahlungen ermitteln lässt.[120] Dabei ist jedoch zu beachten, dass nicht die tatsächlichen Eintrittswahrscheinlichkeiten in der Erwartungswertbildung verwendet werden, sondern die Erwartungswertbildung mittels sogenannter risikoneutraler Pseudowahrscheinlichkeiten erfolgt. Nur aufgrund dieser Wahrscheinlichkeitstransformation ist die Verwendung des risikolosen Zinsfußes als Diskontierungssatz

papier duplizierbar ist. Vgl. Kruschwitz und Husman 2012, S. 161. Gemeinsam bilden die Annahmen die Basis der Optionspreistheorie. Zu dem grundlegendem Optionsbewertungsansatz der Wertidentität sich duplizierender Portfolien vgl. Black und Scholes 1973, S. 641.

116 Arbitragefreiheit bedeutet, dass es auf dem betrachteten Markt nicht möglich ist, ohne den Einsatz von Kapital risikolos Gewinn zu erzielen (*no free lunch*) bzw. dass der Preis zweier Portfolien mit identischen zukünftigen Rückflüssen identisch sein muss (*law of one price*). Vgl. Perridon et al. 2012, S. 289f. und Ruppert 2004, S. 259 sowie ausführlich zur Arbitragetheorie Kruschwitz und Husman 2012, S. 111ff.

117 Vgl. hier und im Folgenden Hull 2012, S. 326ff.

118 Erst durch die grundlegende Arbeit von Black/Scholes (1973) wurde die auf der Arbitragefreiheitsannahme beruhende und damit präferenzfreie Optionsbewertung ermöglicht. Zeitlich vorgelagerte Bemühungen, den fairen Wert einer Option zu bestimmen, scheiterten an der Problematik, einen an die Asymmetrie der Optionsrückzahlungen angepassten Kalkulationszinssatz adäquat zu bestimmen. Vgl. hierzu u.a. Black und Scholes 1973, S. 639f.

119 Vgl. exemplarisch Tomaszewski 2000, S. 99ff.

120 Vgl. hier und im Folgenden Deutsch 2008, S. 152ff. und Hull 2012, S. 780.

adäquat.[121] In der Bewertung ergibt sich hierdurch der Vorteil, dass der Umweg über ein Duplikationsportfolio entfällt.

Sowohl die Verwendung von Duplikations- bzw. Hedgingportfolien als auch die risikoneutrale Bewertung sind von besonderer Bedeutung für die vorliegende Arbeit. Die risikoneutrale Bewertung ist elementar für die simulationsbasierte Quantifizierung von Optionswerten und damit wesentliche Grundlage für Kap. 5. Die Möglichkeit der Optionsbewertung über diskontierte Erwartungswerte spielt hierbei die entscheidende Rolle. Näher vorgestellt wird sie kontextbezogen in Kap. 5.3. Der Ansatz über Duplikationsportfolien ist hingegen besonders relevant für Kap. 6. In der experimentellen Studie erhalten die Teilnehmer die Möglichkeit, eine Duplikationsstrategie zu verfolgen. Zudem dient er im Rahmen dieser Arbeit bereits im folgenden Kap.3.2 der Darstellung grundlegender Zusammenhänge der Optionspreistheorie.

Aufbauend auf der Arbitragefreiheitsannahme bzw. den Bewertungsideen der Duplikation und der risikoneutralen Bewertung existiert in der Literatur eine Vielzahl an Modellen zur Optionswertbestimmung.[122] Während frühere Werke wie insbesondere das Modell von BLACK/SCHOLES (1973) die vorgestellten Bewertungskonzepte entscheidend mit begründet haben, greifen spätere Verfahren auf die grundlegenden Konzepte zurück und überführen diese in erweiterte Modelle zur Bewertung spezifischer Optionstypen. Im Rahmen dieser Arbeit sind insbesondere die Modelle von COX/ROSS/RUBINSTEIN (1979), von BLACK/SCHOLES (1973), von Margrabe (1978) sowie simulationsbasierte Ansätze relevant. Abb. 3 gibt die in der Literatur gängige Klassifikation von Optionspreisverfahren wieder und nimmt eine Einordnung der genannten Verfahren vor.

---

121 Die risikoneutrale Bewertung darf jedoch nicht dahingehend missverstanden werden, dass ihr Ergebnis nur für risikoneutrale Entscheidungsträger Gültigkeit besitzt. Vielmehr ist sie als äquivalenter Bewertungsansatz zum Duplikationsansatz vollkommen unabhängig von der Risikoeinstellung des Entscheidungsträgers. Vgl. hierzu Hull 2012, S. 330ff. und 396f. sowie Kap. 3.2. in dieser Arbeit.

122 Auch die in Kap. 3.2 und Kap. 3.3 vorgestellten Modelle von COX/ROSS/RUBINSTEIN (1979) und BLACK/SCHOLES (1973) lassen sich eindeutig auf die Arbitragefreiheitsannahme zurückführen. Vgl. Black und Scholes 1973, S. 641 und Cox et al. 1979, S. 231.

Abb. 3: Klassifikation relevanter Optionspreisverfahren.[123]

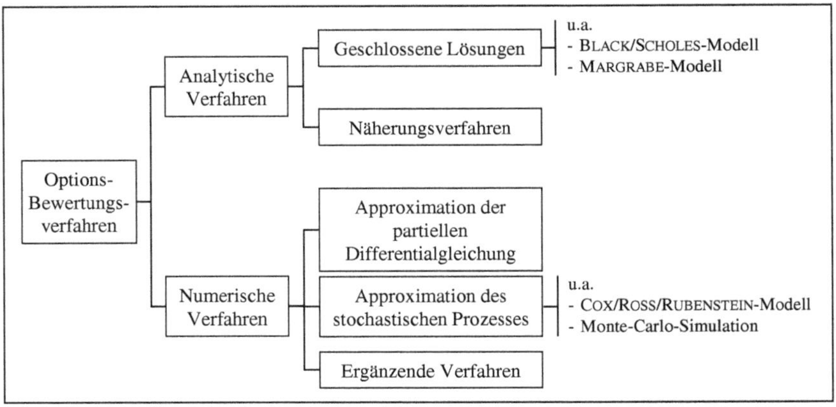

Im Folgenden werden die Modelle von COX/ROSS/RUBINSTEIN (1979) und BLACK/SCHOLES (1973) vorgestellt und grundlegende Gemeinsamkeiten der Modelle aufgezeigt, die den Kern der marktbasierten Optionsbewertung ausmachen. Das Modell von Margrabe (1978) wird als Erweiterung zum BLACK/SCHOLES-Modell zusätzlich vorgestellt, da es als Grundlage für die Bewertung von Spreadoptionen und damit für die Bewertung von Kraftwerksoptionen dient. Gemeinsam bilden die Modellvorstellungen zugleich das Fundament für die später durchgeführten simulationsbasierten Bewertungen. Aufgrund der spezifischen Ausgestaltung der Simulationsmodelle und deren exklusiver Bedeutung für den ersten der beiden Hauptteile wird auf die Methodik der simulationsbasierten Bewertung erst in Kap. 5 eingegangen.

3.2 Binomialmodell nach COX/ROSS/RUBINSTEIN (1979)

3.2.1 Einperiodiges Grundmodell

Das Binomialmodell von COX/ROSS/RUBINSTEIN (1979) ist eines der bekanntesten Modelle zur Bewertung von Optionen und setzt auf einer diskreten Modellierung der Preisentwicklung des Underlyings auf.[124] In jeder Periode Δt kann sich der handelbare Underlyingkurs S_t auf zwei verschiedene Weisen entwickeln. Eingeschränkt auf eine einperiodige Betrachtungsweise ergibt sich hieraus der folgende Binomialbaum:[125]

123 Darstellung in Anlehnung an Baecker et al. 2003, S. 26.

124 Vgl. hier und im Folgenden Cox et al. 1979, S. 232f.

125 Hier und im Folgenden impliziert ein einperiodiges Modell, dass zwei Zeitpunkte (zu Beginn und zum Ende der Periode) betrachtet werden.

Abb. 4: Struktur des Binomialmodells im Ein-Perioden-Fall.

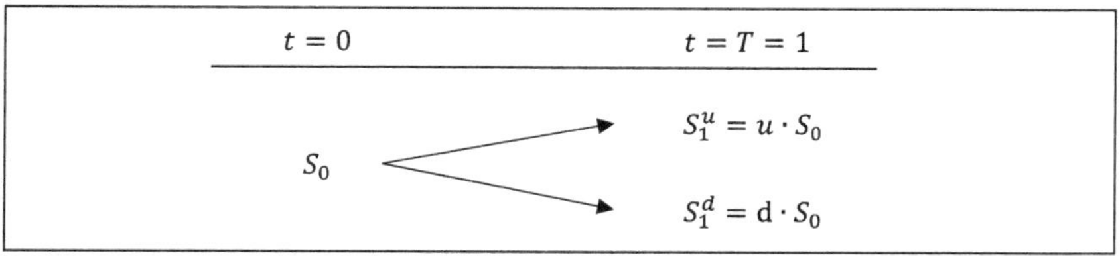

Dabei bezeichnet u den Zustand eines gestiegenen Underlyingpreises („up") und d den Zustand eines gesunkenen Underlyingpreises („down"). Als Zahlungsstruktur der Option in t=T=1 ergibt sich $PO_T^i = \max\left(S_T^i - K;0\right)$ mit i ∈ {d, u}, wobei K den Ausübungspreis der Option in T angibt.[126] Es besteht nun die Möglichkeit die Optionsrückflüsse durch den Kauf von Δ Anteilen des Underlyings und eine risikolose Geldanlage/-aufnahme in Höhe von B zu duplizieren. Der risikolose Zinssatz r wird dabei im Modell als konstant und für die Geldanlage/-aufnahme als identisch angesetzt.[127] Da das Duplikationsportfolio in t=T=1 zu den zustandsabhängigen Rückflüssen PO_T^i führen soll, müssen folgende beiden Gleichungen simultan erfüllt sein:

$$B \cdot (1+r) + \Delta \cdot S_T^u = PO_T^u \tag{3–1}$$

$$B \cdot (1+r) + \Delta \cdot S_T^d = PO_T^d \tag{3–2}$$

Hieraus ergeben sich für das Duplikationsportfolio die Mengen:

$$\Delta = \frac{PO_T^u - PO_T^d}{S_T^u - S_T^d} \tag{3–3}$$

$$B = \frac{S_T^u \cdot PO_T^d - S_T^d \cdot PO_T^u}{\left(S_T^u - S_T^d\right) \cdot (1+r)} \tag{3–4}$$

126 Hier und im Folgenden wird stets – soweit nicht anders angegeben – von einer Kaufoption ohne Dividendenzahlungen ausgegangen.

127 Im Vergleich zu der Arbeit von Cox/Ross/Rubinstein (1979) ist zu beachten, dass die Variable r in der Ursprungsquelle nicht als Zinssatz, sondern als Zinssatz plus eins definiert ist, wodurch die Formeln von den hier vorgestellten auf den ersten Blick abweichen. Unter Beachtung der unterschiedlichen Definition hebt sich dieser Unterschied jedoch auf. Vgl. Cox et al. 1979, S. 232ff.

Aufgrund der Arbitragefreiheitsannahme muss der Preis der Option exakt dem Preis des Duplikationsportfolio in t=0 entsprechen, da beide zu denselben Rückzahlungen führen. Andernfalls könnte durch den Kauf der Option und den (Leer-)Verkauf des Duplikationsportfolios bzw. durch den (Leer-)Verkauf der Option und den Kauf des Duplikationsportfolios im Sinne einer Hedgingstrategie ein Arbitragegewinn erzielt werden. Folglich kann der einzige rationale bzw. faire Wert der Option OW_0 wie folgt bestimmt werden:[128]

$$OW_0 = \Delta \cdot S_0 + B \tag{3–5}$$

Sind die Anteile Δ und B des Duplikationsportfolios bekannt, kann also unmittelbar auf den Optionswert geschlussfolgert werden. Werden zudem die Formeln (3–3) und (3–4) in (3–5) eingesetzt und p definiert als $p \equiv \frac{1+r-d}{u-d}$ folgt als Bewertungsgleichung

$$OW_0 = \frac{p \cdot PO_T^u + (1-p) \cdot PO_T^d}{1+r} \tag{3–6}$$

Auf die Interpretation der mit p bzw. (1-p) definierten sogenannten Pseudowahrscheinlichkeiten wird später im Rahmen der risikoneutralen Bewertung noch näher eingegangen.[129] An dieser Stelle sei jedoch darauf hingewiesen, dass zwischen der Argumentation über ein Duplikationsportfolio mit der Bewertungsgleichung (3–5) und der Verwendung risikoneutraler Pseudowahrscheinlichkeiten mit der Bewertungsgleichung (3–6) lediglich mathematische Umformungen stehen, d.h. die Grundkonzeption der Bewertung und die Annahme arbitragefreier Märkte in beiden Ansätzen identisch sind.

Das nun folgende Zahlenbeispiel verfolgt gleich mehrere Zielsetzungen. Zum einen dient es der Illustration der Bewertungsmethodik und der Verdeutlichung elementarer Zusammenhänge wie insbesondere (a) der Irrelevanz der Risikoeinstellung eines Entscheidungsträgers, die durch Duplikationsargumente besonders deutlich wird, und (b) der Irrelevanz des realen Drifts des Underlyings für den Optionswert, die sich insbesondere in der risikoneutralen Bewertung zeigt.[130] Zum anderen bildet es in seinen verschiedenen Facetten unmittelbar die Entscheidungssituation der

128 Vgl. hier und im Folgenden Cox et al. 1979, S. 234. Die einzige Annahme über die Präferenzen der Entscheidungsträger, die dieser Aussage zugrunde liegt, ist, dass sie „mehr Geld" gegenüber „weniger Geld" bevorzugen. Vgl. Bank und Gerke 2005, S. 236 und Kempf und Trapp 2011, S. 574. Wie später noch gezeigt wird, ist die Risikoeinstellung hingegen vollkommen irrelevant.

129 Vgl. hierzu auch Cox et al. 1979, S. 235f.

130 Unter dem Drift wird in Anlehnung an die Literatur in der gesamten Arbeit die durchschnittliche Rendite des betrachteten Underlyings pro Zeiteinheit verstanden. Vgl. Hull 2012, S. 361. Auf hierbei zu beachtende Besonderheiten aufgrund der Doppeldeutigkeit der erwarteten Rendite wird in Kap. 5.2.1.1 näher eingegangen. Vgl. hierzu auch anschaulich Hull 2012, S. 386f. Zudem wird der Begriff in der

ersten experimentellen Untersuchung in Kap. 6.3 ab und liefert damit den Vergleichsmaßstab für rationales Verhalten. In dem Beispiel wird noch von Besonderheiten der Realoptionsbewertung abstrahiert, dennoch wird das Zahlenbeispiel vereinfacht bereits im Kontext von Kraftwerksoptionen eingeordnet.

Ein handelbares Underlying besitze den Preis S_0=50 GE in t=0. Nach einer Periode (in t=1) wird der Preis mit einer jeweiligen Wahrscheinlichkeit von 50% auf $S_1^u = 70$ GE steigen oder auf $S_1^d = 30$ GE fallen.[131] Es existiert ferner eine Option, die das Recht verbrieft, das Underlying in t=1 zu einem Preis von K = 50 GE zu kaufen. Die Option führt zu den folgenden zustandsabhängigen Auszahlungen: Falls das Underlying auf den Preis $S_1^u = 70$ GE steigt, kann durch die Optionsausübung das Underlying für K = 50 GE gekauft und für $S_1^u = 70$ GE verkauft werden. Der Überschuss beträgt folglich 20 GE. Fällt der Preis des Underlyings hingegen auf $S_1^d = 30$ GE, wird die Option nicht ausgeübt, da der Ausübungspreis oberhalb des Wertes S_1^d liegt. Der Überschuss beträgt somit 0 GE. Der risikolose Zins wird vereinfachend mit 0% angenommen.[132] Exemplarisch übertragen in den Kontext realer Kraftwerksoptionen entspricht S_0 dem aktuellen Strompreis, S_1^u und S_1^d den zustandsabhängigen Strompreisen in einer Periode und K den variablen Kosten des Kraftwerks. Aufgrund der Kraftwerksflexibilität wird dieses nur dann in einer Periode zur Stromproduktion eingesetzt, wenn S_1^u eintritt, d.h. der zukünftige Strompreis die variablen Kosten des Kraftwerks übersteigt. Folglich resultieren auch hier die asymmetrischen Optionsrückzahlungen mit einem Überschuss in Höhe von 20 GE in Zustand u und einem Nullergebnis in Zustand d.

Aus den Rückzahlungen der Option kann mithilfe des vorgestellten Binomialmodells von Cox/Ross/Rubinstein (1979) der Wert der Kaufoption in t=0 bestimmt werden.[133] Mit $u = \frac{S_1^u}{S_0} = 1{,}4$ und $d = \frac{S_1^u}{S_0} = 0{,}6$ folgt $p \equiv \frac{1+r-d}{u-d} = 0{,}5$. Der Wert der Option beträgt damit

$$OW_0 = \frac{p \cdot PO^u + (1-p) \cdot PO^d}{1+r} = \frac{0{,}5 \cdot 20}{1} = 10.$$

Literatur uneinheitlich als „der Drift“ oder „die Drift“ verwendet. Im Rahmen dieser Arbeit wird stets „der Drift“ gewählt.

131 Der reale Drift des Underlyings beträgt in dieser Zahlenkonstellation folglich exakt null (= $\frac{0{,}5 \cdot 70GE + 0{,}5 \cdot 30GE}{50GE} - 1$). Auf die Bedeutung des realen Drifts wird später näher eingegangen. Die realen Eintrittswahrscheinlichkeiten (hier in Höhe von 50%) sind für die Optionsbewertung irrelevant. Zur besseren Veranschaulichung wird jedoch von gleichwahrscheinlichen Zuständen ausgegangen. Bezüglich des Einflusses der Eintrittswahrscheinlichkeiten auf das deskriptive Entscheidungsverhalten vgl. Abbink und Rockenbach 2006, S. 502ff.

132 Aufgrund der Annahme eines vollständigen und vollkommenen Kapitalmarktes wird an dieser Stelle nicht zwischen Soll- und Habenzinssatz unterschieden.

133 Vgl. hierzu die vorherige Modellvorstellung sowie Cox et al. 1979, S. 234.

Aus der Theorie heraus existiert folglich ein einziger, rationaler Optionswert. Dass dieser unabhängig von der Risikoeinstellung des Entscheiders Gültigkeit besitzt, ist die unmittelbare Konsequenz des Bewertungsansatzes der Optionspreistheorie und von entscheidender Bedeutung für die vorliegende Arbeit.[134] Mithilfe der Arbitragefreiheitsannahme soll dies daher im Folgenden über die Duplikation der Option verdeutlicht werden. Jedwede Optionswerturteile, die von 10 GE abweichen, können hierdurch als eindeutige Irrationalität im Bewertungsprozess klassifiziert werden.

Der Kauf von 0,5 Anteilen des Underlyings und eine Geldaufnahme von 15 GE zum risikolosen Zinssatz in t=0 führt zu einem Portfolio, das das Rückzahlungsprofil der Option exakt nachbildet. Die Werte ergeben sich hierbei aus den Formeln (3–3) und (3–4) für Δ und B. Steigt der Underlyingpreis in t=1 auf $S_1^u = 70$ GE, so besitzt das Duplikationsportfolio – wie die Option – einen Wert in Höhe von 20 GE $(= 0{,}5 \cdot 70GE - 15GE)$, fällt der Preis auf $S_1^d = 30$, so beträgt der Wert in beiden Fällen genau 0 GE $(= 0{,}5 \cdot 30GE - 15GE)$. Aufgrund der identischen zustandsabhängigen Rückzahlungen müssen sich folglich auch die Preise des Duplikationsportfolios und der Option in t=0 entsprechen. Der Preis für das Duplikationsportfolio lässt sich – wie bereits in der Optionswertermittlung mithilfe von Formel (36) indirekt geschehen – einfach bestimmen und liegt in t=0 bei 10 GE $(= 0{,}5 \cdot 50GE - 15GE)$.

Wird nun zunächst von einer Preisbereitschaft für den Kauf der Option ausgegangen, die höher liegt als 10 GE, veranschaulichen Tab. 4 und Tab. 5 die Konsequenzen. Eine solche Preisbereitschaft kann grundsätzlich durch eine subjektive Bewertung eines risikoaffinen Akteurs ohne Berücksichtigung des Kapitalmarktes motiviert werden. Das Rückzahlungsprofil der Option hätte in diesem Fall jedoch durch den Kauf des Duplikationsportfolios günstiger erworben werden können.[135] Zu erkennen ist dies daran, dass die zustandsabhängigen Rückzahlungen des Optionskaufs in Tab. 4 und des Kaufs des Duplikationsportfolios in Tab. 5 identisch sind, während die Kaufpreiszahlung für die Option den Preis des Duplikationsportfolios in t=0 um 2 GE übersteigt.[136] Hierdurch wird deutlich, dass sich sowohl risikoaverse als auch risikoneutrale und risikoaffine Entscheider mit dem Kauf des Duplikationsportfolios gegenüber dem Optionskauf besser stellen. Die Irrationalität der zu hohen Preisbereitschaft und damit einhergehend die Höhe des rationalen Optionswert hängt folglich nicht von der Risikoeinstellung des Investors ab.

---

134 Dies ist insbesondere für den ersten Teil der experimentellen Studie in Kap. 6.3 der Fall.

135 Über ein Hedgeportfolio kann entsprechend argumentiert werden, dass ein Optionspreis, der über dem des Duplikationsportfolios liegt, dazu führt, dass durch den (Leer-)Verkauf der Option und den Kauf des Duplikationsportfolios Arbitragegewinne möglich sind.

136 In dem Beispiel liegt die Preisbereitschaft mit 12 GE genau 2 GE zu hoch. Wie zu erkennen ist, gilt die Irrationalität jedoch für jede Preisbereitschaft, die 10 GE übersteigt.

Tab. 4: Cashflows des Optionskaufs für 12 GE

	Anzahl	**t=0**	**t=1**	
			up	down
Option	1	-12 GE	+20 GE	0 GE
Summe		**-12 GE**	**+20 GE**	**0 GE**

Tab. 5: Cashflows des alternativen Duplikationsportfolios

	Anzahl	**t=0**	**t=1**	
			up	down
Underlying	0,5	-25 GE	+35 GE	+15 GE
Konto[137]	15 GE Aufnahme	+15 GE	-15 GE	-15 GE
Summe		**-10 GE**	**+20 GE**	**0 GE**

Neben einer zu hohen Preisbereitschaft ist auch eine zu geringe Zahlungsbereitschaft irrational. Diese kann grundsätzlich aus risikoaversem Verhalten und einer subjektiven Bewertung ohne Berücksichtigung des Kapitalmarktes resultieren. Die Fortführung des Beispiels in Tab. 6 zeigt, dass eine maximale Zahlungsbereitschaft unterhalb des Optionswertes dazu führt, dass dem Investor Arbitragegewinne, die mittels eines Hedgings der Option erreicht werden können, entgehen. Unter Hedging wird dabei eine Absicherung der Optionsrisiken durch gezielte, gegenläufige Transaktionen verstanden.[138] Das Hedging einer Option erfolgt über den Verkauf des Duplikationsportfolios der Option, in obigem Beispiel also durch den (Leer-)Verkauf von 0,5 Anteilen des Underlyings und einer Geldanlage in Höhe von 15 GE. Exemplarisch wird im Folgenden angenommen, ein Investor sei maximal 8 GE für die Optionen zu zahlen bereit, die Option werde jedoch für 9 GE am Markt angeboten. Unter diesen Annahmen ist der Investor folglich nicht bereit, die Option zu erwerben. Tab. 6 zeigt jedoch, dass ihm hierdurch ein Arbitragegewinn in Höhe von 1 GE entgeht. In dem Beispiel existiert dieser immer dann, wenn die maximale Zahlungsbereitschaft kleiner als 10 GE ist. Als Zwischenfazit kann also festgehalten werden, dass auch Preisbereitschaften, die negativ vom Optionswert abweichen, unabhängig von der Risikoeinstellung des Investors irrational sind.

137 Da stets von einem risikolosen Zinssatz in Höhe von 0% ausgegangen wird, ist die Geldanlage/aufnahme über ein separates Konto prinzipiell überflüssig.

138 Vgl. Hull 2012, S. 481f. Allgemein definiert werden kann Hedging wie folgt. „A hedge is the offset of a given position by an equal and opposite position, in which the effect of the offset reduces or eliminates the effects of a value change in both". Shoup 2012, S. 187.

Tab. 6: Arbitragegewinne bei einem Optionspreis in Höhe von 9 GE

	Anzahl	**t=0**	**t=1**	
			up	down
Option	1	-9 GE	+20 GE	0 GE
Underlying	-0,5	+25 GE	-35 GE	-15 GE
Konto	15 GE Anlage	-15 GE	+15 GE	+15 GE
Summe		**+1 GE**	**0 GE**	**0 GE**

Neben der Irrelevanz der Risikoeinstellung fällt in dem dargestellten Beispiel auf, dass der rationale Optionswert und der Erwartungswert der zukünftigen Optionsrückflüsse ($0{,}5 \cdot 20GE + 0{,}5 \cdot 0GE = 10GE$) übereinstimmen. Ursache für diese Identität ist, dass der reale Drift des Underlyings (= $\frac{0{,}5 \cdot 70GE + 0{,}5 \cdot 30GE}{50GE} - 1$) genau dem risikolosen Zinssatz entspricht, der mit 0% angenommen wurde.[139] Wird der reale Drift, d.h. die reale prozentuale Wertveränderung des Underlyings pro Periode, hingegen variiert, d.h. von tendenziell steigenden oder fallenden Preisen des Underlyings ausgegangen, weicht der Optionswert vom Erwartungswert ab. Der rationale Optionswert entspricht damit nicht stets dem risikolos diskontierten Erwartungswert der Optionsrückzahlungen, sondern ist unabhängig von dem realen Drift des Underlyings. Zur Illustration wird nachfolgend obiges Beispiel aufgegriffen und der rationale Optionswert bei negativem und positivem Drift aufgezeigt. Auch diese Erweiterung des Beispiels ist Bestandteil der späteren experimentellen Studie. Die Existenz eines positiven bzw. negativen Drifts kann dabei durch eine risikoaverse bzw. risikoaffine Bewertung des Underylings durch die Marktteilnehmer motiviert werden.

Es wird zunächst davon ausgegangen, dass der Erwartungswert des Underlyings geringer ist als der aktuelle Preis des Underlyings. Angenommen sei, dass der Preis des Underlyings in t=1 entweder auf $S_1^u = 65$ GE steigt oder auf $S_1^d = 20$ GE fällt. Der Erwartungswert des Underlyingpreises ist fo lglich 42,50 GE, d.h. der reale Drift beträgt -15%. Alle anderen Annahmen bleiben gleich. Übertragen auf Kraftwerksoptionen wird somit eine Konstellation betrachtet, in der von tendenziell fallenden Strompreisen ausgegangen wird. Der Optionswert kann wie zuvor mithilfe des Binomialmodells ermittelt werden. Mit $u = \frac{S_1^u}{S_0} = 1{,}3$ und $d = \frac{S_1^u}{S_0} = 0{,}4$ folgt $p = \frac{1 + r - d}{u - d} = 0{,}67$. Der Wert der Option beträgt damit:

139 Vgl. hier und im Folgenden Hull 2012, S. 330. Die Annahme eines realen Drifts in Höhe von 0% impliziert eine Risikoneutralität des Marktes in der Underlyingbewertung.

$$OW_0 = \frac{p \cdot PO^u + (1-p) \cdot PO^d}{1+r} = \frac{0,67 \cdot 15GE}{1} = 10GE$$

Unabhängig von dem negativen Drift liegt der rationale Optionswert erneut bei 10 GE, obwohl der Erwartungswert der Optionsrückzahlungen nun lediglich 7,5 GE ($= 0,5 \cdot 15GE + 0,5 \cdot 0GE = 7,5GE$) beträgt. In Analogie zu Tab. 4, Tab. 5 und Tab. 6 zeigen Tab. 7 und Tab. 8, dass höhere, bzw. Tab. 9, dass geringere Optionswerturteile auch hier irrational sind.

Tab. 7: Cashflows des Optionskaufs für 12 GE bei negativem realen Drift des Underlyings

	Anzahl	**t=0**	**t=1**	
			up	down
Option	1	-12 GE	+15 GE	0 GE
Summe		**-12 GE**	**+15 GE**	**0 GE**

Tab. 8: Cashflows des alternativen Duplikationsportfolios bei negativem realen Drift des Underlyings

	Anzahl	**t=0**	**t=1**	
			up	down
Underlying	1/3	-50/3 GE	+65/3 GE	+20/3 GE
Konto[140]	20/3 GE Aufnahme	+20/3 GE	-20/3 GE	-20/3 GE
Summe		**-10 GE**	**+15 GE**	**0 GE**

Tab. 9: Arbitragegewinne bei einem Optionspreis in Höhe von 9 GE bei negativem realem Drift des Underlyings

	Anzahl	**t=0**	**t=1**	
			up	down
Option	1	-9 GE	+15 GE	0 GE
Underlying	-1/3	+50/3 GE	-65/3 GE	-20/3 GE
Konto	20/3 GE Anlage	-20/3 GE	+20/3 GE	+20/3 GE
Summe		**+1 GE**	**0 GE**	**0 GE**

140 Da stets von einem risikolosen Zinssatz in Höhe von 0% ausgegangen wird, ist die Geldanlage/ aufnahme über ein separates Konto prinzipiell überflüssig.

Wird abschließend von der Wertentwicklung $S_1^u = 80$ GE und $S_1^d = 35$ GE ausgegangen, liegt ein positiver realer Drift vor, der +15% beträgt. Mit $u = \frac{S_1^u}{S_0} = 1{,}6$ und $d = \frac{S_1^u}{S_0} = 0{,}7$ folgt $p = \frac{1+r-d}{u-d} = 0{,}33$. Der Optionswert beträgt hierdurch erneut $OW_0 = \frac{p \cdot PO^u + (1-p) \cdot PO^d}{1+r} = \frac{0{,}33 \cdot 30GE}{1} = 10GE$, während der Erwartungswert über die zukünftige Preisentwicklung mit 57,50 GE und der Erwartungswert der Optionsrückzahlungen mit 15 GE ($= 0{,}5 \cdot 30GE + 0{,}5 \cdot 0GE = 15GE$) deutlich größer ist als im Falle des negativen Drifts. Tab. 10, Tab. 11 und Tab. 12 zeigen auch hier die Irrationalität abweichender Preisbereitschaften auf

Tab. 10: Cashflows des Optionskaufs für 12 GE bei positivem realen Drift des Underlyings

	Anzahl	**t=0**	**t=1**	
			up	down
Option	1	-12 GE	+30 GE	0 GE
Summe		**-12 GE**	**+30 GE**	**0 GE**

Tab. 11: Cashflows des alternativen Duplikationsportfolios bei positivem realen Drift des Underlyings

	Anzahl	**t=0**	**t=1**	
			up	down
Underlying	2/3	-100/3 GE	+160/3 GE	+70/3 GE
Konto	70/3 GE Aufnahme	+70/3 GE	-70/3 GE	-70/3 GE
Summe		**-10 GE**	**+30 GE**	**0 GE**

Tab. 12: Arbitragegewinne bei einem Optionspreis in Höhe von 9 GE bei positivem realen Drift des Underlyings

	Anzahl	**t=0**	**t=1**	
			up	down
Option	1	-9 GE	+30 GE	0 GE
Underlying	-2/3	+100/3 GE	-160/3 GE	-70/3 GE
Konto	70/3 GE Anlage	-70/3 GE	+70/3 GE	+70/3 GE
Summe		**+1 GE**	**0 GE**	**0 GE**

Das Beispiel hat somit zweierlei gezeigt. Eine Option besitzt einen einzigen, rationalen Wert, der nicht nur unabhängig von der Risikoeinstellung des Entscheiders, sondern auch von dem realen Drift des Underlyings ist.[141] Insbesondere dass der reale Drift keinen Einfluss auf den rationalen Optionswert hat, ist möglicherweise kontraintuitiv. Die Ursache liegt jedoch erneut in dem derivativen Charakter der Option, deren Rückzahlungen unmittelbar von der Preisentwicklung des Underlyings abhängig sind.[142] Der Erwartungswert der Optionsrückzahlungen ist hierdurch nicht die entscheidende Größe für die Optionswertermittlung.

Nichtsdestoweniger besteht – wie durch die Anwendung von Formel (3–6) in den Beispielen geschehen – durchaus auch die Möglichkeit, den rationalen Wert einer Option mittels Erwartungswertbildung zu bestimmen, indem die bereits angesprochenen risikoneutralen Pseudowahrscheinlichkeiten verwendet werden.[143] Mathematisch wird hierdurch ein Maßwechsel von $\mathbb{P}$ nach $\mathbb{Q}$ durchgeführt.[144] Die folgenden beiden Bedingungen müssen die Pseudowahrscheinlichkeiten simultan erfüllen:

$$p_u^{\mathbb{Q}} + p_d^{\mathbb{Q}} = 1$$

$$p_u^{\mathbb{Q}} \cdot S_T^u + p_d^{\mathbb{Q}} \cdot S_T^d = S_0 \cdot (1+r) \cdot$$ [145]

141 Die Aussage basiert auf der Annahme vollkommener und vollständiger Märkte. Mit Blick auf Kap. 6 sei an dieser Stelle ferner bereits darauf hingewiesen, dass die risikolose Geldanlage/-aufnahme für die Argumentation dann überflüssig ist, wenn der risikolose Zinssatz 0% beträgt und der Investor ausreichend Kapital besitzt.

142 Vgl. exemplarisch Deutsch 2008, S. 152f. Würden die beiden zuletzt betrachteten Optionen zu dem Erwartungswert ihrer Rückzahlungen gehandelt, d.h. in dem Fall des negativen Drifts zu 7,50 GE und in dem Fall des positiven Drifts zu 15 GE, so ergäbe sich wie gezeigt in beiden Fällen die Möglichkeit zu Arbitragegewinnen.

143 Vgl. hier und im Folgenden Meintrup und Schäffler 2005, S. 394f. Im Rahmen dieser Arbeit wird mitunter von dem „naiven Erwartungswert“ gesprochen, der in Abgrenzung zu dem hier betrachteten Erwartungswert der Erwartungswert bei der Verwendung der realen Eintrittswahrscheinlichkeiten ist.

144 Vgl. Hull 2012, S. 341, S. 396f. und 785ff. In Anlehnung an die Literatur wird das Wahrscheinlichkeitsmaß für die risikoneutrale Welt mit $\mathbb{Q}$ gekennzeichnet. Reale Eintrittswahrscheinlichkeiten beziehen sich hingegen auf das Maß . Allgemein ist zu beachten, dass die Martingaltheorie im Rahmen dieser Arbeit nicht vertieft, sondern lediglich als Instrument verwendet wird, um optionspreisrelevante Zusammenhänge aufzuzeigen.

145 Durch die zweite Bedingung wird S zu einem Martingal. Vgl. Meintrup und Schäffler 2005, S. 395. Das Martingalmaß $\mathbb{Q}$ ist dann das sogenannte äquivalente Martingalmaß zu $\mathbb{P}$, wenn $\mathbb{Q}$ und $\mathbb{P}$ äquivalent sind, d.h. dieselben Nullmengen haben und der diskontierte Preisprozess von S unter $\mathbb{Q}$ ein Martingal ist, d.h. der bedingte Erwartungswert von S unter $\mathbb{Q}$ dem aktuellen Wert S_0 entspricht, formal also $EW^{\mathbb{Q}}\left(\frac{S_T}{1+r}\right) = S_0$ gilt. Vgl. Meintrup und Schäffler 2005, S. 399.

Hierbei bezeichnen $p_u^{\mathbb{Q}}$ bzw. $p_d^{\mathbb{Q}}$ die risikoneutralen Pseudowahrscheinlichkeiten für den Eintritt des Zustandes *u* bzw. *d*. Beide Bedingungen sind in dem Modell von Cox/Ross/Rubinstein (1979) erfüllt, weshalb sich der Optionswert in Formel (3-6) als $OW_{t=0} = \frac{1}{1+r} EW_0^{\mathbb{Q}}(PO_T)$ ergibt.[146] Der Wert einer Option entspricht demnach dem risikolos diskontierten Erwartungswert der zukünftigen Zahlungen unter dem äquivalenten Martingalmaß Q.[147] Dass die realen Eintrittswahrscheinlichkeiten der Zustände *u* und *d* in der vorgestellten Bewertung keine Rolle gespielt haben, lässt sich am besten wie folgt verdeutlichen.[148]

In den Bewertungen bei negativem und positivem Drift lagen die verwendeten Pseudowahrscheinlichkeiten $p_u^{\mathbb{Q}}$ bei 67% bzw. bei 33% und wichen damit von den tatsächlichen Eintrittswahrscheinlichkeiten um 50% ab. [149] Die hierdurch in der Bewertung bzw. in der Erwartungswertbildung modellierten Drifts des Underlyings bestimmen sich folglich als $\frac{EW_0^{\mathbb{Q}}(S_T)}{S_0} - 1 = \frac{0{,}67 \cdot 65GE + 0{,}33 \cdot 20GE}{50GE} - 1 = 0$ für den Fall des negativen realen Drifts und $\frac{EW_0^{\mathbb{Q}}(S_T)}{S_0} - 1 = \frac{0{,}33 \cdot 80GE + 0{,}67 \cdot 35GE}{50GE} - 1 = 0$ für den Fall des positiven realen Drifts. Dies bedeutet, dass durch die Bewertungsmethodik in beiden Fällen implizit von einem Drift in Höhe von null, d.h. einem Drift in Höhe des risikolosen Zinssatzes ausgegangen wurde.[150] Im Umkehrschluss

146 Vgl. Cox et al. 1979, S. 234. Das Underlying wird durch die Verwendung der Pseudowahrscheinlichkeiten zu einem Martingal, wodurch sein risikolos diskontierter Erwartungswert seinem Wert im Bewertungszeitpunkt entspricht.

147 Da durch die Wahrscheinlichkeitstransformation, d.h. den Maßwechsel, die Bewertung in einer „risikolosen Welt" erfolgt, können die zukünftigen Erwartungswerte als Sicherheitsäquivalente klassifiziert und mit dem risikolosen Zinssatz diskontiert werden. Vgl. Baecker et al. 2003, S. 24f. und Crasselt 2003, S. 24. Die Risikoeinstellung des Entscheiders ist hierfür irrelevant. Vgl. Baecker et al. 2003, S. 24.

148 Die Unabhängigkeit von den realen Eintrittswahrscheinlichkeiten bzw. dem realen Drift und der Risikoeinstellung des Investors sind miteinander verbunden. Vgl. Hull 2012, S. 330.

149 Nur im ersten betrachteten Fall entsprachen die Pseudowahrscheinlichkeiten den realen Eintrittswahrscheinlichkeiten. Hierbei handelte es sich jedoch um einen Sonderfall, in dem die Wertidentität aus der gleichen Höhe des realen Drifts und des risikolosen Zinssatzes resultierte.

150 Die Begründung für die Verwendung des risikolosen Zinssatzes als risikoneutraler Drift des Underlyings einer Aktienoption macht Boyle (1977) besonders deutlich: „Cox and Ross (1976) have shown that the assumption of risk neutrality can be used to obtain solutions of option valuation problems. This assumption implies that

hat die Verwendung der Pseudowahrscheinlichkeiten im Rahmen der risikoneutralen Bewertung also dazu geführt, dass die realen Eintrittswahrscheinlichkeiten und damit einhergehend die realen Drifts in Höhe von -15% bzw. +15% für die Bewertung irrelevant sind.

Die Bewertung über Duplikationsportfolien wie exemplarisch gezeigt und die Anpassung der realen Drifts, wie sie implizit in der Bewertungsfunktion des Binomialmodells bzw. in der risikoneutralen Bewertung durchgeführt wird, sind folglich zwei Seiten einer Medaille, die zu demselben Ergebnis führen. Wie eingangs erwähnt, ist im Rahmen dieser Arbeit der Gedankengang über ein Duplikationsportfolio insbesondere für die experimentelle Studie hilfreich, während die risikoneutrale Bewertung und die soeben explizit vorgestellte Anpassung des Drifts unmittelbare Grundlage für die stochastischen Simulationsbewertungen in Kap. 5.3 bilden. Grundsätzlich sind die Konzepte jedoch identisch, wie es auch unmittelbar aus der Äquivalenz der Formeln (3–5) und (3–6) in der Darstellung des Binomialmodells zu erkennen ist. Nachfolgend wird das einperiodige Modell um eine mehrperiodige Betrachtungsweise erweitert, die ebenfalls Grundlage der Entscheidungssituation der experimentellen Studie ist und gleichzeitig zu einer Überleitung des Binomialmodells in das BLACK/SCHOLES-Modell führt.

3.2.2 Mehrperiodiges Bewertungsmodell

Das vorgestellte einperiodige Modell kann in eine mehrperiodige Betrachtungsweise überführt werden, ohne dass die bisher getroffenen Aussagen ihre Gültigkeit verlieren. Mit Blick auf den weiteren Verlauf der Arbeit ist eine solche Erweiterung zwingend notwendig, um den Einfluss unterschiedlicher Restlaufzeiten auf den Wert realer Optionen analysieren zu können. Das nachfolgend verwendete Zahlenbeispiel weicht von dem bisherigen Beispiel ab. Dies ist der Tatsache geschuldet, dass erneut die spätere experimentelle Entscheidungssituation abgebildet werden soll, diese sich jedoch aufgrund der unterschiedlichen Schwerpunktsetzungen in den Experimentteilen zwischen der ein- und der mehrperiodigen Betrachtungsweise unterscheidet.

Analog zu den bisherigen Ausführungen kann im mehrperiodigen Kontext der rationale Wert einer Option über den Preis des Duplikationsportfolios bestimmt werden. Zu beachten ist jedoch nun, dass das Duplikations- bzw. Hedgeportfolio aufgrund von Preisschwankungen des Underlyings im Zeitablauf kontinuierlich angepasst werden muss, um die Option zu jedem Zeitpunkt nachzubilden bzw. gegen

---

the equilibrium rate of return on all assets and in particular the common stock is equal to the risk-free rate. Hence the expected return on the stock is given by $E\left(\frac{S_T}{S_t}\right) = e^{r\cdot(T-t)}$." Boyle 1977, S. 328. Auf Anpassungen des risikoneutralen Drifts bei der Bewertung von kraftwerksspezifischen Realoptionen wird später in Kap. 5 eingegangen.

Wertschwankungen abzusichern. Die Wertveränderung der Option muss stets zu einer entgegengerichteten Wertveränderung des Duplikationsportfolios führen. Um wie viele Geldeinheiten der Wert einer Option bei einer marginalen Veränderung des Underlyingpreises steigt bzw. fällt, wird durch das sogenannte Delta der Option angegeben.[151] Aus diesem Grund spricht man bei der kontinuierlichen Absicherung auch von dynamischem Deltahedging.[152] Dieses führt im Ergebnis dazu, dass auch im Mehrperiodenfall der Optionswert exakt dem Wert des kontinuierlich angepassten Duplikationsportfolios entspricht.[153]

Gegeben sei eine Kaufoption auf ein Underlying mit einem Wert von $S_0 = 0$ in t=0. In jeder Periode steigt oder fällt das Underlying um 5 GE. Die Restlaufzeit der Option beträgt zehn Perioden, der risikolose Zinssatz 0% und der Ausübungspreis der Option 0 GE.[154] Übertragen auf ein Kraftwerk liegt also die Möglichkeit vor, den Spread des Kraftwerks (*S*) in zehn Perioden zu erwirtschaften, sofern dieser positiv ist (*K=0*), oder aber die Stromproduktion auszusetzen. Der zehnperiodige Binomialbaum in Abb. 5 veranschaulicht die möglichen Underlyingpreisentwicklungen inklusive der Optionsauszahlungen $PO_{T=10}$ in t=10 und deren Eintrittswahrscheinlichkeiten $w(PO_{T=10})$.

Abb. 5: Binomialbaum der möglichen Entwicklungen des Underlyings und deren Eintrittswahrscheinlichkeiten.

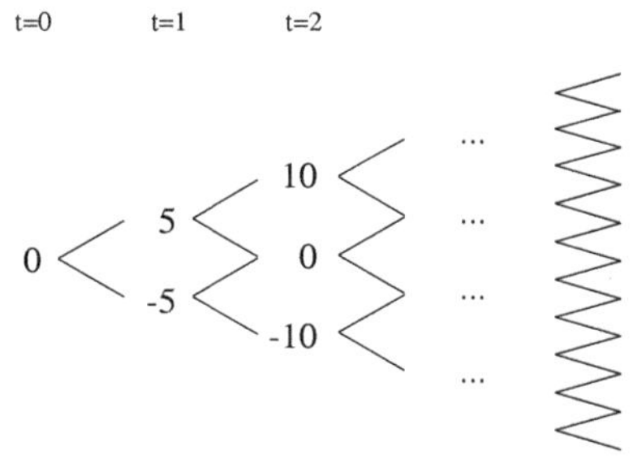

$S_{T=10}$	$PO_{T=10}$	$w(PO_{T=10})$
50	50	1/1.024
40	40	10/1.024
30	30	45/1.024
20	20	120/1.024
10	10	210/1.024
0	0	252/1.024
-10	0	210/1.024
-20	0	120/1.024
-30	0	45/1.024
-40	0	10/1.024
-50	0	1/1.024

151 Vgl. Hull 2012, S. 338. Wie noch verdeutlicht werden wird, entspricht das Delta der Option, das für die kontinuierliche Absicherungsstrategie von Bedeutung ist, dem bereits eingeführten Parameter Δ. Vgl. Hull 2012, S. 338.

152 Vgl. hier und im Folgenden Hull 2012, S. 481ff.

153 Die Aussage gilt nur, wenn alle Parameter zutreffend prognostiziert wurden, das heißt z. B. die eingetretene Volatilität der ex-ante in der Optionsbewertung verwendeten Volatilität entspricht.

154 Die Länge der Perioden wird an dieser Stelle nicht näher definiert. Dies ist unkritisch, da der risikolose Zinssatz mit 0% angenommen wurde und die möglichen Wertentwicklungen unmittelbar je Periode angegeben sind.

Um eine solche Option mithilfe des Cox/Ross/RUBINSTEIN-Modells zu bewerten, ist ein sogenanntes Roll-Back-Verfahren anzuwenden, in dem von dem Ende der Optionslaufzeit T ausgehend die Optionswerte in den einzelnen Knotenpunkten des Binomialbaums sukzessive bestimmt werden, bis ein Wert für den Zeitpunkt $t=0$ erreicht ist.[155] Das zuvor vorgestellte Bewertungsmodell kann also unmittelbar auf den mehrperiodigen Kontext übertragen werden, wobei die in Kap. 3.2 vorgestellten Formeln für die wiederholte Anwendung im Roll-back-Verfahren geringfügig angepasst werden müssen. Um für alle Knoten des Binomialbaums in Abb. 5 Gültigkeit zu besitzen, werden die Formeln (3–1) und (3–2) verallgemeinert zu

$$\Delta_t \cdot S_{t+1}^u + B_t(1+r) = OW_{t+1}^u \text{ und } \qquad \Delta_t \cdot S_{t+1}^d + B_t(1+r) = OW_{t+1}^d$$

mit Δ_t als Anteilen des Underlyings im Duplikationsportfolio im Zeitpunkt t, B_t als Betrag des risikolosen Geldkontos im Zeitpunkt t, S_{t+1}^u (S_{t+1}^d) dem Preis des Underlyings in t+1, sofern dieser von t zu t + 1 gestiegen (gefallen) ist, und OW_t^u bzw. OW_t^d als Optionswert im Zustand u bzw. d im Zeitpunkt t.[156] Analog zu (3–3) und (3–4) folgt hieraus für das periodenspezifische Δ_t und B_t

$$\Delta_t = \frac{OW_{t+1}^u - OW_{t+1}^d}{S_{t+1}^u - S_{t+1}^d} \qquad (3-7)$$

$$B_t = \frac{OW_{t+1}^d \cdot S_{t+1}^u - OW_{t+1}^u \cdot S_{t+1}^d}{(S_{t+1}^u - S_{t+1}^d)\cdot(1+r)} \qquad (3-8)$$

und für den Optionswert OW im Zeitpunkt t

$$OW_t = \Delta_t \cdot S_t + B_t \,. \qquad (3-9)$$

Der auf diese Weise mit dem mehrperiodigen Binomialmodell von Cox/Ross/RUBINSTEIN (1979) ermittelte Optionswert liegt für die betrachtete Option in t=0 bei 6,15 GE. Dass dieser Wert aufgrund der Arbitragefreiheitsbedingung erneut unabhängig von der Risikoeinstellung des Entscheidungsträgers der einzige rationale Optionswert ist, soll im Folgenden kurz durch eine exemplarische Vorstellung eines dynamischen Deltahedgings verdeutlicht werden, da es für den Aussagehalt theoriebasierter Optionswerte als entscheidungsträgerunabhängiger Maßstab für rationales Verhalten im Rahmen dieser Arbeit allgemein und insbesondere für die experimentelle Untersuchung in Kap. 6 von besonderer Bedeutung ist.[157]

---

155 Vgl. Crasselt 2003, S. 28 und Hull 2012, S. 333ff.

156 Vgl. zur Übertragung in den mehrperiodigen Kontext Cox et al. 1979, 236ff.

157 Die folgende Darstellung erfolgt in Anlehnung an Hull 2012, S. 485ff. Exemplarisch stellt Hull (2012) ein kontinuierliches Hedging einer verkauften Kaufoption auf Aktien vor. Durch die Short-Position in der Option führt das Hedgeportfolio somit – spiegelbildlich zu dem hier vorgeführten Beispiel – zu kumulierten Kosten

Aus den möglichen Preisverläufen in dem in Abb. 5 dargestellten Binomialbaum wird exemplarisch der Verlauf S_0 = 0 GE, S_1 = 5 GE, S_2 = 10 GE, S_3 = 5 GE, S_4 = 0 GE, S_5 = -5 GE, S_6 = 0 GE, S_7 = 5 GE, S_8 = 10 GE, S_9 = 15 GE, S_{10} = 10 GE gewählt. Die Systematik der Vorgehensweise ist jedoch vollkommen unabhängig von dem gewählten Preispfad. Um ein risikoloses Gesamtportfolio während der gesamten Preisentwicklung als Bewertungsgrundlage zu gewährleisten, muss zu jedem Zeitschritt das zustands- und zeitabhängige Duplikationsportfolio der Option bestehend aus Δ_t Anteilen des Underlyings und einer risikolosen Geldanlage/-aufnahme in Höhe von B_t bestimmt und (leer-)verkauft werden.

In der Ausgangssituation sind in t=0 genau 0,5 Anteile (=Δ_0) des Underlyings (leer)verkauft und 6,15 GE[158] (=B_0) als Kredit aufzunehmen.[159] Aufgrund des Underlyingpreises S_0=0 GE entstehen in dem ersten Schritt keine Ein- bzw. Auszahlungen aus der Underlyingtransaktion. Nach einer Periode steigt Δ_1 auf 0,64, da der Preis des Underlyings gestiegen ist, das heißt, das ursprüngliche Hedgeportfolio muss angepasst werden, damit das Gesamtportfolio risikolos bleibt. Die Anpassung erfolgt durch den Verkauf von weiteren 0,14 Anteilen (=Δ_1-Δ_0) des Underlyings zu dem in t=1 gültigen Preis S_1=5. Es entstehen folglich Einzahlungen in Höhe von 0,68 GE, die unmittelbar den Stand des Geldkontos B erhöhen.[160] Auf diese Weise sind wie in Tab. 13 dargestellt auch in den Perioden zwei bis zehn Anpassungen vorzunehmen. Es zeigt sich, dass bei hohen Preisen von S_t stets das Underlying verkauft und bei niedrigen Preisen von S_t das Underlying zurückgekauft wird. Hierdurch führt die Hedgingstrategie sukzessive zu Gewinnen, die kumulativ exakt dem Optionswert entsprechen.

---

in Höhe des Optionswertes und nicht zu kumulierten Erlösen in Höhe des Optionswertes.

158 Dass in dem vorliegenden Fall B_0 genau dem Wert der Option entspricht, ist ein Sonderfall und liegt an S_0=0. Allgemein ergibt sich der Optionswert in t=0 wie in Formel (3–9) gezeigt durch $OW_0 = \Delta_0 \cdot S_0 + B_0$.

159 Die zur Berechnung von Δ_0 und B_0 notwendigen OW_1^u und OW_1^d müssen zunächst sukzessive vom Ende der Optionslaufzeit T zurückgerechnet werden. Auf eine explizite Darstellung der Berechnung wird an dieser Stelle verzichtet, da es sich lediglich um eine zehnfache, periodenspezifische Verwendung von Formel (3–7) und Formel (3–8) handelt.

160 Hinweis: Der negative Stand wird also verringert.

Tab. 13: Exemplarische Darstellung der kontinuierlichen Deltahedging-Strategie[161]

t	S_t	Δ_t	B_t	**Gekaufte(+) / verkaufte(-) Anteile des Underlyings**	**Einzahlungen(+)/Auszahlungen(-) der Underlyingtransaktionen**	**Kum. Ein-(+)/ Auszahlungen(-) der Underlyingtransaktionen**	**Stand des Geldkontos**	**Geldanlage(-)/ aufnahme(+)**
0	0	0,50	6,15	-0,50	0,00	0,00	-6,15	6,15
1	5	0,64	5,47	-0,14	0,68	0,68	-5,47	-0,68
2	10	0,77	4,10	-0,14	1,37	2,05	-4,10	-1,37
3	5	0,66	4,69	0,12	-0,59	1,46	-4,69	0,59
4	0	0,50	4,69	0,16	0,00	1,46	-4,69	0,00
5	-5	0,31	3,75	0,19	0,94	2,40	-3,75	-0,94
6	0	0,50	3,75	-0,19	0,00	2,40	-3,75	0,00
7	5	0,75	2,50	-0,25	1,25	3,65	-2,50	-1,25
8	10	1,00	0,00	-0,25	2,50	6,15	0,00	-2,50
9	15	1,00	0,00	-0,00	0,00	6,15	0,00	0,00
10	10	1,00	0,00	-0,00	0,00	**6,15**	0,00	0,00

In dem Beispiel beträgt der Saldo aller Ein- und Auszahlungen der Hedgingstrategie am Ende der Laufzeit 6,15 GE. Das Geldkonto ist ausgeglichen (0 GE). Die Option selber endet im Geld, wird also ausgeübt und führt zu Einzahlungen in Höhe von S_T=10 GE. Die Einzahlung der Optionsausübung wird jedoch verwendet um die leerverkauften Anteile des Underlyings (Δ_{10}=1) aus der Hedgingstrategie zurückzukaufen (für S_T=10 GE) und somit auch die Underlyingposition auszugleichen. Der Gesamterlös der mehrperiodigen Option unter Durchführung einer vollkommenen dynamischen Deltahedgingstrategie beträgt folglich 6,15 GE. Da hier weiterhin von einem risikolosen Zinssatz von 0% ausgegangen wird, darf ein risikoloses Portfolio (bestehend aus Option und Hedgeportfolio) unter Einhaltung der Arbitragefreiheitsbedingung keinen Gewinn und keinen Verlust erzielen. Folglich muss die Option in t=0 einen Preis in Höhe der Erlöse des Hedgeportfolios, also in Höhe von 6,15 GE besitzen.[162]

161 Die Darstellung erfolgt in Anlehnung an Hull 2012, S. 485.

162 Wie zu zeigen war, entspricht der Wert folglich dem zuvor mithilfe des Modells von Cox/Ross/Rubinstein (1979) ermittelten Optionswertes. Durch die dynamische Hedgingstrategie kann dieser in dem Modellrahmen mit Sicherheit vereinnahmt werden.

Das Beispiel hat gezeigt, dass die Aussage der Existenz eines einzigen rationalen Optionswertes unabhängig von der Risikoeinstellung des Entscheiders auch bei Optionslaufzeiten über mehrere Perioden gilt. Die Gesamterlöse des dynamischen Deltahedgings entsprechen genau dem rationalen Optionswert, der sich auch aus dem Modell von Cox/Ross/Rubinstein (1979) ergibt. Bei einem geringeren Wert wären über den Verkauf des Duplikationsportfolios, d.h. über die Hedgingstrategie, Arbitragegewinne möglich. Bei einem höheren Wert könnten durch den Kauf des Duplikationsportfolios die gleichen Rückflüsse günstiger erworben werden.[163]

Neben der besonderen Bedeutung des mehrperiodigen Ansatzes für die experimentelle Studie in Kap. 6 dieser Arbeit eignet sich die Betrachtung der aufgezeigten Modellerweiterung aus einem weiteren Grund. Durch die Erhöhung der Periodenanzahl kann eine Überleitung des Binomialmodells von Cox/Ross/Rubinstein (1979) zu dem wohl bekanntesten Modell zur Optionsbewertung von Black/Scholes (1973) erfolgen.[164] Im Gegensatz zum Binomialmodell geht dieses nicht von diskreten Zeitpunkten aus, sondern modelliert die Entwicklung des Underlyings als kontinuierlichen Prozess.[165] Auf eine mathematische Überleitung der Modelle wird an dieser Stelle verzichtet, der gedankliche Zusammenhang kann jedoch auf einfache Art und Weise deutlich gemacht werden.[166] Wird in dem mehrperiodigen Ansatz die Anzahl der Perioden sukzessive erhöht, so verringert sich bei konstanter Restlaufzeit der Option die Länge der einzelnen Perioden, bis sie schließlich gegen null strebt.[167] Auf diese Weise wird erreicht, dass sich der Preis des Underlyings in dem Modell annähernd kontinuierlich verändern kann, und unter entsprechender Berücksichtigung der periodenbezogenen Einflussgrößen, dass die resultierende Renditeverteilung des Underlyings über die Gesamtlaufzeit nicht nur zwei Ausprägungen annehmen, sondern durch eine Normalverteilung beschrieben werden kann.[168] Beide Aspekte führen dazu, dass sich die Preismodellierung mithilfe eines Binomialbaums der Verwendung eines kontinuierlichen Preisprozesses im Modell

---

163 Während die aufgezeigten Zusammenhänge von grundlegender theoretischer Bedeutung sind, wird in dem späteren Experiment aus Komplexitätsgründen für die Experimentteilnehmer jedoch bewusst auf das dynamische Deltahedging verzichtet. Der Verzicht dient einer Komplexitätsreduktion in dem Experiment, wodurch eine experimentelle Analyse der intuitiven Wahrnehmung mehrperiodiger Optionsrestlaufzeiten erst möglich wird.

164 Vgl. Cox et al. 1979, S. 248.

165 Vgl. zu dem Modell von Black/Scholes (1973) Kap. 3.3.

166 Vgl. zur mathematischen Überleitung der Modelle Cox et al. 1979, S. 246ff.

167 Vgl. Cox et al. 1979, S. 248.

168 Vgl. Cox et al. 1979, S. 246 und Crasselt 2003, S. 28f. Die Normalverteilung der logarithmierten Rendite des Underlyings ist eine zentrale Eigenschaft in dem Modell von Black/Scholes (1973). Vgl. Kap. 3.3.

von Black/Scholes (1973) annähert und letztlich zu identischen Optionswerten führt.[169]

Aufgrund der besonderen Bedeutung des Black/Scholes-Modell für die gesamte Optionspreistheorie und seiner speziellen Bedeutung als Grundlage für die Bewertung von Optionen auf Basis stochastischer Prozesse in simulationsbasierten Bewertungsansätzen, wie sie in Kap. 5 angewendet werden, soll das Modell im Folgenden kurz vorgestellt werden. Hierbei wird mit Blick auf die Ausrichtung dieser Arbeit auch darauf eingegangen, wie das Verfahren für die Bewertung von Kraftwerksoptionen erweitert werden kann, denen ein Spread als Underlying zugrunde liegt, und welche Grenzen einer solchen Erweiterung gesetzt sind.

3.3 Optionspreismodell nach Black/Scholes (1973) und relevante Erweiterungen

Wie das Modell von Cox/Ross/Rubinstein (1979) beruht das für die gesamte Optionspreistheorie grundlegende Modell von Black/Scholes (1973)[170] auf der zentralen Annahme arbitragefreier Märkte und damit einhergehend auf dem Bewertungskonzept der Duplikation.[171] Anders als das Binomialmodell berücksichtigt es jedoch einen stetigen Prozess für die Preisentwicklung des Underlyings.[172] Zur Duplikation der Optionsrückflüsse sind daher kontinuierliche Portfolioanpassungen notwendig.[173] Das resultierende risikolose Portfolio muss sich unter der Arbitragefreiheitsbedingung mit dem risikolosen Zinssatz verzinsen.[174] Hieraus folgt, dass die Entwicklung des Aktienkurses dem risikolosen Zinssatz gleichgesetzt werden kann und die reale Rendite des Underlyings auch in dem Modell von Black/Scholes (1973) vollkommen irrelevant ist.[175] Die zentrale Bewertungsformel (3–10) des

---

169 Vgl. Copeland et al. 2008, S. 298f. Wie Cox/Ross/Rubinstein (1979) in ihrem Aufsatz selbst betonen, kann dies nicht überraschen, da beide Modelle auf der identischen Bewertungsidee, nämlich der Verbindung zwischen der Option und ihrem Duplikat, beruhen. Vgl. Cox et al. 1979, S. 250.

170 In enger Anlehnung an die Arbeit von Black/Scholes (1973) und in kurzem zeitlichen Abstand veröffentliche Merton (1973) eine Erweiterung und Verallgemeinerung des Bewertungsansatz. Vgl. Merton 1973, S. 142ff. Aus diesem Grund wird mitunter auch von dem Black-Scholes-Merton Modell gesprochen. Vgl. Hull 2012, S. 382.

171 Vgl. Black und Scholes 1973, S. 637 und Perridon et al. 2012, S. 553.

172 Vgl. Black und Scholes 1973, S. 640 und Copeland et al. 2008, S. 298. Wie in Kap. 3.2.2 geschildert sind die Modelle ineinander überführbar.

173 Vgl. Black und Scholes 1973, S. 642.

174 Vgl. Black und Scholes 1973, S. 641 sowie ausführlich Kap. 3.2.1.

175 Vgl. hierzu ausführlich Kap. 3.2.1 und Boyle 1977, S. 328 sowie hier und im Folgenden Black und Scholes 1973, S. 644.

Black/Scholes-Modells zur Bestimmung des Wertes einer europäischen Kaufoption auf Aktien enthält folglich keinen Parameter für den realen Drift des Underlyings:[176]

$$OW_{t=0} = S_0 \cdot N(d_1) - K \cdot e^{-r(T-t)} N(d_2) \qquad (3\text{–}10)$$

mit

$$d_1 = \frac{\ln\left(\frac{S_0}{K}\right) + \left(r + \frac{\sigma^2}{2}\right)(T-t)}{\sigma\sqrt{T-t}}$$

$$d_2 = d_1 - \sigma\sqrt{T-t}$$

Neben den bereits bekannten Parametern bezeichnet σ die Volatilität des Underlyings, t den Bewertungsstichtag, d.h. T-t die Restlaufzeit der Option in t, und $N(d)$ die kumulative Verteilungsfunktion der Standardnormalverteilung an der Stelle d. Analog zum Modell von Cox/Ross/Rubinstein (1979) ergibt sich der Optionswert auch hier als risikolos diskontierter Erwartungswert der Optionsrückzahlungen in der risikoneutralen Welt.[177]

Zur Bewertung von kraftwerksbezogenen Realoptionen ist das Modell jedoch aus gleich mehreren Gründen ungeeignet. Insbesondere basiert die Optionsbewertung des Black/Scholes-Modells auf einer einzigen Unsicherheitsquelle und kann daher keine Spreadoptionen bewerten.[178] Eine Modellerweiterung präsentierte Margrabe (1978), die es ermöglicht, zwei separate Unsicherheitsquellen zu modellieren.[179] In

176 Vgl. Black und Scholes 1973, S. 644 und Hull 2012, S. 398. Auf eine Herleitung der Bewertungsformel wird an dieser Stelle verzichtet. Nachvollzogen werden kann sie jedoch z. B. in Copeland et al. 2008, S. 331ff. und Deutsch 2008, S. 99ff.

177 Wird Gleichung (3–10) umgestellt zu $OW_{t=0} = e^{-r(T-t)}[S_0 \cdot N(d_1)e^{r(T-t)} - K \cdot N(d_2)]$ und $N(d_2)$ als Ausübungswahrscheinlichkeit der Option in der risikoneutralen Welt sowie $S_0 \cdot N(d_1)e^{r(T-t)}$ als Erwartungswert des Aktienkurses – sofern dieser größer als K ist – in der risikoneutralen Welt interpretiert, so wird der Zusammenhang besonders deutlich. Vgl. Hull 2012, S. 399. Dass der Aktienkurs mit dem risikolosen Zinssatz zunächst fortentwickelt und anschließend diskontiert wird und hierdurch in Gleichung (3–10) nicht im Zusammenhang mit r auftaucht, ist für die Bewertung von Kraftwerksoptionen von Bedeutung und wird in Kap. 5.3.3 näher thematisiert.

178 Auf weitere Aspekte, die einen Anpassungsbedarf in der Bewertung hervorrufen, wird im späteren Verlauf der Arbeit noch detailliert eingegangen.

179 Vgl. Margrabe 1978, S. 179. Eine nahezu identische Bewertungserweiterung präsentiert auch Fischer 1978, S. 172.

unmittelbarer Anlehnung an Gleichung (3–10) ergibt sich hiernach der Wert einer Tauschoption als:[180]

$$OW_{t=0} = S_1 \cdot N(d_1) - S_2 \cdot N(d_2) \tag{3–11}$$

mit

$$d_1 = \frac{\ln\left(\frac{S_1}{S_2}\right) + \frac{1}{2}\sigma^2 (T-t)}{\sigma\sqrt{T-t}}$$

$$d_2 = d_1 - \sigma\sqrt{T-t}$$

$$\sigma = \sqrt{\sigma_1^2 - 2\sigma_1^2 \sigma_2^2 \rho_{12} + \sigma_2^2}$$

Die Parameter S_1 und S_2 bezeichnen die beiden Unsicherheitsfaktoren sowie σ_1 und σ_2 deren Volatilität und ρ_{12} die Korrelation. Während das Margrabe-Modell mit Gleichung (3–11) grundsätzlich eine einfache und nutzenstiftende Erweiterung zur Bewertung von Spreadoptionen darstellt, unterliegt seine Anwendbarkeit im Hinblick auf Kraftwerksoptionsbewertungen noch einigen bedeutsamen Einschränkungen. Die Bewertung von Steinkohlekraftwerken und ihren impliziten Realoptionen auf den Clean Dark Spread scheitert z. B. an den Limitationen, dass nur zwei Unsicherheitsfaktoren modelliert werden können, dass Verbundbeziehungen zwischen einzelnen Ausübungsentscheidungen nicht abbildbar sind und dass das Modell keinen zusätzlichen Parameter für den Ausübungspreis der Option vorsieht. In der Literatur existieren in diesem Zusammenhang weitere Modellvariationen, die für die Bewertung realer Optionen häufig von Bedeutung sind.[181] Hierzu zählen insbesondere die Modelle von Geske (1979) und Carr (1988).[182] Während Geske (1979) eine Bewertungsfunktion zur Quantifizierung von Verbundoptionen herleitet, setzt Carr (1988) auf den Arbeiten von Margrabe (1978) und Geske (1979) auf und präsentiert eine Funktion zur Bewertung von verbundenen Tauschoptionen, die die vorherigen Bewertungsfunktionen inklusive Gleichung (3–10) als Spezialfälle umschließt.[183] Hierdurch können theoretisch auch Optionsinterdependenzen zwischen mehreren Spreadoptionen monetär bewertet werden, wie sie im Kraftwerkseinsatz der Regelfall sind. Da die Bewertung von Verbundoptionen jedoch nicht im Fokus dieser Arbeit liegt, haben die zuletzt genannten Modelle nur ergänzenden Charakter für die Kraftwerksbewertung. Insbesondere aufgrund der in Kap. 2.2 dargestellten Anzahl an Unsicherheitsquellen des Clean Dark Spreads wird in Kap. 5 auf simulationsbasierte Bewertungsansätze

180 Vgl. Margrabe 1978, S. 179. Die BLACK/SCHOLES-Bewertungsfunktion lässt sich als Spezialfall von Gleichung (3–11) interpretieren. Vgl. Margrabe 1978, S. 180.
181 Vgl. Trigeorgis 1996, S. 16.
182 Vgl. Carr 1988 und Geske 1979.
183 Vgl. Carr 1988, S. 1240ff. und Geske 1979, S. 65ff. sowie Trigeorgis 1996, S. 16.

zurückgegriffen. Diese werden anwendungsbezogen in Kap. 5 detailliert beschrieben, basieren jedoch auf den bis hierhin vorgestellten theoretischen Grundlagen der Optionspreismodelle.

Die kurze Vorstellung relevanter Bewertungsmodelle hat somit die Inhalte aus Kap. 3.1 und Kap. 3.2 um zeitsteige Modelle und die Quantifizierung einfacher Spreadoptionen erweitert und hierdurch die theoretische Grundlage für das weitere Vorgehen gelegt. Insbesondere jedoch hat sie einen unmittelbaren Bezug zu Kap. 5 hergestellt, in dem sofern möglich und sinnvoll die simulationsbasierten Kraftwerksbewertungen mit Modellergebnissen von BLACK/SCHOLES (1973) und Margrabe (1978) verglichen und anhand der Gleichungen (3–10) und (3–11) explizit validiert werden.

4. Zwischenfazit und theoriegestützte Gliederung des weiteren Verlaufs der Arbeit

4.1 Inhaltliches Zwischenfazit zum Grundlagenteil

Die bisher vorgestellten Grundlagen zur Einordung eines Kraftwerks als Realoption und zu Methoden der quantitativen Optionsbewertung dienen der Vorbereitung der beiden Hauptkapitel dieser Arbeit. Bevor in Kap. 5 und Kap. 6 die spezifischen und in Kap. 1 motivierten Forschungsfragen detailliert behandelt werden, soll an dieser Stelle ein kurzes Zwischenfazit gezogen werden. Dieses dient dem Ziel, die in den vorherigen Kapiteln getroffenen Kernaussagen fokussiert zusammenzufassen, um hierauf basierend die Analysen der Hauptkapitel aufbauen zu können. Entsprechend wird darauf geachtet, den jeweiligen Anknüpfungspunkt zu den späteren Kapiteln besonders hervorzuheben. Im Anschluss werden in Kap. 4.2 vorbereitend auf die beiden Hauptteile die zwei zentralen Forschungsfragen in einen theoretischen Hintergrund eingeordnet, wodurch neben den inhaltlich verbindenden Elementen insbesondere auf die unterschiedliche Schwerpunktsetzung von Kap. 5 und Kap. 6 eingegangen wird.

Realoptionen entstehen in unternehmerischen Entscheidungssituationen, die von Flexibilität, Unsicherheit und Irreversibilität geprägt sind und demzufolge eine Analogie zu Finanzoptionen aufweisen. Aufgrund dieser Strukturverwandtschaft kann in der Bewertung von Realoptionen auf die umfangreichen Grundlagen der klassischen Optionspreistheorie zurückgegriffen werden.

Operative Kraftwerksoptionen weisen insbesondere aufgrund ihrer Handelbarkeit des Underlyings eine besonders enge Analogie zu Finanzoptionen auf. Die Anwendung der Optionspreistheorie ist daher für den in Kap. 5 und Kap. 6 betrachteten, spezifischen Realoptionstyp besonders geeignet. Anpassungserfordernisse der Bewertungsmethodik verbleiben jedoch insbesondere durch die Vielzahl der Unsicherheitsquellen und die Besonderheiten der zugrunde liegenden Commodities.

Die Optionspreistheorie basiert auf der Arbitragefreiheitsannahme. Auf einem vollkommenen und vollständigen Markt existiert ein eindeutiger rationaler Optionswert, der unabhängig von der Risikoeinstellung des Investors und dem realen Drift des Underlyings ist. Die einzige Annahme über die Präferenz der Entscheidungsträger ist, dass diese „mehr Geld" gegenüber „weniger Geld" bevorzugen. Die Wertermittlung kann argumentativ sowohl über das Konzept der Duplikation als auch über die risikoneutrale Bewertung erfolgen. Die beiden Konzepte sind mathematisch äquivalent und führen entsprechend zu identischen Optionswerten. Sie bilden die konzeptionelle Grundlage für die in der Literatur zahlreich vertretenen Optionsbewertungsmodelle, so auch für die sehr bekannten Modelle von Cox/Ross/Rubinstein (1979) und Black/Scholes (1973). Im Rahmen dieser Arbeit ist der Duplikationsansatz insbesondere für die experimentelle Untersuchung in Kap. 6 relevant.

Der Ansatz der risikoneutralen Bewertung, durch den der rationale Optionswert als risikolos diskontierter Erwartungswert der Optionsrückzahlungen in einer risikoneutralen Welt bestimmt werden kann, bildet die Grundlage für simulationsbasierte Optionsbewertungen. Entsprechend ist er von herausragender Bedeutung für die Optionswertanalysen in Kap. 5 in dieser Arbeit. Insbesondere ist die Erkenntnis wichtig, dass in Anlehnung an das Modell von Black/Scholes (1973) das Underlying nicht mit dem realen Drift, sondern dem risikoneutralen Drift fortentwickelt werden muss.[184] Die Modellierung in der sogenannten risikoneutralen Welt wird üblicherweise durch das Symbol „$\mathbb{Q}$" gekennzeichnet.

Einzelheiten zur simulationsbasierten Optionsbewertung wurden mit einem Verweis auf Kap. 5 bisher noch nicht behandelt. Mit Blick auf das Einsatzgebiet stochastischer Simulationen kann jedoch vorweggreifend gesagt werden, dass diese insbesondere dann notwendig und zielführend sind, wenn komplexe Optionen zu bewerten sind, für die keine geschlossenen Bewertungsformeln vorliegen. Dies ist bei operativen Kraftwerksoptionen der Fall. Selbst die Modellerweiterungen des Black/Scholes-Modells durch Margrabe (1978) und Carr (1988) ermöglichen es nicht, die Besonderheiten kraftwerksspezifischer Spreadoptionen adäquat zu berücksichtigen.

4.2 Einordung der folgenden Hauptkapitel anhand präskriptiver und deskriptiver Entscheidungstheorien

Die Bewertung zukünftiger Handlungsflexibilität ist ein wesentlicher Teilprozess im Rahmen unternehmerischer Entscheidungsfindungsprozesse. Die Wertermittlung operativer Kraftwerksoptionen ist so z. B. maßgeblich für kurzfristige Entscheidungen über die Kraftwerksfahrweise, dient aber auch als Basis für strategische Entscheidungen über Kraftwerksneubauten oder Kraftwerksstilllegungen. Der Zusammenhang zwischen Bewertungsergebnis und Entscheidungsfindung wird dabei durch entscheidungsspezifische Kontextfaktoren geprägt. Die in Kap. 3 vorgestellten marktbasierten Bewertungsansätze der Optionspreistheorie sind unter bestimmten Voraussetzungen in der Lage, einen objektiven Wert zu ermitteln, der als Ergebnis der Bewertung und als Grundlage der Entscheidungsfindung nur eine einzige rationale Entscheidung zulässt.[185] In der Praxis liegen jedoch häufig Marktunvollkommenheiten vor, weshalb die finale Entscheidung in der Regel nicht unmittelbar durch die Bewertungsergebnisse determiniert wird. Dem verantwortlichen Manager verbleibt in solchen Situationen

184 Während der risikoneutrale Drift einer Aktie in dem Modell von Black/Scholes (1973) genau r entspricht, wird auf Besonderheiten des risikoneutralen Drifts des Underlyings eines Kraftwerks erst in Kap. 5 näher eingegangen. Vgl. hierzu auch Deutsch 2008, S. 177. Gerade die Lagerbarkeit und damit verbunden die Verwendung von Forwards als Underlyings ist ein Grund, warum Gleichungen (3–10) nicht unmittelbar für Optionen auf Commodities verwendet werden können.

185 Vgl. zur Existenz eines einzigen rationalen Optionswertes ausführlich Kap. 3.2.1.

ein Handlungsspielraum, durch den menschliche Wahrnehmungen und Einschätzungen an Bedeutung gewinnen. Neben der marktbasierten Optionsbewertung spielen dann auch individualistische Ansätze der Entscheidungstheorie eine wichtige Rolle im Entscheidungsfindungsprozess von Unternehmen.

Die allgemeine Entscheidungstheorie lässt sich in einen präskriptiven und einen deskriptiven Theoriezweig unterteilen.[186] In Analogie hierzu können auch einzelne Forschungsbeiträge dahingehend unterschieden werden, ob ihr Fokus auf der Generierung von beschreibenden (deskriptiven) oder vorschreibenden (präskriptiven) Aussagen liegt. Die in Abb. 6 dargestellte Struktur der Entscheidungstheorie steht daher, wie im Folgenden gezeigt wird, in unmittelbarem Bezug zu den verschiedenen Schwerpunktsetzungen in den beiden Hauptteilen dieser Arbeit.

Abb. 6: Elemente der Entscheidungstheorie.[187]

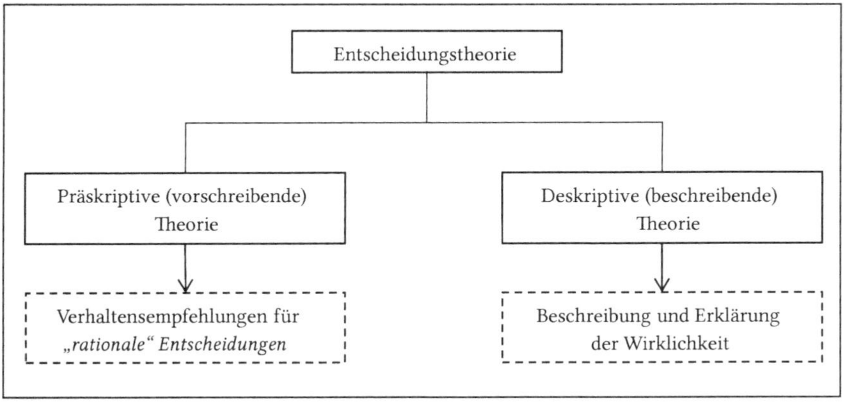

Die *präskriptive Entscheidungstheorie* hat das Ziel, Empfehlungen für optimale Verhaltensweisen in realen Entscheidungssituationen zu geben.[188] Sie will zu einer Rationalitätssteigerung im Entscheidungsprozess beitragen und wird folglich auch als normative Entscheidungstheorie bezeichnet. Welche Ziele ein Individuum verfolgen sollte, gibt die präskriptive Entscheidungstheorie nicht dogmatisch vor, sondern sie setzt an dem individuellen Zielsystem des Entscheidungsträgers an.[189] Infolgedessen

186 Vgl. hier und im Folgenden Laux 2012, S. 3f.
187 In Anlehnung an Laux 2012, S. 4 und S. 16.
188 Vgl. hier und im Folgenden Laux 2012, S. 4f. und S. 16.
189 Unter einem Zielsystem wird dabei ein widerspruchsfreies System individueller Zielvorstellungen verstanden, dass als Beurteilungsmaßstab für Entscheidungsalternativen herangezogen werden kann. Das individuelle Zielsystem ist von großer Bedeutung, um Handlungsmöglichkeiten vergleichend zu beurteilen und Entscheidungsempfehlungen ableiten zu können. Vgl. Laux 2012, S. 5, S. 13 und S. 18ff.

werden im Sinne der präskriptiven Entscheidungstheorie solche Entscheidungen als „rational“ klassifiziert, die in Einklang mit dem Zielsystem des Entscheidungsträgers stehen.[190] Neben der Explikation des Zielsystems gehören Entscheidungsmodelle zu den wichtigsten Elementen der präskriptiven Entscheidungstheorie. Diese zielen darauf ab, reale Entscheidungsprobleme soweit formal zu strukturieren, dass sie mit geeigneten Rechenverfahren gelöst werden können.[191] Der erste Hauptteil dieser Arbeit in Kap. 5 ist eindeutig diesem präskriptiven Theoriezweig zuzuordnen.[192] Die Beantwortung der Fragestellung, welchen Effekt Extremrenditen des Underlyings auf den Wert einer Kraftwerksoption entfalten, leistet einen unmittelbaren Beitrag, um in unternehmerischen Entscheidungssituationen eines Kraftwerksbetreibers rationale Entscheidungen zu treffen. Von verhaltensbasierten Verzerrungen im Entscheidungsfindungsprozess eines Kraftwerkbetreibers wird in Kap. 5 noch gänzlich abstrahiert.

Konträr zur präskriptiven Entscheidungstheorie versucht die *deskriptive Entscheidungstheorie* nicht Empfehlungen für rationales Entscheiden zu geben, sondern das in der Realität beobachtbare Verhalten von Individuen zu beschreiben und zu erklären.[193] Ihr originäres Ziel ist es, Hypothesen über zu erwartende Verhaltensmuster zu generieren, mit deren Hilfe menschliche Verhaltensweisen prognostizierbar werden. Sie setzt dabei sowohl an Ursachen von Präferenzbildungen und damit an dem Zielsystems von Entscheidungsträgern an, als auch an dem allgemeinen Informationsverarbeitungsprozess im Rahmen der Entscheidungsfindung. Treten im beobachtbaren Entscheidungsverhalten systematische Verhaltensmuster auf, die dem Zielsystem des Entscheidungsträgers widerstreben, so kann die deskriptive Entscheidungstheorie diese eindeutig als irrationale Verzerrungen klassifizieren.[194]

---

190 Vgl. Laux 2012 S. 5 und S. 41. Rationales Verhalten kann bei abweichenden Zielsystemen zwischen verschiedenen Entscheidungsträgern unterschiedlich ausfallen. Folglich besitzen viele Entscheidungssituationen keine eindeutigen rationalen Lösungen, sofern keine marktbasierte Bewertung anhand eines Duplikationsportfolios möglich ist. Vgl. hierzu Kap. 6.2.2. Unter bestimmten Umständen lassen sich jedoch irrationale Verhaltensweisen von rationalem Verhalten abgrenzen. Vgl. hierzu exemplarisch Kap. 6.2.1.

191 Vgl. Laux 2012, S. 19. In Bezug auf diese Arbeit können die bereits vorgestellten Optionspreisverfahren als Grundlage spezifischer Entscheidungsmodelle und die in Kap. 6.2.1 behandelte Erwartungsnutzentheorie als allgemeines Entscheidungsmodell der präskriptiven Entscheidungstheorie verstanden werden.

192 Der Fokus liegt allerdings nicht auf der normativen Entscheidungsempfehlung, sondern setzt an Wirkungszusammenhängen im Rahmen der rationalen Bewertungsmodelle an. Dies passt zu dem Charakter der Optionspreismodelle, die als Bewertungsinstrumente – anders als die klassischen Entscheidungstheorien wie z. B. die Erwartungsnutzentheorie – grundsätzlich nicht die eigentliche Entscheidungsregel implizieren.

193 Vgl. hier und im Folgenden Laux 2012, S. 17.

194 Für Beispiele solcher Verzerrungen vgl. Kap. 6.2.1.2 und die dort angegebene Literatur. Auch wenn die Qualitätsverbesserung von Entscheidungen nicht zu den unmittelbaren Zielen der deskriptiven Theorie gehört, so kann sie hierzu dennoch

Der zweite Hauptteil im Rahmen dieser Arbeit beschäftigt sich intensiv mit genau solchen verhaltensbasierten Effekten. Dem deskriptiven Ansatz der Entscheidungstheorie folgend wird in Kap. 6 die Fragestellung analysiert, inwiefern die intuitive Realoptionsbewertung von den theoretischen Optionspreismodellen abweicht. Ursachen und Auswirkungen auf die Bewertung von Kraftwerksoptionen stehen im Mittelpunkt des Erkenntnisinteresses.

Die beiden Forschungsprojekte im Rahmen dieser Arbeit können daher im Sinne ihrer theoretischen Ausrichtung folglich als zwei Seiten einer Medaille betrachtet werden.[195] Die Einheit des gesamten Forschungsprojektes wird dabei jedoch nicht nur durch den komplementären Theorieansatz geprägt, sondern auch durch den gemeinsamen Untersuchungsgegenstand. In beiden Hauptteilen bilden operative Kraftwerksoptionen den spezifischen Anwendungsfall der realoptionsbasierten Forschungsfragen. Trotz der recht spezifischen Fragestellungen sind die verbindenden Elemente damit unverkennbar. Abb. 7 veranschaulicht den Zusammenhang.

Abb. 7: Klassifikation der beiden Forschungsprojekte

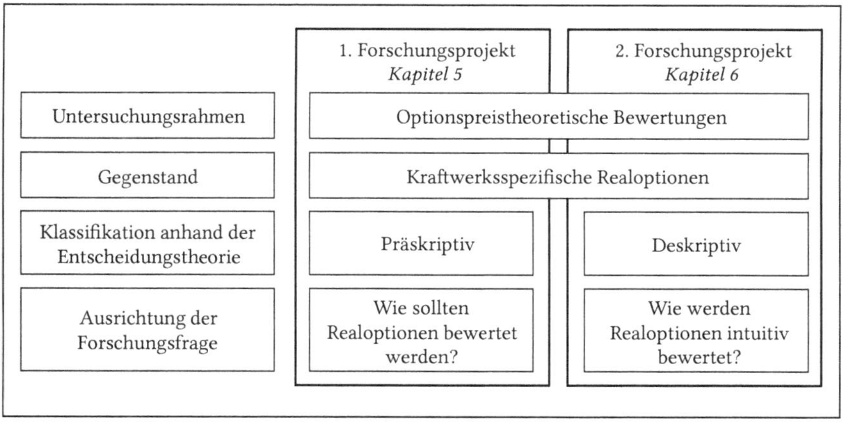

einen Beitrag leisten. Sind deskriptive Verhaltensmuster bekannt, so ist es für einen Entscheidungsträger rational diese bei sich und anderen zu antizipieren und entsprechend in das eigene präskriptive Entscheidungsmodell einfließen zu lassen. Vgl. Laux 2012, S. 17.

195 Die Aussage bezieht sich weniger auf die spezifische Ausgestaltung der kapitelbezogenen Forschungsfragen und Vorgehensweisen als vielmehr auf die entscheidungstheoretische Einordnung und den grundlegenden Zusammenhang der beiden Kernfragen.

Den allgemeinen Teil dieser Arbeit abschließend konnte auf diese Weise der grundlegende Zusammenhang der beiden behandelten Forschungsfragen verdeutlicht werden. Auf die Motivation der im Detail dennoch recht unterschiedlichen Schwerpunktsetzungen wird später separat in Kap. 5.1 und Kap. 6.1 eingegangen. Auf diese Weise wird das eingangs genannte Ziel verfolgt, die beiden folgenden Hauptkapitel als eigenständig lesbare Forschungsprojekte auszugestalten, denen der Grundlagenteil als gemeinsame Basis dient.

5. Auswirkungen empirischer Renditeverteilungen in Commoditypreisen auf die Bewertung kraftwerksspezifischer Realoptionen

5.1 Einleitung

5.1.1 Problemstellung und Zielsetzung

Zur Bewertung unternehmerischer Entscheidungssituationen, die durch Handlungsflexibilität und Unsicherheit geprägt sind, kann grundsätzlich auf Verfahren zur Quantifizierung aktienbasierter Finanzoptionen zurückgegriffen werden.[196] Zu den bekanntesten dieser Verfahren zählen das Binomialmodell von Cox/Ross/Rubinstein (1979) und das Modell von Black/Scholes (1973), die in Kap. 3.2 und Kap. 3.3 vorgestellt wurden. Um den operativen Einsatz eines Kraftwerks als reale Spreadoption eines Kraftwerksbetreibers bewerten zu können, bedarf es jedoch einer Erweiterung der finanzmarktorientierten Modelle. Diese Notwendigkeit ergibt sich insbesondere aus den multiplen Unsicherheitsquellen, die auf den kraftwerksspezifischen Spread wirken.[197] Als zielführende Möglichkeit hierfür hat sich in der Literatur die Verwendung von simulationsbasierten Ansätzen bewährt.[198]

Mit Blick auf die existierenden Optionspreismodelle ist jedoch zu beachten, dass diese häufig eine Normalverteilung der logarithmierten Renditen des Underlyings voraussetzen.[199] Die beiden sehr bekannten analytischen Modelle von Black/Scholes (1973) und Margrabe (1978) sind hierfür beispielhaft.[200] Durch die Normalverteilungsannahme verdichten die Modelle die empirische Renditeverteilung auf ihren Erwartungswert und ihre Varianz, die als Verteilungsparameter in die Bewertung

---

196 Zum zugrunde liegenden Analogieschluss zwischen Finanz- und Realoptionen vgl. ausführlich Kap. 2.1.

197 Vgl. Kap. 2.2. In dem Black/Scholes-Modell kann lediglich eine einzige Unsicherheitsquelle berücksichtigt werden, in der Modellerweiterung durch Margrabe (1978) zwei Unsicherheitsquellen. Vgl. Kap. 3.3. Für Optionen auf den Clean Dark Spread sind jedoch vier volatile Marktpreise relevant. Vgl. Kap. 2.2.

198 Vgl. Carmona und Durrleman 2003, S. 643ff. Eine geschlossene Lösung zur Bewertung von Spreadoptionen präsentieren hingegen Venkatramanan und Carol 2011, S. 454ff.

199 Vgl. exemplarisch Black und Scholes 1973, S. 640 und Hull 2012, S. 382ff. Im Rahmen dieser Arbeit werden die Begriffe „logarithmierte Rendite“ und „Logrendite“ synonym verwendet. Unter einer Logrendite wird der logarithmierte Quotient aus dem Preis zu einem Zeitpunkt t und dem Preis zum Zeitpunkt t-1 verstanden.

200 Vgl. Black und Scholes 1973, S. 640 und Margrabe 1978, S. 177f.

eingehen.[201] Von der Normalverteilung abweichende Besonderheiten der empirischen Renditen werden hingegen vernachlässigt. Neben den analytischen Verfahren sind bemerkenswerterweise häufig auch die simulatorischen Verfahren explizit mit normalverteilten logarithmierten Renditen in den Preispfaden ausgestaltet, obwohl sich diese gerade durch ihre flexiblen Ausgestaltungsmöglichkeiten auszeichnen.[202]

Für die Bewertung kraftwerksbezogener Realoptionen ist die Annahme normalverteilter logarithmierter Renditen mit Blick auf energiemarktbezogene Commodities problematisch. Eine Vielzahl empirischer Studien kommt zu dem Ergebnis, dass die Preisentwicklungen im Strommarkt und in den Brennstoffmärkten signifikante Abweichungen von der Normalverteilung aufweisen.[203] Hieraus ergibt sich unmittelbar die Fragestellung, welchen Einfluss die vereinfachende Bewertungsannahme normalverteilter Logrenditen auf den Wert realer Kraftwerksoptionen hat. Insbesondere durch das überproportional häufige Auftreten von Extremrenditen, das sich in sogenannte „Fat Tails" in den empirisch beobachtbaren Renditeverteilungen der Commodities niederschlägt, können Verzerrungen hervorgerufen werden.[204] Dieses berücksichtigend konkretisiert sich das Untersuchungsfeld in Kap. 5 zu der Forschungsfrage, welchen Einfluss Fat Tails in den Renditeverteilungen der Commodities des Clean Dark Spreads auf den Optionswert der operativen Flexibilität eines Steinkohlekraftwerks ausüben.

Die Zielsetzung der Analyse ist zweigeteilt. Zunächst soll modelltheoretisch der Einfluss von Fat Tails auf den Optionswert untersucht werden. Hierbei gilt es, den Zusammenhang zwischen der Moneyness der Option, d.h. dem Quotienten aus Underlyingpreis und Ausübungspreis, der Stärke der Fat Tails und der Höhe des Optionswerts grundlegend zu analysieren. Anschließend sollen auf Basis empirischer Preisentwicklungen die Auswirkungen auf kraftwerksspezifische Optionen simulationsbasiert untersucht und verzerrende Effekte durch die Normalverteilungsannahme quantifiziert werden. Expliziter Bestandteil der Zielsetzung ist es an

201 Neben der Varianz, d.h. der Volatilität der Commodityrenditen, sind für den Optionswert grundsätzlich der aktuelle Wert des Underlyings, der Ausübungspreis und die Restlaufzeit der Option sowie der risikolose Zinssatz relevant. Vgl. Perridon et al. 2012, S. 350ff. Das dritte und vierte zentrale Moment der Renditeverteilung (Schiefe υ und Wölbung ω) bleiben aufgrund der Normalverteilungsannahme (d.h. $\upsilon = 0$, $\omega = 3$) häufig unerwähnt. Vgl. Hull 2012, S. 477ff. sowie zu den zentralen Momenten im Kontext von Commoditypreisen exemplarisch Geman 2005, S. 52ff.

202 Vgl. exemplarisch Borchert und Hasenbeck 2009, S. 119ff., Gardner und Zhuang 2000, S. 12, Tseng und Barz 2002, S. 304.

203 Vgl. exemplarisch Bottazzia et al. 2005, S. 54ff., Eberlein und Stahl 2003, S. 32ff., Eydeland und Wolyniec 2003, S. 73ff. und Weron 2009, S. 460ff.

204 Unter Fat Tails wird dabei die gegenüber der Normalverteilung höhere Wahrscheinlichkeit für besonders große positive oder negative Preisveränderungen verstanden. Vgl. Danielsson 2011, S. 16. Fat Tails können anhand der Wölbung der Verteilung gemessen werden. Für normalverteilte Renditen liegt die Wölbung bei $\omega = 3$, Fat Tails erhöhen diesen Wert. Vgl. Mittag 2014, S. 192.

dieser Stelle, einen konkreten Anwendungsbezug herzustellen und die Auswirkungen der zuvor gewonnenen Erkenntnisse anhand der simulationsbasierten Kraftwerksbewertung in einer praxisnahen Problemstellung zu illustrieren. Vorgelagert werden hierzu die historischen Renditeverteilungen der betrachteten Commodities auf signifikante Abweichungen gegenüber der Normalverteilung getestet. Neben den Auswirkungen auf die Optionswerte werden auch die Optionsdeltas betrachtet, die insbesondere für die Risikoabsicherung von Kraftwerkspositionen von Relevanz sind. Die energiemarktspezifische Besonderheit einer ansteigenden Volatilität der Forwardpreise bei abnehmender Restlaufzeit wird dabei ebenso berücksichtigt wie die notwendigen Anpassungen bei der Modellierung risikoneutraler Driftraten von Commodities, die sich systematisch von den Driftraten bei der Bewertung klassischer Aktienoptionen unterscheiden.[205]

5.1.2 Gang der Untersuchung

Die grundlegenden Zusammenhänge der Optionspreistheorie, die das Fundament der folgenden Analysen bilden, wurden bereits in Kap. 3 ausführlich dargestellt. Hierauf aufbauend wird in Kap. 5.2.1 zunächst der Einfluss von Fat Tails auf den Optionswert und das Optionsdelta in einem einperiodigen Rahmen modelltheoretisch analysiert. Sofern notwendig werden die bereits präsentierten Grundlagen zielsetzungsgerecht spezifiziert und vertieft. Durch diese Analyse wird bereits ein grundlegender Erkenntnisgewinn über den Einfluss der Renditeverteilung auf den Optionswert generiert. Zudem dient das Kapitel der Vorbereitung der folgenden Monte-Carlo-Simulationen.

Im Anschluss erfolgt in Kap. 5.2.2 eine empirisch-deskriptive Analyse historischer Preisentwicklungen der relevanten Commodities, die die Datenbasis der stochastischen Simulationen bilden. Das Ziel ist es, die Normalverteilungshypothese in der verwendeten Datenbasis empirisch zu testen. Die Relevanz der Fragestellung kann zudem anhand der historischen Marktpreise verdeutlicht werden. Ergänzend wird auf Ergebnisse anderer Studien Bezug genommen, die für den Strommarkt, aber auch für die Brennstoffmärkte Fat Tails als charakteristische Abweichungen von der Normalverteilung klassifizieren.

Die Auswirkungen der unterschiedlichen Verteilungsannahmen auf den Wert kraftwerksspezifischer Optionen und auf die Deltas der Optionen werden anschließend in Kap. 5.3 auf Basis empirischer Renditeverteilungen analysiert, indem mit Hilfe von stochastischen Simulationen verteilungsbedingte Abweichungen quantifiziert werden. Der konkrete Anwendungsbezug soll hierdurch veranschaulicht werden. Neben dem Transfer der Bewertungsanalysen in eine praxisnahe Bewertungssituation steht die Abhängigkeit des Optionswertes und des Optionsdeltas

205 Vgl. zur Volatilitätsstruktur exemplarisch Clewlow und Strickland 1999, S. 4 und zur Modellierung risikoneutraler Driftraten Geman 2005, S. 98ff. und Putney 2005, S. 73.

von der Ausprägung der Fat Tails in den Renditeverteilungen als Analyseergebnis im Mittelpunkt der Untersuchung. Die Simulationsgrundlage bilden die Forwardpreisentwicklungen aller relevanten Einflussgrößen des Clean Dark Spreads. Den Untersuchungsgegenstand bilden folglich operative Kraftwerksoptionen von Steinkohlekraftwerken. Nachdem der Untersuchungsgegenstand (Kap. 5.3.1), die verwendete Methodik (Kap. 5.3.2) sowie die Ausgestaltung und Kalibrierung (Kap. 5.3.3) der Modelle in dieser Arbeit näher vorgestellt worden sind, erfolgt die Ergebnispräsentation in Kap. 5.3.4.

In Kap 5.4 werden abschließend die Ergebnisse der einzelnen Teiluntersuchungen zusammengefasst und gegenüberstellend eingeordnet. Das Kapitel ist von besonderer Bedeutung, da es die Interpretation der Ergebnisse kritisch diskutiert und darauf aufbauend die verschiedenen Teilergebnisse weitergehend analysiert.

5.2 Vorgelagerte analytische und empirische Analysen

5.2.1 Analytische Untersuchung zum Einfluss der Renditeverteilung

5.2.1.1 Hintergründe und Vorüberlegungen

Der Optionswert entspricht dem risikolos diskontierten Erwartungswert der Optionsrückzahlungen unter dem äquivalenten Martingalmaß $\mathbb{Q}$.[206] Für die Erwartungswertbildung sind daher risikoneutrale Pseudowahrscheinlichkeiten bzw. der risikoneutrale Drift des Underlyings zu verwenden.[207] Der reale Drift des Underlyings ist hingegen für die Bewertung eines Derivats irrelevant. Dieser Zusammenhang der risikoneutralen Bewertung wird im Folgenden genutzt, um Auswirkungen unterschiedlicher Verteilungsannahmen bezüglich der Rendite des Underlyings auf den Optionswert zu analysieren.[208] Insbesondere wird dabei auf die Verwendung des risikoneutralen Drifts zur Modellierung des Preispfades des Underlyings zurückgegriffen.[209] In der Literatur existieren unterschiedliche Notationen zur Integration des Drifts, auf die im Folgenden kurz eingegangen werden soll. Dies geschieht mit dem Ziel, Transparenz über die ineinander überführbaren Ansätze für das weitere Vorgehen zu schaffen und den zentralen Zusammenhang zwischen der mittleren

---

206 Vgl. hierzu ausführlich Kap. 3.

207 Vgl. Deutsch 2008, S. 177. Die dargestellte Wahrscheinlichkeitstransformation in dem Modell von COX/ROSS/RUBINSTEIN (1979) in Kap. 3.2 ist eine spezielle Form der risikoneutralen Bewertung, bei der der risikoneutrale Drift implizit über die Wahrscheinlichkeitstransformation Verwendung findet.

208 Einzig für den Fall, dass der reale Drift dem risikoneutralen Drift entspricht, sind der naive Erwartungswert unter $\mathbb{P}$ und der risikoneutrale Erwartungswert unter $\mathbb{Q}$ identisch. Die Annahme wertgleicher Drifts unter $\mathbb{P}$ und $\mathbb{Q}$ ist jedoch nicht notwendig für die weitere Analyse.

209 Vgl. hierzu Deutsch 2008, S. 155.

bzw. erwarteten Rendite, dem Driftparameter im Preisprozess und dem Erwartungswert des Preises zu verdeutlichen.[210] Zudem wird hierüber in die in der Arbeit verwendete Notation eingeführt.

Die Modellierung eines Preisprozesses umfasst in der Regel eine deterministische und eine stochastische Komponente.[211] Als deterministische Komponente wird der risikoneutrale Drift des Underlyings gewählt, so dass eine Optionsbewertung auf Basis von Erwartungswerten ermöglicht wird.[212] Für die stochastische Komponente wird auf einen Random Walk zurückgegriffen, wodurch die einzelnen Preisschritte im Zeitablauf unabhängig und identisch (independent identically distributed, kurz *iid*) verteilt sind.[213] Durch die Verwendung des Random Walks erfüllt der Preisprozess die sogenannte Markov-Eigenschaft, d.h. ausschließlich der aktuelle Preis hat einen Einfluss auf den Preis der Folgeperiode.[214] Die Historie des Preispfades ist hingegen für die zukünftige Entwicklung irrelevant. Gleichzeitig führt der Random Walk dazu, dass sich langfristig eine Normalverteilung der logarithmierten Preisänderungen bzw. eine Lognormalverteilung des Underlyingpreises ergibt.[215]

Unterschiede zwischen den in der Literatur zu findenden Vorgehensweisen zur Modellierung des Random Walk-Prozesses und der Integration des Drifts ergeben sich dadurch, ob der Random Walk an dem Logarithmus des zu modellierenden Preises $ln(S_t)$ oder an dem Preis S_t selbst ansetzt. Die erste Alternative bezieht den Random Walk auf den Logarithmus des zu modellierenden Preises.[216] Der stochastische Prozess ist demnach:

$$dln(S_t) = \mu dt + \sigma dW \tag{5.1}$$

Die Veränderung des logarithmierten Preises in einem Zeitschritt dt hängt hier von dem Drift μ und dem Wiener-Prozess dW (mit $dW \sim X\sqrt{t}$ und $X \sim N(0,1)$) ab, der

210 Vgl. hierzu Deutsch 2008, S. 31ff.
211 Vgl. Deutsch 2008, S. 23.
212 Vgl. Deutsch 2008, S. 27.
213 Vgl. zum Konzept des Random Walks sowie zur *iid*-Eigenschaft der Einzelschritte Deutsch 2008, S. 20ff. Die gesamten folgenden Ausführungen beziehen sich auf Random Walk-Prozesse.
214 Die Markov-Eigenschaft lässt sich bereits über eine schwache Markteffizienz motivieren. Vgl. Hull 2012, S. 358f. Mit einigen empirisch beobachtbaren Effekten wie z. B. Mean Reversion ist sie jedoch nicht vereinbar.
215 Vgl. Deutsch 2008, S. 20ff. und Hull 2012, S. 365f. Als spezieller stochastischer Prozess mit diesen Eigenschaften wird am häufigsten die sogenannte geometrische Brown'sche Bewegung verwendet. Vgl. Hull 2012, S. 366 und S. 985. Hiervon abweichend sind jedoch auch zahlreiche andere Preisprozesse mit divergierenden Eigenschaften denkbar. Vgl. hierzu übersichtsartig Hull 2012, S. 744ff.
216 Vgl. hier und im Folgenden Deutsch 2008, S. 31ff.

multipliziert mit der Volatilität σ die Zufallsgröße bildet.[217] Mittels Itos Lemma kann der stochastische Prozess der logarithmischen Kursänderungen in einen Prozess für den Underlyingkurs transformiert werden:[218]

$$dS_t = S_t\left(\mu + \frac{\sigma^2}{2}\right)dt + S_t\sigma dW \tag{5.2}$$

Da dieser stochastische Prozess eine Spezifikation des allgemeinen Diffusionsprozesses $dS_t = a(S,t)dt + b(S,t)dW$ darstellt, bei dem *a(S,t)* die Driftrate und *b(S,t)* die Volatilität ist und dessen Erwartungswert $EW(dS_t) = a(S,t)dt$ entspricht, ist der Erwartungswert von Gleichung (5.2) gegeben durch $S_t\left(\mu + \frac{\sigma^2}{2}\right)dt$.[219]

Zur Simulation von Preisen sind jedoch anders als durch den stochastischen Prozess bisher modelliert diskrete Änderungen im Zeitverlauf notwendig.[220] Aus Gleichung (5.1) bzw. (5.2) kann hierzu mittels Itos Lemma und dem allgemeinen Diffusionsprozess der folgende diskrete Preisprozess approximativ abgeleitet werden:[221]

$$S_{t+\delta t} = S_t e^{\mu\delta t + \sigma\delta W} \tag{5.3}$$

Während *dt* bzw. *dW* kontinuierliche Änderungen bezeichnen, werden hier durch δt und δW diskrete Änderungen beschrieben.

In dieser ersten Vorgehensweise beschreibt der Driftparameter μ den Drift des Logarithmus von S_t und der Random Walk-Prozess setzt an diesem Logarithmus an. Es sei jedoch bereits an dieser Stelle erwähnt, dass ein Drift in Höhe von $\mu = 0$ zu dem Erwartungswert $ERW(dS_t) = S_t\left(\mu + \frac{\sigma^2}{2}\right)dt = S_t\frac{\sigma^2}{2}dt$ und damit – anders als vielleicht zu vermuten – zu einer erwarteten Veränderung des Prozesses führt, die größer als null ist. Auch der Erwartungswert von $S_{t+\delta t}$, der sich aus den Eigenschaften

217 Der Wiener-Prozess dient als bekannter Markov-Prozess in der Preissimulation als Ersatz für den nicht näher spezifizierten Random Walk. Vgl. Deutsch 2008, S. 26f. und Hull 2012, S. 360f.

218 Vgl. Deutsch 2008, S. 31. Vgl. zum Itos Lemma allgemein Deutsch 2008, S. 29f.

219 Vgl. Deutsch 2008, S. 28. Zum Unterschied zwischen den Bezeichnungen „Drift" und „Driftrate" vgl. Fußnote 224.

220 Vgl. Müller-Gronbach et al. 2012, S. 102f. und Staum 2009, S. 20.

221 Vgl. Deutsch 2008, S. 32f.

der Lognormalverteilung ableiten lässt und $ERW(S_{t+\delta t}) = S_t e^{\left(\mu+\frac{\sigma^2}{2}\right)\delta t}$ beträgt, zeigt, dass $\mu = 0$ zu $ERW(S_{t+\delta t}) > S_t$ führt.[222]

Bevor auf die hieraus resultierenden Konsequenzen für die Modellierung der risikoneutralen Driftrate näher eingegangen wird, soll zunächst die zweite Alternative vorgestellt werden. In dieser setzt der Random Walk direkt am Preis S_t an. In Analogie zu Gleichung (5.1) folgt:[223]

$$dS_t = S_t \tilde{\mu} dt + S_t \sigma dW \tag{5.4}$$

Der Preis des Underlyings ist damit wie zuvor von der Volatilität, einem Wiener-Prozess und seinem Drift abhängig. Anders als in (5.1) ist jedoch zu beachten, dass der Drift sich nun unmittelbar auf das Underlying und nicht auf dessen Logarithmus bezieht. Der Drift wird daher in (5.4) mit $\tilde{\mu}$ bezeichnet, da es sich nicht um denselben Drift wie in (5.1) handelt.[224] In Analogie zu der Umformung von (5.1) in (5.2) bzw. (5.3) ergibt sich hieraus für die beiden Fälle der infinitesimalen Änderungen und der diskreten Änderungen

$$d\ln(S_t) = \left(\tilde{\mu} - \frac{\sigma^2}{2}\right)dt + \sigma dW \tag{5.5}$$

und

$$S_{t+\delta t} = S_t e^{\left(\tilde{\mu}-\frac{\sigma^2}{2}\right)\delta t + o\delta W} \text{ [225]}. \tag{5.6}$$

222 Vgl. Hull 2012, S. 384. Zu beachten, ist dass der Erwartungswert einer logarithmischen Normalverteilung $LN(\mu,\sigma^2)$ nicht e^{μ}, sondern $e^{\mu+\frac{\sigma^2}{2}}$ ist. In der vorliegenden Notation ist folglich der Erwartungswert $ERW(S_{t+\delta t}) = S_t e^{\left(\mu+\frac{\sigma^2}{2}\right)\delta t}$. Vgl. Henking et al. 2006, S. 150.

223 Vgl. hier und im Folgenden Deutsch 2008, S. 31ff.

224 Inwiefern die beiden Drifts zusammenhängen, wird später erläutert. In Anlehnung an Deutsch 2008 werden in dieser Arbeit die Parameter μ und $\tilde{\mu}$ als Drift bezeichnet, während die driftbedingte absolute Veränderung des Underlyings $S_t\left(\mu+\frac{\sigma^2}{2}\right)$ bzw. $S_t\tilde{\mu}$ in dt aus Formel (5.2) und (5.4) als Driftrate bezeichnet werden. Vgl. Deutsch 2008, S. 28 und S. 33. Zur Modellierung von Kursentwicklungen sollte der Drift und nicht die Driftrate als konstant angenommen werden. Vgl. Hull 2012, S. 365.

225 Vgl. Deutsch 2008, S. 33.

Da der Erwartungswert von $S_{t+\delta t}$ durch $ERW(S_{t+\delta t}) = S_t e^{\tilde{\mu}\delta t}$ gegeben ist,[226] folgt bei einem Drift von $\tilde{\mu} = 0$, dass der Erwartungswert von $S_{t+\delta t}$ genau dem aktuellen Wert des Underlyings entspricht. Folglich kann festgestellt werden, dass zur risikoneutralen Modellierung eines Underlyings, bei dem der Erwartungswert genau dem aktuellen Wert entsprechen soll, nicht der Parameter μ, sondern der Parameter $\tilde{\mu}$ gleich null gesetzt werden muss.[227] Zudem wird deutlich, dass sich (5.1) und (5.5) bzw. (5.2) und (5.4) bzw. (5.3) und (5.6) für $\tilde{\mu}=\mu+\frac{\sigma^2}{2}$ exakt entsprechen. Die unterschiedliche Modellierung des Random Walks auf den Preis bzw. auf den Logarithmus des Preises wirkt sich also ausschließlich auf den Driftfaktor aus.[228]

Zu klären bleibt, welcher Driftfaktor die mittlere bzw. erwartete Rendite des Underlyings beschreibt. Dies ist von entscheidender Bedeutung für die nachfolgende Untersuchung. Wird wie in der Optionsbewertung üblich von einer stetigen Verzinsung ausgegangen und beschreibt r^* die Rendite des Underlyings, so kann die Preisentwicklung von S ganz allgemein wie folgt ausgedrückt werden:[229]

$$S_{t+\delta t} = S_t e^{r^* \delta t}$$

$$\Leftrightarrow \quad r^* = \frac{1}{\delta t} \ln\left(\frac{S_{t+\delta t}}{S_t}\right)$$

Wird für $S_{t+\delta t}$ Gleichung (5.3) eingesetzt, ergibt sich:

$$r^* = \frac{1}{\delta t} \ln\left(\frac{S_t e^{\mu\delta t+\sigma\delta W}}{S_t}\right)$$

$$\Leftrightarrow \quad r^* = \mu + \frac{\sigma}{\delta t}\delta W$$

bzw. wird für $S_{t+\delta t}$ Gleichung (5.6) statt Gleichung (5.3) eingesetzt, ergibt sich:

226 Aufgrund der Eigenschaften der Lognormalverteilung ist der Erwartungswert nicht $S_t e^{\left(\tilde{\mu}-\frac{\sigma^2}{2}\right)\delta t}$, sondern wie dargestellt $S_t e^{\tilde{\mu}\delta t}$. Vgl. Fußnote 222 sowie Kohn 2005, S. 281 und Deutsche Gesellschaft für Versicherungsmathematik 2002, S. 62.

227 Auf Einzelheiten zur Bestimmung des risikoneutralen Drifts von kraftwerksspezifischen Underlyings wird später in Kap. 5.3.3 näher eingegangen.

228 Der Parameter μ bezeichnet den Drift von $ln(S_t)$, der Parameter $\tilde{\mu}$ den Drift von S_t. Vgl. Deutsch 2008, S. 33. Da das Ergebnis unabhängig von der Modellierung sein muss, ist für den Driftfaktor der Zusammenhang $\tilde{\mu}=\mu+\frac{\sigma^2}{2}$ zu beachten. Vgl. Deutsch 2008, S. 31.

229 Vgl. hier und im Folgenden Deutsch 2008, S. 33f.

$$r^* = \frac{1}{\delta t}\ln\left(\frac{S_t e^{\left(\tilde{\mu}-\frac{\sigma^2}{2}\right)\delta t+\sigma dW}}{S_t}\right)$$

$$\Leftrightarrow \quad r^* = \tilde{\mu} - \frac{\sigma^2}{2} + \frac{\sigma}{\delta t}\delta W .$$

Da die gesuchte mittlere bzw. erwartete Rendite des Underlyings der Erwartungswert von r^* ist, folgt mit $\delta W \sim N(0, \delta t)$:

$$ERW\left(r^*\right) = \mu = \tilde{\mu} - \frac{\sigma^2}{2} .$$

Die mittlere bzw. erwartete Rendite ist folglich μ und nicht $\tilde{\mu}$.[230] Da jedoch wie bereits gezeigt der Erwartungswert der Preisveränderungen des Underlyings $ERW(\delta S) = S_t\left(\mu + \frac{\sigma^2}{2}\right)\delta t$ ist, muss die erwartete Rendite μ kleiner als null sein, damit der Erwartungswert von S_t genau S_0 entspricht.[231] Soll ein Preisprozess modelliert werden, bei dem $ERW(S_t) = S_0$ gilt, so muss folglich nicht der Driftparameter μ, sondern der Driftparameter $\tilde{\mu}$ gleich null sein. Nur mit $\tilde{\mu} = \mu + \frac{\sigma^2}{2} = 0$, d.h. mit $\mu = -\frac{\sigma^2}{2} < 0$ folgt $ERW(\delta S) = S_t\left(\mu + \frac{\sigma^2}{2}\right)\delta t = 0$.

Gleichung (5.6) entspricht der sogenannten geometrischen Brown'schen Bewegung.[232] Im Rahmen der folgenden Untersuchung wird diese zweite, in der Literatur üblichere Vorgehensweise als Ausgangspunkt gewählt, d.h. der Random Walk direkt auf den Kurs des Underlyings und nicht auf dessen Logarithmus bezogen. Die risikoneutrale Bewertung wird hierbei erreicht, indem der risikoneutrale Drift

---

230 Die Aussage ändert sich, wenn von abweichenden Verzinsungsmethoden ausgegangen wird. Vgl. Deutsch 2008, S. 33f.

231 Genauer gesagt muss μ gleich $-\frac{\sigma^2}{2}$ entsprechen, damit $\tilde{\mu}$ gleich null und folglich $ERW(S_t)$ gleich S_0 ist. Vgl. hierzu auch Hull 2012, S. 386f.

232 Vgl. Hull 2012, S. 366 und Deutsch 2008, S. 33 und S. 365. In der Literatur zur Optionspreistheorie wird aus diesem Grund unter der Bezeichnung „Drift" in der Regel der Parameter $\tilde{\mu}$ und nicht μ gemeint. Vgl. exemplarisch Hull 2012, S. 385f. In dem Modell von Black/Scholes (1973) zur Bewertung von Aktienoptionen ist z.B. zur risikoneutralen Modellierung des Drifts der Parameter $\tilde{\mu}$ und nicht μ gleich dem risikolosen Zinssatz anzusetzen. Vgl. Black und Scholes 1973, S. 643.

gleich null gesetzt wird.[233] Unter der Annahme, dass der risikolose Zinssatz r = 0% beträgt, ist die Vorgehensweise sowohl konsistent zu dem Modell von Black/Scholes (1973), in dem $\tilde{\mu}$ als Driftparameter einer Aktie gerade r entspricht, als auch zu der späteren Modellierung kraftwerksspezifischer Realoptionen, in denen der Drift des Underlyings genau null entsprechen muss.[234] Ohne eine spezifischere Herleitung des risikoneutralen Drifts kraftwerksspezifischer Realoptionen können auf diese Weise im Folgenden unabhängig von weitergehenden Besonderheiten der Energiemärkte die Auswirkungen unterschiedlicher Verteilungsannahmen auf den Optionswert analysiert werden.

5.2.1.2 Vorgehen und Ergebnisse

Mit der Zielsetzung, die Auswirkungen von Fat Tails in der Renditeverteilung des Underlyings auf den Optionswert grundlegend zu untersuchen, setzt die folgende Analyse auf zwei divergierenden Verteilungsannahmen auf.[235] Zunächst werden normalverteilte Logrenditen $X^{norm} \sim N(\mu,\sigma)$ als Ausgangspunkt verwendet, auf Basis derer die lognormalverteilten Endwertfaktoren $e^{X^{norm}} \sim LN(\mu,\sigma)$ ermittelt werden. Es wird folglich ein einperiodiges Modell verwendet, in dem die Endwertfaktoren multipliziert mit dem Anfangswert des Underlyings S_0 die Endwertverteilung des Underlyings ergeben.[236] Anschließend wird der Optionswert analog zu der in Kap. 3.2 vorgestellten Methodik als diskontierter Erwartungswert über die Optionsrückzahlungsfunktion $Max\left(S_0 \cdot e^{X^{norm}} - K;0\right)$ bestimmt. Da der Erwartungswert der lognormalverteilten Größe $e^{X^{norm}}$ durch $ERW\left(e^{X^{norm}}\right) = e^{\mu+\frac{\sigma^2}{2}} = e^{\tilde{\mu}}$ gegeben ist und der Drift $\tilde{\mu}$ zur risikoneutralen Bewertung wie in Kap. 5.2.1.1 erörtert hier genau null entsprechen soll, ist der Erwartungswert des Underlyings gerade $ERW\left(S_0 \cdot e^{\tilde{\mu}}\right) = S_0$.[237] Wird auf Basis dieser Modellkalibrierung der Wert einer Kaufoption auf das Underlying S ermittelt, muss er exakt dem Black/Scholes-Optionswert entsprechen, da die Bewertungsprämissen der beiden Ansätze identisch

---

233 Vgl. hierzu Kap. 5.3.3.

234 Vgl. hierzu Kap. 5.3.3.

235 Wie später detailliert erläutert wird, wird die Detailtiefe der Analyse durch variierende Ausprägungen der Fat Tails und unterschiedliche Volatilitäten der Renditeverteilungen erhöht.

236 Das einperiodige Modell impliziert mit einem Anfangs- und einem Endzustand zwei Zeitpunkte. Die Auswirkungen von Fat Tail in einem mehrperiodigen Modell werden im Rahmen der Monte-Carlo-Simulationen in Kapitel 5.3 untersucht.

237 Vgl. Sachs und Hedderich 2009, S. 240. Der Erwartungswert des Underlyings entspricht somit dem Wert des Underlyings in t=0.

sind.[238] Für die folgende Analyse dient dieser auf der Normalverteilung der Logrenditen aufbauende Ansatz daher als Vergleichsmaßstab für die Effekte divergierender Verteilungsannahmen.

Als abweichende Verteilungsannahmen werden Logrenditenverteilungen verwendet, die eine größere Wölbung als die Normalverteilung aufweisen, d.h. Fat Tails besitzen. Die Student-t-Verteilung dient hierfür als Basis.[239] Über die Anzahl an Freiheitsgraden (*df*) kann in der Student-t-Verteilung das Ausmaß der Fat Tails variiert werden.[240] In der Analyse verwendet werden Verteilungen mit *df=3*, *df=4*, *df=5*, *df=6* und *df=30*. Während die Freiheitsgrade *df=3*, *df=4*, *df=5* und *df=6* aufgrund ihrer Nähe zu empirisch beobachtbaren Renditeverteilungen der relevanten Commodities gewählt werden, fungiert *df=30* als zusätzliche Prüfgröße für die Modellvalidität.[241] Zur Wahrung eines Ceteris-Paribus-Analysedesigns wird darauf geachtet, dass sich ausschließlich die Wölbung zwischen den Verteilungen unterscheidet, während der Erwartungswert sowie das zweite und dritte zentrale Moment der Renditeverteilung, d.h. die Varianz und die Schiefe, in allen Fällen konstant gehalten werden.[242] Die im Sinne des Ceteris-Paribus-Designs zum Zwecke der Vergleichbarkeit adjustierten Verteilungen wurden modelliert, indem die ursprünglichen Student-t-Verteilungen unter der Nebenbedingung $\int_{-\infty}^{\infty} Dichtefuntion(x)\,dx = 1$ horizontal gestreckt wurden, bis die Varianzgleichheit erreicht wurde.[243] Analog zu der Optionsbewertung auf Basis normalverteilter Logrenditen und passend zu dem Ceteris-Paribus-Design der Analyse wird anschließend der Optionswert auch auf Basis der Fat-Tail-Verteilungen als diskontierter Erwartungswert über die zukünftigen Optionsrückzahlungen im Sinne der risikoneutralen Bewertung bestimmt.

---

238 Insbesondere entsprechen sich die Annahme der normalverteilten Logrenditen und die Identität von risikoneutralem Drift und risikolosem Zinssatz, der in der Analyse mit 0% angesetzt wird. Vgl. zum BLACK/SCHOLES-Modell Black und Scholes 1973 sowie Kap. 3.3.

239 Vgl. zu Eigenschaften der Student-t-Verteilung exemplarisch Sachs und Hedderich 2009, S. 250ff.

240 Vgl. hierzu Romeike und Hager 2009, S. 331f.

241 Zur Ausprägung der Fat Tails in empirischen Renditeverteilungen vgl. Kap. 5.2.2. Als Prüfgröße eignet sich die Student-t-Verteilung mit $df \geq 30$, da diese gut durch die Normalverteilung approximiert werden kann und folglich die Optionswerte auf Basis der Student-t-Verteilung mit *df=30* und auf Basis der Normalverteilung kaum voneinander abweichen sollten. Vgl. Bosch 2007, S. 139.

242 Vgl. zur Ceteris-Paribus-Klauseln allgemein Bartling und Luzius 2008, S. 14 und Piekenbrock und Hennig 2013, S. 24 sowie zu den zentralen Momenten einer Verteilung Sachs und Hedderich 2009, S. 179.

243 Die Adjustierung hat keine Auswirkungen auf den Erwartungswert und die Schiefe der Verteilungen.

Die beschriebenen und in der folgenden Analyse verwendeten Renditeverteilungen sind in Abb. 8 dargestellt. Als zugrunde liegende Standardabweichung wurde hierbei einheitlich von 5% ausgegangen. Die Bezeichnung Student-t(df)* wird verwendet, um die Herkunft der Verteilung und die Ausprägung der Fat-Tail-Eigenschaft deutlich zu machen, gleichzeitig jedoch um durch das Symbol „*" zu signalisieren, dass es sich nicht um die ursprünglichen Student-t-Verteilungen handelt.

Abb. 8: Renditeverteilungen des Underlyings bei σ = 5%.

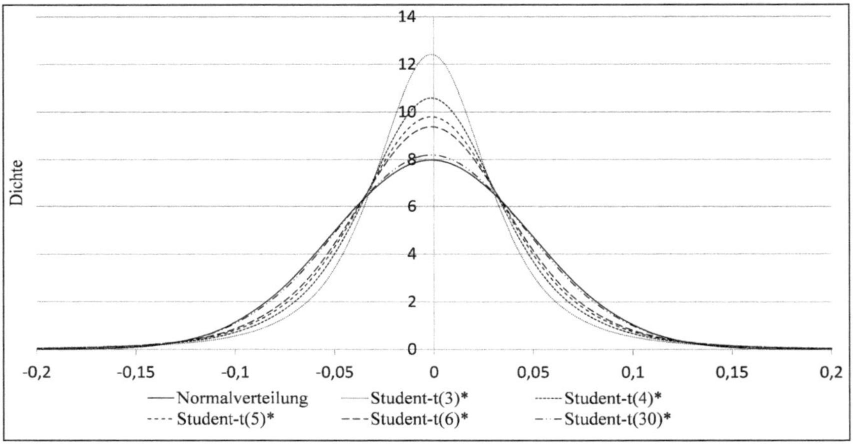

Zu beachten ist, dass die Volatilität mit einer Standardabweichung der Renditeverteilung in Höhe von 5% zwar konstant gesetzt wurde, die gewählte Höhe jedoch einen Einfluss auf die Analyseergebnisse ausübt. Insbesondere ist die Asymmetrie der lognormalverteilten Preise des Underlyings und damit der Optionswertdifferenzen von der Höhe der Standardabweichung der normalverteilten Renditen abhängig.[244] Aus diesem Grund wird im Folgenden neben σ=5% auch σ=25% als Alternative betrachtet. Analog zu Abb. 8 zeigt Abb. 9 die Renditeverteilungen bei der höheren Volatilität:

244 Vgl. zur Schiefe der Lognormalverteilung Sachs und Hedderich 2009, S. 240.

Abb. 9: Renditeverteilungen des Underlyings bei σ = 25%.

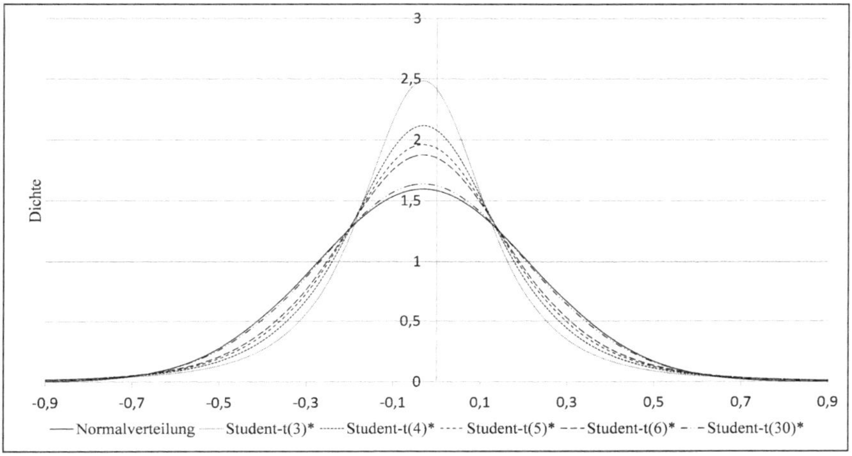

Den Erwartungswert, die Varianz, die Schiefe und die Wölbung der in dieser Untersuchung verwendeten Logrenditenverteilungen fasst Tab. 14 als verteilungsbeschreibende Größen zusammen.[245] Deutlich zu erkennen ist, dass der Erwartungswert, die Varianz und die Schiefe in allen drei Verteilungen identisch sind, während einzig die Wölbung variiert.[246] Das mit der Auswahl der Verteilungen verfolgte Ziel wurde folglich erreicht. Während die Normalverteilung eine Wölbung in Höhe von $\omega = 3$ besitzt, zeigt die mit abnehmender Anzahl an Freiheitsgraden ansteigende Wölbung das zunehmende Ausmaß der Fat Tails an.[247] Wie aus Abb. 8 und Abb. 9 zusätzlich deutlich wird, weisen die adjustierten Student-t-Verteilungen neben den Fat Tails auch höhere

245 Wie bereits in Kap. 5.2.1.1 ausführlich erörtert, darf der Mittelwert der Renditen, der in Tab. 14 kleiner ist als null, nicht dahingehend missverstanden werden, dass der Preis des Underlyings einen negativen Drift in dem Sinne aufweist, dass $EW^{\mathbb{Q}}(S_T) < S_0$. Vielmehr führt die negative mittlere Rendite $\mu = -\frac{\sigma^2}{2} < 0$ unter Annahme der Normalverteilung dazu, dass $\tilde{\mu} = 0$ und folglich $ERW^{\mathbb{Q}}(S_T) = S_0$ ist.

246 Die Wölbung bzw. die Schiefe ist für originäre Student-t-Verteilungen mit weniger als fünf bzw. weniger als vier Freiheitsgraden nicht definiert, kann jedoch approximativ für die adjustierten Verteilungen angegeben werden.

247 Vgl. Sachs und Hedderich 2009, S. 227. und S. 250f. Bei *df=30* ist die Wölbung mit 3,2308 zielsetzungsgerecht nur minimal von der Normalverteilung verschieden.

Dichtewerte um den Erwartungswert auf.[248] Dies ist der Tatsache geschuldet, dass die Fat-Tail-Verteilungen in dem Ceteris-Paribus-Design folgende drei Bedingungen simultan erfüllen müssen: Die Verteilungen müssen die gleiche Standardabweichung aufweisen, das Intergral über die gesamte Dichtefunktion muss stets eins entsprechen und die Verteilung muss wie die Normalverteilung symmetrisch und eingipflig sein.[249]

Tab. 14: Deskriptive Statistik der Renditeverteilungen bei σ = 5% und σ = 25%

		Erwartungswert **μ (=-σ²/2)**	**Varianz** **σ²**	**Schiefe** **υ**	**Wölbung** **ω**
Std.abw. 5%	Normalverteilung	-0,00125	0,0025	0,000	3,0000
	Student-t(3)*	-0,00125	0,0025	0,000	33,6512
	Student-t(4)*	-0,00125	0,0025	0,000	13,9493
	Student-t(5)*	-0,00125	0,0025	0,000	8,0261
	Student-t(6)*	-0,00125	0,0025	0,000	5,9184
	Student-t(30)*	-0,00125	0,0025	0,000	3,2308
Std.abw. 25%	Normalverteilung	-0,03125	0,0625	0,000	3,0000
	Student-t(3)*	-0,03125	0,0625	0,000	33,6512
	Student-t(4)*	-0,03125	0,0625	0,000	13,9493
	Student-t(5)*	-0,03125	0,0625	0,000	8,0261
	Student-t(6)*	-0,03125	0,0625	0,000	5,9184
	Student-t(30)*	-0,03125	0,0625	0,000	3,2308

Aus den dargestellten Renditeverteilungen können unmittelbar die Preisverteilungen des Underlyings ermittelt werden. Da für normalverteilte Logrenditen $X^{norm} \sim N(\mu,\sigma)$ allgemein gilt, dass die Preisfaktoren $e^{X^{norm}}$ lognormalverteilt sind, können, wie bereits erörtert, die normalverteilten Logrenditen mittels Multiplikation der Preisfaktoren $e^{X^{norm}}$ mit dem Anfangspreis des Underlyings S_0 in lognormalverteilte Endwerte mit dem Erwartungswert $ERW(S_T) = S_0$ transformiert werden.[250] Analog müssen die fat-tail-verteilten Renditen zu Preisendwer

248 Die originären Student-t-Verteilungen besitzen eine geringere Wahrscheinlichkeitsmasse um den Erwartungswert. Vgl. Sachs und Hedderich 2009, S. 251.

249 Vgl. Bortz 2005, S. 81.

250 Vgl. hierzu grundlegend Kap. 5.2.1.1.

ten modelliert werden, wobei ebenfalls die Bedingung $ERW(S_T)=S_0$ aus dem risikoneutralen Bewertungsansatz berücksichtigt werden muss, um das Ceteris-Paribus-Design nicht zu verletzen. Da der Erwartungswert $ERW(S_T)$ jedoch nur dann automatisch dem aktuellen Kurs S_0 entspricht, wenn die Logrenditen normalverteilt sind mit $X \sim N\left(\mu=-\frac{\sigma^2}{2};\sigma\right)$, ist dieses für die Fat-Tail-Verteilungen gezielt sicherzustellen.[251] Im Folgenden werden hierzu die Erwartungswerte der Fat-Tail-Verteilungen um einen Korrekturterm η angepasst, so dass die resultierende Preisentwicklung $S_T=S_0\cdot e^{X-\eta}$ zu $ERW(S_T)=S_0$ führt.[252] Die mittels nummerischer Approximation bestimmten η-Werte können abhängig von der zugrunde liegenden Verteilung Tab. 15 und Tab. 16 entnommen werden. Zur Verdeutlichung des dadurch erzielten Ceteris-Paribus-Designs sind zudem die Erwartungswerte über die Preisfaktoren nach Abzug des Korrekturterms angegeben.

Tab. 15: Korrekturparameter und Erwartungswerte der Preisfaktoren bei σ = 5%

			normal-verteilt	**t-verteilt***				
				df(30)	**df(6)**	**df(5)**	**df(4)**	**df(3)**
σ = 5%	Korrekturparameter	η	0	6,79E-07	8,10E-07	1,57E-06	3,05E-06	8,56E-06
	Erwartungswert der Preisfaktoren	$ERW(e^{X-\eta})$	1,0000	1,0000	1,0000	1,0000	1,0000	1,0000

251 Für normalverteilte Logrenditen mit $\mu=-\frac{\sigma^2}{2}$ ergibt sich der Erwartungswert der Preisfaktoren gerade als $ERW(e^X)=e^{\mu+\frac{\sigma^2}{2}}=e^{-\frac{\sigma^2}{2}+\frac{\sigma^2}{2}}=1$ und damit der Erwartungswert des Underlyings als $ERW(S_T)=S_0\cdot ERW(e^X)=S_0$. Vgl. Sachs und Hedderich 2009, S. 240.

252 Durch diesen Schritt sind die zuvor in Tab. 14 dargestellten Erwartungswerte nicht länger identisch. Dies ist für die Analyse jedoch unproblematisch, da nicht die Ceteris-Paribus-Konstellation auf Basis der Logrenditeverteilung entscheidend ist, sondern ausschließlich die Ceteris-Paribus-Bedingung $ERW(S_T) = S_0$ auf Basis der Endwertverteilung.

Tab. 16: Korrekturparameter und Erwartungswerte der Preisfaktoren bei σ = 25%

			normal-verteilt	t-verteilt*				
				df(30)	df(6)	df(5)	df(4)	df(3)
σ = 25%	Korrekturparameter	η	0	5,32E-05	5,46E-04	1,07E-03	2,83E-03	9,76E-03
	Erwartungswert der Preisfaktoren	$ERW(e^{X-\eta})$	1,0000	1,0000	1,0000	1,0000	1,0000	1,0000

Die aus den verschiedenen Renditeverteilungen resultierenden Preisendwerte S_T können Abb. 10 und Abb. 11 entnommen werden.[253] Der Darstellung liegt ein exemplarischer Preis des Underlyings in Höhe von 50 GE in t=0 zugrunde.[254]

Abb. 10: Endwertverteilung des Underlyings zum Fälligkeitszeitpunkt der Option bei σ = 5%.

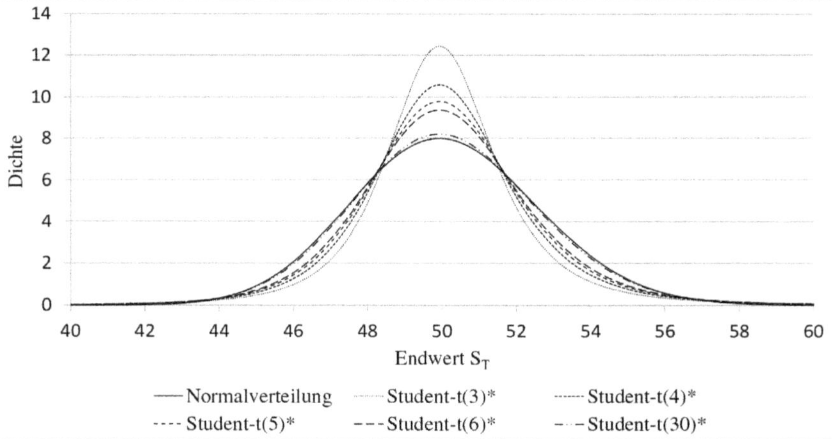

253 Die Länge des Zeitintervalls T ist bei $\tilde{\mu} = r = 0\%$ irrelevant, wird jedoch grundsätzlich durch den Zeitbezug der zugrunde liegenden Varianz der Logrenditen determiniert.

254 Lediglich an dieser Stelle wird zur Illustration von S_0*=50 GE* ausgegangen. In der weiteren Analyse ist S_0 ein variabler Parameter, um die Effekte bei unterschiedlichen Ausprägungen der Moneyness der Option analysieren zu können.

Abb. 11: Endwertverteilung des Underlyings zum Fälligkeitszeitpunkt der Option bei σ = 25%

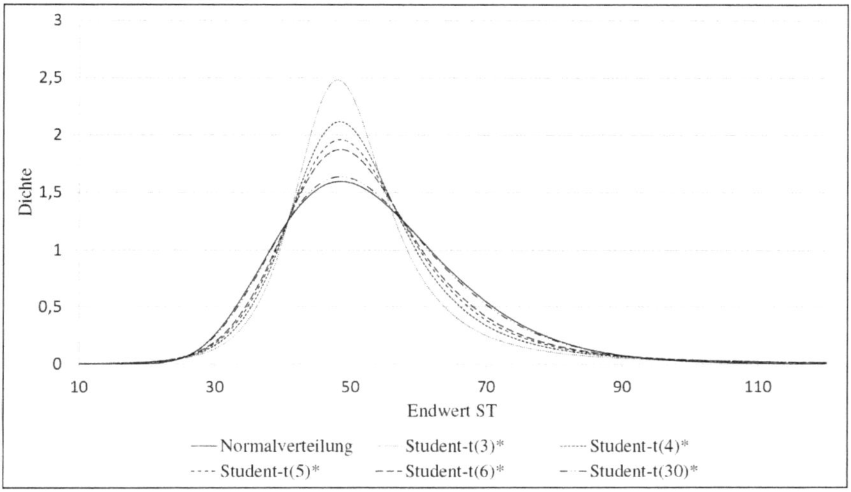

Um nun aus den Endwertverteilungen die Optionswerte zu bestimmen, ist eine Erwartungswertbildung über die Rückzahlungen der Option $Max(S_T - K;0)$ notwendig. Aus Gründen der Transparenz wird auf die Umsetzung der Erwartungswertbildung in dem Modell im Folgenden kurz eingegangen.[255] Anschließend werden die Analyseergebnisse präsentiert.

Der Erwartungswert einer stetigen Zufallsvariablen Z^{stetig} mit der Wahrscheinlich keitsdichtefunktion $g(z)$ ist allgemein gegeben durch $ERW\left(Z^{stetig}\right) = \int_{-\infty}^{\infty} z \cdot g(z)\,dz$.[256] Analog hierzu errechnet sich der Erwartungswert einer diskreten Zufallsvariablen $Z^{diskret}$ als $EW\left(Z^{diskret}\right) = \sum_{i \in I} z_i \cdot p(z_i)$, wobei $p(z_i)$ die Wahrscheinlichkeit der Ausprägung z_i beschreibt. In dem vorliegenden Modell werden die stetigen Renditeverteilungen durch diskrete Zufallsvariable approximiert, indem die Wahrscheinlichkeitsdichtefunktionen in einzelne, äquidistante Intervalle unterteilt werden. Da die Approximation umso exakter erfolgt, je geringer die Intervallspan

255 Eine strukturgleiche Erwartungswertbildung war auch die Grundlage für die numerische Approximation der η-Werte.

256 Vgl. hier und im Folgenden Schira 2011, S. 272 und Sachs und Hedderich 2009, S. 173. Der vorgestellte Zusammenhang von Erwartungswert und Wahrscheinlichkeitsdichtefunktion gilt streng genommen nur, wenn g(z) Riemann-integrierbar ist. Vgl. zur Riemann-Integrierbarkeit Pampel 2010, S. 124ff.

nen bzw. je größer die Anzahl der betrachteten Intervalle sind, werden im Rahmen der vorliegenden Analyse 4.000 Intervalle gebildet.[257] Wird ein Erwartungswert über eine solche diskretisierte Zufallsvariable bestimmt, so ist darauf zu achten, dass die Summe aller Eintrittswahrscheinlichkeiten stets eins entsprechen muss.[258] Die abgeleitete Berechnungsvorschrift für den Erwartungswert ist folglich $ERW(Z)=\sum_{i\in I} z_i\cdot\frac{g(z_i)}{\sum_{i\in I} g(z_i)}$. Diese wird im Folgenden genutzt, um die risikoneutrale Optionsbewertung durchzuführen. Problematisch ist dabei, dass für die relevanten Endwerte S_T bzw. die Preisfaktoren e^X keine unmittelbaren Dichtefunktionen vorliegen.[259] In der Erwartungswertbildung kann jedoch auf die bekannten Dichtefunktionen der zugrunde liegenden Logrenditen X zurückgegriffen werden, indem als Wahrscheinlichkeit für e^{x_i} der Wert $g(x_i)$ verwendet wird. Der Optionswert ergibt sich in dem Modell folglich als

$$ERW\left(max(S_0\cdot e^X-K;0)\right)=\sum_{i=1}^{4.000} max(S_0\cdot e^{x_i}-K;0)\cdot\frac{g(x_i)}{\sum_{i=1}^{4.000} g(x_i)}.$$ [260]

Als erste zentrale Ergebnisse der Untersuchung zeigt Abb. 12 die Differenzen der Optionswerte in Abhängigkeit der zugrunde liegenden Verteilungsfunktion und veranschaulicht damit den Einfluss der Kurtosis in dem vorliegenden einperiodigen Modell. Der Ausübungspreis K wurde dabei mit 50 GE angenommen.[261]

257 Unter anderem durch den späteren Vergleich zwischen den modellbasierten Optionsbewertungen auf Basis der Normalverteilungsannahme und den Black/Scholes-Optionswerten wird deutlich, dass hierdurch eine sehr gute Approximation in dem vorliegenden Modellansatz erreicht wird.

258 Vgl. Mittag 2014, S. 174.

259 Nur für den Fall normalverteilter Logrenditen ist die Wahrscheinlichkeitsverteilung der Preisfaktoren durch die Dichtefunktion der Lognormalverteilung bekannt, da die normalverteilten Logrenditen $X^{norm}\sim N(\mu,\sigma)$ zwangsläufig zu lognormalverteilten Preisfaktoren $e^{X^{norm}}\sim LN(\mu,\sigma)$ führen. Vgl. Sibbertsen und Lehne 2012, S. 296f.

260 In Falle fat-tail-verteilter Renditen ist wie zuvor beschrieben der Korrekturparameter η zusätzlich zu beachten.

261 Entscheidend für die Analyseergebnisse ist nicht die Höhe von K, sondern das Verhältnis von S_0 zu K, d.h. ob die Option sich im Geld ($S_0>K$), am Geld ($S_0=K$) oder aus dem Geld ($S_0<K$) befindet. Alle drei Konstellationen werden in der Arbeit betrachtet.

Abb. 12: Auswirkungen der Renditeverteilungen auf den Optionswert bei σ = 5%.

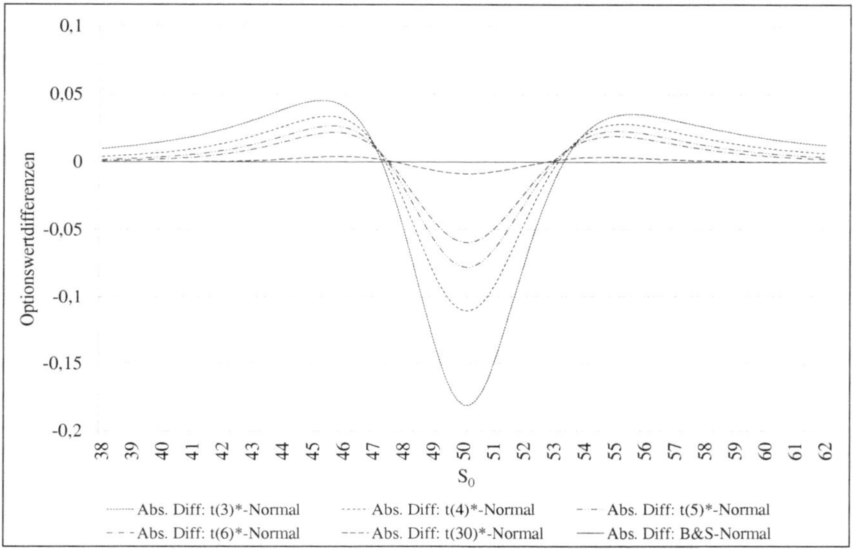

Die Abbildung ist wie folgt zu interpretieren. Der variable Preis des Underlyings in t=0 ist auf der Abszisse abgetragen, während die Ordinate die Optionswertabweichungen als absolute Differenzen anzeigt. Die Differenzwerte ergeben sich, indem von dem jeweiligen Optionswert auf Basis der Fat-Tail-Verteilung der Optionswert auf Basis der Normalverteilungsannahme subtrahiert wird. Die jeweils zugrunde liegenden Verteilungen sind durch die Bezeichnungen „Normal" bzw. „t(3)*" bis „t(30)*" kenntlich gemacht. Zudem werden unter der Bezeichnung „B&S" die Optionswerte auf Basis der geschlossenen Optionswertformel von Black/Scholes (1973) berücksichtigt.[262]

Deutlich zu erkennen ist, dass die Optionswerte auf Basis der Normalverteilung exakt den Optionswerten des Black/Scholes-Modells entsprechen. Die zugehörige Differenzlinie verläuft parallel zur Abszisse und schneidet die sekundäre Ordinate genau bei null. Dieses Ergebnis belegt die Validität der Untersuchungsmethodik und die Güte der approximativen Erwartungswertermittlung, da wie eingangs erwähnt die Annahmen des Black/Scholes-Modells in Einklang mit der Bewertungsmethodik in dieser Analyse stehen. Die Kernfrage der Untersuchung wird durch die weiteren Differenzkurven adressiert. Die Ergebnisse der Analyse sind hier eindeutig. Die Optionswerte der Fat-Tail-Verteilungen weichen systematisch von den Optionswerten auf Basis der Normalverteilung ab. Das Ausmaß der Abweichungen

262 Vgl. hierzu Kap. 3.3.

hängt zudem unmittelbar von der Stärke der Fat Tails in der zugrunde liegenden Renditeverteilung ab. Die Richtung der Abweichungen in Abb. 12, d.h. der Verlauf der Differenzkurven im positiven und negativen Bereich, sind wie folgt zu interpretieren. Liegen empirische Renditeverteilungen mit Fat Tails vor, wird in der Optionsbewertung jedoch eine Normalverteilung unterstellt, so steht eine positive Differenz für eine Unterbewertung durch die Normalverteilungsannahme und eine negative Differenz für eine Überbewertung durch die Normalverteilungsannahme. Folglich ist deutlich zu erkennen, dass Optionen, die weit im Geld oder weit aus dem Geld sind, durch die Verwendung der Normalverteilung unterbewertet werden. Die Ursache hierfür liegt in beiden Fällen in der höheren Wahrscheinlichkeit von Extremrenditen in den Fat-Tail-Verteilungen begründet. Optionen, die sich weit aus dem Geld befinden, haben durch eine höhere Wahrscheinlichkeit von extrem hohen Renditen eine größere Wahrscheinlichkeit bis zum Ausübungszeitpunkt ins Geld zu gelangen, als dies bei normalverteilten Renditen des Underlyings der Fall ist. Da sich der Wert einer OTM-Option gerade aus dieser Möglichkeit der positiven Underlyingpreisentwicklung generiert, wird der Optionswert bei Verwendung der vereinfachenden Normalverteilungsannahme unterschätzt. Während diese Argumentation für OTM-Optionen unmittelbar einleuchtend erscheint, kann der höhere Wert der Optionen, die im Geld sind, auf den ersten Blick verwundern. Durch die höhere Wahrscheinlichkeit von Extremrenditen steigt auch die Wahrscheinlichkeit von Optionen, die im Geld sind, dass sie aus dem Geld gelangen und in T wertlos sind. Aus diesem Zusammenhang darf jedoch keine Optionswertverringerung im Vergleich zur Normalverteilungsannahme abgeleitet werden. Vielmehr führt die Möglichkeit, dass die Option aus dem Geld endet, dazu, dass die Asymmetrie in der Zahlungsstruktur der Option erst zum Tragen kommt und die Erwartungswerte durch die an der null gekappte Zahlungsstruktur ansteigen. Hierdurch werden auch Optionen, die weit im Geld sind, durch die Verwendung der Normalverteilungsannahme unterbewertet.

Optionen, die nah am Geld sind, werden im Gegensatz zu ITM-Optionen und OTM-Optionen durch die Normalverteilungsannahme ceteris paribus überbewertet. Die Ursache hierfür ist wie folgt. Während die Varianz der beiden Verteilungen in der Analyse stets identisch ist, führt die größere Wahrscheinlichkeit von Extremrenditen, die über ihre Quadratur überproportional in die Varianz eingehen, dazu, dass die mittlere absolute Abweichung der t-Verteilungen geringer ist.[263] Da diese Abweichung jedoch bei Optionen, die nah am Geld sind, unmittelbar den Erwartungswert der Optionsrückzahlungen und damit in dem gegebenen Bewertungsmodell den Optionswert determiniert, führt die Annahme normalverteilter Logrenditen zu einer Überbewertung, wenn die empirischen Renditen Fat Tails aufweisen.

Als deskriptive Statistik der Analyseergebnisse fasst Tab. 17 hierzu die Lage der Extrempunkte, der Wendepunkte und der Nullstellen der Differenzkurven in

263 Vgl. zum Zusammenhang der mittleren absoluten Abweichung und der Varianz exemplarisch Eckey 2008, S. 100ff.

Abhängigkeit der Ausprägung der Tat Tails zusammen.[264] Die Nullstellen der Differenzkurven geben dabei jene Punkte wieder, an denen sich die Über- bzw. Unterbewertung durch die Normalverteilungsannahme gerade umkehrt.

Tab. 17: Grafenanalyse zur Auswirkung der Renditeverteilung auf den Optionswert bei σ = 5%

		Hochpunkte		**Tiefpunkt**	**Wendepunkte**				**Nullstellen**	
		HP_1	**HP_2**	**TP_1**	**WP_1**	**WP_2**	**WP_3**	**WP_4**	**NS_1**	**NS_2**
df=3	S_0	45,2	55,6	50,2	43,6	48,6	51,6	57,4	47,3	53,3
	ΔOW	0,045	0,035	-0,181	0,036	-0,100	-0,107	0,029	0,00	0,00
df=4	S_0	45,4	55,2	50,2	44,0	48,4	51,8	57,0	47,4	53,1
	ΔOW	0,034	0,028	-0,111	0,026	-0,050	-0,056	0,022	0,00	0,00
df=5	S_0	45,6	55,0	50,2	44,0	48,4	51,8	56,8	47,5	53,0
	ΔOW	0,027	0,023	-0,078	0,019	-0,035	-0,038	0,018	0,00	0,00
df=6	S_0	45,6	55,0	50,2	44,2	48,4	51,8	56,8	47,5	52,9
	ΔOW	0,022	0,019	-0,060	0,016	-0,026	-0,029	0,014	0,00	0,00
df=30	S_0	46,0	46,6	50,2	44,4	48,2	52,0	56,4	47,7	52,7
	ΔOW	0,004	0,004	-0,009	0,003	-0,002	-0,003	0,002	0,00	0,00

Um die Relevanz der Optionswertdifferenzen und damit die Bedeutsamkeit der Verteilungsannahmen zusätzlich zu analysieren, können die Abweichungen ins Verhältnis zum Wert der Option gesetzt werden. Problematisch ist die Interpretation relativer Abweichungen jedoch dann, wenn die Bezugsgröße nahe an null ist und folglich prozentuale Abweichungen beliebig groß werden. In Tab. 18 dargestellt sind daher sowohl absolute als auch relative Abweichungen. Die Abweichungen geben jeweils an, welches Ausmaß der Bewertungsfehler annimmt, wenn vereinfachend von einer Normalverteilung der Logrenditen ausgegangen wird.

264 In der Analyse auf Basis von σ = 5% wurde für das Underlying das Intervall von 38 GE bis 62 GE mit einer Schrittbreite von 0,2 GE betrachtet. Vgl. Abb. 12. Folglich nehmen die S_T-Werte ausschließlich die Werte der Klassengrenzen an. Einzig die Genauigkeit der Nullstellen kann durch lineare Interpolation erhöht werden, wodurch hier auch abweichende Angaben möglich sind.

Tab. 18: Absolute und relative Abweichungen bei unterschiedlichen Verteilungsannahmen bei σ = 5%

	S_0	38,0	42,0	46,0	50,0	54,0	58,0	62,0
	Moneyness	**OTM**	**OTM**	**OTM**	**ATM**	**ITM**	**ITM**	**ITM**
Normal-verteilung	Optionswert	0,0000	0,0001	0,0474	0,9972	4,0696	8,0011	12,0000
Student-t(3)*	Optionswert	0,0097	0,0241	0,0885	0,8162	4,0911	8,0268	12,0124
	Abs. Diff.	-0,0097	-0,0239	-0,0411	0,1810	-0,0215	-0,0256	-0,0124
	Rel. Diff.	-100%	-99,4%	-46,4%	22,2%	-0,5%	-0,3%	-0,1%
Student-t(4)*	Optionswert	0,0039	0,0136	0,0793	0,8863	4,0899	8,0185	12,0065
	Abs. Diff.	-0,0039	-0,0135	-0,0319	0,1109	-0,0203	-0,0174	-0,0065
	Rel. Diff.	-100%	-99,0%	-40,2%	12,5%	-0,5%	-0,2%	-0,1%
Student-t(5)*	Optionswert	0,0017	0,0085	0,0731	0,9195	4,0874	8,0136	12,0037
	Abs. Diff.	-0,0017	-0,0084	-0,0257	0,0777	-0,0178	-0,0124	-0,0037
	Rel. Diff.	-100%	-98,3%	-35,1%	8,45%	-0,4%	-0,2%	-0,0%
Student-t(6)*	Optionswert	0,0008	0,0058	0,0687	0,9378	4,0850	8,0105	12,0023
	Abs. Diff.	-0,0008	-0,0057	-0,0213	0,0595	-0,0155	-0,0094	-0,0023
	Rel. Diff.	-100%	-97,6%	-31,0%	6,3%	-0,4%	-0,1%	-0,0%
Student-t(30)*	Optionswert	0,0000	0,0005	0,0515	0,9887	4,0729	8,0022	12,0000
	Abs. Diff.	0,0000	-0,0003	-0,0040	0,0086	-0,0033	0,0010	0,0000
	Rel. Diff.	-99,5%	-69,5%	-7,8%	0,9%	0,0%	0,0%	0,0%

Es zeigt sich, dass für den exemplarischen Fall einer ATM-Option bei stark ausgeprägten Fat Tails der Bewertungsfehler über 20% beträgt. Anstelle des wahren Optionswertes in Höhe von 0,8162 GE wird die Option mit 0,9972 GE zu hoch bewertet. Sind die Fat Tails hingegen schwächer ausgeprägt, wie etwa in der Student-t(6)*-Verteilung, so sinkt die Überbewertung auf 6,3%. Analog hierzu können auch die übrigen Differenzen in Tab. 18 bei den unterschiedlichen Renditeverteilungen für OTM-, ATM- und ITM-Optionen interpretiert werden.[265] Als zusammenfassendes Zwischenfazit kann daher an dieser Stelle festgehalten werden, dass die Verwendung der Normalverteilungsannahme bei tatsächlich fat-tail-verteilten Renditen nicht nur zu systematischen Verzerrungen führt und sowohl Über- als auch Unterbewertungen die Folge sind, sondern auch, dass das Ausmaß der Fat Tails die Höhe des Bewertungsverzerrungen unmittelbar beeinflusst und es gerade bei ATM-Optionen zu ausgeprägten Bewertungsfehlern kommen kann.

Allen bisherigen Ergebnissen lag eine Standardabweichung der Logrenditen in Höhe von 5% zugrunde. Wie eingangs erwähnt, soll der Einfluss der Volatilität jedoch nicht unberücksichtigt bleiben. Abb. 13 zeigt in Analogie zu Abb. 12 die Ergebnisse bei einer Standardabweichung von 25%. Es zeigt sich, dass die Abweichungen bei der größeren Volatilität ebenfalls systematisch, aber weniger symmetrisch ausfallen. Optionen die weit aus dem Geld sind, zeigen eine deutlich stärkere Unterbewertung bei Anwendung der Normalverteilungsannahme als Optionen, die weit im Geld sind. Durch einen Blick auf die Endwertverteilung in Abb. 11 wird die Ursache hierfür deutlich. Die Lognormalverteilung der Endwerte führt dazu, dass hohe positive Abweichungen vom Erwartungswert ausgeprägter sind als hohe negative Abweichungen. Diese Asymmetrie fällt umso stärker aus, je größer die Volatilität der normalverteilten Logrenditen ist, und verursacht unmittelbar das unterschiedliche Ausmaß der Unterbewertung von OTM- und ITM-Optionen.[266] Die Hoch-, Tief- und Wendepunkte sowie die Nullstellen der Differenzkurven bei σ = 25% sind in Tab. 19 zusammenfassend dargestellt.[267] Die beschriebene Asymmetrie ist hier ebenfalls deutlich zu erkennen.

---

265 Wie zuvor erwähnt sind dabei die hohen relativen Abweichungen der weit aus dem Geld notierenden Optionen in dem Optionswert nahe null begründet. Entsprechend kann hier die Interpretation nicht sinnvoll ohne Beachtung der absoluten Optionswertdifferenz erfolgen.

266 Vgl. zur Wirkungsweise der Endwertverteilung auf den Optionswert die Ausführungen auf Basis von σ = 5% im Rahmen dieser Arbeit.

267 In der Analyse auf Basis von σ = 25% wurde für das Underlying das Intervall von 20 GE bis 140 GE mit einer Schrittbreite von 1,0 GE betrachtet. Vgl. Abb. 13. Folglich nehmen die S_0-Werte ausschließlich die Werte der Klassengrenzen an. Einzig die Genauigkeit der Nullstellen kann durch lineare Interpolation erhöht werden, wodurch hier auch abweichende Angaben möglich sind.

Abb. 13: Auswirkungen der Renditeverteilungen auf den Optionswert bei σ = 25%.

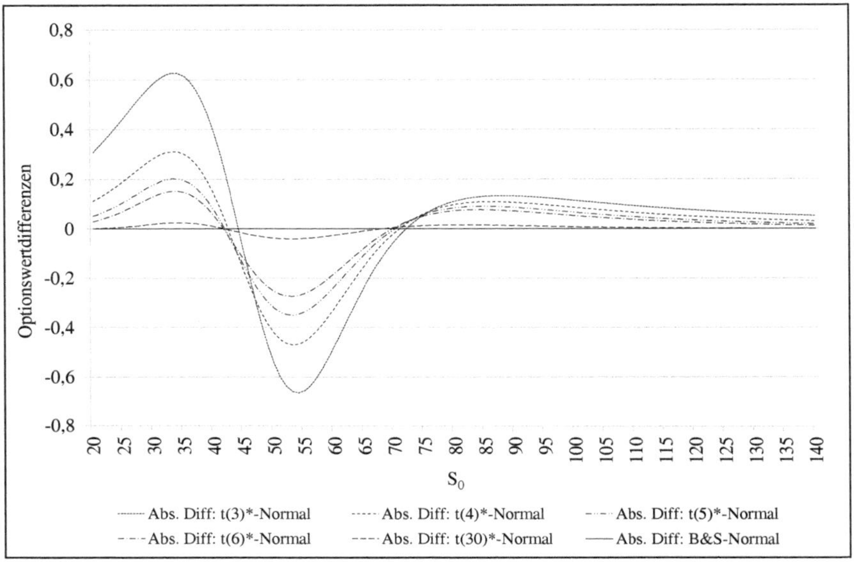

Tab. 19: Grafenanalyse zur Auswirkung der Renditeverteilung auf den Optionswert bei σ = 25%

		Hochpunkte		**Tief-punkt**	**Wendepunkte**				**Nullstellen**	
		HP_1	**HP_2**	**TP_1**	**WP_1**	**WP_2**	**WP_3**	**WP_4**	**NS_1**	**NS_2**
df=3	S_0	33	88	54	26	45	61	102	44,1	71,9
	ΔOW	0,626	0,133	-0,663	0,474	-0,094	-0,424	0,109	0,00	0,00
df=4	S_0	33	86	53	27	44	61	99	42,4	70,9
	ΔOW	0,311	0,109	-0,471	0,229	-0,105	-0,286	0,088	0,00	0,00
df=5	S_0	33	85	53	27	44	62	97	41,8	70,1
	ΔOW	0,202	0,091	-0,350	0,135	-0,103	-0,180	0,072	0,00	0,00
df=6	S_0	34	84	53	27	43	62	97	41,6	69,7
	ΔOW	0,152	0,077	-0,274	0,095	-0,050	-0,139	0,058	0,00	0,00
df=30	S_0	34	81	53	29	43	62	93	41,8	68,0
	ΔOW	0,025	0,016	-0,04	0,016	-0,007	-0,019	0,011	0,00	0,00

Die absolute Höhe der Bewertungsverzerrungen sind im Falle von σ=25% deutlich größer als zuvor bei σ=5%. Während etwa das Ausmaß der Überbewertung einer ATM-Option bei einer Student-t(3)*-Verteilung zuvor bei 0,181 lag, beträgt dir Differenz nun 0,547, wie Tab. 20 zu entnehmen ist. Analog zu Tab. 18 stellt Tab. 20 jedoch nicht nur die absoluten Bewertungsverzerrungen, sondern auch die zum Optionswert in Relation gesetzten prozentualen Abweichungen vor. Diese weisen für ATM-Optionen nun geringere relative Werte aus, da die Optionswerte durch die höhere Standardabweichung der Logrenditen deutlich angestiegen sind.[268] Zusammenfassend kann damit festgestellt werden, dass die absoluten Bewertungsverzerrungen durch die größere Volatilität ansteigen und wie zuvor die Verteilungsannahme die größte Relevanz bei ATM-Optionen hat, die relative Bedeutsamkeit jedoch abnimmt. Zudem konnte gezeigt werden, dass durch die höhere Standardabweichung und die resultierende geringere Symmetrie in den Bewertungsabweichungen tendenziell höhere Abweichungen bei Optionen vorliegen, die aus dem Geld, sind als bei solchen Optionen, die sich im Geld befinden.

Tab. 20: Absolute und relative Abweichungen bei unterschiedlichen Verteilungsannahmen bei σ=25%

	S_0	**20,0**	**35,0**	**50,0**	**65,0**	**80,0**	**140,0**
	Moneyness	**OTM**	**OTM**	**ATM**	**ITM**	**ITM**	**ITM**
Normal-verteilung	Optionswert	0,0002	0,3595	4,9738	16,0743	30,1830	90,0000
Student-t(3)*	Optionswert	0,3071	0,9756	4,4266	15,8417	30,2942	90,0515
	Abs. Diff.	-0,3069	-0,6151	0,5473	0,2326	-0,1113	-0,0514
	Rel. Diff.	-99,9%	-63,1%	12,4%	1,5%	-0,4%	-0,0%
Student-t(4)*	Optionswert	0,1117	0,6612	4,5502	15,9253	30,2810	90,0305
	Abs. Diff.	-0,1115	-0,3018	0,4237	0,1490	-0,0981	-0,0304
	Rel. Diff.	-99,8%	-54,6%	9,3%	0,9%	-0,3%	-0,0%
Student-t(5)*	Optionswert	0,0515	0,5550	4,6524	15,9711	30,2675	90,0191
	Abs. Diff.	-0,0512	-0,1955	0,3214	0,1032	-0,0845	-0,0190
	Rel. Diff.	-99,5%	-35,2%	6,9%	0,3%	-0,2%	-0,0%

268 Für die Interpretation der relativen Differenzen gelten insbesondere bezüglich der OTM-Optionen die gleichen Einschränkungen wie zuvor in Tab. 18.

	S_0	20,0	35,0	50,0	65,0	80,0	140,0
	Moneyness	**OTM**	**OTM**	**ATM**	**ITM**	**ITM**	**ITM**
Student-t(6)*	Optionswert	0,0291	0,5071	4,7203	15,9972	30,2560	90,0127
	Abs. Diff.	-0,0288	-0,1476	0,2536	0,0771	-0,0730	-0,0126
	Rel. Diff.	-99,2%	-29,1%	5,3%	0,4%	-0,2%	-0,0%
Student-t(30)*	Optionswert	0,0011	0,3839	4,9360	16,0656	30,1985	90,0005
	Abs. Diff.	-0,0009	-0,0244	0,0378	0,0088	-0,0156	-0,0004
	Rel. Diff.	-79,1%	-6,4%	0,7%	0,1%	-0,1%	-0,0%

Neben den Auswirkungen auf den Optionswert ist es das erklärte Ziel der Analyse, auch den Effekt der Verteilungsannahmen auf das Delta der Option zu analysieren.[269] Hierzu stellen Abb. 14 und Abb. 15 die zentralen Untersuchungsergebnisse dar. Während der Vergleich mit den Optionsdeltawerten auf Basis des Black/Scholes-Modells erneut die Modellvalidität belegt, zeigen die übrigen Differenzkurven eindeutig, dass die zugrunde liegenden Verteilungen auch auf die Optionsdeltas systematische Auswirkungen entfalten. Insbesondere bei ITM-Optionen, die recht nah am Geld sind, führt die Normalverteilungsannahme zu einer Unterbewertung der Optionsdeltas. Hingegen werden die Optionsdeltas von OTM-Optionen, die nah am Geld sind, durch die Normalverteilungsannahme überbewertet. Zudem ist deutlich zu erkennen, dass die Abweichungen mit steigendem Ausmaß der Fat Tails sukzessive zunehmen. Die Symmetrie der Effekte ist auch hier von der Volatilität der Logrenditen abhängig, wie ein Vergleich von Abb. 14 und Abb. 15 zeigt. In beiden Fällen sind sie jedoch systematisch und insbesondere durch das Ausmaß der Fat Tails determiniert. Erst die Deltas von Optionen, die sich sehr weit im oder aus dem Geld befindet, sind von der Verteilungsannahme kaum betroffen.[270] Der Vergleich von Abb. 14 und Abb. 15 veranschaulicht zudem durch die unterschiedliche Skalierung der Abszisse, dass die Spannbreite der Werteffekte mit ansteigender Volatilität zunimmt.

269 Unter dem Optionsdelta wird die relative Änderung des Optionswertes bei einer marginalen Veränderung des Underlyingpreises verstanden. Vgl. Hull 2012, S. 981. In der Praxis ist das Optionsdelta relevant, da es maßgeblich für die Absicherungsstrategie eines Optionsinhabers wie z. B. eines Kraftwerksbetreibers ist. Vgl. hierzu Hull 2012, S. 481 sowie Kap. 3.2.2 in dieser Arbeit.

270 Mit Blick auf die vorherigen Analyseergebnisse ist zudem die Irrelevanz für Optionsdeltas von ATM-Optionen in Abb. 14 bemerkenswert, da die Optionswerte von ATM-Optionen sehr stark durch die Verteilungsannahme beeinflusst wurden.

Abb. 14: Auswirkungen der Renditeverteilungen auf das Optionsdelta bei σ = 5%.

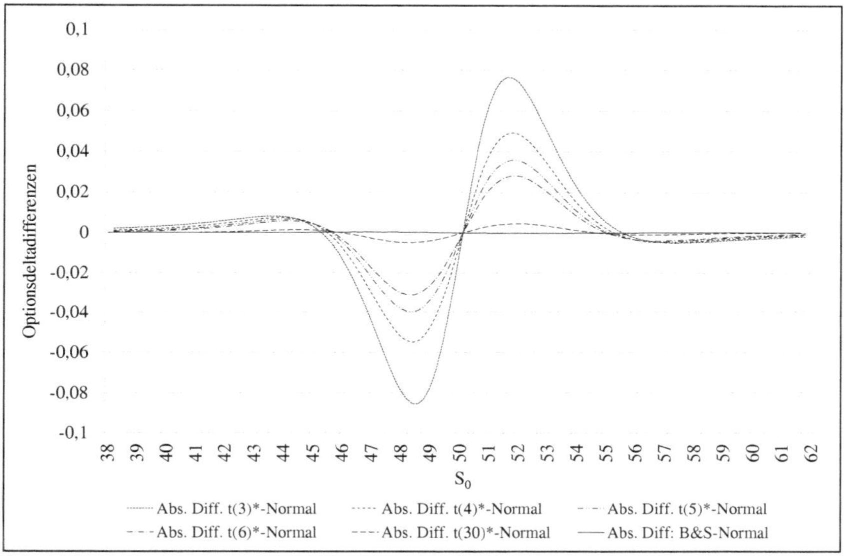

Abb. 15: Auswirkungen der Renditeverteilungen auf das Optionsdelta bei σ = 25%.

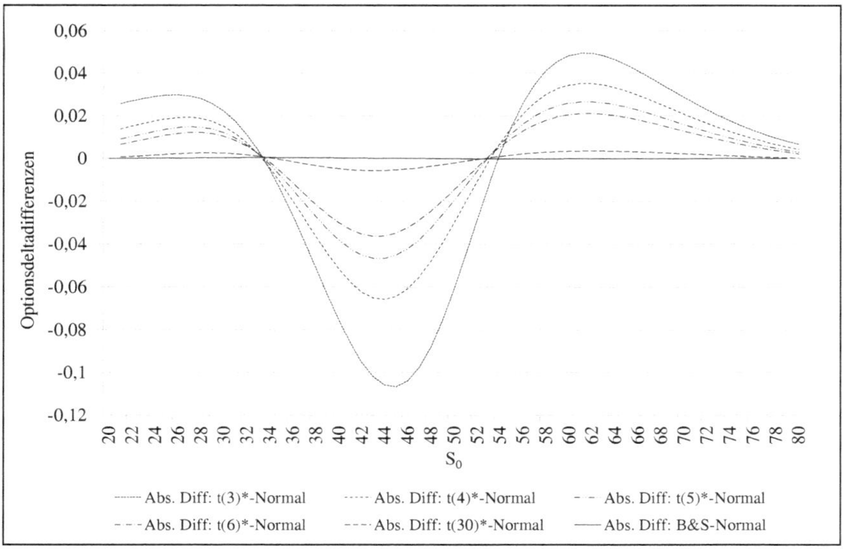

Bevor im folgenden Kapitel die empirischen Renditeverteilungen von kraftwerksrelevanten Commodities auf ihre Fat-Tail-Eigenschaft hin getestet werden, soll an dieser Stelle ein kurzes Zwischenfazit gezogen werden. Dieses dient dem Ziel, die wesentlichen Erkenntnisse der bisherigen Analyse zusammenzufassen und somit die Einordung der späteren Monte-Carlo-Simulationen in Kap. 5.3 zu erleichtern.

Fat Tails in der Renditeverteilung des Underlyings haben grundsätzlich einen Einfluss auf den Wert einer Option. Die Richtung des Bewertungseffekts hängt davon ab, ob sich die Option im Geld, am Geld oder aus dem Geld befindet. Wie die Analyse gezeigt hat, werden Optionen, die weit im Geld oder weit aus dem Geld sind, durch die Normalverteilungsannahme unterbewertet, wenn Fat Tails vorliegen. Optionen, die nah am Geld sind, werden hingegen überbewertet. Zudem konnte die Erkenntnis gewonnen werden, dass das Ausmaß der Bewertungsverzerrungen unmittelbar von der Stärke der Fat Tails abhängt. Bezüglich der Standardabweichung der Logrenditen, d.h. der Volatilität des Underlyings, muss beachtet werden, dass eine steigende Volatilität zu einer größeren Asymmetrie in der Endwertverteilung führt, wodurch die Abweichungen der ITM-Optionen weniger stark ausfallen als bei OTM-Optionen. Grundsätzlich verstärkt die höhere Standardabweichung jedoch die verteilungsbasierten Bewertungsdifferenzen. Auch auf das Delta der Option haben die Verteilungsannahmen und die Standardabweichungen der Logrenditen einen systematischen Einfluss. Wird die Normalverteilung trotz Vorliegen von Fat Tails als vereinfachende Bewertungsprämisse angenommen, so werden die Deltas von Optionen, die sich leicht im Geld befinden, unterbewertet, während die Deltas von Optionen, die sich leicht aus dem Geld befinden, überbewertet werden. Während ATM-Optionen durch die Normalverteilungsannahme stark überbewertet werden, ist das Delta von ATM-Optionen kaum von der Verteilungsannahme beeinflusst.

5.2.2 Empirische Untersuchung zur historischen Verteilung kraftwerksrelevanter Commodity-Renditen

5.2.2.1 Normalverteilungstests und Commoditypreise

Im Rahmen der folgenden Untersuchung soll die Normalverteilungshypothese anhand empirischer Marktdaten getestet werden. Im Fokus stehen dabei die Forwardpreisentwicklungen aller Commodities, die für die späteren simulationsbasierten Bewertungen relevant sind. Ziel ist es, aktuelle Preisentwicklungen auf ihre Verteilung hin zu überprüfen und Abweichungen von der Normalverteilung aufzuzeigen. Ein besonderes Augenmerk liegt auf der Fat-Tail-Eigenschaft der Tagesrenditen.[271] Hierauf aufbauend werden anschließend in Kap. 5.3 kraftwerksspezifische Optionswerte ermittelt und der Einfluss der unterschiedlichen Renditeverteilungen

271 Eine Verteilung weist genau dann Fat Tails auf, wenn Extremereignisse mehr Wahrscheinlichkeitsmasse besitzen, d.h. häufiger auftreten, als dies in der Normalverteilung mit gleichem Erwartungswert und gleicher Varianz der Fall ist. Vgl. Danielsson 2011, S. 16.

analysiert. Die zuvor in Kap. 5.2.1 gewonnenen Erkenntnisse werden auf diese Weise erweitert und in einen empirischen und praxisrelevanten Untersuchungsrahmen gerückt.

Fat Tails können in einer Vielzahl von Renditeverteilungen beobachtet werden und gehören zu den bedeutendsten Eigenschaften zur Beschreibung von Preisentwicklungen.[272] Auch im Kontext empirischer Strom- und Brennstoffpreisentwicklungen haben sich mehrere Studien bereits mit Verteilungsanalysen beschäftigt und signifikante Abweichungen von der Normalverteilung sowohl in den Spotpreisen als auch in den Forwardpreisen festgestellt. Weron (2009) analysierte beispielsweise die Spotpreise von vier großen Energiemärkten (EEX, OMEL, PJM und NEPOOL) der Jahre 2001–2006 und zeigte, dass in allen vier Märkten die Preisverteilungen aufgrund von Fat Tails von der Normalverteilung abwichen.[273] Zu ähnlichen Ergebnissen gelangten auch Bottazzia et al. (2005) und Eberlein/Stahl (2003), die Strompreise der nordeuropäischen Börse NordPool untersuchten.[274] Eydeland/Wolyniec (2003) legten ihrer Studie den US-amerikanischen Markt zugrunde und analysierten neben Spotmarktdaten auch Terminmarktdaten von Strom und Gas.[275] Für Gas verwendeten sie Preisentwicklungen des Zeitraums 1996–2001, für Strom des Zeitraums 1998–2001. Im Ergebnis zeigten sich bei beiden Commodities signifikante Abweichungen von der Normalverteilung. Zudem konnten die Autoren feststellen, dass die Abweichungen der Strompreisverteilung deutlich ausgeprägter waren als die der Gaspreisverteilung. Auch die Analysen der Forwardpreise zeigten signifikante Abweichungen von der Normalverteilung. Nach Berücksichtigung der ansteigenden Volatilität von Forwardpreisen bei abnehmender Restlaufzeit waren die Abweichungen jedoch weniger stark ausgeprägt.[276]

Der kurze Verweis auf andere Studienergebnisse ist an dieser Stelle jedoch nicht ausreichend, da empirische Studien stets vergangenheitsorientiert ein betrachtetes Zeitfenster zugrunde legen. Die wiedergegebenen Ergebnisse können nicht ohne Weiteres auf die in dieser Arbeit verwendete Datenbasis übertragen werden. Da für die nachfolgende Optionswertanalyse jedoch gerade Kenntnisse über die Renditeverteilungen in der Datenbasis von zentraler Bedeutung sind, ist eine Überprüfung der Normalverteilungshypothese auf Basis der verwendeten Marktdaten ebenso notwendig wie die Bestimmung des Ausmaßes möglicher Fat Tails.[277] Mit Blick auf

---

272 Vgl. Danielsson 2011, S. 9.
273 Vgl. Weron 2009, S. 460ff.
274 Vgl. Bottazzia et al. 2005, S. 54ff. und Eberlein und Stahl 2003, S. 32ff.
275 Vgl. hier und im Folgenden Eydeland und Wolyniec 2003, S. 73ff.
276 Diese typische Eigenschaft der ansteigenden Volatilität von Forwardpreisen bei abnehmender Restlaufzeit wird auch im Rahmen der vorliegenden Untersuchung berücksichtigt, wie später erläutert wird.
277 Nichtsdestoweniger kann der exemplarische Literaturüberblick jedoch sehr wohl als Indiz für die weite Verbreitung von Fat Tails in Commoditypreisen und damit als Beleg für die besondere Relevanz der behandelten Fragestellung verstanden werden.

die simulationsbasierten Bewertung von Optionen auf den Clean Dark Spread in Kap. 5.3 konzentrieren sich die folgenden empirischen Analysen auf die Forwardpreisentwicklungen jener Commodities, die den Clean Dark Spread determinieren.[278]

Für Verteilungsanalysen stehen sowohl statistische Verfahren als auch graphische Instrumente Verfügung.[279] Statistische Verfahren können eine Datenbasis auf Abweichungen gegenüber einer angenommenen Verteilung überprüfen und Aussagen über die Signifikanz der Abweichungen treffen. Geeignete Verfahren für Normalverteilungstests sind unter anderem der Jarque-Bera Test, der Shapiro-Wilk Test und der Kolmogorov-Smirnov Test.[280] Während der Jarque-Bera Test und der Shapiro-Wilk Test unmittelbar Abweichungen gegenüber der Normalverteilung analysieren, können mit Hilfe des allgemeineren Kolmogorov-Smirnov Tests auch Abweichungen gegenüber anderen Verteilungsannahmen untersucht werden.[281] Um die Ergebnissicherheit zu erhöhen, werden in der Literatur häufig mehrere Tests parallel angewendet.[282] Dieser Ansatz wird auch in der vorliegenden Arbeit verfolgt. Komplementär zu den statistischen Verfahren, die Verteilungsdifferenzen aufzeigen können, ermöglichen grafische Instrumente genauere Einblicke in die Art und das Ausmaß der Abweichungen.[283] Aufgrund der Komplementarität der Verfahren wird im Folgenden sowohl auf statistische als auch auf graphische Instrumente zurückgegriffen. Die Auswertungen erfolgen unterteilt nach *Jahresproduktbasis* und *Monatsproduktbasis*. Unter Jahresproduktbasis werden die Forwardpreise verstanden, die sich auf ein gesamtes Jahr beziehen. Als Forwardpreis für Strom wird z.B. der Baseload-Preis für eine ganzjährige Lieferung von Strom verwendet. Die betrachtete Restlaufzeit der Forwards, d.h. die Vorlaufzeit vor Optionsfälligkeit, ist maximal ein Jahr. Unter der Monatsproduktbasis werden analog Marktpreise verstanden, die sich auf einen Zeitraum von einem Monat beziehen. Als Strompreis wird entsprechend der Forwardpreis auf eine Baseloadlieferung während eines gesamten Monats betrachtet. Aufgrund der geringeren Liquidität des kurzfristigeren Monatsproduktes bei langen Restlaufzeiten werden auf Monatsproduktbasis lediglich die letzten sechs Monate der Forwardlaufzeit berücksichtigt.[284]

---

278 Neben der Verwendung von Forwardpreisen ist grundsätzlich auch eine Verwendung von Spotmarktpreisen zur Optionsbewertung möglich. Vgl. hierzu Clewlow und Strickland 1999, S. 6ff.

279 Vgl. hier und im Folgenden Danielsson 2011, S. 16ff. und Eydeland und Wolyniec 2003, S. 68ff.

280 Vgl. Borchert et al. 2006, 57f.

281 Vgl. Borchert et al. 2006, 57f. Der Shapiro-Wilk Test besitzt dabei grundsätzlich die höchste Güte. Vgl. Duller 2008, S. 121.

282 Vgl. exemplarisch Eydeland und Wolyniec 2003, S. 68ff.

283 Vgl. Danielsson 2011, S. 16ff.

284 Für einen Einblick in die Marktliquidität vgl. die gehandelten Volumina der verschiedenen Produkte auf www.eex.com.

5.2.2.2 Empirische Normalverteilungstests auf Jahresbasis

Die nachfolgenden Ausführungen zeigen die Ergebnisstatistiken der Normalverteilungstest für alle relevanten Commodities auf Jahresbasis. Die Tests wurden auf die täglichen Logrenditen der Commodities auf Basis historischer Terminmarktpreise mit einem Fälligkeitszeitraum 2008–2011 und einer maximalen Restlaufzeit von einem Jahr angewendet.[285] Tab. 21 stellt die deskriptive Verteilungsstatistik sowie die Ergebnisse der Verteilungstests dar.

Tab. 21: Deskriptive Analyse historischer Commodity-Tagesrenditen und Spreadentwicklungen auf Jahresproduktbasis

		n[285]	**Mittelwert[286]**	**Std. abw.**	**Schiefe**	**Kurtosis (Wölbung)**	**Jarque-Bera Test**	**Shapiro-Wilk Test**	**Kolmogorov-Smirnov Test**
Strom	Jan-Dez	946	-0,0003	0,0123	-0,0095	5,9037	335,213***	0,9619***	0,4802***
Kohle[287]	Jan-Dez	946	0,0004	0,0172	-0,5942	7,0264	699,591***	0,9399***	0,4747***
CO_2	Jan-Dez	946	-0,0006	0,0249	-0,3563	5,7460	319,941***	0,9634***	0,4679***
WK $/€	Jan-Dez	946	0,0000	0,0075	-0,1928	7,1111	676,970***	0,9547***	0,4875***
CDS alt	Jan-Dez	946	-0,0154	0,5649	0,2366	5,1393	191,088***	0,9743***	0,1638***
CDS neu	Jan-Dez	946	-0,0154	0,5142	0,1535	5,2516	205,537***	0,9722***	0,1859***

*(**;***) Signifikanzniveau p < 0,10 (0,05; 0,01)

Alle drei verwendeten Tests führen für alle getesteten Commodities und für den US$/€-Wechselkurs zu dem Ergebnis, dass die zugrunde liegenden Verteilungen der Logrenditen signifikant (p<0,01) von der Normalverteilung abweichen. Die

285 Die vollständigen Angaben zu den verwendeten Datenquellen können Tab. 27 und Tab. 28 entnommen werden.
286 Der Umfang der verwendeten Tagesrenditen ergibt sich aus dem betrachteten Fälligkeitszeitraum, der vier Jahre umfasst. Es wurden nur die Handelstage berücksichtigt.
287 Der Mittelwert gibt hier die durchschnittliche Rendite pro Tag an.
288 Soweit nicht explizit angegeben wird im Rahmen dieser Arbeit unter dem allgemeinen Begriff „Kohle“ stets Steinkohle verstanden.

ausgeprägten Wölbungen können zudem als erster Beleg dafür interpretiert werden, dass Fat Tails vorliegen und diese die Ursache für die gefundenen Abweichungen sind.[289] In allen analysierten Verteilungen ist die Wölbung deutlich größer als in der Normalverteilung, die eine Wölbung von drei besitzt.[290] Die Verteilungen sind somit leptokurtisch und weisen Fat Tails auf.

Neben den relevanten Commodities wurden in Tab. 21 die Entwicklungen kraftwerksspezifischer Clean Dark Spreads auf ihre Verteilung hin untersucht. Der Untersuchung wurden diesbezüglich die technischen Parameter eines „alten" und eines „neuen" Steinkohlekraftwerks zugrunde gelegt.[291] Auch hier lassen sich empirisch signifikante Abweichungen von der Normalverteilung und Fat Tails feststellen.[292] Da die simulationsbasierte Kraftwerksbewertung in Kap. 5.3 jedoch nicht unmittelbar an dem Clean Dark Spread, sondern eine Stufe früher an der Modellierung der einzelnen Commodities ansetzt, steht dieses Ergebnis nicht im Fokus. Dennoch ist es als Ergänzung aufschlussreich, da in der Literatur zur optionsbasierten Kraftwerksbewertung mitunter auch von normalverteilten Spreadentwicklungen ausgegangen wird.[293]

Unterstützt wird die Erkenntnis der statistischen Auswertung durch die folgende grafische Auswertung anhand von QQ-Plots.[294] QQ-Plots stellen den Quantilen einer beliebigen Verteilung die Quantile der zu untersuchenden Datenbasis gegenüber und erlauben Rückschlüsse auf die Art der Abweichungen. Abb. 16 zeigt in dem QQ-Plot „Normalverteilung" exemplarisch für den Strompreis einen Vergleich der empirischen Renditeverteilung mit der Normalverteilung.[295] Deutlich zu erkennen ist, dass die empirische Verteilung an den Rändern stark von der Normalverteilung abweicht. Sowohl negative als auch positive Extremwerte tauchen empirisch häufiger auf als in der Normalverteilung. Der resultierende s-förmige Verlauf im QQ-Plot ist charakteristisch für Fat-Tail-Verteilungen.[296]

---

289 Vgl. Eydeland und Wolyniec 2003, S. 74.

290 Vgl. Sachs und Hedderich 2009, S. 227. Als Kurtosis wird hier wie im Rest der Arbeit auf die Wölbung der Verteilung abgestellt. Alternativ wäre ein Vergleich über den Exzess (= Wölbung – 3) möglich. Vgl. Mittag 2014, S. 192.

291 Die genaue Zusammensetzung der Spreads (CDS alt, CDS neu) inklusive Wirkungsgrad und Emissionsfaktor kann Kap. 5.3.3 entnommen werden.

292 Einschränkend ist anzumerken, dass aufgrund potentiell negativer Spreads nicht logarithmierte Renditen, sondern absolute Spreadveränderungen der Analyse zugrunde gelegt wurden.

293 Vgl. exemplarisch Carmona und Durrleman 2003, S. 648ff.

294 Vgl. hier und im Folgenden Danielsson 2011, S. 17ff.

295 Entsprechende QQ-Plots für die anderen Commodities können Anhang 1 entnommen werden.

296 Vgl. Kemp 2011, S. 14.

Abb. 16: QQ-Plots zur historischen Logrenditenverteilung des Strompreises auf Jahresproduktbasis.

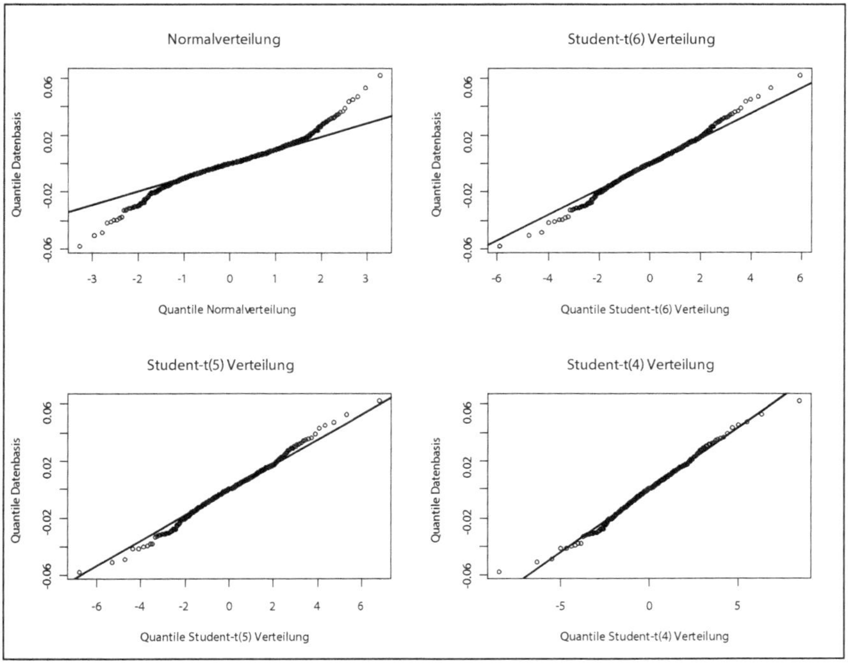

Neben der Art der Abweichungen kann auf grafische Weise auch das Ausmaß der Abweichungen näher analysiert werden. Aufgrund der vorliegenden Fat Tails ist hierzu die empirische Verteilung in einem QQ-Plot mit der Student-t-Verteilung zu vergleichen. Je geringer die Zahl der Freiheitsgrade der betrachteten Student-t-Verteilung ist, desto stärker ausgeprägt sind die Fat Tails.[297] Abb. 16 kann in den QQ-Plots „Student-t(6)", „Student-t(5)" und „Student-t(4)" jeweils die Gegenüberstellung der empirischen Verteilung mit der Student-t-Verteilung entnommen werden.[298] Während der Vergleich mit Student-t(6) zeigt, dass die empirische Verteilung einen zwar schwächeren, aber nach wie vor s-förmigen Verlauf aufweist und somit über dickere Enden als die Student-t(6)-Verteilung verfügt, ist die Approximation mittels Student-t(5) sehr nahe an der empirischen Verteilung. Im Vergleich mit Student-

297 Vgl. Sachs und Hedderich 2009, S. 251.

298 Die jeweilige Ziffer (6), (5) bzw. (4) gibt die Anzahl der Freiheitsgrade der Verteilung an.

t(4) kehrt sich der s-förmige Verlauf gerade um. Folglich ist das Ausmaß der Fat Tails in der empirischen Verteilung der Logrenditen des Strompreises ähnlich stark ausgeprägt wie in der Student-t-Verteilung mit fünf Freiheitsgraden.[299] Zudem lässt sich feststellen, dass die Fat Tails am positiven wie negativen Ende ähnlich stark ausgeprägt sind. Die entsprechenden QQ-Plots für die Entwicklung der Kohle- und CO_2-Preise sowie für den $/€-Wechselkurs weisen den gleichen s-förmigen Verlauf auf.[300]

Wie bereits angesprochen besitzen insbesondere Forwardpreise von Stromprodukten eine ansteigende Volatilität bei abnehmender Restlaufzeit, die in den bisherigen Auswertungen nicht berücksichtigt wurde.[301] Da jedoch die Volatilitätsstruktur bei der Bewertung von Optionen eine bedeutsame Rolle spielen kann, werden nachfolgend die Renditeverteilungen zusätzlich für verschiedene monatliche Zeitcluster mit unterschiedlichen Restlaufzeiten analysiert. Der ansteigenden Volatilität bei abnehmender Restlaufzeit wird die Analyse hierdurch besser gerecht.[302] Gleichwohl wird sich zeigen, dass der Effekt empirisch nur teilweise zu beobachten ist. Der Fälligkeitszeitpunkt der Forwards ist stets der 01. Januar des Folgejahres, wodurch z. B. das Cluster „Jan" („Feb", März" etc.) Renditen bei einer Restlaufzeit von rund zwölf (elf, zehn etc.) Monaten enthält.[303] Tab. 22 bezieht sich folglich auf die gleiche Datenbasis wie Tab. 21 zeigt jedoch ein differenzierteres, in Zeitcluster unterteiltes Bild.

---

299 Die Anzahl an Freiheitsgraden, die zu einer bestmöglichen Approximation der Verteilung führt, lässt sich auch analytisch bestimmen. An dieser Stelle reicht jedoch eine grafische Annäherung für den Fortgang der Analyse. Vgl. Danielsson 2011, S. 17. Mit Blick auf die in Kap. 5.2.1 zugrunde gelegten Student-t-Verteilungen mit df=3, df=4, df=5 und df=6 zeigt sich an dieser Stelle zudem, dass die dort verwendeten Fat-Tail-Verteilungen nahe an den empirisch beobachteten Renditeverteilungen liegen.

300 Vgl. Anhang 1.

301 Vgl. Eydeland und Wolyniec 2003, S. 76. Die ansteigende Volatilitätsstruktur mit abnehmender Restlaufzeit wird auch als Samuelson-Effect bezeichnet. Vgl. Eydeland und Wolyniec 2003, S. 91 und Samuelson 1965, S. 44ff. Sie hängt unmittelbar mit der Mean-Reversion-Eigenschaft der Commoditypreise zusammen. Vgl. hierzu Clewlow und Strickland 1999, S. 4ff. und Putney 2005, S. 74.

302 In der zuvor durchgeführten Analyse wurde die implizite Annahme getroffen, dass die Volatilität im Zeitablauf konstant ist. Vgl. Eydeland und Wolyniec 2003, S. 75.

303 Die Auswahl der zeitlichen Länge ein es Zeitclusters unterliegt einem Trade-off. Eine kurze Länge führt zu einem differenzierteren Bild, gleichzeitig wird jedoch die Anzahl an Beobachtungen je Zeitcluster und damit die Auswertbarkeit geringer.

Tab. 22: Deskriptive Analyse einzelner Zeitcluster auf Jahresproduktbasis

		n[303]	Mittel-wert	Std. abw.	Schiefe	Kurtosis (Wöl-bung)	Jarque-Bera Test	Shapiro-Wilk Test	Kolmogo-rov-Smir-nov Test
Strom (Logrendite)	Jan	81	-0,0026	0,0120	-0,1428	4,3097	7,073**	0,9687**	0,4880***
	Feb	76	-0,0018	0,0137	-0,2168	4,9184	13,933***	0,9461***	0,4844***
	März	82	0,0011	0,0133	0,7628	5,2300	27,280***	0,9466***	0,4876***
	Apr	76	0,0029	0,0136	0,0997	5,6717	25,384***	0,9283***	0,4835***
	Mai	69	0,0011	0,0114	-0,2511	4,2111	5,888*	0,9696*	0,4869***
	Jun	80	0,0022	0,0118	-0,3461	4,0999	6,493**	0,9687**	0,4870***
	Jul	86	-0,0022	0,0127	0,0564	6,4280	45,977***	0,9354***	0,4820***
	Aug	79	0,0005	0,0088	0,4357	4,2575	8,752**	0,9572***	0,4889***
	Sept	82	-0,0013	0,0099	-0,2831	6,1085	37,453***	0,9299***	0,4878***
	Okt	83	-0,0010	0,0122	-0,9443	4,3100	19,724***	0,9443***	0,4908***
	Nov	79	-0,0028	0,0144	0,5180	8,6349	116,616***	0,9057***	0,4770***
	Dez	73	0,0009	0,0109	-0,0785	3,4838	1,106	0,9858	0,4874***
Kohle (Logrendite)	Jan	81	-0,0009	0,0174	0,0602	4,5764	9,707***	0,9608**	0,4790***
	Feb	76	0,0007	0,0165	-0,1896	3,5403	1,752	0,9737	0,4855***
	März	82	0,0001	0,0168	0,9602	6,3375	54,807***	0,9320***	0,4861***
	Apr	76	0,0028	0,0145	0,5041	3,9995	7,229**	0,9671**	0,4858***
	Mai	69	0,0026	0,0128	-0,4312	2,7287	2,338	0,9773	0,4892***
	Jun	80	0,0036	0,0157	-0,9650	4,7974	25,176***	0,9452***	0,4866***
	Jul	86	-0,0015	0,0170	-0,3134	5,8096	32,582***	0,9220***	0,4776***
	Aug	79	-0,0007	0,0113	0,2282	3,6147	2,362	0,9805	0,4881***
	Sept	82	-0,0003	0,0151	-0,7458	4,3328	14,977***	0,9487***	0,4858***
	Okt	83	-0,0012	0,0266	-1,3107	5,7580	53,717***	0,8815***	0,4762***
	Nov	79	-0,0031	0,0185	-0,6732	6,6159	53,397***	0,8963***	0,4750***
	Dez	73	0,0037	0,0167	0,3088	6,9180	52,626***	0,9048***	0,4802***

304 Analog zu Tab. 21 bezeichnet n hier die Anzahl der verwendeten Tagesrenditen in dem jeweiligen Zeitcluster. Exemplarisch ergibt sich n=81 für die Rendite des Strompreises im Januar aus den Handelstagen im Januar in den Jahren 2007 bis 2010.

		n[303]	Mittelwert	Std. abw.	Schiefe	Kurtosis (Wölbung)	Jarque-Bera Test	Shapiro-Wilk Test	Kolmogorov-Smirnov Test
CO_2 (Logrendite)	Jan	81	-0,0076	0,0251	-0,5744	3,8701	7,782**	0,9648**	0,4800***
	Feb	76	-0,0001	0,0381	0,2938	4,2108	6,688**	0,9524***	0,4628***
	März	82	0,0039	0,0290	-0,3942	4,4455	10,475***	0,9686**	0,4691***
	Apr	76	0,0064	0,0237	-0,0195	3,0625	0,071	0,9908	0,4763***
	Mai	69	0,0038	0,0272	-1,5933	9,5199	163,516***	0,8901***	0,4785***
	Jun	80	-0,0012	0,0230	-0,4570	3,5977	4,476	0,9595**	0,4804***
	Jul	86	-0,0043	0,0230	-0,1104	2,7410	0,316	0,9890	0,4773***
	Aug	79	0,0028	0,0147	0,0806	2,8075	0,136	0,9863	0,4859***
	Sept	82	-0,0016	0,0195	-0,4416	3,0054	2,787	0,9824	0,4843***
	Okt	83	-0,0023	0,0222	-0,6295	4,1449	11,060***	0,9514***	0,4817***
	Nov	79	-0,0029	0,0216	-0,5501	6,4644	47,542***	0,9450***	0,4741***
	Dez	73	-0,0025	0,0217	-1,4917	7,3444	91,183***	0,8646***	0,4812***
Wechselkurs $/€ (Logrendite)	Jan	81	-0,0015	0,0077	-0,1471	4,0231	4,569	0,9586**	0,4919***
	Feb	76	0,0000	0,0059	0,2202	3,1499	0,813	0,9781	0,4952***
	März	82	0,0011	0,0077	0,7407	8,1934	107,298***	0,9145***	0,4908***
	Apr	76	0,0001	0,0065	0,4357	4,4610	10,415***	0,9688*	0,4928***
	Mai	69	-0,0002	0,0076	0,2717	3,9800	4,353	0,9744	0,4918***
	Jun	80	0,0003	0,0064	-0,7773	3,7027	10,483***	0,9580**	0,4950***
	Jul	86	0,0006	0,0053	0,1154	3,4589	1,245	0,9907	0,4946***
	Aug	79	-0,0010	0,0082	-1,0595	8,6989	130,845***	0,8730***	0,4891***
	Sept	82	0,0014	0,0073	0,0621	5,3167	20,543***	0,9405***	0,4917***
	Okt	83	-0,0008	0,0082	-0,4401	3,7995	5,535*	0,9663**	0,4916***
	Nov	79	-0,0005	0,0072	0,0232	2,4393	0,823	0,9874	0,4935***
	Dez	73	0,0011	0,0109	-0,4931	8,3357	97,411***	0,9004***	0,4848***

		n[303]	Mittelwert	Std. abw.	Schiefe	Kurtosis (Wölbung)	Jarque-Bera Test	Shapiro-Wilk Test	Kolmogorov-Smirnov Test
CDS alt (Absolute Differenzen)	Jan	81	-0,0421	2,9956	-1,9785	38,3023	4,493,682***	0,3116***	0,2187***
	Feb	76	-0,1194	0,6328	0,0908	3,2655	0,504	0,9914	0,2005***
	März	82	0,0360	0,5584	1,0466	6,9061	72,342***	0,9341***	0,1853***
	Apr	76	-0,0270	0,5224	-0,2263	3,9746	4,377	0,9703*	0,2157***
	Mai	69	-0,0928	0,6180	0,1221	3,5022	1,235	0,9887	0,1948***
	Jun	80	0,0341	0,5053	-0,0342	2,7590	0,113	0,9930	0,1915***
	Jul	86	0,0457	0,6144	0,9432	5,4429	36,908***	0,9473***	0,1759***
	Aug	79	-0,0352	0,4783	0,1214	4,0940	4,939*	0,9711*	0,2371***
	Sept	82	0,0288	0,5300	0,3523	4,3468	8,990**	0,9569***	0,2253***
	Okt	83	0,0009	0,6422	0,0815	6,6712	50,956***	0,8949***	0,2017***
	Nov	79	-0,0417	0,6117	-0,0091	4,7589	11,656***	0,9525***	0,1823***
	Dez	73	0,0056	0,5892	-0,0169	4,6511	9,654***	0,9577**	0,1832**
CDS neu (Absolute Differenzen)	Jan	81	-0,0624	0,3622	-0,0574	2,6262	0,366	0,9844	0,2574***
	Feb	76	-0,1104	0,5739	-0,0525	3,4362	0,921	0,9823	0,2262***
	März	82	0,0390	0,5175	0,9846	6,7250	65,501***	0,9376***	0,2097***
	Apr	76	0,0105	0,5160	-0,1609	4,8453	12,699***	0,9507***	0,2299***
	Mai	69	-0,0567	0,5552	-0,2080	3,4817	1,503	0,9835	0,1980***
	Jun	80	0,0644	0,4681	0,0035	2,2721	1,496	0,9824	0,2071***
	Jul	86	0,0027	0,5691	1,0500	6,1042	54,185***	0,9378***	0,1776***
	Aug	79	-0,0176	0,4613	0,1665	4,9092	14,023***	0,9529***	0,2166***
	Sept	82	0,0043	0,4619	0,4289	4,8078	15,298***	0,9477***	0,2419***
	Okt	83	-0,0157	0,5112	-0,7129	6,7038	59,040***	0,9097***	0,2281***
	Nov	79	-0,0668	0,5864	0,2986	5,1407	18,232***	0,9481***	0,2083***
	Dez	73	0,0145	0,5272	-0,2845	4,7632	11,966***	0,9587**	0,2139***

*(**;***) Signifikanzniveau $p < 0,10$ (0,05; 0,01)

Die drei verwendeten Testverfahren zeigen auch unter Berücksichtigung verschiedener zeitlicher Cluster für den Großteil der untersuchten Renditen signifikante Abweichungen von der Normalverteilung.[305] Zudem belegt die Kurtosis, dass in 40 von 48 Fällen leptokurtische Verteilungen vorliegen und damit allgemein von Fat Tails auszugehen ist. Dass anders als in der Gesamtauswertung nicht in allen Fällen signifikante Abweichungen vorliegen bzw. Fat Tails erkennbar sind, ist zum einen auf die geringere Datenanzahl je Cluster zurückzuführen und zum anderen auf die höhere Volatilitätsunabhängigkeit innerhalb der einzelnen Cluster.[306] Insgesamt kann jedoch auch unter Berücksichtigung der zeitlichen Cluster festgestellt werden, dass die Normalverteilungshypothese aufgrund von Fat Tails tendenziell abzulehnen ist.

5.2.2.3 Empirische Normalverteilungstests auf Monatsbasis

Die zusätzliche Analyse auf Monatsproduktbasis erfolgt mit dem Ziel, die Relevanz des betrachteten Produktes für die Steuerung von Kraftwerken im Sinne einer operativen Kraftwerksoption zu erhöhen.[307] In Analogie zu Tab. 21 und Tab. 22 zeigen Tab. 23 und Tab. 24 die Auswertungsstatistiken für das Monatsprodukt Januar. Die nachfolgend vorgestellten Ergebnisse lassen sich jedoch auch auf die Monatsprodukte Februar bis Dezember übertragen.[308] Dargestellt sind wie zuvor die deskriptiven Statistiken sowie die Ergebnisse der Normalverteilungstests. Aufgrund der geringeren Liquidität liegen der Datenbasis Forwards mit einer maximalen Restlaufzeit von sechs Monaten zugrunde, weshalb die Anzahl an Datenpunkten geringer ist als in den Auswertungen in Kap. 5.2.2.2.

---

305 Für eine Güteeinstufung der verwendeten Testverfahren vgl. exemplarisch Thadewald und Büning 2007 und Razali und Wah 2011. Im Rahmen dieser Arbeit ist die Erkenntnis ausreichend, dass in den historischen Renditeverteilungen eindeutig signifikante Abweichungen von der Normalverteilung vorliegen, weshalb den stellenweisen Ergebnisdifferenzen der Verteilungstests nicht weiter nachgegangen wird.

306 Vgl. Eydeland und Wolyniec 2003, S. 76.

307 Vergleiche hierzu und zu dem Trade-Off bezüglich der Wahl der Zeitspanne des Produktes ausführlich Kap. 5.3.1.

308 Entsprechende Auswertungen für die Monate Februar bis Dezember können Anhang 2 entnommen werden.

Tab. 23: Deskriptive Analyse historischer Commodity-Tagesrenditen und Spreadentwicklungen auf Monatsproduktbasis

		n	Mittelwert	Std. abw.	Schiefe	Kurtosis (Wölbung)	Jarque-Bera Test	Shapiro-Wilk Test	Kolmogorov-Smirnov Test
Strom	Jul-Dez	482	-0,0013	0,0151	-0,0204	4,7701	64,377***	0,9693***	0,4803***
Kohle	Jul-Dez	482	-0,0003	0,0198	-0,9113	7,6028	498,497***	0,9021***	0,4732***
CO_2	Jul-Dez	482	-0,0018	0,0208	-0,6287	4,9113	106,895***	0,9707***	0,4771***
WK $/€	Jul-Dez	482	0,0001	0,0080	-0,4159	7,9928	521,310***	0,9395***	0,4871***
CDS alt	Jul-Dez	482	-0,0317	0,9011	0,1572	5,5715	137,209***	0,9571***	0,1076***
CDS neu	Jul-Dez	482	-0,0446	0,8650	0,0731	5,4382	122,050***	0,9540***	0,1257***

*(**;***) Signifikanzniveau p < 0,10 (0,05; 0,01)

Die Verteilungstests zeigen auch für das Monatsprodukt in allen untersuchten Preisentwicklungen signifikante Abweichungen (p<0,01) zur Normalverteilung.[309] Zudem ist die Wölbung stets größer als in der Normalverteilung, d.h. es liegen erneut leptokurtische Verteilungen vor. Die Stärke der Fat-Tail-Eigenschaft kann auch hier anhand von QQ-Plots veranschaulicht werden. Nachfolgend werden diese exemplarisch für die Renditeverteilung der Strompreises präsentiert.[310]

Der für Fat Tails charakteristische s-förmige Verlauf ist bei der Gegenüberstellung von empirischer Renditeverteilung und Normalverteilung erneut deutlich zu erkennen. Entsprechend zeigt sich, dass die Vergleiche mit der Student-t-Verteilung insbesondere bei abnehmender Anzahl der Freiheitsgrade einen recht engen Zusammenhang offenbaren. Die Ausprägungen der Fat Tails in den empirische Verteilung der Logrenditen der Strompreise lassen sich der grafischen Analyse zur Folge für das Monatsprodukt Januar gut durch eine Student-t-Verteilung mit df=4 approximieren.

309 Zu beachten ist hier wie im Rest der Analysen, dass für CO_2-Zertifikate kein liquider Preis auf Monatsbasis existiert. Vgl. zu beobachtbaren Marktpreisen www.eex.com. Folglich beziehen sich die CO_2-Zertifikatepreise der monatsbasierten und der jahresbasierten Auswertung auf die gleiche Datenbasis. Für Strom und Steinkohle liegen hingegen Marktpreise auf Monatsbasis vor.

310 Entsprechende QQ-Plots für die anderen untersuchten Größen weisen ebenfalls den für Fat Tails typischen s-förmigen Verlauf auf und können Anhang 1 entnommen werden.

Abb. 17: QQ-Plots zur historischen Logrenditenverteilung des Strompreises auf Monatsproduktbasis.

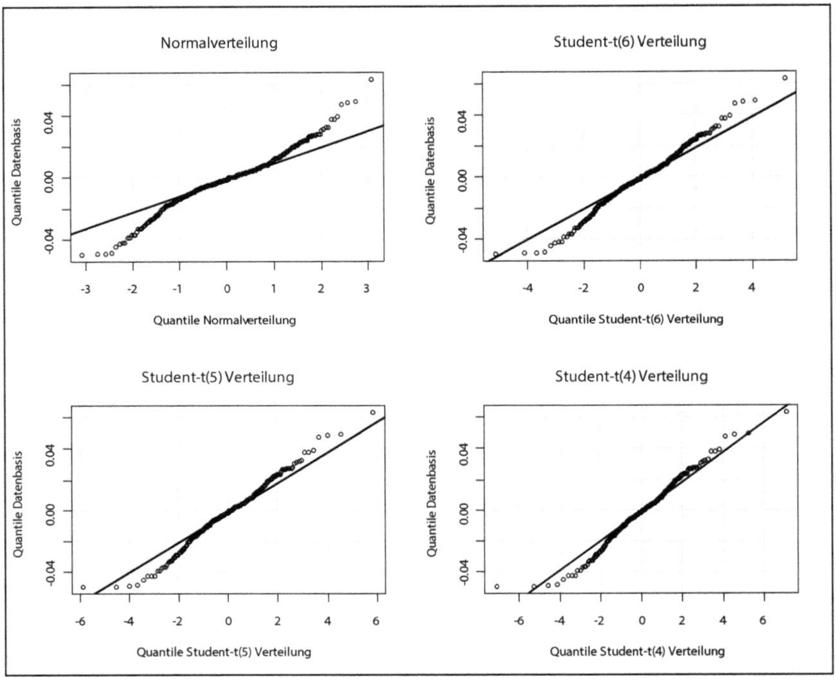

Analog zu Tab. 22 können die statistischen Auswertungen auf Monatsproduktbasis unter Beachtung zeitlicher Cluster Tab. 24 entnommen werden. Auch hier zeigen alle Kolmogorov-Smirnov-Tests und eine Vielzahl der Jarque-Bera und Shapiro-Wilk Tests signifikante Abweichungen von der Normalverteilung. Die Wölbung ist auch hier nahezu durchgehend größer als in der Normalverteilung.

Tab. 24: Deskriptive Analyse einzelner Zeitcluster auf Monatsproduktbasis (exemplarisch für den Monat Januar)

		n	Mittelwert	Std. abw.	Schiefe	Kurtosis (Wölbung)	Jarque-Bera Test	Shapiro-Wilk Test	Kolmogorov-Smirnov Test
Strom (Logrendite)	Jul	86	-0,0029	0,0117	-0,1054	4,4883	9,276***	0,9625**	0,4890***
	Aug	79	0,0014	0,0107	1,1940	6,9743	76,308***	0,8978***	0,4879***
	Sept	82	-0,0012	0,0098	-0,1303	4,6983	11,496***	0,9682**	0,4890***
	Okt	83	-0,0011	0,0173	-0,4106	3,8820	5,722*	0,9632**	0,4844***
	Nov	79	-0,0069	0,0184	-0,3795	2,3449	3,134	0,9684**	0,4894***
	Dez	73	0,0033	0,0185	0,6540	3,4807	6,440**	0,9635**	0,4890***
Kohle (Logrendite)	Jul	86	-0,0017	0,0165	-0,2265	5,7180	29,936***	0,9387***	0,4770***
	Aug	79	-0,0004	0,0109	0,4065	4,0164	6,389**	0,9725*	0,4880***
	Sept	82	-0,0003	0,0167	-0,7577	4,0355	12,548***	0,9561***	0,4859***
	Okt	83	-0,0005	0,0299	-1,1794	5,1536	37,933***	0,8693***	0,4752***
	Nov	79	-0,0031	0,0200	-0,8359	6,1665	45,963***	0,9098***	0,4754***
	Dez	73	0,0045	0,0188	0,2185	6,0691	32,514***	0,9316***	0,4757***
CO_2 (Logrendite)	Jul	86	-0,0042	0,0230	-0,0976	2,7122	0,321	0,9889	0,4773***
	Aug	79	0,0028	0,0146	0,1208	2,9014	0,202	0,9829	0,4862***
	Sept	82	-0,0016	0,0196	-0,4370	2,9425	2,708	0,9836	0,4843***
	Okt	83	-0,0023	0,0221	-0,6391	4,1879	11,621***	0,9507***	0,4817***
	Nov	79	-0,0032	0,0213	-0,5412	6,7088	53,610***	0,9397***	0,4741***
	Dez	73	-0,0022	0,0218	-1,3535	6,9828	76,326***	0,8861***	0,4812***
Wechselkurs $/€ (Logrendite)	Jul	86	0,0006	0,0054	0,1653	3,5644	1,914	0,9877	0,4946***
	Aug	79	-0,0010	0,0081	-1,0548	8,6698	129,552***	0,8749***	0,4892***
	Sept	82	0,0013	0,0073	0,0709	5,1702	18,124***	0,9445***	0,4919***
	Okt	83	-0,0007	0,0080	-0,5693	3,9888	8,733**	0,9641**	0,4923***
	Nov	79	-0,0005	0,0072	-0,0009	2,5164	0,577	0,9895	0,4935***
	Dez	73	0,0012	0,0109	-0,4474	8,3603	97,727***	0,8988***	0,4846***
CDS alt (Absolute Differenzen)	Jul	86	-0,0140	0,7008	1,0168	6,7023	68,763***	0,9348***	0,1600**
	Aug	79	0,0377	0,6615	0,9512	5,5790	36,784***	0,9079***	0,1914***
	Sept	82	0,0346	0,6275	0,2416	4,2996	7,586**	0,9696**	0,1807***
	Okt	83	-0,0450	1,1753	0,3760	5,0170	17,867***	0,9419***	0,1242
	Nov	79	-0,3040	1,0372	-0,5105	3,5839	5,071*	0,9763	0,1470*
	Dez	73	0,1079	1,0107	0,2654	2,8797	0,898	0,9869	0,0781
CDS neu (Absolute Differenzen)	Jul	86	-0,0577	0,6502	1,1819	7,9699	116,091***	0,9094***	0,1948***
	Aug	79	0,0574	0,6801	1,1677	6,6954	67,906***	0,8667***	0,2337***
	Sept	82	0,0097	0,5550	0,0362	4,2305	6,113**	0,9741*	0,1952***
	Okt	83	-0,0582	1,0952	0,1076	4,4130	8,170**	0,9623**	0,1215
	Nov	79	-0,3294	1,0276	-0,4985	3,4922	4,515	0,9754	0,1483*
	Dez	73	0,1233	0,9790	0,3372	3,0699	1,516	0,9816	0,0906

*(**;***) Signifikanzniveau $p < 0,10$ (0,05; 0,01)

Aus Tab. 24 ist ferner ersichtlich, dass die Standardabweichung der Forwardpreise auf Strom mit abnehmender Restlaufzeit tendenziell zunimmt. Während etwa die annualisierte Standardabweichung der Logrenditen des Strompreises bei einer Restlaufzeit von sechs Monaten 18,6% ($= 0{,}0117 \cdot \sqrt{252}$) beträgt, liegt sie einen Monat vor dem Erfüllungsdatum deutlich höher bei 29,4% ($= 0{,}0185 \cdot \sqrt{252}$).[311] In der simulationsbasierten Bewertung von Kraftwerksoptionen in Kap. 5.3 wird diese Besonderheit berücksichtigt werden. Dass die ansteigende Volatilität auf Basis des Monatsproduktes deutlicher zu erkennen ist als auf Basis des Jahresproduktes, ist naheliegend, da neue Informationen kurz vor Ende der Laufzeit umso preisrelevanter und damit volatilitätserhöhender sind, je kürzer die Produktlaufzeit ist.

Als Fazit der empirischen Verteilungsanalysen kann festgehalten werden, dass in den empirischen Renditeverteilungen aller relevanten Commodities signifikante Abweichungen von der Normalverteilung vorliegen. Sowohl die Analysen auf Jahres- als auch auf Monatsproduktbasis führen zu eindeutigen Ergebnissen. Als Ursache für die Abweichungen konnten Fat Tails in den historischen Renditeverteilungen ausfindig gemacht werden. Die behandelte Forschungsfrage nach bewertungsverzerrenden Effekten durch die vereinfachende Normalverteilungsannahme gewinnt hierdurch an zusätzlicher praktischer Bedeutung. In der nachfolgenden simulationsbasierten Bewertung von Kraftwerksoptionen wird dieser näher auf den Grund gegangen, wobei die getesteten Renditeverteilung die unmittelbare empirische Datenbasis bilden.

5.3 Monte-Carlo-Simulationen zum Einfluss empirischer Renditeverteilungen auf kraftwerksbezogene Realoptionen

5.3.1 Analysegegenstand

In den nachfolgenden simulationsbasierten Ansätzen zur Quantifizierung von Kraftwerksoptionen wird wie in Kap. 5.2.2 auf Steinkohlekraftwerke fokussiert, d.h. Optionen auf den Clean Dark Spread als Analysegegenstand betrachtet. Durch den konkretisierten Kraftwerkskontext sollen die Ergebnisse aus Kap. 5.2.1 um einen praxisnahen Anwendungsbezug erweitert werden. Zwar wären grundsätzlich auch andere Kraftwerkstypen möglich, vor dem Hintergrund der Forschungsfrage erscheint jedoch eine Fokussierung auf Steinkohlekraftwerke sinnvoll, da diese häufig nah am Geld sind und aufgrund ihrer Flexibilität den unterstellten Optionscharakter

311 Die Transformation in annualisierte Volatilitäten mittels $\sqrt{T}$ setzt normalverteilte Renditen voraus. Vgl. Bornhorn 2012, S. 62. Für den hier durchgeführten Größenvergleich ist dies jedoch unproblematisch. Es wird zudem von 252 Handelstagen ausgegangen. Vgl. Hull 2012, S. 390f.

aufweisen.[312] Den sich durch technologischen Fortschritt verändernden Emissionsfaktoren und Wirkungsgraden der Kraftwerke und den daraus resultierenden Auswirkungen auf den kraftwerksspezifischen Spread wird in der Untersuchung Rechnung getragen, indem eine Unterteilung in idealtypische *Altanlagen* und *Neuanlagen* erfolgt.[313]

Problematischer als die Auswahl des Kraftwerkstyps ist die Wahl des zu betrachtenden Produkts bzw. der Produktlaufzeit. Hierbei ergibt sich ein Trade-off zwischen der Relevanz und dem Umfang der Datenbasis.[314] Flexible Kraftwerke können in ihrer Fahrweise sehr kurzfristig, z.B. stündlich, an Marktpreisveränderungen angepasst werden. Entsprechend liegt es nahe, die Analyse auf Marktpreisen von Produkten mit möglichst kurzen Laufzeiten aufzubauen, um eine möglichst große Nähe zu operativen Entscheidungen bezüglich der Kraftwerksfahrweise herzustellen. Forwards auf z.B. Stundenprodukte sind jedoch in der Regel nur sehr kurzfristig handelbar, d.h. es sind keine ausreichenden Marktpreisentwicklungen beobachtbar.[315] Für die simulationsbasierte Bewertung von Stundenoptionen entfällt damit die notwendige Datengrundlage. Wird hingegen anstelle des Stundenproduktes z.B. ein Jahresprodukt betrachtet, stellt sich die Trade-Off-Situation umgekehrt dar. Während die Datenbasis aufgrund einer längerfristigen Handelbarkeit des Produktes deutlich umfangreicher ist, ist die Relevanz für die kraftwerksnahe Optionsbewertung eingeschränkt.[316] Den gegenläufigen Zusammenhang von Lieferspanne und Zeitdauer der Handelbarkeit verdeutlicht Tab. 25 überblicksweise.[317]

---

312 Vgl. zur Kraftwerksflexibilität exemplarisch Jarass und Obermair 2012, S. 83f. Die auch in der Praxis zu beobachtende preisbedingte Schwankung der Stromproduktion von Steinkohlekraftwerken kann über die Plattform www.transparency.eex.com nachvollzogen werden.

313 Vgl. hierzu später ausführlich Kap. 5.3.3.

314 In den empirischen Auswertungen in Kap. 5.2.2 wurde dieser Trade-off bereits kurz angesprochen und als Folge sowohl die Preisverteilungen auf Basis des Jahresproduktes in Kap. 5.2.2.2 als auch auf Basis des Monatsprodukts in Kap. 5.2.2.3 analysiert.

315 Vgl. Borchert et al. 2006, S. 11. Unter Stundenprodukt wird dabei eine Lieferung von Strom über einen Zeitraum von einer Stunde verstanden.

316 Die Bewertung auf Basis von Jahresprodukten impliziert die Annahme, dass der Kraftwerksbetreiber nur einmalig zu Beginn des Jahres und auf Basis der dann gültigen Preise entscheiden kann, ob das Kraftwerk Strom in dem Jahr produziert oder ob es stillsteht.

317 Vgl. Borchert et al. 2006, S. 12 und eex.com. Typischerweise nimmt die Liquidität in allen Commodityterminmärkten mit abnehmender Restlaufzeit zu. Vgl. Geman 2005, S. 20.

Tab. 25: Handelbarkeit von Stromkontrakten mit unterschiedlichen Produktzeitspannen

Produktbezeichnung	Lieferperiode	Verfügbarkeit von Marktpreisen
Stundenprodukte	Eine Stunde	Wenige Stunden vor Fälligkeit
Tagesprodukte	Ein Tag (Base/Peak)	Max. eine Woche vor Fälligkeit
Wochenprodukt	Eine Woche (Base/Peak)	Mehrere Wochen vor Fälligkeit
Monatsprodukt	Ein Monat (Base/Peak)	Max. ein Jahr vor Fälligkeit
Quartalsprodukt	Ein Quartal (Base/Peak)	Max. zwei Jahre vor Fälligkeit
Jahresprodukt	Ein Jahr (Base/Peak)	Max sechs Jahre vor Fälligkeit

Um diesem Trade-Off zu begegnen, wird in der Untersuchung der folgende Ansatz gewählt. In Analogie zu den empirischen Verteilungsanalysen in Kap. 5.2.2 werden zunächst Auswirkungen auf Basis des Jahresproduktes analysiert, für das eine ausreichende Datenbasis vorliegt. Anschließend wird die Kraftwerksnähe gesteigert, indem in einem zweiten Schritt auf Monatsprodukte abgestellt wird. Das Ziel ist es, hierdurch Tendenzaussagen über die Effekte bei kürzer werdenden Produktlaufzeiten zu generieren und somit das Problem der unzureichenden Datenbasis zu umgehen.

5.3.2 Methodik

5.3.2.1 Grundlagen der Monte-Carlo-Simulation

Wie in Kap. 3 dargestellt, existiert eine Vielzahl an Verfahren, um Realoptionen zu bewerten. Nachfolgend wird auf die Monte-Carlo-Simulation (MC-Simulation) als besonders flexibles Instrument zurückgegriffen, um verteilungsbedingte Effekte in dem spezifischen Umfeld der operativen Kraftwerksoptionen analysieren zu können. Da die simulationsbasierte Bewertung nur für diesen Teil der Arbeit von Bedeutung ist, erfolgt die Vorstellung relevanter Grundlagen eingegliedert in den ersten Hauptteil. Zielsetzungsgerecht wird dabei auch auf Möglichkeiten der Modellierung unterschiedlicher Verteilungsannahmen sowie korrelierter Unsicherheitsfaktoren eingegangen, die für den weiteren Analyseverlauf notwendig sind.

Die MC-Simulation gehört zu der Klasse der nummerischen Bewertungsverfahren und ist durch ihre Flexibilität in zahlreichen Anwendungsgebieten nutzenstiftend einsetzbar.[318] Häufige Verwendung findet sie im Bereich der Risikobewertung und der Bewertung komplexer Derivate.[319] Eine Systematisierung der Ablaufstruktur

318 Vgl. Borchert et al. 2006, S. 258f. und Romeike und Hager 2009, S. 345.

319 Vgl. Borchert et al. 2006, S. 260ff. und Romeike und Hager 2009, S. 345.

einer MC-Simulation findet sich z. B. in Deutsch (2008), der eine Zerlegung in sieben Schritte vornimmt:[320]

(1) Erzeugung einer Zufallszahl aus einer Gleichverteilung zwischen 0 und 1.
(2) Transformation der Zufallszahl in die angenommene Verteilung.
(3) Durchführung eines einzelnen Schrittes der MC-Simulation unter Verwendung der Zufallszahl.
(4) Wiederholung der Schritte (1) bis (3) bis zum Ende des Simulationspfades.
(5) Extraktion des Analyseergebnisses des Einzelpfades.
(6) Vervielfältigende Wiederholung der Schritte (1) bis (5), bis die Anzahl der Iterationen für statistische Auswertungen ausreichend ist.
(7) Finale Auswertung des Analyseergebnisses.

Zentraler Ansatzpunkt der MC-Simulation ist demnach ein Random-Walk-Prozess zur Modellierung von Pfaden, die die zukünftigen Entwicklungen relevanter Einflussgrößen widerspiegeln. Von einem Startwert ausgehend wird die zufallsbasierte Entwicklung sukzessive als stochastischer Prozess modelliert, bis das Analyseergebnis der Iteration erreicht ist.

An dem einfachen Beispiel einer europäischen Kaufoption auf Aktien soll das Konzept verdeutlicht werden.[321] Angenommen wird ein Aktienkurs und ein Ausübungspreis in t=0 in Höhe von S_0=K=50€. Die Volatilität der logarithmierten Aktienrenditen betrage σ = 20% pro Jahr, der risikolose Zinssatz r=2%. Die Restlaufzeit der Option sei T=30 Tage. Bezüglich der Preisentwicklung wird eine geometrische Brown'sche Bewegung (GBM) unterstellt.[322] Tab. 26 zeigt die simulationsbasierte Bewertung der Aktienoption bei 20.000 Iterationen.

320 Vgl. hier und im Folgenden Deutsch 2008, S. 170f.
321 Aktienoptionen werden an dieser Stelle betrachtet, um von den Besonderheiten kraftwerksspezifischer Realoptionen abstrahierend den Grundgedanken veranschaulichen zu können.
322 Vgl. zur geometrischen Brown'schen Bewegung Kap. 5.2.1.1.

Tab. 26: Exemplarische Optionsbewertung anhand einer Simulation

	Aktienkurs in t=0	Gleichverteilte Zufallszahl aus dem Intervall [0;1]	Standardnormalverteilte Zufallszahl	Aktienkurs in t=1	Gleichverteilte Zufallszahl aus dem Intervall [0;1]	Standardnormalverteilte Zufallszahl	Aktienkurs in t=2	...	Aktienkurs in t=T	Zahlungsstrom
Variable	S_0	ZZ_1^{gl}	ZZ_1^{st}	S_1	ZZ_2^{gl}	ZZ_2^{st}	S_2	...	S_{30}	PO_{30}
Berechnung		Ergebnis des Zufallsgenerators	Transformation von ZZ_1^{gl} in ZZ_1^{st}	Ergebnis der GBM bei ZZ_1^{st}	Ergebnis des Zufallsgenerators	Transformation von ZZ_2^{gl} in ZZ_2^{st}	Ergebnis der GBM bei ZZ_2^{st}	...	Ergebnis der GBM nach 30 Zeitschritten	$Max(S_{30}-K; 0)$
Pfad 1	50	0,6137	0,2891	50,15	0,5119	0,0299	50,17	...	51,08	1,08
Pfad 2	50	0,4801	-0,0498	49,97	0,4838	-0,0406	49,95	...	48,11	0,00
Pfad 3	50	0,3174	-0,4749	49,75	0,1612	-0,9895	49,23	...	48,38	0,00
...	...	...	...	...	...	...	...	...	...	...
Pfad 20.000	50	0,0639	-1,5232	49,20	0,3373	-0,4199	48,99	...	50,10	0,10

Mittelwert ($\varnothing PO_{30}$)	**1,2299**
Simulierter Optionswert (risikolos diskontierter Mittelwert)	**1,1934**

In jedem simulierten Preisschritt wird zunächst die gleichverteilte Zufallszahl ZZ_t^{gl} zur Modellierung der geometrischen Brown'schen Bewegung in eine standardnormalverteilte Zufallszahl ZZ_t^{st} transformiert.[323] Anschließend wird aus dem Aktienkurs des Vortages, der Volatilität und der Zufallszahl ZZ_t^{st} der neue Aktienkurs bestimmt. Dieser Ablauf wiederholt sich, bis ein Wert für den Aktienkurs in *T* erreicht ist. Zuletzt wird die Optionsausübungsentscheidung getroffen, d.h. im Falle von $S_0 > K$ die Differenz zwischen Aktienkurs und Ausübungspreis als Gewinn

323 Grundsätzlich können Zufallszahlen mit beliebigen Verteilungen in die Simulation integriert werden. Vgl. hierzu ausführlich Romeike und Hager 2009, S. 345ff.

vereinnahmt bzw. im Fall von $S_0 \leq K$ auf die Optionsausübung verzichtet. Abb. 18 veranschaulicht die Simulation exemplarisch für die ersten 100 Iterationen.

Abb. 18: Preispfade der ersten 100 Iterationen der Simulation.

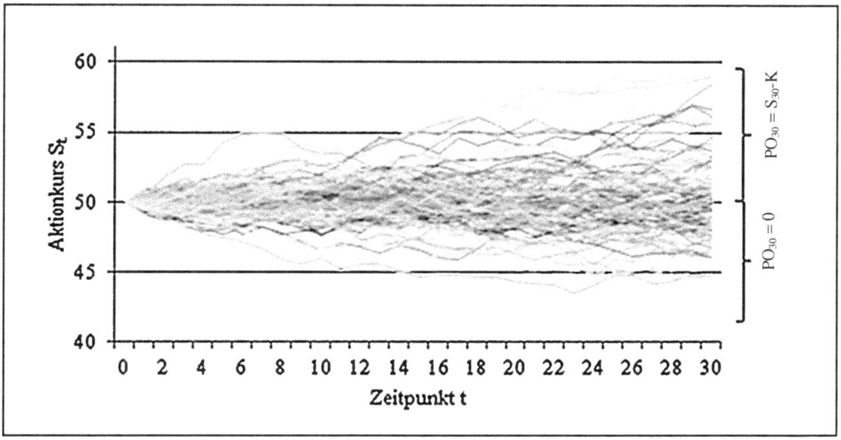

Um zum finalen Bewertungsergebnis zu gelangen, ist abschließend im Sinne der risikoneutralen Bewertung eine Erwartungswertbildung über die simulierten Rückzahlungen der Option durchzuführen.[324] In Tab. 26 resultiert ein simulierter Optionswert in Höhe von 1,1934 €. Dieser entspricht nahezu exakt dem Ergebnis des BLACK/SCHOLES-Modells, das der Option einen Wert in Höhe von 1,1926 € beimisst.[325] Aufbauend auf identischen Annahmen zeigt sich folglich durch einen solchen Ergebnisvergleich die Validität der simulationsbasierten Bewertungsmethodik.

Dass sich die MC-Simulation durch ihre besondere Flexibilität auszeichnet, ist implizit über das vorgestellte Beispiel bereits deutlich geworden. Die Verteilung der Zufallszahlen, die Form des stochastischen Prozesses und das Kriterium der Optionsausübungsentscheidung etwa sind keinesfalls methodisch vorgegeben.[326] Dennoch ist festzuhalten, dass sich die MC-Simulation aufgrund ihrer parametrischen Ausgestaltung besonders gut eignet, um geometrische Brown'sche Bewegungen zu simulieren.[327] Bevor intensiver auf die Vorteile für die spezifische Analyse und die Ausgestaltung des Simulationsmodells eingegangen wird, erscheint es an dieser Stelle als sinnvoll, zunächst die sogenannte Historische Simulation als alternative

324 Vgl. ausführlich Kap. 3.2.
325 Vgl. zum BLACK/SCHOLES-Modell Kap. 3.3.
326 Vgl. zu der Vielzahl der Ausgestaltungsmöglichkeiten ausführlich Kroese et al. 2011, S. 85ff.
327 Vgl. Mun 2006, S. 77.

Simulationstechnik vergleichend einzuführen. Das Ziel dieser Gegenüberstellung ist es, die Simulationsverfahren zu systematisieren und Vor- und Nachteile strukturiert darzulegen, um hierauf aufbauend die Simulation von Kraftwerksoptionen begründet ausgestalten zu können.

5.3.2.2 Monte-Carlo-Simulation vs. Historische Simulation

Im Kontext simulationsbasierter Bewertungen wird neben der MC-Simulation häufig die Historische Simulation genannt.[328] Bei vergleichbaren Zielsetzungen weisen beide Methoden recht unterschiedliche Vorgehensweisen und daraus resultierende Konsequenzen auf.[329] Während die MC-Simulation auf einer empirisch parametrisierten, aber zufallsbasierten Pfadentwicklung aufbaut, greift die Historische Simulation unmittelbar auf historisch eingetretene Entwicklungen zurück. Ihr liegt die implizite Annahme zugrunde, dass die zu simulierende Größe sich in Zukunft in der gleichen Weise fortentwickelt, wie sie es bereits in der Vergangenheit getan hat. Sie projiziert historische Entwicklungspfade in die Zukunft, ohne darüberhinausgehende Zufallseinflüsse zu berücksichtigen. Die Verwendung von Zufallszahlen ist damit der wesentliche Unterschied zwischen der klassischen MC-Simulation und der Historischen Simulation.[330]

Zur Veranschaulichung des Ablaufs einer Historischen Simulation sollen einige Parallelen zu dem eingeführten Beispiel im Rahmen der MC-Simulation gezogen werden. Zur Bewertung der betrachteten Option mit einer Restlaufzeit von 30 Tagen sind in einer Historischen Simulation zunächst die 30-Tages-Renditen der Aktie aus einer Betrachtungsperiode zu ermitteln. Die Auswahl dieser Periode ist dabei bereits mit einem Zielkonflikt verbunden.[331] Aus Sicht der Datenrelevanz ist es häufig sinnvoll, lediglich die Aktienkursentwicklungen der jüngeren Vergangenheit zu verwenden. Aus Sicht der statistischen Aussagekraft der Analyse ist jedoch eine möglichst große Datenmenge wünschenswert, die mit einer zu kurzen Betrachtungsperiode nicht erreicht wird.[332] Die ermittelten historischen 30-Tages-Aktienkursveränderungen dienen anschließend als Szenarien für die Simulation zukünftiger Kursentwicklung, indem der Aktienkurs S_0 mit den 30-tägigen Aktienrenditen multipliziert wird, um S_T zu erhalten.[333] Anders als in der MC-Simulation wird der Preispfad folglich

---

328 Vgl. exemplarisch Faber 2007, S. 76f. und Neukomm 2004, S. 60ff. Die Abgrenzung der Historischen Simulation zur Monte-Carlo-Simulation ist in der Literatur nicht einheitlich. Vgl. hierzu Romeike und Hager 2009, S. 339.

329 Vgl. hier und im Folgenden Romeike und Hager 2009, S. 334ff.

330 Vgl. Romeike und Hager 2009, S. 345.

331 Vgl. hier und im Folgenden Romeike und Hager 2009, S. 334ff.

332 Ähnliches gilt auch für die MC-Simulation, in der sich der Trade-off insbesondere bei der Ermittlung des Volatilitätsparameters ergibt.

333 Die Multiplikation setzt eine Ermittlung der historischen Wertänderungen der Aktie nach der zu bevorzugenden Quotientenmethode voraus, d.h. dass historische Logrenditen in die Simulation einfließen. Vgl. Romeike und Hager 2009, S. 339.

hier nicht durch eine schrittweise Fortentwicklung generiert, sondern die relevante Aktienkursverteilung zum Ausübungszeitpunkt T unmittelbar durch eine einstufige Projektion der Historie auf die zukünftige Kursentwicklung erreicht.

Aufgrund dieser einstufigen Modellierung der Kursentwicklung liegt das zentrale Problem der Historischen Simulation in der Datengrundlage. Wird wie in dem Beispiel eine Option mit einer 30-tägigen Restlaufzeit bewertet und als Betrachtungsperiode für die historischen Preisentwicklungen exemplarisch ein Zeitraum von 24 Monaten zugrunde gelegt, so umfasst die Datenbasis in der klassischen Historischen Simulation lediglich 24 historische Renditen (Tag 1 bis Tag 30, Tag 31 bis Tag 60 etc.).[334] Mit zunehmender Restlaufzeit der zu bewertenden Option, nimmt die Anzahl weiter ab.[335] Wird von diesem Problem jedoch abstrahiert, so verläuft die anschließende Optionsbewertung auf Basis der Endwertverteilung des Aktienkurses identisch zu der Vorgehensweise in der MC-Simulation.

Der zentrale Vorteil der Historischen Simulation gegenüber der MC-Simulation ist die größere Unabhängigkeit von Modellannahmen.[336] Die Historische Simulation ist insbesondere frei von der Annahme, die zu simulierende Größe entwickle sich gemäß eines Random-Walks. Explizite Annahmen über Renditeverteilungen und Preisprozesse entfallen, da alle Informationen implizit über die historischen Renditeverteilungen in das Modell einfließen. Abweichungen in den historischen Logrenditen von der Normalverteilung und Fat Tails werden auf diese Weise automatisch berücksichtigt. Gleichzeitig führt dies jedoch zu dem Nachteil, dass nur solche Renditen verarbeitet werden, die in dem Betrachtungszeitraum aufgetreten sind.[337] Während in der MC-Simulation Extremrenditen bereits über eine einfache Normalverteilung implementiert sind, missachtet die Historische Simulation solche Renditen, sofern sie nicht in der Vergangenheit beobachtet wurden.

Ein Verfahren, das Elemente der MC-Simulation und der Historischen Simulation verbindet, ist das sogenannte Bootstrap-Verfahren.[338] Wie in der Historischen Simulation wird dabei auf empirische Renditeverteilungen zurückgegriffen, jedoch gehen diese zufallsbasiert in die Preispfadentwicklung ein. Für die Bewertung der exemplarisch betrachteten Kaufoption auf Aktien verwendet das Bootstrap-Verfahren z. B. nicht historische 30-Tages-Renditen, sondern greift auf historische Tagesrenditen zurück. Diese werden anschließend zufallsbasiert zu 30-tägigen Preispfaden verknüpft und die Endwertverteilung des Aktienkurses ermittelt. Durch die Verwendung von Zufallszahlen lässt sich das Bootstrap-Verfahren als Spezialfall

334 Vgl. hier und im Folgenden Romeike und Hager 2009, S. 340f.

335 Als alternative Möglichkeit bietet sich an, auch Renditen für Zwischenintervalle zu bestimmen (Tag 1 bis Tag 30, Tag 2 bis Tag 31, etc.). Hierdurch wird die Anzahl der Renditen deutlich vergrößert, jedoch sind die Renditen nicht länger unabhängig und identisch verteilt und die Ergebnisse können verzerrt werden, da einmalige Extremrenditen übergewichtet werden. Vgl. Romeike und Hager 2009, S. 341.

336 Vgl. Deutsch 2008, S. 417.

337 Vgl. Busse von Colbe, Walther et al. 2011, S. 807.

338 Vgl. hier und im Folgenden Romeike und Hager 2009, S. 348f.

der MC-Simulation klassifizieren. Anders als in klassischen parametrischen MC-Simulationen bildet die Zufallsvariable jedoch nicht direkt die simulierte Rendite ab, sondern bestimmt lediglich, welche historische Rendite den Preispfad im nächsten Zeitschritt fortentwickelt. Der Nachteil der Historischen Simulation, dass nur historisch aufgetretene Renditen in die Simulation einfließen, bleibt somit bestehen, jedoch kann das Bootstrap-Verfahren zwei wesentliche Problemfelder entschärfen. Zum einen ist in diesem Verfahren anders als in der klassischen MC-Simulation sichergestellt, dass die tatsächliche empirische Verteilung als Simulationsgrundlage verwendet wird, d.h. Abweichungen von der Normalverteilung wie z.B. Fat Tails berücksichtigt werden. Zum anderen wird das Problem der geringen Anzahl von Daten in der Historischen Simulation abgemildert. Über die Verwendung von Zufallszahlen können nahezu beliebig viele Preispfade simuliert werden.[339]

Alle drei vorgestellten Verfahren bieten die Möglichkeit, mehrere Unsicherheitsquellen zu modellieren und in die Optionsbewertung einfließen zu lassen. Auch die Optionsausübungsentscheidung kann stets individuell ausgestaltet werden. Mit Blick auf die kraftwerksspezifische Bewertung von Spreadoptionen sind sie daher grundsätzlich allesamt geeignet. Die aufgezeigten Vor- und Nachteile führen jedoch für die Analyse verteilungsbedingter Verzerrungen zu der folgenden Auswahl. Aufgrund ihrer besonderen Eignung zur Modellierung geometrischer Brown'scher Bewegungen wird die MC-Simulation verwendet, um Optionen auf den Clean Dark Spread auf Basis der Normalverteilungsannahme zu bewerten und damit den Vergleichsmaßstab für die Ergebnisauswertung zu stellen. Hingegen eignet sich das Bootstrap-Verfahren in besonderer Weise, um die empirischen Verteilungen mitsamt ihrer Besonderheiten unmittelbar in die Bewertung zu integrieren, und entschärft zudem die Problematik der unzureichenden Datenbasis einer Historischen Simulation. Aus diesem Grund wird ein Bootstrap-Verfahren verwendet, um auf Basis empirischer Renditeverteilungen Optionswerte zu ermitteln und damit den Kern der aufgestellten Forschungsfrage zu analysieren. Während die Details zu den beiden Simulationsansätzen in Kap. 5.3.3 präsentiert werden, soll an dieser Stelle explizit betont werden, dass die unterschiedlichen methodischen Ansätze grundsätzlich zu vergleichbaren Ergebnissen führen, sofern sie mit identischen Annahmen ausgestaltet werden, was von entscheidender Bedeutung für die nachfolgende Differenzanalyse ist. Zwar erhöht sich die Komplexität der Untersuchung durch die Methodenkombination, dies wird jedoch in Kauf genommen, da die Vorteile im Hinblick auf die zu untersuchende Forschungsfrage überwiegen. Zudem wird in der Ausgestaltung und Kalibrierung beider Simulationsverfahren sorgfältig darauf geachtet, das Ceteris-Paribus-Design der Analyse bestmöglich zu wahren.[340]

---

339 Zu beachten ist, dass zwar beliebig viele Preispfade generiert werden können, diese jedoch auf die gleichen historischen Renditen zurückgreifen. Daher ist auf ein angemessenes Verhältnis von Anzahl der Iterationen und Umfang der historischen Datenbasis zu achten. Vgl. Romeike und Hager 2009, S. 348.

340 Vgl. hierzu Kap. 5.3.3.

5.3.2.3 Modellierung korrelierter Preispfade in der Simulation

5.3.2.3.1 Notwendigkeit korrelierter Preispfade

Realoptionen sind häufig von gleich mehreren Unsicherheitsquellen abhängig.[341] Für die hier betrachteten Optionen auf den Clean Dark Spread sind der Strompreis, der Steinkohlepreis, der Preis für CO_2-Zertifikate sowie der US$/€-Wechselkurs relevant. Bestehen Korrelationen zwischen den verschiedenen Unsicherheiten, sind diese in der Simulation zu berücksichtigen. Werden etwa Strom-, Kohle- und CO_2-Preis jeweils isoliert simuliert, d.h. Korrelationen gänzlich missachtet, und anschließend der Clean Dark Spread berechnet, so wird die Spreadverteilung eine verzerrte Streuung aufweisen. Es bedarf daher einer Erweiterung der vorgestellten Simulationsansätze zu multivariaten Simulationen, die die simultane Simulation von Preispfaden unter Beachtung der Korrelationseigenschaften ermöglichen.[342] Je nach Simulationsmethode und zugrunde liegenden Annahmen existieren hierzu verschiedene Möglichkeiten. Im Folgenden soll zunächst auf die Verwendung korrelierter Zufallszahlen eingegangen werden, die die Basis im Rahmen von klassischen MC-Simulation bilden. Anschließend wird auf die Berücksichtigung der Korrelationseigenschaften in der Historischen Simulation eingegangen, die sich unmittelbar auf das vorgestellte Bootstrap-Verfahren übertragen lässt.

5.3.2.3.2 Korrelierte Preispfade in der klassischen Monte-Carlo-Simulation

Durch die Transformation von unkorrelierten in korrelierte Zufallszahlen können in der MC-Simulation Abhängigkeiten zwischen Preispfaden modelliert werden.[343] Je nach Verteilungsannahme über die zu modellierende Unsicherheitsquelle stehen verschiedene Transformationsverfahren zur Verfügung.[344] Das bekannteste Verfahren zur Erzeugung korrelierter Zufallszahlen verwendet die sogenannte CHOLESKY-Zerlegung (auch CHOLESKY-Faktorisierung).[345] Voraussetzung für die Anwendung der CHOLESKY-Zerlegung ist die Normalverteilungsannahme.[346] Daneben muss die

341 Vgl. hierzu ausführlich Kap. 2.1.

342 Vgl. Romeike und Hager 2009, S. 346.

343 Vgl. Hull 2012, S. 563. Hier und im Folgenden wird unter MC-Simulation die zuvor als klassische MC-Simulation eingeführte Bewertungsmethodik verstanden. Davon abgegrenzt wird das Bootstrap-Verfahren.

344 Vgl. Stephan 2006, S. 194ff.

345 Vgl. exemplarisch Deutsch 2008, S. 374f., Romeike und Hager 2009, S. 348ff. und Stephan 2006, S. 195ff. Häufig wird auch das Verfahren unmittelbar als CHOLESKY-Zerlegung betitelt. Vgl. Romeike und Hager 2009, S. 348. Die CHOLESKY-Zerlegung im engeren Sinne geht auf den Mathematiker Andre-Louis Cholesky zurück.

346 Vgl. hier und im Folgenden Stephan 2006, S. 195. Die Anwendungsrestriktion ist im Rahmen dieser Arbeit jedoch unproblematisch, da in den MC-Simulationen die Normalverteilungsannahme bewusst gesetzt wird. Als alternative Methode, die frei von Verteilungsannahmen ist, bietet sich die Iman-Conover-Methode an. Vgl. hierzu Iman 1982 und Stephan 2006, S. 200ff. Auf die Integration von Korrelationen

Korrelationsmatrix symmetrisch und positiv definit sein.[347] Liegen die Voraussetzungen vor, kann durch die CHOLESKY-Zerlegung die Korrelationsmatrix so aufgespalten werden, dass ihr Informationsgehalt für die Erzeugung entsprechend korrelierter Zufallszahlen verwendet werden kann. Nachfolgend dargestellt ist die CHOLESKY-Zerlegung für den einfachsten Fall zweier korrelierter Unsicherheitsfaktoren, bevor anschließend die Übertragung auf beliebig große Korrelationsmatrizen erfolgt.

Die Korrelationsmatrix M wird mittels der CHOLESKY-Zerlegung aufgeteilt in eine untere Dreiecksmatrix L, die multipliziert mit der transponierten Matrix L^T wieder die Korrelationsmatrix ergibt.[348] Gesucht ist die transponierte Matrix L^T, die durch rechtsseitige Multiplikation an den Zeilenvektor der unkorrelierten Zufallszahlen die korrelierten Zufallszahlen erzeugt.

Die allgemeine CHOLESKY-Gleichung $M = L \cdot L^T$ mit

$$M = \begin{pmatrix} \rho_{11} & \rho_{12} \\ \rho_{21} & \rho_{22} \end{pmatrix}; L = \begin{pmatrix} l_{11} & 0 \\ l_{21} & l_{22} \end{pmatrix}; L^T = \begin{pmatrix} l_{11} & l_{12} \\ 0 & l_{22} \end{pmatrix}$$

führt zu

$$\begin{pmatrix} \rho_{11} & \rho_{12} \\ \rho_{21} & \rho_{22} \end{pmatrix} = \begin{pmatrix} l_{11} & 0 \\ l_{21} & l_{22} \end{pmatrix} \cdot \begin{pmatrix} l_{11} & l_{12} \\ 0 & l_{22} \end{pmatrix}$$

$$\Leftrightarrow \begin{pmatrix} \rho_{11} & \rho_{12} \\ \rho_{21} & \rho_{22} \end{pmatrix} = \begin{pmatrix} l_{11}^2 & l_{11} \cdot l_{12} \\ l_{21} \cdot l_{11} & l_{21} \cdot l_{12} + l_{22}^2 \end{pmatrix}$$

Hieraus folgt für die Einträge in der transponierten Matrix

$$l_{11} = \sqrt{\rho_{11}},\ l_{12} = \frac{\rho_{12}}{\sqrt{\rho_{11}}},\ l_{21} = \frac{\rho_{21}}{\sqrt{\rho_{11}}} \text{ und } l_{22} = \sqrt{\rho_{22} - \frac{\rho_{21}^2}{\rho_{11}}}.$$

Wird exemplarisch von normalverteilten Logrenditen für die Strom- und Gaspreise mit einer Korrelation in Höhe von 0,4 ausgegangen, ergibt sich mit $M = \begin{pmatrix} \rho_{11} & \rho_{12} \\ \rho_{21} & \rho_{22} \end{pmatrix} = \begin{pmatrix} 1 & 0{,}4 \\ 0{,}4 & 1 \end{pmatrix}$ gerade LT als $L^T = \begin{pmatrix} 1 & 0{,}4 \\ 0 & 0{,}9165 \end{pmatrix}$. Als Beispiel sei zudem angenommen, dass für einen Preisschritt die unkorrelierten, standardnormalverteilten Zufallszahlen 0,87 für den Strompreis und 0,14 für den Gaspreis

im Bootstrap-Verfahren ohne Normalverteilungsannahme wird in Kap. 5.3.2.3.3 eingegangen.

347 Während die Symmetrieeigenschaft per se auf alle Korrelationsmatrizen zutrifft, stellt die positive Definitheit zumindest eine theoretische Einschränkung dar. Vgl. Stephan 2006, S. 195.

348 Vgl. hier und im Folgenden Romeike und Hager 2009, S. 348f.

vorliegen. Durch eine paarweise Multiplikation der unkorrelierten Zufallszahlen mit der Matrix L^T ergeben sich hieraus die korrelierten Zufallszahlen 0,87 (=0,87·1+0,14·0) und 0,48 (=0,87·0,4+0,14·0,9165). Diese können anschließend verwendet werden, um z. B. zwei geometrische Brown'sche Bewegungen mit der gewünschten Korrelationseigenschaft zu simulieren.

Die dargestellte Cholesky-Zerlegung für zwei Unsicherheitsquellen lässt sich verallgemeinern und auf beliebig große Korrelationsmatrizen anwenden.[349] Dies ist notwendig um Optionen auf Clean Dark Spreads bewerten zu können, die von vier Unsicherheitsfaktoren abhängen. Die allgemeine Ermittlungsvorschrift für die Matrixeinträge hat die Form:[350]

Die bereits in Kap. 5.3.2.1 aufgezeigte Vorgehensweise zur simulationsbasierten Bewertung von Optionen, kann nun um die Erzeugung korrelierter Zufallszahlen in Schritt (3) erweitert werden.[351]

(1) Erzeugung zweier unkorrelierter Zufallszahlen aus einer Gleichverteilung zwischen 0 und 1.
(2) Transformation der Zufallszahlen in die angenommenen Verteilungen.
(3) Transformation der unkorrelierten Zufallszahlen in korrelierte Zufallszahlen (z. B. mittels Cholesky-Zerlegung).[352]
(4) Durchführung eines einzelnen Schrittes der MC-Simulation unter Verwendung der Zufallszahlen.
(5) Wiederholung der Schritte (1) bis (4) bis zum Ende der Simulationspfade.
(6) Extraktion des Analyseergebnisses der Einzelpfade.
(7) Vervielfältigende Wiederholung der Schritte (1) bis (6), bis die Anzahl der Iterationen für statistische Auswertungen ausreichend ist.
(8) Finale Auswertung des Analyseergebnisses.

Die Bewertung von Clean Dark Spread Optionen auf Basis der Normalverteilungsannahme erfolgt in Kap. 5.3.4 exakt entlang der hier vorgestellten Schritte (1) bis (8).

5.3.2.3.3 Korrelierte Preispfade in der Historischen Simulation und im Bootstrap-Verfahren

Die Cholesky-Zerlegung bietet sich bei der MC-Simulation an, wenn ohnehin eine Normalverteilung der Renditeentwicklungen der zu simulierenden Preispfade unterstellt wird. Wird hingegen eine weitgehend annahmenfreie Historische Simulation durchgeführt, so muss auf alternative Verfahren zurückgegriffen werden, da keine Korrelationsmatrix vorliegt, die die Zusammenhänge der Preispfade abschließend beschreibt. Für die Historische Simulation existieren mit dem sogenannten

---

349 Vgl. hier und im Folgenden Stephan 2006, S. 196.
350 Die beiden Indizes i und j bezeichnen die jeweilige Zeile bzw. Spalte der Ausgangsmatrix.
351 Vgl. Deutsch 2008, S. 170f. und S. 174ff.
352 Vgl. Romeike und Hager 2009, S. 351.

Faktoransatz und dem Portfolioansatz grundsätzlich zwei Konzepte, um mehrere Unsicherheitsquellen in eine Simulation zu integrieren.[353] Insbesondere der Portfolioansatz lässt sich gut für die Bewertung von Optionen verwenden. Dieser geht von der Annahme aus, dass zukünftige Preisentwicklungen nur in solchen Kombinationen auftreten, wie sie bereits in der Vergangenheit vorgekommen sind. Jede gezogene Zufallszahl determiniert einen Vektor an Werten für alle zu modellierenden Unsicherheitsfaktoren in der Kombination, wie sie historisch beobachtet werden konnten. Beispielsweise werden die Entwicklungen der Strom- und Brennstoffpreise sowie des CO_2-Zertifikatepreises während eines bestimmten historischen Zeitraums simultan erfasst und anschließend als Renditevektoren in die Historische Simulation geladen.

Von besonderer Bedeutung ist der Portfolioansatz, da er auf das in der Analyse verwendete Bootstrap-Verfahren wie folgt übertragen werden kann. Jede gezogene Zufallszahl determiniert einen Vektor an historischen, zeitgleich aufgetretenen Renditen für alle zu modellierenden Preispfade und bestimmt damit simultan die Renditeentwicklungen in einem Zeitschritt der Simulation. Abb. 19 veranschaulicht diese Vorgehensweise anhand der exemplarischen Simulation eines Clean Dark Spreads.

Abb. 19: Erzeugen korrelierter Renditen in der MC-Simulation[354].

Lfd. Nr.	Datum	Tages-Logrendite Strom	Tages-Logrendite Steinkohle	Tages-Logrendite CO_2-Zertifikat	Tages-Logrendite Wechselkurs	Zufallszahl für Simulationsschritt t	Renditevektor (Strom; Steinkohle; CO_2) in Simulationsschritt t
1	01.01.2010	1,02	1,01	1,05	1,01		
2	02.01.2010	0,98	0,97	1,00	0,99	2	(0,98; 0,97; 1,00; 0,99)
...	...	...	...	...	...		
n	31.12.2010	1,04	1,06	1,01	1,02		

Durch die Zufallszahl wird in dem Beispiel die Preisentwicklung der Unsicherheitsquellen am 02.01.2010 ausgewählt. Diese werden in dem betrachteten Simulationsschritt verwendet, um den Strompreis im Zeitpunkt t+1 als $Preis_{t+1}^{Strom} = Preis_t^{Strom} \cdot 0{,}98$, den Steinkohlepreis als $Preis_{t+1}^{Steinkohle} = Preis_t^{Steinkohle} \cdot 0{,}97$ etc. zu ermitteln. Durch die Ziehung des Renditevektors werden auf diese Weise die empirischen Korrelationen des ausgewählten Datums unmittelbar in die simulierten Preispfade übertragen. Dieser Ansatz wird in der folgenden Analyse in der Bewertung von Clean Dark Spread Optionen auf Basis empirischer Renditeverteilungen verwendet.

353 Vgl. hier und im Folgenden Romeike und Hager 2009, S. 339.
354 Darstellung in Anlehnung an Romeike und Hager 2009, S. 351.

5.3.3 Ausgestaltung und Kalibrierung der Simulationsmodelle

Im Folgenden wird die konkrete Ausgestaltung der beiden in der Simulationsanalyse verwendeten Modelle vorgestellt und die Modellkalibrierung mittels technischer Kraftwerksdaten und empirischer Marktpreise beschrieben. Die in Kap. 5.3.2 vorgestellten Methodenkonzepte dienen hierzu als Grundlage. Das Ziel ist es, die Vorgehensweise der Untersuchung transparent darzustellen, um die anschließend präsentierten Ergebnisse auch im Hinblick auf die Erkenntnisse aus Kap. 5.2.1 einordnen und bewerten zu können. Der Schwerpunkt der Darstellung liegt auf der Fragestellung, wie der Drift der Commodities auszugestalten ist, um eine risikoneutrale Optionsbewertung zu ermöglichen, und wie die in Kap. 5.2.2 aufgezeigte ansteigende Volatilität im Zeitablauf in den Simulationen berücksichtigt werden kann.

Die *erste Simulation* modelliert die Preisprozesse der drei relevanten Commodities (Strom, Kohle, CO_2-Zertifikate) sowie des Wechselkurses (US$/€) als geometrische Brown'sche Bewegungen.[355] Sie ist als klassische MC-Simulation zu klassifizieren und geht durch die geometrische Brown'sche Bewegung als Random Walk von normalverteilten Logrenditen des Underlyings aus. Der Preisprozess der einzelnen Commodities ist entsprechend Gleichung (5.6) gegeben durch:

$$S_{t+\delta t} = S_t e^{\left(\tilde{\mu} - \frac{\sigma^2}{2}\right)\delta t + \sigma \delta W} .$$

Um mittels simulierter Preispfade den Optionswert korrekt ermitteln zu können, ist es von entscheidender Bedeutung, dass nicht der empirisch beobachtete, sondern der risikoneutrale Drift des Underlyings der Modellierung zugrunde gelegt wird.[356] In der Simulation des Clean Dark Spreads sind hierzu grundsätzlich die spezifischen Eigenschaften der Commodities als Underlying näher zu betrachten.[357] Der in Kap. 3 aufgezeigte Zusammenhang, dass der risikoneutrale Drift gerade dem risikolosen Zinssatz entspricht, gilt nur für dividendenlose Aktien als Underlying einer Finanzoption. Allgemein ist der risikoneutrale Drift eines Underlyings aus folgendem Zusammenhang zu bestimmen:[358]

$$\mu = r - q - \frac{\sigma^2}{2}.$$

Hierbei bezeichnet q die Dividendenrendite des Underlyings. Unter Beachtung von $\tilde{\mu} = \mu + \frac{\sigma^2}{2}$ (vgl. Kap. 5.2.1.1) folgt $\tilde{\mu} = r - q$.[359] Handelt es sich bei dem Underlying

355 Da die relevanten Commodities in verschiedenen Währungen gehandelt werden, ist der Wechselkurs eine zusätzliche Unsicherheitsquelle für die Spreadentwicklung. Vgl. Geman 2005, S. 138ff.

356 Vgl. Kap. 3.2 und Deutsch 2008, S. 177.

357 Vgl. Putney 2005, S. 73.

358 Vgl. Deutsch 2008, S. 154.

359 Für den klassischen Fall dividendenloser Aktien ergibt sich hieraus mit der bekannte Zusammenhang .

z. B. um ein Commodity, dessen Lagerung mit Lagerkosten und einer Verfügbarkeitsprämie (*convenience yield*) verbunden ist, ergibt sich der risikoneutrale Drift folglich als $\tilde{\mu} = r - (\gamma - \nu)$.[360] Die Existenz von Lagerkosten oder Verfügbarkeitsprämien bzw. die darüber hinausgehende Problematik der Nicht-Lagerbarkeit von Strom spielt für die folgende Analyse jedoch keine entscheidende Rolle. Hierfür ursächlich ist, dass die Modellierung des Underlyings in den simulationsbasierten Bewertungen an den Forwardpreisen und nicht den Spotmarktpreisen der Commodities ansetzt.[361] Während Lagerkosten und Verfügbarkeitsprämien für den Halter der physischen Güter bedeutsam sind, können sie für den Inhaber finanzwirtschaftlicher Terminprodukte als irrelevant angesehen werden. Hiervon losgelöst ist folglich auf den risikoneutralen Drift der Forwardpreise abzustellen.[362] Der Forward-Preis auf ein Underlying verhält sich in der risikoneutralen Welt genauso wie der Underlyingpreis unter Beachtung einer Dividendenzahlung bzw. einer Verfügbarkeitsprämie in Höhe des risikolosen Zinssatzes r.[363] Wird dementsprechend $q = r$ in $\tilde{\mu} = r - q$ eingesetzt, ergibt sich für den risikoneutralen Drift des Underlyings $\tilde{\tilde{\mu}} = 0$.[364] Der risikoneutrale Drift der zu modellierenden Forwardpreise für Strom, Kohle etc. ist somit unabhängig vom risikolosen Zinssatz genau gleich null.[365] Intuitiv kann dieses Ergebnis wie folgt nachvollzogen werden.[366] In der risikoneutralen Welt beträgt der Drift einer dividendenlosen Aktie gerade deshalb genau r, weil die Investition in die Aktie aus Arbitragegründen dieselbe Rendite erzielen muss wie die alternative Kapitalverwendung in Form der Geldanlage zum risikolosen Zinssatz. Anders als bei einer Investition in das Underlying muss in einem Termingeschäft zum Abschlusszeitpunkt jedoch keine Zahlung geleistet werden. Ohne den Einsatz von Kapital kann dann auch keine positive Verzinsung erzielt werden, d.h. der risikoneutrale Drift muss 0% betragen.

Wird $\tilde{\mu} = 0$ in Gleichung (5.6) eingesetzt, erhält man den Preisprozess, der in dem Simulationsmodell zur Optionsbewertung auf Basis der Normalverteilungsannahme verwendet wird:

$$S_{t+\delta t} = S_t \, e^{\left(-\frac{\sigma^2}{2}\right)\delta t + \sigma \delta W}.$$

360 Vgl. Putney 2005, S. 73.

361 Vgl. hierzu Geman 2005, S. 92ff. Dieses Vorgehen ist für energiemarktbezogene Optionen mit einem Ausübungszeitpunkt üblich. Vgl. Putney 2005, S. 74.

362 Die Modellierung auf Basis von Forwardpreisen anstelle von Spotpreisen vereinfacht die Bewertung, führt aufgrund der Mean-Reversion-Eigenschaft der Spotpreise jedoch dazu, dass eine ansteigende Volatilität der Forwardpreise im Zeitablauf zu berücksichtigen ist. Vgl. Putney, S. 74.

363 Vgl. Geman 2005, S. 94.

364 Vgl. Deutsch 2008, S. 79f. und S. 154 und Putney 2005, S. 74.

365 Vgl. Clewlow und Strickland 1999, S. 4, Deutsch 2008, S. 80 und Putney 2005, S. 74.

366 Vgl. hier und im Folgenden Clewlow und Strickland 1999, S. 4 und Geman 2005, S. 100.

Neben dem Drift ist die Volatilität σ des Underlyings der verbleibende zu wählende Parameter in dem Preisprozess. Wie in Kapitel 5.2.2 empirisch belegt, muss in der Simulation berücksichtigt werden, dass die Preisvolatilität an den Terminmärkten mit abnehmender Restlaufzeit des Terminproduktes zunimmt.[367] Um dieser Eigenschaft gerecht zu werden, werden in der Simulation analog zu Kapitel 5.2.2 monatliche Zeitcluster mit entsprechenden Volatilitäten gebildet, die jeder Preispfad sukzessive durchläuft.[368] Um zudem die Preiskorrelationen in der Simulation abzubilden, wird auf die bereits in Kap. 5.3.2.3.2 vorgestellte CHOLESKY-Zerlegung zurückgegriffen. Da die erste Simulation bewusst auf der Annahme normalverteilter Logrenditen aufbaut, sind die Einschränkungen dieses Verfahrens unkritisch.

In der *zweiten Simulation* wird ein Bootstrap-Verfahren verwendet, das unmittelbar auf die empirischen Verteilungen der Commodityrenditen zugreift. Anders als in der ersten Simulation, in der die Preispfade über die Vorgabe weniger Parameter wie Volatilitäten oder Korrelationen determiniert wurden, finden hierdurch die historisch beobachteten Besonderheiten und insbesondere die Fat Tails in den Renditeverteilungen Berücksichtigung. Als Folge dieses Ansatzes werden die Preispfade nicht als geometrische Brown'sche Bewegung modelliert, sondern sie entwickeln sich sukzessive aus dem Preis der Vorperiode, multipliziert mit einer zufällig ausgewählten, historischen Rendite.[369]

Das Bootstrap-Verfahren zieht jedoch einige Anpassungsnotwendigkeiten in der Simulation nach sich, die im Folgenden kurz erläutert werden. Wie in der Beschreibung der ersten Simulation wird dabei zunächst auf die Implementierung des risikoneutralen Drifts und anschließend auf die Berücksichtigung empirischer Volatilitäten und Korrelationen eingegangen. Das Ziel ist es, nachvollziehbar darzustellen, dass sich die Vorgehensweisen methodisch bedingt zum Teil unterscheiden, im Ergebnis jedoch ein bestmögliches Ceteris-Paribus-Design erreicht wird.

Der risikoneutrale Drift des Underlyings muss auch in dem Bootstrap-Verfahren $\tilde{\mu}= 0$ betragen. Um dies zu erreichen, sind die historischen Renditen um ihren Drift zu bereinigen. Im Vergleich zur ersten Simulation, in der $\tilde{\mu} = 0$ unmittelbar in die geometrische Brown'sche Bewegung eingesetzt werden konnte, ist die Vorgehensweise in der zweiten Simulation jedoch ungleich komplizierter. Eine einfache Verschiebung der historischen Renditeverteilung um den Mittelwert ist nicht ausreichend, um eine vollständige Driftbereinigung im Erwartungswert zu erzielen. Der Grund hierfür ist der Folgende. Nur für den Fall, dass die simulierten Preispfade lediglich

367 Vgl. Geman 2005, S. 94.

368 Die Verwendung von Monatscluster ist der empirischen Datenbasis geschuldet. Letztlich unterliegt die Auswahl der Clustergröße dem in Kap. 5.3.1 geschilderten Trade-Off.

369 Alternativ wäre es auch möglich, an Stelle von relativen Veränderungen absolute historische Preisveränderungen für die Simulation des Preispfades zu verwenden. Die hier verwendete Quotientenmethode ist jedoch vorzuziehen, um Simulationsfehler zu vermeiden. Vgl. Romeike und Hager 2009, S. 339.

aus ihrem Anfangswert und einer einzigen historischen Rendite bestehen, d.h. ein einperiodiger Modellansatz zugrunde gelegt wird, führt eine Verschiebung der historischen Renditeverteilung um ihr arithmetisches Mittel dazu, dass im Erwartungswert $\tilde{\mu} = 0$ erreicht wird. Umfasst in einem anderen gedanklichen Extremszenario ein einzelner Preispfad alle der Simulation zugrunde liegenden historischen Renditen als multiplikative Verknüpfung, so ist die Renditeverteilung zur Driftbereinigung um ihr geometrisches Mittel zu verschieben. In allen anderen Fällen, so auch in der nachfolgenden Analyse, ist die Driftbereinigung modellspezifisch vorzunehmen. Hierzu werden zunächst die Preispfade der vier Unsicherheitsquellen auf Basis der historischen Renditeverteilung simuliert. Aus den resultierenden, noch nicht driftbereinigten Simulationspfaden werden anschließend über alle Iterationen hinweg die Driftraten jeder Unsicherheitsquelle berechnet, indem der Mittelwert der Preisendwerte durch den jeweiligen Anfangswert dividiert wird. Die auf diese Weise bestimmte Driftrate D_i der Unsicherheitsquelle i wird durch $\sqrt[T]{D_i}$ auf die einzelnen Simulationsschritte T aufgeteilt. Abschließend werden die driftbereinigten Preispfade bestimmt, indem in jedem Zeitschritt die gezogene historische Rendite durch $\sqrt[T]{D_i}$ dividiert wird.

Die ansteigende Volatilitätsstruktur bei abnehmender Restlaufzeit wird wie im ersten Simulationsmodell über die Bildung von Zeitclustern erreicht. Es werden die identischen Monatszeitcluster verwendet. Anders als in der ersten Simulation dienen die Renditeverteilungen jedoch nicht der Extraktion zeitclusterspezifischer Volatilitäten und Korrelationen, sondern sie fungieren als separate Datenbasen, aus denen zufallsbasiert die historischen Renditevektoren sukzessive gezogen werden.

Zuletzt sind analog zum ersten Simulationsmodell die Korrelationen zwischen den Unsicherheitsquellen zu beachten. Hierzu wird in der zweiten Simulation auf den in Kap. 5.3.2.3.3 vorgestellten Portfolioansatz zurückgegriffen. Demnach wird in jedem Schritt der Simulation nicht nur der Preispfad eines einzelnen Commodities um einen Zeitschritt erweitert, sondern parallel die Preispfade aller betrachteten Unsicherheitsquellen fortentwickelt.

Bevor die Ergebnisse der Analyse präsentiert werden, soll die Kalibrierung der beiden Modelle vorgestellt werden. Diese erfolgt in Einklang mit der in Kap. 5.2.2 analysierten Datenbasis und ist für beide Simulationsmodelle exakt identisch. Die empirische Datenbasis beinhaltet die Preisentwicklungen von Forwards auf Strom, Steinkohle, CO_2 und den US$/€-Wechselkurs mit einer Fälligkeit in den Jahren 2008–2011.[370] Wie in Kap. 5.3.1 beschrieben, werden sowohl Optionen auf ein Jahresprodukt als auch auf ein Monatsprodukte betrachtet. Je nach zu bewertender Option unterscheidet sich die Datenbasis. Einzelheiten hierzu können Tab. 27 und Tab. 28 entnommen werden.

370 Da die maximale Restlaufzeit der betrachteten Optionen analog zu Kap. 5.2.2 mit 12 Monaten angenommen wird, stammen die in die Simulation eingehenden Preise folglich aus den Jahren 2007–2010.

Tab. 27: Empirische Datenbasis des Jahresproduktes

	Einheit	Handelszeitraum	Fälligkeits-zeitraum	Beschreibung
Strom	EUR/ MWh	01/2007–12/2010	2008–2011	Forward Strom Deutschland, Jahresprodukt Baseload, Restlaufzeit max. zwölf Monate
Kohle	US$/t	01/2007–12/2010	2008–2011	Forward Kohle UK, API#2, Jahresmittel, Restlaufzeit max. zwölf Monate
CO_2-Zertifikate	EUR/t	01/2007–12/2010	2008–2011	Forward EU Allowances, Jahresmittel, Restlaufzeit max. zwölf Monate
Wechselkurs	US$/EUR	01/2007–12/2010	2008–2011	Forward Wechselkurs, Jahresmittel , Restlaufzeit max. zwölf Monate

Tab. 28: Empirische Datenbasis der Monatsprodukte

	Einheit	Handelszeitraum	Fälligkeits-zeitraum	Beschreibung
Strom	EUR/ MWh	06/2007–11/2011[369]	2008–2011	Forward Strom Deutschland, Monatsprodukt Baseload, Restlaufzeit max. sechs Monate
Kohle	US$/t	06/2007–11/2011	2008–2011	Forward Kohle UK, API#2, Monatsmittel, Restlaufzeit max. sechs Monate
CO_2-Zertifikate	EUR/t	06/2007–12/2010	2008–2011	Forward EU Allowances, Jahresmittel[370], Restlaufzeit max. zwölf Monate
Wechselkurs	US$/EUR	06/2007–11/2011	2008–2011	Forward Wechselkurs, Monatsmittel, Restlaufzeit max. sechs Monate

Die in der Simulation angenommenen Startpreise werden wie folgt gewählt. Der Startpreis für Kohle beträgt 98,58 US$/t, für CO_2-Zertifikate 8,70 €/t und der

371 Die Datenbasis startet für das Januarprodukt mit sechs Monaten Vorlaufzeit in 06/2007 und endet für das Dezemberprodukt in 11/2011.

372 Da die Liquidität von CO2-Zertifikaten unterjährig beschränkt ist, wird von der gleichen Datenbasis wie auf Jahresebene ausgegangen.

Wechselkurs liegt bei 1,24 US$/€.[373] Der Startpreis für Strom wird variabel im Intervall 10 €/MWh bis 68 €/MWh gewählt.[374] Die Variation des Strompreises führt dazu, dass parallel OTM-, ATM- und ITM-Optionen betrachtet werden können. In jeder Simulation werden 30 verschiedene Startpreise gewählt. Die Interpolation der 30 Bewertungen führt zu den später in Kap. 5.3.4 dargestellten Optionswert- und Optionsdeltakurven.

Die Restlaufzeit der betrachteten Optionen beträgt zwölf bzw. sechs Monate. Da die Volatilität an handelsfreien Tagen signifikant geringer ausfällt, wird in der Literatur typischerweise die Simulation auf Basis von Handelstagen gegenüber Kalendertagen vorgezogen.[375] Aus diesem Grund wird auch in dieser Arbeit auf Basis von Handelstagen simuliert. Folglich durchlaufen die Preispfade des Jahresproduktes 252 Zeitschritte und des Monatsproduktes 126 Zeitschritte.

Die technischen Eigenschaften der betrachteten Kraftwerke wurden in Anlehnung an idealtypische Steinkohlekraftwerke in Deutschland gewählt. Betrachtet werden sowohl eine *Neuanlage* als auch eine *Altanlage*. Das neuere Kraftwerk zeichnet sich durch einen höheren Wirkungsgrad (WG = 45,25%) und geringeren Emissionsfaktor (EF = 75,5%) als das ältere Kraftwerk (WG = 36%, EF = 94,9%) aus. Der Clean Dark Spread des Kraftwerks *K* zum Zeitpunkt t ergibt sich aus den Marktpreisen für Strom, Brennstoff und CO_2-Zertifikaten sowie aus dem Wechselkurs und den technischen Parametern des Kraftwerks:

$$CDS_K^t = p_{Strom}^t - p_{Steinkohle}^t \cdot \frac{7}{6} \cdot \frac{1}{Wechselkurs^t} \cdot \frac{1}{WG_K} \cdot \frac{1}{8,141} - p_{CO_2}^t \cdot EF_K \qquad (5.7)$$

Er resultiert folglich aus der Differenz des Strompreises und der Brennstoffkosten sowie der Kosten für CO_2-Zertifikate. Die Kosten für CO_2-Zertifkate berechnen sich als Produkt aus dem Preis $p_{CO_2}^t$ für CO_2-Zertifikate in €/tCO_2 und dem Emissionsfaktor EF_K in MWh_{el}/tCO_2. Zur Bestimmung der Brennstoffkosten je MWh_{el} ist der gehandelte API#2-Steinkohlepreis $p_{Steinkohle}^t$ in US$/tAPI#2 zunächst durch den Faktor 7/6 in Steinkohleeinheiten in US$/tSKE zu transformieren, um anschließend mittels Division durch den Wechselkurs den €-Preis je Tonne SKE in €/tSKE zu erhalten. Da eine Tonne SKE 8,141 MWh_{th} entspricht und die Umrechnung von MWh_{th} zu MWh_{el} über den Wirkungsgrad WG_K erfolgt, ergibt das Produkt aus 1/WG und 1/8,141 die benötigte Menge Steinkohle je MWh_{el} in tSKE. Wird diese wiederum

373 Die verwendeten Startpreise sind Stichtagskurse. Hierdurch wird sichergestellt, dass die vier Ausgangsgrößen in ihrer Zusammenstellung plausiblen Preiskonstellationen entsprechen.

374 Das Intervall wurde so gewählt, dass unter Beachtung des kraftwerkspezifischen Wirkungsgrads und Emissionsfaktors die verschiedenen Optionskonstellationen (im Geld, am Geld, aus dem Geld) erfasst werden. Zudem wurde darauf geachtet, dass der zugehörige Stichtagskurs für Strom mit 48,85 €/MWh in dem Intervall liegt.

375 Vgl. exemplarisch Hull 2012, S. 390f.

mit dem Preis in €/tSKE multipliziert, erhält man die Brennstoffkosten und letztlich den Clean Dark Spread.

5.3.4 Ergebnisse

5.3.4.1 Validitätschecks

Um den vorgestellten simulationsbasierten Bewertungsansatz zu validieren, können die Ergebnisse des ersten Simulationsmodells vorab den Optionswerten aus den Modellen von BLACK/SCHOLES (1973) und MARGRABE (1978) gegenübergestellt werden.[376] Auf Basis identischer Annahmen müssen die Bewertungsansätze grundsätzlich zu identischen Optionswerten führen. Die nachfolgenden Ausführungen beschränken sich auf das erste Simulationsmodell, da nur dieses die Normalverteilungsannahme impliziert und somit eine grundsätzliche Vergleichbarkeit gewährleistet.

Für einen Ergebnisvergleich mit dem Modell von BLACK/SCHOLES (1973) kann nur eine einzige Unsicherheitsquelle in der Simulation berücksichtigt werden.[377] Aus diesem Grund werden der Kohlepreis, der CO_2-Preis und der Wechselkurs in der Simulation konstant gesetzt. Zudem werden analog zu dem BLACK/SCHOLES-Modell konstante Volatilitäten verwendet, d.h. von der ansteigenden Volatilität im Zeitablauf abstrahiert. Bezüglich der Modellierung des risikoneutralen Drifts ist zu beachten, dass im BLACK/SCHOLES-Modell ein risikoneutraler Drift in Höhe des risikolosen Zinssatzes angenommen wird, da Aktienoptionen die Modellgrundlage bilden.[378] In der vorliegenden Simulation von Optionen auf den Clean Dark Spread beträgt der risikoneutrale Drift hingegen zinssatzunabhängig $\tilde{\mu} = 0$. Um auch hier identische Bewertungsannahmen zu schaffen, wird in der Simulation und im BLACK/SCHOLES-Modell von einem risikolosen Zinssatz in Höhe von 0% ausgegangen. Abgesehen von diesen Anpassungen resultieren die nachfolgenden Ergebnisse unmittelbar aus der in Kap. 5.3.3 dargestellten Simulation bzw. der in Kap. 3.3 präsentierten BLACK/SCHOLES-Bewertungsfunktion.

Abb. 20 und Abb. 21 zeigen den Ergebnisvergleich exemplarisch auf Basis des Jahresprodukt und des Monatsproduktes Januar. Den Simulationen zugrunde gelegt wurden die technischen Eigenschaften des alten Kraftwerktyps.[379] Die jährliche Volatilität des Strompreises wurde in Anlehnung an die empirische Datengrundlage konstant auf 19,0% (Jahresprodukt) und 23,8% (Monatsprodukt) festgelegt.

376 Zu den Modellen von BLACK/SCHOLES (1973) und Margrabe (1978) vgl. Kap. 3.3.
377 Vgl. Black und Scholes 1973, S. 640.
378 Vgl. Black und Scholes 1973, S. 640.
379 Vgl. hierzu Kapitel 5.3.3. Der Ausübungspreis der Option als Summe der Brennstoff- und CO_2-Zertifikate-Kosten beträgt folglich gemäß Gleichung (5.7) 39,90€/MWh_{el}.

Abb. 20: Validitätscheck der Optionswerte anhand von BLACK/SCHOLES (1973) auf Basis des Jahresproduktes (altes Kraftwerk).

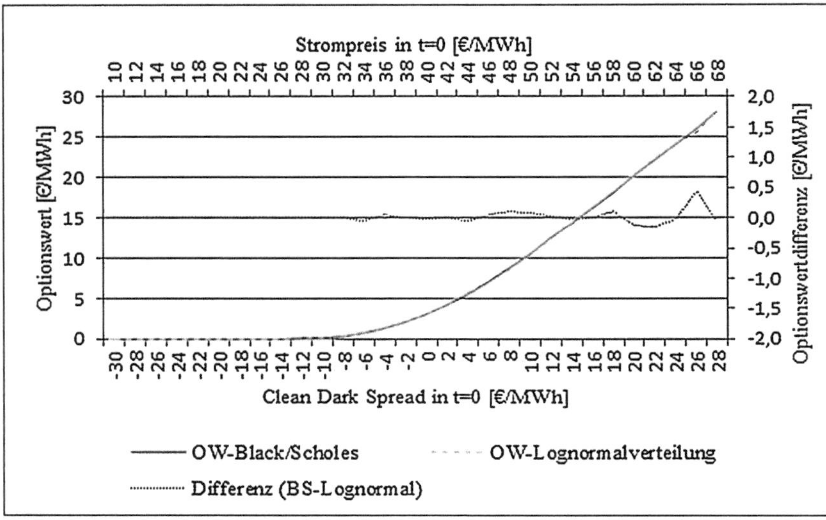

Abb. 21: Validitätscheck der Optionswerte anhand von BLACK/SCHOLES (1973) auf Basis des Monatsproduktes (altes Kraftwerk).

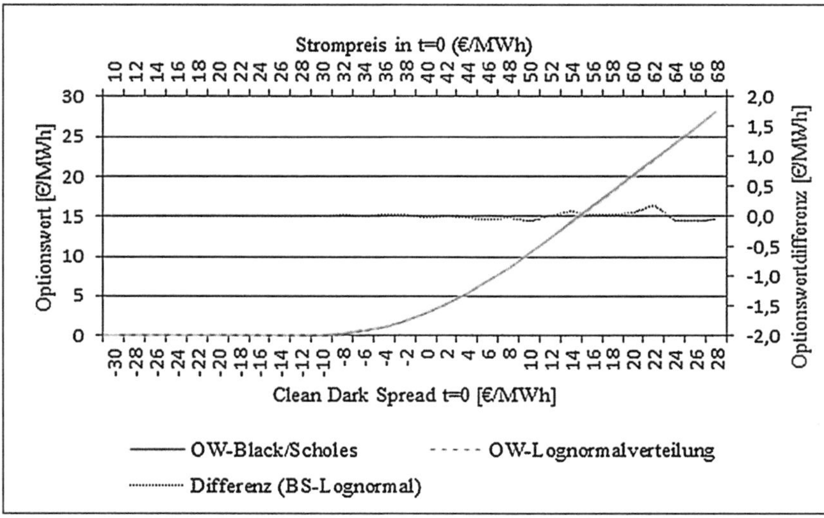

Da in der gesamten Ergebnispräsentation auf das Darstellungsformat von Abb. 20 und Abb. 21 zurückgegriffen wird, soll die Struktur der Abbildungen an dieser Stelle einmalig detailliert erläutert werden. Auf der primären Abszisse wird stets der Spread der Option in t=0 dargestellt. Dieser ist, soweit nicht anders angegeben, der Clean Dark Spread, d.h. der kraftwerkspezifische Spread nach Abzug der CO_2-Zertifikatekosten, und berechnet sich nach Gleichung (5.7). Auf der sekundären Abszisse ist der Strompreis in t=0 angegeben. Je nach Kraftwerkstyp unterscheiden sich die zu einem gegebenen Strompreis korrespondieren Clean Dark Spreads. Wie aus Gleichung (5.7) ersichtlich ist, steigt der Clean Spark Spread bei gegebenen Strompreisen c.p. mit einem steigenden Wirkungsgrad und mit einem fallenden Emissionsfaktor. Auf der primären Ordinate ist der Optionswert der beiden Optionswertkurven abgetragen. Da die Abweichungen der Optionswertkurven beliebig gering ausfallen können, diese jedoch im Zentrum der Analyse stehen, verdeutlicht eine ergänzende Differenzkurve die Abweichungen. Die Werte der Differenzkurve als Kernergebnis der Untersuchung sind stets auf der sekundären Ordinate abgetragen.

Der Vergleich des ersten Simulationsmodells mit dem Modell von Black/Scholes (1973) zeigt, dass sich die beiden Optionswertkurven sowohl auf Basis des Jahresproduktes als auch auf Basis des Monatsproduktes nahezu vollständig entsprechen. Die Differenzkurve belegt, dass die minimalen Abweichungen keine systematische Struktur aufweisen. Die Abweichungen sind als zufallsbedingt zu klassifizieren und der begrenzten Anzahl an Iterationen (10.000) in der Simulation geschuldet.[380] Die Validität des programmierten, simulationsbasierten Bewertungsansatzes kann somit anhand des Black/Scholes-Modells bestätigt werden.

Um zusätzlich die Berücksichtigung der Korrelationseigenschaft zu validieren, kann ein Ergebnisvergleich mit Optionswerten des Margrabe-Modells angestellt werden.[381] Wie zuvor sind hierfür konstante Volatilitäten zu simulieren, es kann nun jedoch mit dem Steinkohlepreis eine zweite Unsicherheitsquelle berücksichtigt werden. Die jährliche Volatilität des Kohlepreises wird – ebenfalls in Anlehnung an die empirische Datenbasis – mit 27,0% (Jahresprodukt) und 28,6% (Monatsprodukt) angenommen. Die Korrelation zwischen Strompreis und Steinkohlepreis beträgt 0,65 (Jahresprodukt) bzw. 0,50 (Monatsprodukt). Von den Kosten für CO_2-Zertifikate wird in diesem Validitätscheck abstrahiert.[382] Die Driftfaktoren betragen für beide Commodities ebenso wie der risikolose Zinssatz nach wie vor 0%. Abb. 22 und Abb. 23 zeigen die Optionswertkurven des Margrabe-Modells und der Simulation, erneut unterteilt nach Jahresprodukt und Monatsprodukt. Deutlich zu erkennen ist, dass auch hier keine systematischen Abweichungen vorliegen. Dass der Spread tendenziell höher ist als in Abb. 20 und Abb. 21, liegt an der Vernachlässigung der Kosten

---

380 Die maximale Abweichung in Abb. 20 beträgt lediglich rund 1% des Optionswertes und ist bei der wiederholten Durchführung der Simulation nicht wiederkehrend.

381 Vgl. zu dem Modell von Margrabe (1978) Kap. 3.3.

382 Dies ist notwendig, da das Margrabe-Modell von einem Ausübungspreis der Option in Höhe von null ausgeht. Vgl. Margrabe 1978, S. 177f.

für CO_2-Zertifikate. Die zielführende Einbindung der Korrelationseigenschaft in dem Simulationsansatz kann somit ebenfalls bestätigt werden.

Abb. 22: Validitätscheck der Optionswerte anhand von MARGRABE *(1978) auf Basis des Jahresproduktes (altes Kraftwerk).*

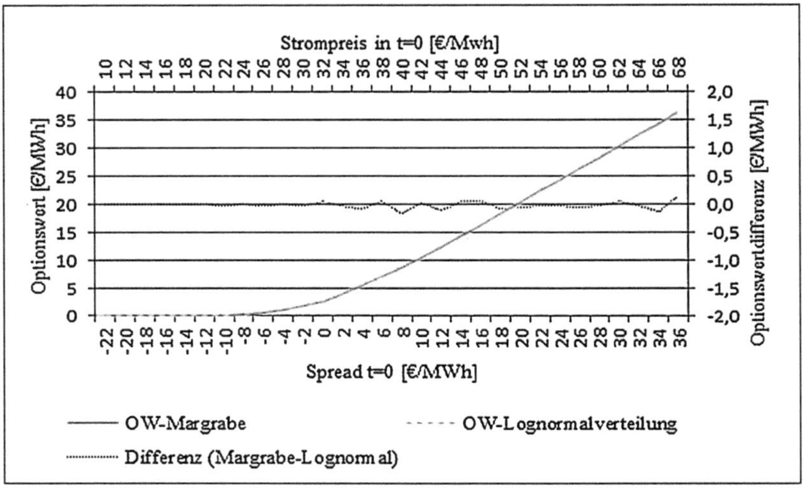

Abb. 23: Validitätscheck der Optionswerte anhand von MARGRABE *(1978) auf Basis des Monatsproduktes (altes Kraftwerk).*

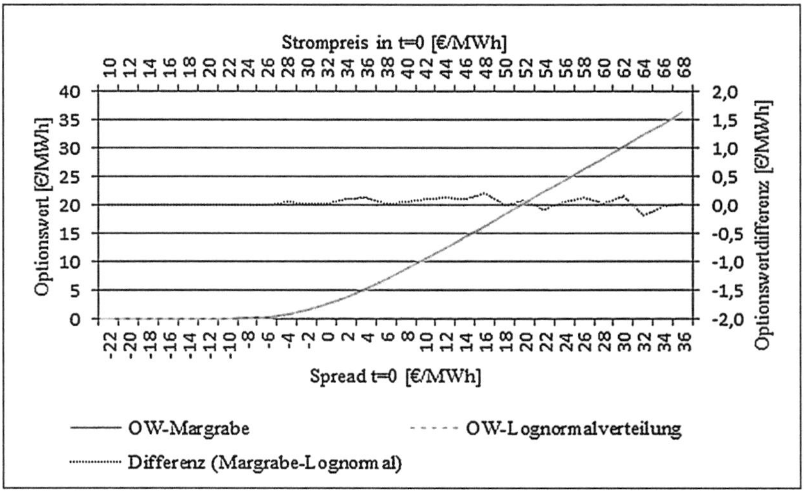

5.3.4.2 *Auswirkungen auf den Optionswert und das Optionsdelta*

5.3.4.2.1 *Jahresbasis*

Die Analyseergebnisse auf Basis des Jahresprodukts sowohl unter der Annahme normalverteilter Logrenditen als auch unter der Annahme der empirischen Renditeverteilung zeigt Abb. 24. Der Simulation zugrunde lagen unmittelbar die in Kap. 5.3.3 beschrieben Modelle. Anhand der Optionswertkurven sowie der resultierenden Differenzkurve ist deutlich zu erkennen, dass keine systematischen, verteilungsbedingten Abweichungen vorliegen. In keinem Fall sind die Abweichungen größer als 0,20€/MWh. Beiden Simulationen liegen 10.000 Iterationen zugrunde. Bei einer Erhöhung der Iterationszahl verringern sich die Abweichungen zusätzlich.

Abb. 24: Optionswerte auf Basis normalverteilter und empirischer Renditen für das Jahresprodukt (altes Kraftwerk).

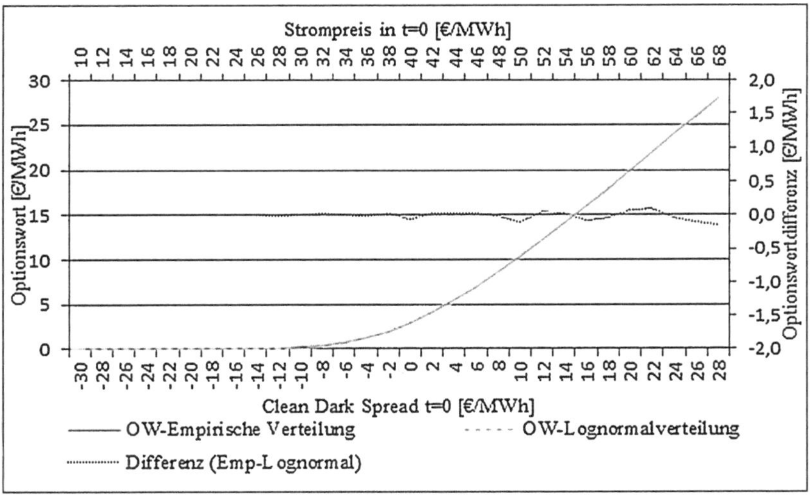

Wird an Stelle der Altanlage ein neues Kraftwerk der Analyse zugrunde gelegt, sind die Analyseergebnisse ähnlich, wie Abb. 25 veranschaulicht. Die größere Effizienz des modernen Kraftwerks ist deutlich anhand der primären und sekundären Abszisse zu erkennen. Während auf der sekundären Abszisse das gleiche Strompreisintervall von 10 €/MWh bis 68 €/MWh abgetragen ist wie in Abb. 23, sind die korrespondierenden Clean Dark Spreads mit einer Bandbreite von -22 €/MWh bis 36 €/MWh deutlich höher. Systematische Auswirkungen der zugrunde liegenden Verteilung auf den Optionswert sind jedoch erneut nicht zu erkennen. Die geringere Bedeutung des Steinkohlepreises und des Preises für CO_2-Zertifikate bzw. die höhere Bedeutung des Strompreises im Clean Dark Spread der Neuanlage, die aus dem höheren Wirkungsgrad und dem geringeren Emissionsfaktor resultiert, wirkt sich folglich nicht auf das Analyseergebnis aus.

Abb. 25: Optionswerte auf Basis normalverteilter und empirischer Renditen für das Jahresprodukt (neues Kraftwerk).

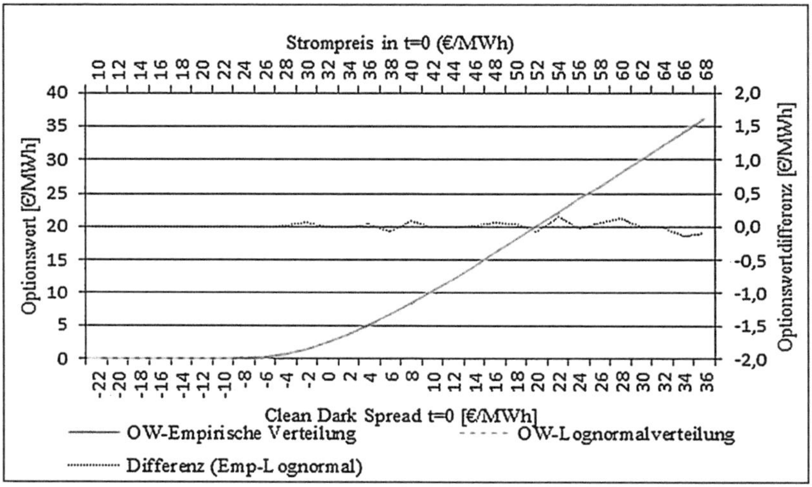

Die Robustheit der Analyseergebnisse kann über eine Variation des Steinkohlepreises anstelle des Strompreises in t=0 zur Generierung der Optionswertkurven überprüft werden. In den bisherigen Auswertungen wirkte die Renditeverteilung des Strompreises bei ansteigendem bzw. abnehmendem Clean Dark Spread überproportional stark bzw. schwach. In Abb. 26 sind hierzu die Ergebnisse auf Basis einer Kohlepreisvariation bei einem fixen Anfangswert für den Strompreis in Höhe von 48,85 €/MWh_{el} dargestellt.[383] Entsprechend ist auf der sekundären Abszisse nicht der Strompreis, sondern der Steinkohlepreis abgetragen.[384] Auch hier zeigt sich, dass kein verzerrender Effekt aus der Normalverteilungsannahme resultiert. Insbesondere aber ergibt sich, dass die Variation des Strompreises in obiger Analyse keine kritische Vorgehensweise für die Analyseergebnisse ist.

383 Dem Strompreis wurde der gleiche Stichtag zugrunde gelegt wie dem Steinkohlepreis, dem Preis für CO2-Zertifikate und dem US$/€-Wechselkurs. Vgl. hierzu Kap. 5.3.3.

384 Die absteigende Sortierung des Kohlepreises wird gewählt, damit der korrespondierende Clean Dark Spread auf der primären Abszisse in Konsistenz zu den anderen Ergebnisdiagrammen aufsteigend abgetragen werden kann.

Abb. 26: Optionswerte auf Basis normalverteilter und empirischer Renditen für das Jahresprodukt mithilfe einer Variation des Kohleanfangspreises (altes Kraftwerk).

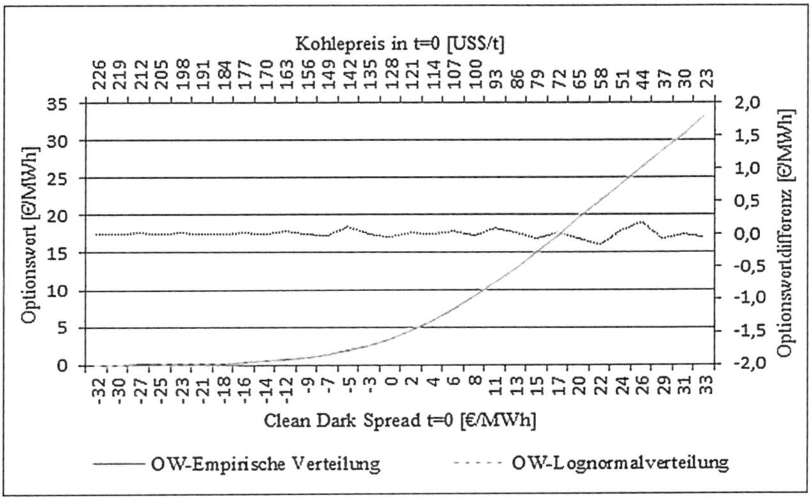

Als Zwischenfazit kann an dieser Stelle festgehalten werden, dass die Analyse der Optionsbewertung auf Basis unterschiedlicher Verteilungsannahmen im Ergebnis keine Verzerrungen gezeigt hat. In dem gegebenen Modellaufbau ist die Normalverteilungsannahme trotz ihrer signifikanten Abweichung von den empirischen Renditen kein kritischer Einflussfaktor für die Optionsbewertung. Die Vorgehensweise der Strompreisvariation zur Erzeugung unterschiedlicher Spreadniveaus ist zudem unkritisch und wird auch im weiteren Verlauf der Arbeit angewendet.

Neben den Auswirkungen auf die Optionswerte sollen wie in Kap. 5.2.1 die Effekte der Verteilungsannahmen auf die Optionsdeltas analysiert werden. Das Delta einer Option gibt wie in Kap. 3.2 erörtert an, um wie viele Geldeinheiten sich der Optionswert bei einer marginalen Änderung des Underlyingpreises verändert und entspricht folglich der Steigung der Optionswertkurve bei einem gegebenen Underlyingpreis.[385] Mathematisch kann es folglich als erste Ableitung der Optionswertfunktion nach dem Preis des Underlyings bestimmt werden. Da jedoch für die Quantifizierung von Optionen auf den Clean Dark Spread, insbesondere unter Berücksichtigung der empirischen Renditeverteilung, keine geschlossene Optionsbewertungsfunktion existiert, muss auf eine Approximation mittels der sogenannten

385 Vgl. Hull 2012, S. 338f.

Finite Difference Method zurückgegriffen werden.[386] Hiernach wird das Optionsdelta bestimmt, indem Optionswerte für zwei verschiedene, nahe beieinanderliegende Underlyingpreise simuliert werden und anschließend die Steigung der Verbindungsgraden berechnet wird. Zur erhöhten Genauigkeit wird im Rahmen dieser Analyse das Delta stets aus dem Mittelwert der Steigung der Optionswertkurve zum nächsthöheren und zum nächstniedrigeren Underlyingpreis abgeleitet. Abb. 27 zeigt die Optionsdeltas für den alten Kraftwerkstyp, Abb. 28 für den neuen Kraftwerkstyp auf Jahresbasis.

Abb. 27: Optionsdeltas auf Basis normalverteilter und empirischer Renditen für das Jahresprodukt (altes Kraftwerk).

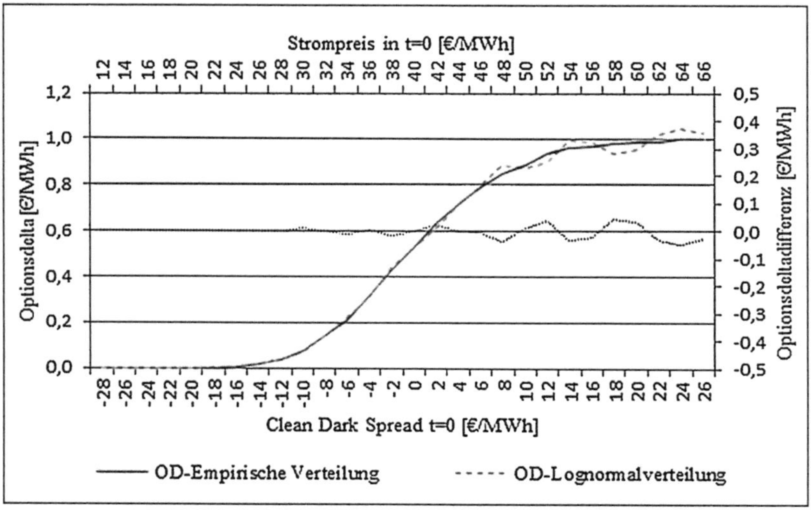

386 Vgl. hierzu Geman 2005, S. 131f.

Abb. 28: Optionsdeltas auf Basis normalverteilter und empirischer Renditen für das Jahresprodukt (neues Kraftwerk).

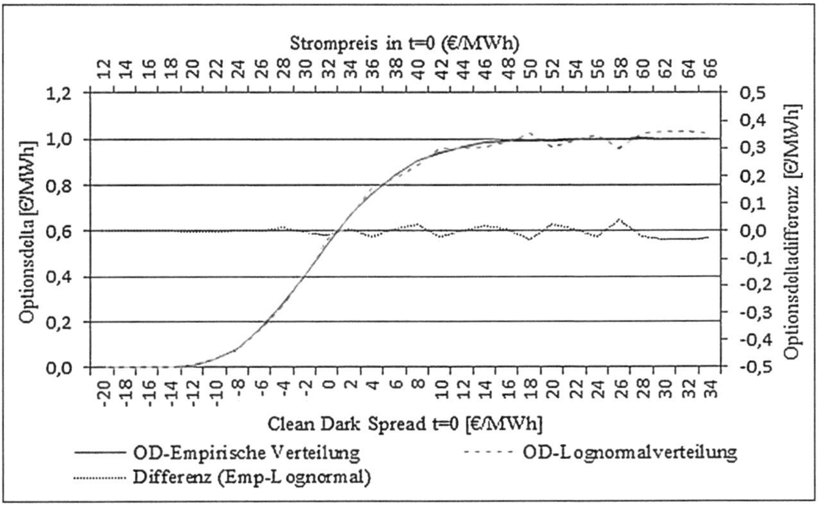

Charakteristischerweise liegen die Werte bei Optionen, die weit aus dem Geld sind, bei null, wachsen mit steigendem Spread an und nähern sich schließlich einem Wert von eins bei Optionen, die weit im Geld liegen.[387] Es zeigt sich, dass sowohl für den alten Kraftwerkstyp als auch für den neuen Kraftwerkstyp kaum Abweichungen in den Deltawerten vorliegen, es also auch bezüglich der Optionsdeltas nicht zu verteilungsbedingten Bewertungsverzerrungen kommt. Die enge Abhängigkeit in der Berechnung der Optionswerte und der Optionsdeltas ist hierfür ausschlaggebend.[388]

5.3.4.2.2 Monatsbasis

Für die Analyse der Optionswerte auf Monatsebene können für jeden Kalendermonat die Optionswerte separat bestimmt und auf die Auswirkungen der verschiedenen Verteilungsannahmen hin analysiert werden. Folglich führt die empirische

387 Der Zusammenhang gilt für Kaufoptionen. Vgl. Hull 2012, S. 483.

388 Es ist jedoch nicht zwangsläufig, dass das Optionsdelta (der Optionswert) unabhängig von der Verteilungsannahme ist, sobald der Optionswert (das Optionsdelta) an der entsprechenden Stelle keine Verzerrung aufweist. In der Analyse in Kap. 5.2.1 hat sich z. B. gezeigt, dass ATM-Optionen eine starke Verzerrung im Optionswert besitzen, während das Optionsdelta von der Verteilungsannahme weitgehend unberührt bleibt.

Datenbasis für jeden Kraftwerkstyp parallel zu zwölf Optionswertvergleichen. Die nachfolgenden Ausführungen konzentrieren sich zunächst exemplarisch auf das Januarprodukt. Anschließend werden die Differenzkurven aller zwölf monatsbasierten Optionswertvergleiche präsentiert.

Die Optionswertkurven des Januarproduktes sowie deren Differenzkurve zeigen Abb. 29 und Abb. 30. Während sich Abb. 29 auf den alten Kraftwerkstyp bezieht, stellt Abb. 30 die Ergebnisse auf Basis des neuen Kraftwerkstyps dar. Auch hier zeigen beide Optionswertvergleiche, dass keine relevanten verteilungsbedingten Verzerrungen vorliegen. Wie zuvor in der Betrachtung des Jahresproduktes sind die zu vergleichenden Optionswertkurven nahezu deckungsgleich.

Abb. 29: Optionswerte auf Basis normalverteilter und empirischer Renditen für das Monatsprodukt Januar (altes Kraftwerk).

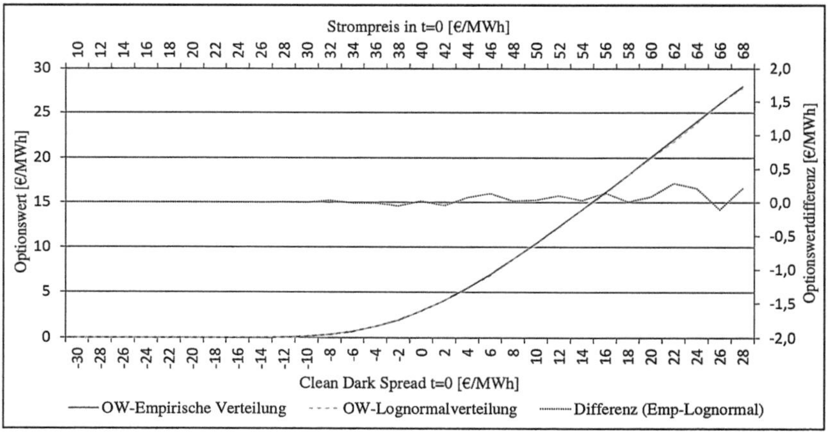

Abb. 30: Optionswerte auf Basis normalverteilter und empirischer Renditen für das Monatsprodukt Januar (neues Kraftwerk).

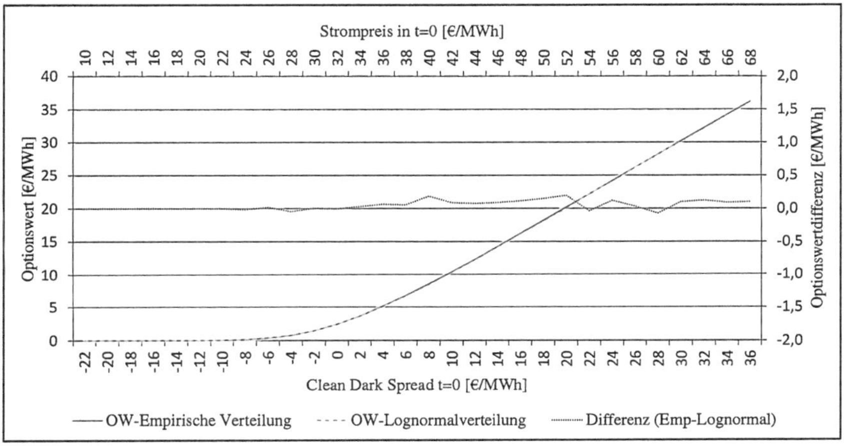

Die Ergebnisdarstellung der Monatsoptionen mit einer Fälligkeit in den Monaten Februar bis Dezember erfolgt mit Fokus auf die Differenzkurven in Abb. 31. Diese ergeben sich wie zuvor aus der Optionswertkurve auf Basis der empirischen Verteilung abzüglich der Optionswertkurve auf Basis der Normalverteilung. Entsprechend stimmt die Differenzkurve für das Januarprodukt in Abb. 31 mit der Differenzkurve in Abb. 29 überein.[389]

389 Die Darstellung beschränkt sich auf den alten Kraftwerkstyp, da die Gegenüberstellung von Altanlage zu Neuanlage keinen zusätzlichen Erkenntnisgewinn generiert.

Abb. 31: Optionswertdifferenzen der Monatsprodukte Januar-Dezember aufgrund unterschiedlicher Verteilungsannahmen (altes Kraftwerk).

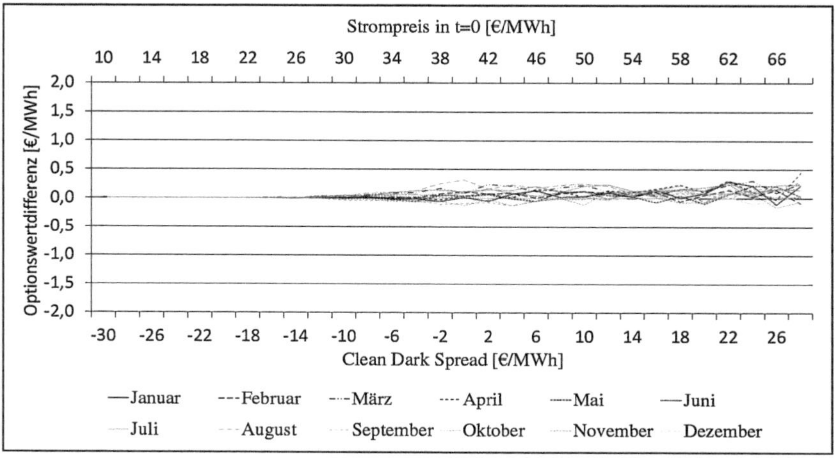

Die Optionswertdifferenzen sind in allen betrachteten Monatsoptionen gering und nicht systematisch. In keinem Fall liegen sie über 0,50€/MWh. Auch für die Optionen auf das Monatsprodukt, die eine größere Nähe zu operativen Kraftwerksoptionen aufweisen als die zuvor betrachteten Optionen auf das Jahresprodukt, kommt die simulationsbasierte Bewertung damit zu dem Ergebnis, dass die Anwendung der vereinfachenden Normalverteilungsannahme trotz abweichender empirischer Verteilungen der Tagesrenditen unkritisch ist.

Wie Abb. 32 zeigt, gilt diese Aussage auch in Bezug auf die Optionsdeltas.[390] Dargestellt sind die Differenzkurven der Optionsdeltas für die Monatsprodukte Januar bis Dezember.[391]

390 Die Optionsdeltas wurden wie in Kap. 5.3.4.2.1 mithilfe der Finite Difference Method bestimmt.

391 Wie in Kap. 5.3.4.2.1 erfolgt an dieser Stelle eine Fokussierung auf den alten Kraftwerkstyp, da eine zusätzliche Darstellung auf Basis des neuen Kraftwerktyps zu keinen zusätzlichen Erkenntnissen führt.

Abb. 32: Optionsdeltadifferenzen der Monatsprodukte Januar-Dezember aufgrund unterschiedlicher Verteilungsannahmen (altes Kraftwerk).

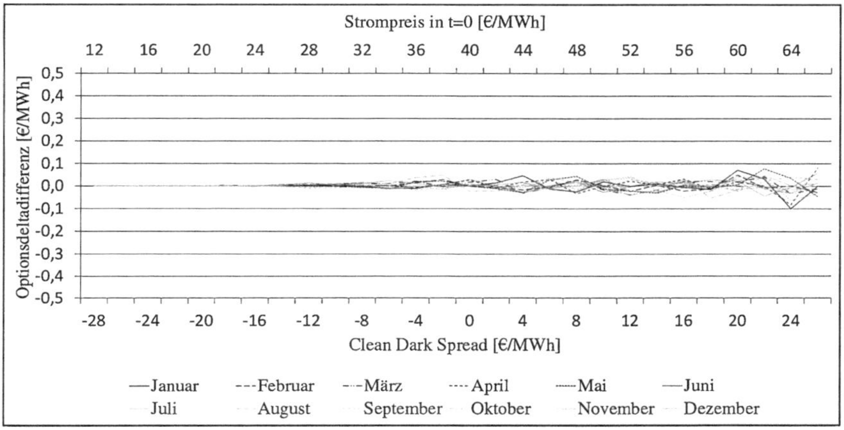

Die simulationsbasierte Analyse des Einflusses der empirisch beobachtbaren Fat Tails auf kraftwerksspezifische Optionswerte und Optionsdeltas hat somit über alle Auswertungen hinweg belegt, dass die vereinfachende Normalverteilungsannahme zu keinen systematischen Bewertungsverzerrungen führt. Sowohl mit Blick auf das Jahresprodukt in Kap. 5.3.4.2.1 als auch mit Blick auf das Monatsprodukt liegen die Ergebniskurven der beiden unterschiedlichen Modellansätze stets sehr nah beieinander und weisen die Differenzkurven keine systematisch von null abweichende Struktur auf. Im Rahmen des präsentierten Modellansatzes wurde folglich das Ergebnis generiert, dass die Verwendung von Bewertungsmodellen, die eine Normalverteilung der Logrenditen des Underlyings voraussetzen, für die Bewertung von kraftwerksspezifischen Realoptionen auf den Clean Dark Spread unproblematisch sind.

Welches die Ursachen für dieses Untersuchungsergebnis sind und insbesondere wie das Ergebnis vor dem Hintergrund des in Kap. 5.2.1 nachgewiesenen grundsätzlichen Einflusses von Fat Tails und der in Kap. 5.2.2 belegten Existenz von Fat Tails in empirischen Renditeverteilungen einzuordnen ist, soll im Folgenden diskutiert werden. Nach einer vorangestellten Zusammenfassung der in der Untersuchung generierten Erkenntnisse wird dabei ein besonderes Augenmerk auf die Fragestellung gelegt, unter welchen Bedingungen die Über- und Unterbewertungen der Optionswerte und -deltas aus Kap. 5.2.1 zum Tragen kommen und in welchen Fällen Fat Tails wie in Kap. 5.3.4 keine Bewertungsverzerrungen hervorrufen.

5.4 Diskussion der Ergebnisse und Ausblick

Ausgehend von der Erkenntnis, dass die empirischen Renditeverteilungen von kraftwerksrelevanten Commodities häufig signifikant von der Normalverteilung abweichen, gleichzeitig jedoch Optionsbewertungsmodelle in der Regel von normalverteilten Logrenditen des Underlyings ausgehen, wurde die Fragestellung aufgeworfen, welche verzerrenden Effekte die Verteilungsannahme in der Bewertung operativer Kraftwerksoptionen entfalten kann. Um dieser nachzugehen, wurden drei verschiedene Teilbereiche analysiert.

Zunächst fokussierten die Ausführungen in Kap. 5.2.1 unmittelbar auf die Frage, welche grundsätzlichen Aussagen über den Zusammenhang von Renditeverteilung und Optionswert in einem einperiodigen Modell herstellbar sind. Auf Basis verschiedener Renditeverteilungen, deren Fat-Tail-Eigenschaft mittels Variation der Freiheitsgrade in den zugrunde liegenden Student-t-Verteilungen unterschiedlich stark ausgeprägt war, konnten systematische Auswirkungen auf Optionswerte und Optionsdeltas bestimmt werden. Insbesondere zeigte sich, dass die Normalverteilungsannahme zu einer Unterbewertung von OTM- und ITM-Optionen sowie zu einer Überbewertung von ATM-Optionen führt, wenn die Renditeverteilung des Underlyings Fat Tails aufweist. Zudem konnte eine Abhängigkeit der Verzerrungsausprägung von der Volatilitätshöhe ausfindig gemacht und systematische Verzerrungen der Optionsdeltas nachgewiesen werden.

Anhand der Analyse empirischer Preisentwicklungen in Kap. 5.2.2 konnte anschließend gezeigt werden, dass die für den Clean Dark Spread relevanten Renditeverteilungen von Strom, Steinkohle und CO_2-Zertifikaten signifikant von der Normalverteilung abweichen. Als zentrale Ursache für die Abweichung ließen sich Fat Tails ausmachen. Die zugrunde liegende Forschungsfrage sowie die Analyseergebnisse aus Kap. 5.2.1 gewannen hierdurch an Bedeutung. Ohne die konkrete Bewertung von Optionen auf den Clean Dark Spread behandelt zu haben, konnte aus der Kombination der Ergebnisse von Kap. 5.2.1 und Kap. 5.2.2 die grundsätzliche Schlussfolgerung gezogen werden, dass Fat Tails einen systematischen Einfluss auf Optionswerte ausüben, der auch für die Bewertung von operativen Kraftwerksoptionen eine Rolle spielt.

Um die Erkenntnisse für den Anwendungsfall der Bewertung kraftwerksspezifscher Optionen auf den Clean Dark Spread zu vertiefen, wurden in den Monte-Carlo-Simulationen in Kap. 5.3 die Preisentwicklungen der relevanten Commodities simuliert, auf deren Basis der Spread des Kraftwerks und der Wert der Kraftwerksoption ermittelt werden konnten. Als Renditeverteilungen wurden dabei sowohl normalverteilte Logrenditen als auch empirisch beobachtete Commodityrenditen mitsamt ihrer Fat Tails zugrunde gelegt. Anders als in Kap. 5.2.1 führte die Renditeverteilung in den Simulationen zu keinen Effekten in den Optionswerten und den Optionsdeltas. Mit isoliertem Blick auf Kap. 5.3 konnte vielmehr festgestellt werden, dass die Verwendung von Optionsbewertungsmodellen, die auf normalverteilten Logrenditen des Underlyings aufbauen und weit verbreitet sind, für den betrachteten Anwendungsfall unproblematisch sind. Gerade auf die unterschiedlichen Ergebnisse aus den Kap. 5.2.1 und Kap. 5.3 soll nun jedoch näher eingegangen und die Ursachen der Differenzen sowie die Konsequenzen für die Ergebnisinterpretation diskutiert werden.

Werden die in Kap. 5.2.1 und Kap. 5.3 verwendeten Modellansätze verglichen, so fallen im Wesentlichen drei zentrale Unterschiede auf. Diese betreffen die *Anzahl der modellierten Unsicherheitsquellen*, die *Integration abweichender Verteilungsannahmen* und die *Periodenanzahl der Preisentwicklungen* des Underlyings. Während in der Analyse in Kap. 5.2.1 lediglich eine einzige Unsicherheitsquelle berücksichtigt wurde, umfassten die MC-Simulationen in Kap. 5.3 die Modellierung des Strom- und des Kohlepreises, des Preises für CO_2-Zertifikate sowie des Wechselkurses. Insbesondere durch die Berücksichtigung der Korrelation zwischen den einzelnen Commoditypreisentwicklungen, kann hierdurch bereits der Einfluss der Fat Tails in der MC-Simulation abgemildert werden. Treten Extremrenditen etwa im Strom- und im Steinkohlepreis korreliert auf, so weist der resultierende Clean Dark Spread zwangsläufig ein geringeres Ausmaß an Fat Tails auf als die zugrunde liegenden Commodity-preise. Daneben erfolgt die Berücksichtigung fat-tail-verteilter Renditen in Kap. 5.2.1 anhand adjustierter Student-t-Verteilungen, während in den MC-Simulationen unmittelbar auf die historische Renditeverteilung zurückgegriffen wird. Wie Kap. 5.2.2 gezeigt hat, liegen die empirischen Ausprägungen der Fat Tails jedoch in der Bandbreite der in Kap. 5.2.1 unterstellten Fat-Tail-Verteilungen. Insofern ist von diesem Bewertungsunterschied kein maßgeblicher Einfluss zu erwarten. Von entscheidender Bedeutung ist jedoch die Anzahl der Preisschritte in den beiden Untersuchungen als drittem genannten Unterschied. In Kap. 5.2.1 wurde ein einperiodiger Modellaufbau gewählt, in dem sich aus einem Anfangswert des Underlyings und einer angenommenen Renditeverteilung die Endwertverteilung nach nur einem Zeitschritt ergab. Hingegen handelt es sich in den Monte-Carlo-Simulationen um Optionen mit einer Restlaufzeit von sechs bzw. zwölf Monaten, die sich in der Simulation in 252 bzw. 126 Zeitschritten widerspiegelten. Während die Länge der Restlaufzeit dabei nicht der entscheidende Einflussfaktor ist, da die in Kap. 5.2.1 betrachtete Periode grundsätzlich auch als sechs- bzw. zwölfmonatige Zeitspanne interpretiert werden kann, hat die Anzahl der simulierten Zeitschritte durch die Preisprozessmodellierung einen unmittelbaren Einfluss auf die Gesamtrendite des betrachteten Commodities und damit auf die Analyseergebnisse. Der Grund hierfür ist der Folgende. Wird unter der logarithmierten Gesamtrendite der natürliche Logarithmus des Quotienten aus dem Preispfadendwert und seinem Anfangswert verstanden, so führt bei unabhängig und identisch verteilten Renditen eine Zunahme der Simulationsschritte zu einer Gesamtrenditeverteilung, die sich zunehmend einer Normalverteilung annähert.[392] Folglich schwächt sich der Effekt der Fat Tails in den empirischen Renditen mit zunehmender Restlaufzeit ab. Zwar folgt der Preisprozess auf Basis der empirischen Renditen in der Simulation keinem reinen Random Walk mit unabhängig und identisch verteilten Renditen, da monatliche Zeitcluster gebildet wurden. Um dennoch den Einfluss dieses Zusammenhangs auf die Analyseergebnisse zu überprüfen, kann die Kurtosis der Gesamtrenditeverteilungen in der Simulation für den Strompreis, den Steinkohlepreis und den Preis für CO_2-Zertifikate dargestellt werden. Nachfolgend ist hierzu in Abb. 33 die Wölbung der Gesamtrenditeverteilung in Abhängigkeit von der Anzahl der

392 Der Zusammenhang ist aus dem sogenannten Zentralen Grenzwertsatz bekannt. Vgl. hierzu auch im Folgenden Zwerenz 2009, S. 343.

Zeitschritte exemplarisch für die Strompreisentwicklung dargestellt.[393] Nach einem Zeitschritt ergibt sich dabei die Wölbung der Gesamtrendite aus der Verteilung von $\ln\left(\frac{S_1}{S_0}\right)$, nach zwei Zeitschritten aus $\ln\left(\frac{S_2}{S_0}\right)$ etc.[394]

Abb. 33: Wölbung der Gesamtrenditeverteilung des Strompreises im Simulationsverlauf.

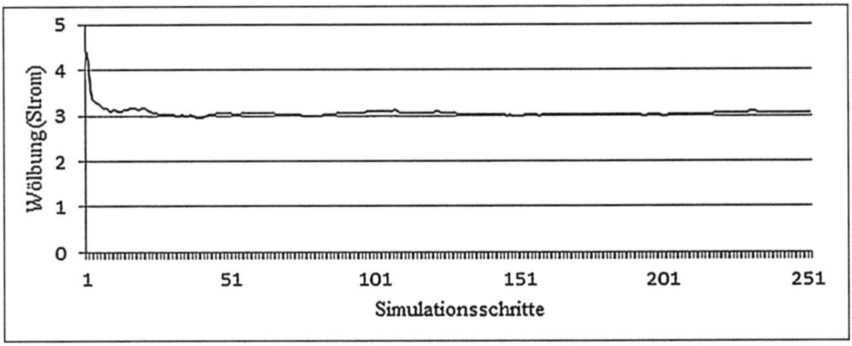

Es zeigt sich, dass die Wölbung der simulierten Gesamtrenditen auf Basis der empirischen Datenbasis mit zunehmender Anzahl an Simulationsschritten sinkt und sich an die Wölbung der Normalverteilung (ω=3) annähert. Der Ausgleich der Renditeverteilungen im Zeitablauf führt folglich dazu, dass unter den gegebenen Modellprämissen keine Bewertungsverzerrungen durch die vereinfachende Normalverteilungsannahme hervorgerufen werden.

Mindestens so entscheidend wie die Schaffung der Transparenz über die Ursachen der Ergebnisunterschiede ist jedoch die Interpretation der generierten Erkenntnisse im Hinblick auf ihre praktische Bedeutung. Dabei ist insbesondere die Frage zu stellen, ob und in welchem Zeitraum sich in den Commoditymärkten tatsächlich normalverteilte Renditen als Folge von Random Walks einstellen. Unter der Prämisse eines reinen Random Walks ergeben sich in jedem beliebig kurzen Zeitintervall normalverteilte Logrenditen.[395] Wird anders als in Kap. 5.3 nicht von täglichen, sondern

393 Die entsprechende Analyse des Steinkohlepreises und des Preises für CO_2-Zertifikate führt zu strukturgleichen Ergebnissen und kann Anhang 3 entnommen werden.

394 Die Gesamtrendite spiegelt nach einem Zeitschritt folglich unmittelbar die Renditeverteilung der Datenbasis wider, während sie nach 251 Zeitschritten die für die Optionsbewertung relevante Verteilung auf Jahresproduktbasis angibt.

395 Unter der Annahme eines reinen Random Walks folgt die Normalverteilung der Logrenditen zwangsläufig aus dem Zentralen Grenzwertsatz. Vgl. Deutsch 2008, S. 23. Dies ist grundsätzlich auch in jedem beliebig kurzen Zeitintervall der Fall, da ein Random Walk die Eigenschaft der Selbstähnlichkeit besitzt. Vgl. Deutsch 2008, S. 22 und S. 26.

z.B. von minütlichen Preisänderungen an den Märkten ausgegangen, so müssten sich nach spätestens 30 Minuten, mit Sicherheit aber nach Ablauf eines gesamten Handelstages normalverteilte Logrenditen ergeben haben.[396] Wie Kap. 5.2.2 gezeigt hat, ist dies jedoch eindeutig nicht der Fall. Folglich sind die in Kap. 5.2.1 gewonnen Erkenntnisse über systematische Verzerrungen durch Fat Tails auch für praktische Bewertungsanlässe wesentlich bedeutsamer, als die MC-Simulationen nahelegen. Die Gesamtrenditeverteilungen der Commodities sind zumindest auf Tagesbasis gerade nicht normalverteilt und folglich auf der Normalverteilungsannahme aufbauende Optionsbewertungsverfahren nicht geeignet. Im Hinblick auf das Untersuchungsobjekt in Kap. 5.3 wäre es für eine Würdigung der Normalverteilungsannahme als kritischem Einflussfaktor interessant zu wissen, ob die empirischen Gesamtrenditen über eine Zeitspanne von zwölf bzw. sechs Monaten normalverteilt sind. Für eine solche Analyse liegt jedoch keine ausreichende Datengrundlage vor, da hierfür jedem vergangenem Jahr lediglich eine bzw. zwei unabhängige Renditen entnommen werden können. Um dennoch eine Aussage darüber treffen zu können, wie sich die Renditeverteilungen in längerfristigen Zeitspannen entwickeln, wird in Tab. 30 eine Verteilungsanalyse auf Basis von Wochenrenditen durchgeführt, die der deskriptiven Statistik der Tagesrenditen aus Kap. 5.2.2 vergleichend gegenübergestellt werden kann. Es zeigt sich, dass auch auf Basis von Wochenrenditen die Wölbung in allen Fällen den Wert der Normalverteilung (ω=3) übersteigt. Zwar fallen die Kurtosis und folglich die Fat Tails geringer aus als auf Basis von Tagesrenditen, es liegen jedoch nach wie vor hochsignifikante Abweichungen von der Normalverteilung vor.

Tab. 29: Deskriptive Analyse historischer täglicher Commodityrenditen und Spreadentwicklungen auf Jahresproduktbasis (entspricht Tab. 21)

		n	Mittelwert	Standardabweichung	Schiefe	Kurtosis (Wölbung)	Jarque-Bera Test	Shapiro-Wilk Test	Kolmogorov-Smirnov Test
Strom	Jan-Dez	946	-0,0003	0,0123	-0,0095	5,9037	335,2131***	0,9619***	0,4802***
Kohle	Jan-Dez	946	0,0004	0,0172	-0,5942	7,0264	699,5910***	0,9399***	0,4747***
CO_2	Jan-Dez	946	-0,0006	0,0249	-0,3563	5,7460	319,9407***	0,9634***	0,4679***
Wechselkurs $/€	Jan-Dez	946	0,0000	0,0075	-0,1928	7,1111	676,9698***	0,9547***	0,4875***

*(**;***) Signifikanzniveau p < 0,10 (0,05; 0,01)

396 Vgl. zu der Bedingung n>30 Zwerenz 2009, S. 343.

Tab. 30: Deskriptive Analyse historischer wöchentlicher Commodityrenditen und Spreadentwicklungen auf Jahresproduktbasis

		n	Mittelwert	Std. abw.	Schiefe	Kurtosis (Wölbung)	Jarque-Bera Test	Shapiro-Wilk Test	Kolmogorov-Smirnov Test
Strom	Jan-Dez	160	-0,0016	0,0271	-0,5902	3,8915	15,3630***	0,9697***	0,4768***
Kohle	Jan-Dez	160	0,0012	0,0441	-0,7935	5,0141	45,8791***	0,9431***	0,4524***
CO_2	Jan-Dez	160	-0,0024	0,0551	-0,4720	5,2204	40,8998***	0,9565***	0,4549***
Wechselkurs $/€	Jan-Dez	160	0,0007	0,0169	0,2950	6,4377	84,9178***	0,9579***	0,4788***

*(**;***) Signifikanzniveau $p < 0,10$ (0,05; 0,01)

Empirisch kann folglich belegt werden, dass Fat Tails auch in den Gesamtrenditen bei längeren Zeitspannen eine Rolle spielen und somit zu den in Kap. 5.2.1 gezeigten Bewertungsverzerrungen führen können. In der Kombination der Analyseergebnisse aus Kap. 5.2.1 und Kap. 5.3.4 kann hierdurch geschlussfolgert werden, dass Fat Tails grundsätzlich einen systematischen Effekt auf Optionswerte und Optionsdeltas entfalten. Sie führen tendenziell zu einer Überbewertung durch die Normalverteilungsannahme, wenn die Option am Geld ist, und zu Unterbewertungen, wenn die Option im oder aus dem Geld ist. Gerade für ATM-Optionen sind die Effekte von beachtlicher Bedeutung. Das Ausmaß der Bewertungsverzerrung hängt jedoch unmittelbar von der Stärke der Fat Tails in der Gesamtrenditeentwicklung des Underlyings ab. Sind die Renditen der Preisentwicklung unabhängig und identisch verteilt, so führt eine Zunahme der Restlaufzeit c.p. zu einem relativ geringer werdenden Einfluss der Fat Tails.[397] Die empirischen Analysen haben jedoch gezeigt, dass zumindest auf Tages- und Wochenbasis noch keine Normalverteilung vorliegt. Dennoch lässt sich für die Optionsbewertung in der Praxis festhalten, dass gerade für langfristige Zeiträume die vereinfachende Normalverteilungsannahme kaum eine problematische Bewertungsprämisse darstellt, wenn die Fat Tails in den sich kurzfristig einstellenden Renditeverteilungen nicht unmittelbar auf die Endwertverteilung des Underlyings durchschlagen.

397 Unter der Annahme eines reinen Random Walks müsste bereits für jedes beliebig kleine Zeitintervall eine vollständige Nivellierung der Fat Tails vorliegen. Vgl. Deutsch 2008, S. 22 und S. 26.

6. Auswirkungen verhaltensbasierter Effekte auf die intuitive (Real-) Optionswertwahrnehmung

6.1 Einleitung

6.1.1 Überblick, Problemstellung und Zielsetzung

Entscheidungssituationen, die von Unsicherheit und Handlungsflexibilität geprägt sind, bilden in der betrieblichen Praxis den Regelfall und nicht die Ausnahme.[398] Zur Bewertung solcher Entscheidungssituationen existiert mit dem Realoptionsansatz eine Methode, die den Wert der Flexibilität quantifizieren und in die Entscheidungsfindung einfließen lassen kann.[399] Der Realoptionsansatz bedient sich der Analogie realwirtschaftlicher Entscheidungssituationen und finanzwirtschaftlicher Optionen, wie in Kap. 2 ausführlich erörtert. Trotz bestehender Kritikpunkte an seiner Anwendbarkeit kann er grundsätzlich als normatives Bewertungsinstrument klassifiziert werden und in geeigneten Entscheidungssituationen zu einer Rationalitätssteigerung des Entscheidungsprozesses beitragen.[400]

Wie jede Bewertungsmethode dient jedoch auch der Realoptionsansatz lediglich der Entscheidungsunterstützung. Die Entscheidung selbst trifft der verantwortliche Manager. Persönliche Einschätzungen und menschliche Verhaltensweisen können hierdurch zu einem bedeutsamen Einflussfaktor in allen nicht vollkommen standardisierten Entscheidungsprozessen werden.[401] Unbestritten ist, dass erfahrungsbasierte Einschätzungen des Managers für die betrieblichen Entscheidungsfindung von großem Wert sein können. Aus dem Forschungsstrang der Behavioral Economics ist

---

398 Vgl. Hilpisch 2006, S. 65 und Copeland und Antikarov 2002, S. 30ff.

399 Vgl. exemplarisch die Arbeiten von Trigeorgis 1986, McDonald und Siegel 1986, Dixit und Pindyck 1994, Amram und Kulatilaka 1999b, Schwartz und Trigeorgis 2004 sowie Kap. 2 und Kap. 3 im Rahmen dieser Arbeit.

400 Zu Kritikpunkten an dem Realoptionsansatzes vgl. exemplarisch Brealey et al. 2011, S. 597ff. und Borison 2005. Häufig beziehen sich diese auf die eingeschränkte Analogie von Real- und Finanzoptionen, u.a. in den Bereichen Exklusivität der Option, Anzahl der Unsicherheitsfaktoren und Unabhängigkeit der einzelnen Realoptionen. Möglichkeiten der Integration solcher Analogieeinschränkungen präsentieren jedoch z.B. Trigeorgis 1991, S. 146ff., Tomaszewski 2000, S. 143 ff., Hommel und Müller 2000, S. 75ff. und Herath und Park 2002, S. 5ff. Auf die Praxisrelevanz und Praxistauglichkeit gehen Hungenberg et al. 2005 und Hommel et al. 2003 intensiv ein.

401 Einen Überblick über mögliche Auswirkungen menschlicher Eigenschaften in arbeitsteilig organisierten Unternehmen liefern Camerer und Malmendier 2007, S. 248ff.

jedoch gleichzeitig bekannt, dass menschliches Verhalten häufig systematisch und signifikant von rationalem Verhalten abweicht.[402] Divergenzen zwischen normativen Entscheidungstheorien und deskriptivem Entscheidungsverhalten lassen sich in der Regel auf die Verwendung von Heuristiken im Entscheidungsprozess zurückführen.[403] In vielen Entscheidungssituationen ist es zwar rational bzw. effizient Heuristiken zu verwenden, in einigen Entscheidungssituationen sind sie jedoch gerade der Auslöser systematischer Verzerrungen.[404] Ein sehr bekanntes Beispiel hierfür ist die sogenannte Anchoring-and-Adjustment-Heuristik, die eine Ergebnisverzerrung durch die Übergewichtung eines Ankerwertes hervorrufen kann.[405] Der verzerrende Einfluss dieser und weiterer Heuristiken im Rahmen der Meinungsbildung (sogenannte „Judgment Biases") konnten häufig nachgewiesen und als äußerst robust klassifiziert werden.[406] Daneben existieren weitere Quellen irrationaler Verhaltensweisen, die in der Art und Weise, wie Individuen aufgenommene Informationen bewerten und gewichten, begründet liegen.[407] Erst durch die individuelle Beurteilung der Informationslage kann ein Individuum zu eigenen Präferenzen und Entscheidungen gelangen. Robuste Erkenntnisse über Verzerrungen im Rahmen dieser Präferenzenbildung („Evaluation Biases") trugen Tversky/Kahneman (1979) in der sogenannten Prospect Theory als deskriptiver Entscheidungstheorie zusammen, die Auswirkungen auf das Entscheidungsverhalten beschreibt und prognostizierbar macht.[408] Die Autoren konnten z.B. zeigen, dass Individuen häufig drohende Verluste

---

402 Vgl. exemplarisch Tversky und Kahneman 1974, S. 1124ff. Einen systematischen Einblick in die grundlegenden Zusammenhänge der Behavioral Finance bieten Barberis und Thaler 2003, S. 1051ff.

403 Vgl. Tversky und Kahneman 1974, S. 1124ff. Heuristiken bezeichnen vereinfachende und in alltäglichen Situationen bewährte Entscheidungsregeln, mit deren Hilfe Individuen in komplexen Entscheidungssituationen oder bei unvollständigen Informationen und begrenzter Zeit zu angemessenen Entscheidungen gelangen. Vgl. Raab et al. 2010, S. 120.

404 Vgl. Daxhammer und Facsar 2012, S. 78.

405 Vgl. zur Anchoring-and-Adjustment-Heuristik Tversky und Kahneman 1974, S. 1128.

406 Vgl. für einen umfangreichen Überblick über Heuristiken und Verzerrungen Tversky und Kahneman 1974. Auswirkungen der Ankerheuristik auf unternehmerische Entscheidungen wiesen unter anderem Kristensen und Gärling 1997 und Lawrence und O'Connor 1992 nach. Losgelöst von dem experimentellen Forschungsdesign bei Tversky/Kahneman (1974) konnte hierdurch die Relevanz der Erkenntnisse für die Qualität von Managemententscheidungen belegt werden.

407 Vgl. Barberis und Thaler 2003, S. 1063ff.

408 Vgl. Kahneman und Tversky 1979, S. 263ff. Als deskriptive Entscheidungstheorie beschreibt die Prospect Theory folglich nicht, wie Entscheidungen getroffen werden sollten, sondern wie Entscheidungen typischerweise getroffen werden.

überbewerten und kleinen Eintrittswahrscheinlichkeiten eine zu große Bedeutung beimessen, wodurch ihr Entscheidungsverhalten negativ beeinflusst wird.[409]

Aus den Erkenntnissen über menschliche Verhaltensweisen resultiert unmittelbar die Fragestellung nach deren Auswirkungen im Kontext der Realoptionsbewertung, die den Ausgangspunkt der nachfolgenden Untersuchungen bildet. Sowohl die kognitiven Verzerrungen im Rahmen der Meinungsbildung als auch im Rahmen der Präferenzenbildung und hier im Wesentlichen die Erkenntnisse der Prospect Theory sind entsprechend von großer Bedeutung. Im Mittelpunkt steht dabei der Einfluss verhaltenswissenschaftlicher Effekte auf die intuitive Wahrnehmung von Realoptionswerten. Da Unsicherheiten über zukünftige Entwicklungen und komplexe Zusammenhänge wertrelevanter Einflussfaktoren charakteristische Eigenschaften von Optionsbewertungen bilden, ist eine Überbeanspruchung kognitiver Fähigkeiten bzw. die Verwendung von Heuristiken in diesem Themenfeld besonders naheliegend.[410] In der Literatur finden sich bisher nur vereinzelte Studien, die an dieser Stelle einen Beitrag leisten.[411] Aus den wenigen Forschungsarbeiten ist z.B. bekannt, dass irrelevante negative Preisentwicklungen des Underlyings oder eine Variation der realen Eintrittswahrscheinlichkeiten der Preisverteilungen das Werturteil verzerren können.[412] Es ist jedoch z.B. weitestgehend unklar, welchen Einfluss eine Variation einzelner Optionspreisparameter auf das intuitive Werturteil eines typischen Entscheiders hat und welche Konsequenzen hieraus für praxisnahe Entscheidungssituationen resultieren. Diese Forschungslücke ist der Ausgangspunkt der vorliegenden Arbeit. Das Ziel des Forschungsprojektes ist es, auf Basis von Wirkungszusammenhängen der Prospect Theory und der heuristikbasierten Meinungsbildung zunächst Hypothesen über zu erwartende Optionswerturteile zu generieren, um diese anschließend durch experimentelle Untersuchungen zu validieren und Erkenntnisse über die intuitive Optionsbewertung zu generieren. Hierdurch soll ein Beitrag zu einer deskriptiven Realoptionstheorie geleistet werden. Der Fokus liegt dabei auf den Fragestellungen, ob Realoptionen intuitiv zutreffend bewertet werden oder es zu Über- bzw. Unterbewertungen kommt, wie die Moneyness, die Restlaufzeit und die Volatilität in ihrer Wirkungsrichtung und Wirkungsstärke wahrgenommen werden und welchen Einfluss die verhaltensbasierten Effekte auf die Steuerung von Kraftwerken als praxisnaher Entscheidungssituation haben können.

---

409 Vgl. Kahneman und Tversky 1979, S. 277ff. und Tversky und Kahneman 1992, S. 299ff.

410 Zu den Einflussfaktoren der klassischen Optionspreistheorie vgl. Copeland et al. 2008, S. 268ff. Heuristiken führen gerade dazu, dass komplexe Sachverhalte vereinfacht werden. Vgl. Tversky und Kahneman 1974, S. 1124.

411 Für einen Literaturüberblick vgl. Kap. 6.2.4.

412 Vgl. Abbink und Rockenbach 2006, S. 504 und Miller und Shapira 2004, S. 278.

6.1.2 Gang der Untersuchung

Das zweite Forschungsprojekt ist wie folgt gegliedert. Zunächst werden in Kap. 6.2.1 und Kap. 6.2.2 die elementaren Grundlagen der präskriptiven und deskriptiven Entscheidungstheorie dargestellt und der Zusammenhang zur marktbasierten Optionspreistheorie verdeutlicht. Gemeinsam bildet dieses Theoriegerüst das Fundament der beiden experimentellen Untersuchungen. Die Ausführungen zur Optionspreistheorie werden bewusst kurz gehalten, da diese bereits detailliert in Kap. 3 behandelt wurde. Zur Erinnerung sei erwähnt, dass die dort eingeführten Beispiele bereits Entscheidungssituationen der folgenden Experimente abgebildet haben. Die Methodik der experimentellen Forschung, mit Hilfe derer die aufgeworfenen Forschungsfragen untersucht und beantwortet werden sollen, wird in Kap. 6.2.3 vorgestellt. Ihre besondere Eignung für das Untersuchungsziel der vorliegenden Arbeit wird dabei verdeutlich. Anschließend folgt in Kap. 6.2.4 eine Darstellung des aktuellen Forschungsstandes zur deskriptiven Realoptionstheorie, in der die Ergebnisse verwandter Studien vorgestellt werden, um die vorliegende Arbeit einzuordnen und die bestehende Forschungslücke aufzuzeigen. Der Fokus liegt dabei auf experimentellen Forschungsbeiträgen. Im Anschluss erfolgt in Kap. 6.2.5 die Hypothesengenerierung auf Basis bekannter, verhaltenswissenschaftlicher Entscheidungsmuster. Neben den Erkenntnissen über heuristikbasierte Verzerrungen wird die Prospect Theory der zentrale Grundstein der Hypothesenbildung sein. Die axiomatisch fundierte Erwartungsnutzentheorie wird neben der klassischen Realoptionstheorie als Element rationaler Entscheidungsfindung parallel betrachtet. Beide Theorien werden zuvor in Kap. 6.2.1 eingeführt. Die aufgestellten Hypothesen werden anschließend in Kap. 6.3 und Kap. 6.4 in zwei separaten Experimenten überprüft. Inhaltlich können die beiden Experimente gemeinsam in drei Blöcke unterteilt werden, die verbundene Forschungsfragen mit Unterschieden in der Schwerpunktsetzung behandeln. Abb. 34 veranschaulicht den Aufbau und macht deutlich, dass der erste und dritte Block jeweils von einem der beiden Experimente exklusiv untersucht werden, während der zweite Block integrativer Bestandteil beider Experimente ist.

Abb. 34: Übersicht über den Gang der Untersuchung.

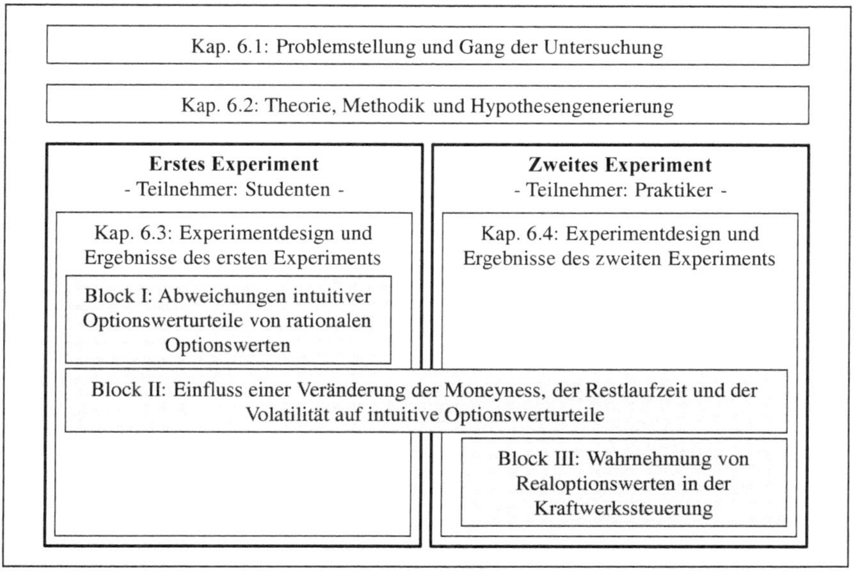

Die experimentelle Studie konzentriert sich im ersten Block auf Abweichungen intuitiver Werturteile von rationalen Optionswerten und analysiert den Einfluss der Moneyness und des realen Drifts des Underlyings auf das Entscheidungsverhalten. Um die Existenz eines eindeutigen Optionswertes als rationale Vergleichsgröße sicherzustellen, ist im ersten Experimentteil die Möglichkeit der Duplikation bzw. des Hedgings der zu bewertenden Option implementiert.[413]

Im zweiten Block des Experiments werden im Rahmen von Sensitivitätsanalysen die Einflüsse der Moneyness und der Restlaufzeit der Option sowie der Volatilität des Underlyings untersucht. Für alle drei Optionspreisparameter wird analysiert, ob sie in ihrer Wirkungsrichtung und ihrer Wirkungsstärke zutreffend wahrgenommen werden oder es zu systematischen Verzerrungen kommt. Zudem ermöglicht der zweite Block einen Vergleich der intuitiven Optionswertwahrnehmungen der unterschiedlichen Teilnehmergruppen.

Der dritte Block fokussiert auf die realoptionsbasierte Steuerung eines Kraftwerks als praxisrelevante Entscheidungssituation. Mit besonderem Fokus auf die Wahrnehmung des Zeitwertes einer Kraftwerkseinsatzoption wird analysiert, wie Praktiker aus der Energiewirtschaft Optionen intuitiv bewerten und welcher

---

413 Zur Bedeutung des realen Drifts und zur Existenz eines eindeutigen Optionswertes in der Optionspreistheorie vgl. Kap. 3.

Einfluss unter anderem der Volatilität des Strompreises und der Restlaufzeit der Realoption beigemessen wird.

Die detaillierte Ausgestaltung des ersten und zweiten Blocks wird in Kap. 6.3.1 erläutert. Die Erläuterung des dritten Blocks erfolgt im Rahmen des zweiten Experiments in Kap. 6.4.1. Jeweils im Anschluss an die Konzeptionsdarstellung werden die Ergebnisse beider Experimente in Kap. 6.3.2 und Kap. 6.4.2 präsentiert. Beide experimentellen Studien schließen mit einem zusammenfassenden Fazit ab.

6.2 Theorie, Methodik und Hypothesengenerierung

6.2.1 Grundlagen der Entscheidungstheorie

6.2.1.1 Rationales Entscheiden unter Risiko

6.2.1.1.1 Mindestanforderungen präskriptiver Entscheidungstheorien

Die präskriptive bzw. normative Entscheidungstheorie kann nur dann als Unterstützung für eine rationale Entscheidungsfindung dienen, wenn der Entscheidungsträger ein Mindestmaß an Vorstellungen über die eigenen Präferenzen und das eigene Zielsystem hat.[414] Sie gibt nicht vor, welche Ziele ein Individuum verfolgen soll, sondern hilft auf Basis individueller Zielvorstellungen solche Entscheidungen zu treffen, die in bestmöglichem Einklang mit dem Zielsystem stehen und folglich für den Entscheider rational sind.[415] Welche Mindestanforderungen hierfür erfüllt sein müssen, soll im Folgenden kurz beleuchtet werden, um die anschließende Einführung der Erwartungsnutzentheorie als wichtigste und im Rahmen dieser Arbeit relevante präskriptive Entscheidungstheorie vorzubereiten.[416]

Zielvorstellungen von Menschen können grundsätzlich sehr unterschiedlich sein. In der klassischen Entscheidungstheorie bildet der sogenannte Homo Oeconomicus den Ausgangspunkt, demzufolge Individuen danach streben, den eigenen Gewinn bzw. den eigenen Nutzen zu maximieren.[417] Das zentrale Element seiner Präferenzfunktion ist, dass er eine Situation mit „mehr Gewinn" bzw. „mehr Nutzen" einer Situation mit „weniger Gewinn" bzw. „weniger Nutzen" vorzieht.[418] Trotz der

---

414 Vgl. hierzu Kap. 4.2.

415 Vgl. Laux 2012, S. 111.

416 Das Individualkalkül der Erwartungsnutzentheorie wird neben der marktwertorientierten Optionspreistheorie als Vergleichsmaßstab für rationales Verhalten in der experimentellen Studie verwendet. Vgl. hierzu Kap. 6.2.2.

417 Vgl. exemplarisch Bardmann 2011, S. 180, Raab 2006, S. 107ff. und Daxhammer und Facsar 2012, S. 15ff. Deutsch (2008) bezeichnet das Gewinnstreben als zentrale Grundmotivation von Marktteilnehmern: „Niemand verzichtet wissentlich freiwillig auf einen Gewinn". Deutsch 2008, S. 59. Die darüber hinausgehende Annahme des rationalen Denkens und Handelns ist hingegen häufig nicht zutreffend, wie auch die spätere experimentelle Untersuchung zeigen wird.

418 Vgl. Laux 2012, S. 82.

anerkannten Realitätsferne des Modells des Homo Oeconomicus kann diese Kernannahme wohl für den Großteil aller Entscheidungsträger als zutreffend klassifiziert werden.[419] Allerdings ist sie für die Beschreibung der Präferenzfunktion eines Individuums zu unspezifisch. Es gilt weitere individuelle Eigenschaften wie z.B. die Risikoeinstellung zu beachten.[420]

Um spezifische Präferenzen des Entscheidungsträgers in eine Entscheidungsregel für rationales Entscheiden überführen zu können, werden die folgenden beiden Grundanforderungen an das Ausmaß der Präferenzvorstellungen gestellt.[421] Zum einen muss ein Entscheidungsträger verschiedene Teilergebnisse einer Entscheidung miteinander vergleichen und gemäß seiner eigenen Präferenzen paarweise ordnen können. Er muss in der Lage sein, aus zwei Alternativen die von ihm bevorzugte auszuwählen oder eine Indifferenz zwischen den Wahlmöglichkeiten anzugeben. Formal wird die Fähigkeit zur Präferenzenbildung durch das sogenannte *Ordnungsaxiom* ausgedrückt. Um dieses zu erfüllen, muss ein Entscheider für jedes Ergebnispaar $(x_i; x_j)$ angeben können, ob $x_i \succ x_j$ oder $x_i \sim x_j$ oder $x_i \prec x_j$ gilt. Hierbei drückt $x_i \succ x_j$ aus, dass der Entscheidungsträger das Ergebnis x_i dem Ergebnis x_j vorzieht, $x_i \sim x_j$, dass er indifferent zwischen den Ergebnissen ist, und $x_i \prec x_j$, dass er das Ergebnis x_j gegenüber dem Ergebnis x_i bevorzugt. Zum anderen muss der Entscheidungsträger eine konsistente Präferenzordnung besitzen. Gilt gemäß der individuellen Präferenzen z.B. $x_i \succcurlyeq x_j$ und $x_j \succcurlyeq x_k$, so muss zur Erfüllung des sogenannten *Transitivitätsaxiom* auch $x_i \succcurlyeq x_k$ gelten.

Sowohl das Ordnungs- als auch das Transitivitätsaxiom fließen unmittelbar in die Erwartungsnutzentheorie als eine der bekanntesten und wichtigsten präskriptiven Entscheidungstheorien ein.[422] Aufgrund ihrer Funktion als Vergleichsmaßstab für rationales Verhalten wird die Erwartungsnutzentheorie im Folgenden näher vorgestellt. Ein besonderes Augenmerk liegt dabei auf der axiomatischen Fundierung. Dies ist für die Ergründung irrationalen Verhaltens im späteren Verlauf der Arbeit von besonderer Bedeutung, da sich ein von der Erwartungsnutzentheorie abweichendes Verhalten immer dann als irrational klassifizieren lässt, wenn es von einem Individuum gezeigt wird, das den Axiomen der Erwartungsnutzentheorie an sich zustimmt.

---

419 Vgl. zur Kritik am Homo Oeconomicus exemplarisch Biesecker und Kesting 2003, S. 131ff.

420 Wie bereits in Kap. 3 gezeigt wurde und später noch verdeutlicht wird, ist die wenig einschränkende Präferenzannahme „mehr ist besser als weniger" für die auf der Arbitragefreiheitsbedingung beruhende Optionspreistheorie und dementsprechend für weite Teile dieser Arbeit bereits ausreichend.

421 Vgl. hier und im Folgenden Laux 2012, S. 41.

422 Vgl. hier und im Folgenden Laux 2012, S. 109. Zur axiomatischen Fundierung vgl. Luce und Raiffa 1957 und Neumann und Morgenstern 1944 sowie Kap. 6.2.1.1.2.

6.2.1.1.2 *Erwartungsnutzentheorie*

Die Entscheidungsregel für rationales Entscheiden im Sinne der Erwartungsnutzentheorie basiert auf dem sogenannten BERNOULLI-Prinzip.[423] Dem BERNOULLI-Prinzip folgend ist diejenige Alternative optimal, die den erwarteten Nutzen eines Entscheidungsträgers maximiert.[424] Ihre besondere Bedeutung besitzt die Erwartungsnutzentheorie jedoch insbesondere durch ihre axiomatische Fundierung, die auf VON NEUMANN/MORGENSTERN (1944) zurückgeht.[425] Die Erwartungsnutzenfunktion *EU(x)*, die Entscheidungskonsequenzen in Nutzenwerte transformiert und zu einem erwarteten Gesamtnutzen verdichtet, sieht wie folgt aus:[426]

$$EU(x_a) = \sum_{i=1}^{n} p_{a,i} \cdot u(x_{a,i})$$

Hierbei bezeichnet $x_{a,i}$ das Ergebnis einer Handlungsalternative a im Zustand i und $p_{a,i}$ die zugehörige Eintrittswahrscheinlichkeit.[427] Die Nutzenfunktion $u(x_{a,i})$ ordnet jedem möglichen Ergebnis $x_{a,i}$ einen Nutzen zu. Der Verlauf der Nutzenfunktion

---

423 Vgl. hier und im Folgenden Laux 2012, S. 109. Im Kontext der Erwartungsnutzentheorie und des BERNOULLI-Prinzips werden die Begriffe BERNOULLI-Nutzen, Von NEUMANN/MORGENSTERN-Nutzen, Risikonutzen und Nutzen häufig synonym verwendet.

424 Anders als andere Entscheidungsregeln der präskriptiven Entscheidungstheorie vermag das BERNOULLI-Prinzip alle mit einer Entscheidung verbundenen möglichen Ergebnisausprägungen zu berücksichtigen. Vgl. Laux 2012, S. 110.

425 Vgl. Laux 2012, S. 109 und Neumann und Morgenstern 1944, S. 26ff. Ein Entscheider, der der Gültigkeit der Axiome zustimmt, muss im Sinne der Erwartungsnutzentheorie seine Entscheidung treffen, um rational zu agieren. Beispiele für typische Axiomsverstöße im beobachtbaren Verhalten von Individuen konnten z.B. durch das sogenannte ALLAIS-Paradoxon und das Ellsberg-Paradoxon geliefert werden. Vgl. ALLAIS 1953, S. 527ff., ELLSBERG 1961 S. 653f. und Kap. 6.2.1.2.1. Liegen keine objektiven Eintrittswahrscheinlichkeiten vor, existiert mit der subjektiven Erwartungsnutzentheorie eine Theorieerweiterung, deren axiomatische Fundierung auf SAVAGE (1954) zurückgeht. Vgl. Daxhammer und Facsar 2012, S. 29, Eisenführ und Weber 2003, S. 220f. und Savage 1954.

426 Vgl. Eisenführ und Weber 2003, S. 211. In Anlehnung an die in der Literatur übliche Bezeichnung wird die Abkürzung *EU(x)* für den Erwartungsnutzen verwendet, die aus dem englischsprachigen Begriff „Expected Utility“ abgeleitet ist. Die Erwartungsnutzentheorie setzt nicht vorausgesetzt, dass die Ergebnisse monetäre Größen sind. Vgl. Eisenführ und Weber 2003, S. 211. Im Rahmen dieser Arbeit werden jedoch stets Zahlungsgrößen als entscheidungsrelevante Konsequenzen der Handlungsalternativen betrachtet.

427 Im Rahmen der präskriptiven Entscheidungstheorie wird für Situationen unter Risiko gefordert, dass ein Entscheidungsträger den möglichen Ergebnissen objektive oder subjektive Eintrittswahrscheinlichkeiten beimessen kann. Vgl. Laux 2012, S. 81f. und 86f.

ergibt sich aus den individuellen Präferenzen des Entscheidungsträgers.[428] Risikoaversion, Risikoneutralität und Risikoaffinität können durch konkave, lineare bzw. konvexe Nutzenfunktionen modelliert werden.[429] Will ein Erwartungsnutzenmaximierer rationale Entscheidungen treffen, so ist diejenige Alternative a zu wählen, die den Erwartungswert des Nutzens maximiert:[430]

$$EU\left(x_a\right) \rightarrow \underset{a}{\text{Max}}!$$

Die Rationalität dieser operationalisierten Entscheidungsregel begründet sich aus der axiomatischen Fundierung der Erwartungsnutzentheorie, der im Wesentlichen drei zentrale Axiome rationalen Verhaltens zugrunde liegen.[431] Neben dem *Axiom der vollständigen Ordnung* sind dies das *Axiom der Stetigkeit* und das *Axiom der Unabhängigkeit.*[432] Jeder Entscheidungsträger, der den Axiomen der Erwartungsnutzentheorie zustimmt, muss im Sinne der Erwartungsnutzentheorie seine Entscheidungen treffen, um rational zu agieren. Das *Axiom der vollständigen Ordnung* setzt sich zusammen aus den bereits vorgestellten Ordnungs- und Transitivitätsaxiomen. Das *Axiom der Stetigkeit* verlangt von den Präferenzen eines Entscheidungsträgers, dass bei Vorliegen von drei Alternativen x_i, x_j und x_k mit $x_i \succcurlyeq x_j \succcurlyeq x_k$ eine Wahrscheinlichkeit p [p ∈0,1] existieren muss, für die $x_j \sim p \cdot x_i + (1-p) \cdot x_k$ gilt. Das Axiom ist folglich dann erfüllt, wenn der mit einer Alternative x_j verbundene Nutzen, der entsprechend der Präferenzordnung zwischen den Nutzen von x_i und x_k liegt, durch eine Kombination der

428 Die Bestimmung der Nutzenfunktion wird durch die Erwartungsnutzentheorie methodisch unterstützt. Vgl. Eisenführ und Weber 2003, S. 210. Dies geschieht z.B. durch sogenannte BERNOULLI-Befragungen, bei denen Entscheidungsträger ihre Präferenzen für sichere Ergebnisse und einfache Lotterien angeben. Vgl. Laux 2012, S. 117f. Erst durch diese Konkretisierung der Nutzenfunktion wird aus dem BERNOULLI-Prinzip eine Entscheidungsregel. Vgl. Laux 2012, S. 111.

429 Vgl. Laux 2012, S. 113ff. Bemerkenswert und für das Verständnis der Arbeit von Bedeutung ist, dass es im Sinne der präskriptiven Erwartungsnutzentheorie rational ist, die Risikoeinstellung des Entscheidungsträgers zu berücksichtigen. Risikoaversion steht damit anders als Verlustaversion in Einklang mit rationalem Entscheiden. Vgl. zur Verlustaversion Kap. 6.2.1.2.

430 Vgl. Laux 2012, S. 111.

431 Vgl. zu der axiomatischen Fundierung Luce und Raiffa 1957 und Neumann und Morgenstern 1944 sowie ergänzend Laux 2012, S. 121ff.

432 Vgl. hier und im Folgenden Eisenführ und Weber 2003, S. 212f. Es existieren in der Literatur unterschiedliche Axiomensysteme, die geringfügig voneinander abweichen. Das Axiomensystem von LUCE/RAIFFA (1957) etwa basiert auf sechs Axiomen, kann jedoch auf das hier vorgestellte Axiomensystem reduziert werden Vgl. Laux 2012, S. 128f. und Luce und Raiffa 1957. Auf das implizite *Invarianzaxiom* wird erst in Kap. 6.2.1.2.1 näher eingegangen.

Alternativen x_i und x_k erreicht werden kann.[433] Das *Axiom der Unabhängigkeit* fordert, dass sich die Präferenzen eines Entscheiders zwischen zwei Alternativen x_i und x_j nicht verändern, wenn die Ergebnisse beider Alternativen mit den Ergebnissen einer weiteren Alternative x_k verknüpft werden.[434] Formal ausgedrückt bedeutet dies, dass bei $x_i \succcurlyeq x_j$ auch $p \cdot x_i + (1-p) \cdot x_k \succcurlyeq p \cdot x_j + (1-p) \cdot x_k$ gelten muss. Anders als die zuvor vorgestellten Axiome ist das Axiom der Unabhängigkeit zum Teil Kritik ausgesetzt, die insbesondere auf der Feststellung beruht, dass in der Realität häufig dagegen verstoßen wird. Umso entscheidender und in der Literatur anerkannt ist es, eine strikte Trennung zwischen präskriptiver und deskriptiver Entscheidungstheorie einzuhalten.[435] Beobachtbare Verstöße gegen das Unabhängigkeitsaxiom führen demnach nicht dazu, dass die Bedingung des Axioms, d.h. die Irrelevanz entscheidungsunabhängiger Ergebnisbestandteile, an rationaler Gültigkeit verliert.

Auf Basis der drei Axiome kann die vorgestellte Entscheidungsregel der Erwartungsnutzentheorie hergeleitet werden.[436] Aufgrund der mathematischen Äquivalenz müssen Entscheidungsträger, die den vorgestellten Axiomen zustimmen, zwangsläufig gemäß der Entscheidungsregel der Erwartungsnutzentheorie ihre Entscheidung treffen, um rational zu agieren.[437] Da in der Literatur zudem weitestgehend Einigkeit darüber herrscht, dass die Axiome aus rationalen Gesichtspunkten plausibel sind, nimmt die Erwartungsnutzentheorie ihre Stellung als bedeutsamste präskriptive Theorie für rationales Entscheiden bei Risiko ein.[438] Sie wird aus diesem Grund auch im Rahmen dieser Arbeit neben der Optionspreistheorie als Maßstab für rationales Verhalten eingesetzt.

---

433 Ähnlich wie das Axiom der vollständigen Ordnung ist das Axiom der Stetigkeit in seiner rationalen Gültigkeit recht unumstritten und notwendig für die mathematische Ableitung der Erwartungsnutzentheorie. Vgl. Eisenführ und Weber 2003, S. 213f.

434 Vgl. hier und im Folgenden Laux 2012, S. 128f. Während für die Existenz einer Nutzenfunktion bereits die Axiome der vollständigen Ordnung und der Stetigkeit ausreichend sind, ist das Axiom der Unabhängigkeit für die Rationalität der Erwartungsnutzentheorie notwendig. Vgl. Eisenführ und Weber 2003, S. 214 und Laux 2012, S. 129.

435 Vgl. Eisenführ und Weber 2003, S. 217 und Laux 2012, S. 134.

436 Auf eine mathematische Herleitung wird im Rahmen dieser Arbeit verzichtet. Vgl. hierzu jedoch z.B. Eisenführ und Weber 2003, S. 217ff. und Laux 2012, S. 121ff.

437 Laux (2012) stellt hierzu prägnant fest: „Wenn ein Entscheider die Axiome akzeptiert, ist das Bernoulli-Prinzip aus präskriptiver Sicht unangreifbar“. Laux 2012. S. 146.

438 Vgl. hierzu die Einschätzung in Eisenführ und Weber 2003, S. 217 sowie die Diskussion der einzelnen Axiome in Laux 2012, S. 134f.

6.2.1.2 *Deskriptives Entscheidungsverhalten unter Risiko*

6.2.1.2.1 *Klassische Verzerrungen beobachtbaren Verhaltens*

In realen Entscheidungssituationen werden häufig Entscheidungen getroffen, die nicht in Einklang mit der Erwartungsnutzentheorie stehen.[439] Die in der normativen Erwartungstheorie zugrunde liegenden Axiome werden folglich regelmäßig gebrochen.[440] Ein näheres Verständnis über systematisch abweichende Verhaltensweisen ist notwendig, um das menschliche Verhalten in Entscheidungssituationen prognostizieren zu können und steht im Fokus dieses Kapitels. Die Hypothesengenerierung in Kap. 6.2.5 wird hierdurch theoriebasiert vorbereitet. Zudem ist für die Relevanz der deskriptiven Entscheidungstheorie zu beachten, dass die Erkenntnisse über verhaltensbasierte Verzerrungen zu einer Qualitätsverbesserung von Entscheidungen genutzt werden können.[441]

Eine der bekanntesten Entscheidungssituationen, in denen systematische Abweichungen von rationalen Verhaltensweisen aufgezeigt wurden, ging unter dem Namen „Allais-Paradoxon" in die Literatur ein.[442] Allais (1953) zeigte in einer experimentellen Untersuchung, dass Individuen in bestimmten Entscheidungssituationen systematisch, d.h. nicht-zufällig, gegen das Unabhängigkeitsaxiom verstoßen und dadurch zu irrationalen Entscheidungen gelangten. In seiner Studie konfrontierte er die Teilnehmer mit zwei Entscheidungssituationen. In der ersten Entscheidungssituation sollten sie sich zwischen (A‘) einem sicheren Geldbetrag in Höhe von 100 GE und (B‘) einer Lotterie mit der Chance auf 500 GE (100GE, 0GE) bei einer Eintrittswahrscheinlichkeit von 10% (89%, 1%) entscheiden. In der zweiten Entscheidungssituation sollten sie die Wahl zwischen zwei Lotterien treffen, wobei die erste (A‘‘) 100 GE (0 GE) mit einer Wahrscheinlichkeit von 11% (89%) und die zweite (B‘‘) 500 GE (0 GE) mit einer Wahrscheinlichkeit von 10% (90%) auszahlte. Im Antwortverhalten der Teilnehmer zeigte sich, dass der Großteil von ihnen in der ersten Entscheidungssituation Alternative A‘ und in der zweiten Entscheidungssituation B‘‘ wählten. Der hierin enthaltene Verstoß gegen das Unabhängigkeitsaxiom kann wie folgt veranschaulicht werden.[443]

---

439 Vgl. überblicksweise zur Behavioral Finance Barberis und Thaler 2003.
440 Abweichungen von der Erwartungsnutzentheorie sind am häufigsten auf Verstöße gegen das Unabhängigkeitsaxiom zurückzuführen. Vgl. Laux 2012, S. 129.
441 Vgl. Eisenführ und Weber 2003, S. 358 und Laux 2012, S. 17.
442 Vgl. hier und im Folgenden Allais 1953, S. 527f. In dem ursprünglichen Experiment von Allais (1953) entsprach eine GE genau 1 Mio. Francs.
443 Die Darstellung erfolgt in Anlehnung an Laux 2012, S. 151.

Tab. 31: Übersicht über die Entscheidungskonsequenzen im Allais-Paradoxon

Lotterie	Wahrscheinlichkeit	1. Entscheidung		2. Entscheidung	
		A‘	**B‘**	**A“**	**B“**
a	1%	100 GE	0 GE	100 GE	0 GE
b	10%	100 GE	500 GE	100 GE	500 GE
c	89%	100 GE	100 GE	0 GE	0 GE

Wie aus Tab. 31 zu erkennen ist, wird in beiden Entscheidungssituationen über die identischen Lotterien a und b entschieden, jeweils ergänzt um eine entscheidungsirrelevante Lotterie c. Die Irrelevanz der Lotterie c resultiert daraus, dass die Konsequenzen von c in den Handlungsalternativen exakt identisch sind. Folglich muss ein rationaler Erwartungsnutzenmaximierer, der A‘ (B‘) präferiert, auch A“ (B“) bevorzugen. Die Bedingung des Unabhängigkeitsaxioms, dass bei $x_i \succcurlyeq x_j$ auch $p \cdot x_i + (1-p) \cdot x_k \succcurlyeq p \cdot x_j + (1-p) \cdot x_k$ gelten muss, ist sonst gebrochen.

Für den weiteren Verlauf der Arbeit sind insbesondere Verstöße gegen ein Axiom der Erwartungsnutzentheorie bedeutsam, das bisher in Einklang mit der gängigen Literatur nicht näher betrachtet wurde, da es häufig als Selbstverständlichkeit angesehen wird.[444] Es handelt sich um das *Invarianzaxiom*, demzufolge das Darstellungsformat einer Entscheidungssituation keinen Einfluss auf die Präferenzen des Entscheidungsträgers und damit auf die Entscheidung haben darf. In experimentellen Untersuchungen lassen sich zahlreiche Verstöße gegen dieses Axiom beobachten.[445] Erkenntnisse über den Einfluss der Darstellungsform sind elementar für das Verständnis menschlicher Verhaltensmuster.[446] Werden die beobachtbaren Verzerrungen systematisiert, handelt es sich im Wesentlichen um drei miteinander zusammenhängende Effekte, die im Folgenden kurz vorgestellt werden.[447] Sie bilden die Grundlage der sogenannten Prospect Theory von Tversky/Kahneman (1979), die als Pendant zur präskriptiven Erwartungsnutzentheorie als wichtigste deskriptive Entscheidungstheorie gilt und das Theoriefundament der Hypothesenherleitung in Kap. 6.2.1.2.2 bildet.

Der sogenannte *Framing-Effect* bezeichnet Situationen, in denen das Darstellungsformat sehr allgemein einen Einfluss auf das Entscheidungsverhalten ausübt. Das bekannteste Beispiel aus der experimentellen Forschung ist das sogenannte

444 Vgl. Laux 2012, S. 149f. Vgl. zudem zum Invarianzaxiom Tversky und Kahneman 1986, S. 253.

445 Vgl. Tversky und Kahneman 1986, S. 254ff. sowie mit stärkerem Bezug zu realen Entscheidungssituationen übersichtsweise Laux 2012, S. 157.

446 Unter Darstellungsform wird dabei nicht nur das Layout der Entscheidungssituation verstanden, sondern z.B. auch, ob die Entscheidungskonsequenzen positiv oder negativ formuliert sind. Vgl. exemplarisch Tversky und Kahneman 1981, S. 453.

447 Die Vorstellung beobachtbarer Effekte erfolgt in Anlehnung an Laux 2012, S. 156ff.

Asian-Disease-Problem.[448] TVERSKY/KAHNEMAN (1981) konzipierten eine Entscheidungssituation, in der die Teilnehmer über den alternativen Einsatz zweier verschiedener medizinischer Behandlungsformen gegen eine tödliche Krankheit (*Asian Disease*) entscheiden sollten. Als einzige Entscheidungsgrundlage erhielt die eine Hälfte der Teilnehmer die Angabe, wie viele Erkrankte voraussichtlich durch die beiden Behandlungsformen geheilt werden können, und die andere Hälfte der Teilnehmer die – inhaltlich äquivalente und lediglich anders formulierte – Angabe, wie viele Erkrankte durch die Behandlungsformen voraussichtlich nicht geheilt werden können. Im Ergebnis zeigte sich, dass die Entscheidung der Teilnehmer stark von der Formulierung der Behandlungseffektivität, d.h. dem Darstellungsformat der Entscheidungssituation, abhing.[449] Der zweite beobachtbare Effekt tritt insbesondere dann zu Tage, wenn eine Entscheidungssituation mit monetären Konsequenzen verbunden ist. Die Aussicht auf mögliche Gewinne bei einer gleichzeitigen Gefahr von Verlusten befördert den sogenannten *Reflection-Effect* bzw. Spiegeleffekt, der das Phänomen beschreibt, dass sich das Entscheidungsverhalten von Individuen im Umgang mit Gewinn und Verlusten häufig unterscheidet.[450] Insbesondere konnte festgestellt werden, dass Individuen dazu neigen, im Gewinnbereich risikoavers zu agieren, während sie im Verlustbereich Risikofreude zeigen.[451] Um Ergebnisse einer Entscheidung als Gewinn oder Verlust wahrzunehmen, bedarf es dabei eines Vergleiches des Ergebnisses mit einem Referenzpunkt. Mit Blick auf Entscheidungen mit monetären Konsequenzen ist dieser in der Regel der Vermögensstand im Zeitpunkt der Entscheidung.[452] Die folglich referenzpunktabhängige Bewertung steht jedoch in klarem Widerspruch zur Erwartungsnutzentheorie und wird in seinen Konsequenzen für das Entscheidungsverhalten als *Reference-Point-Effect* bezeichnet.[453] Anders als in der Erwartungsnutzentheorie postuliert, werden im deskriptiv beobachtbaren Entscheidungsverhalten von Individuen häufig nicht die entscheidungsrelevanten Vermögensendwerte der Handlungsalternativen betrachtet, sondern die Vermögensveränderungen als Entscheidungsgrundlage verwendet.[454] Der Bruch mit der Erwartungsnutzentheorie und die Irrationalität, die hieraus resultiert,

---

448 Vgl. hier und im Folgenden Tversky und Kahneman 1981, S. 453.

449 Trotz inhaltlich äquivalenter Entscheidungsgrundlagen entscheiden sich in der ersten Gruppe mit 72 % der Teilnehmer die Mehrheit für die erste der beiden Behandlungsalternativen, während in der zweiten Gruppe mit 78% die deutliche Mehrheit die zweite Behandlungsalternative wählte. Vgl. Tversky und Kahneman 1981, S. 453.

450 Vgl. Kahneman und Tversky 1979, S. 268. Ob es sich in der jeweiligen Entscheidungssituation um wahrgenommene Gewinne oder wahrgenommene Verluste handelt, kann dabei von dem Darstellungsformat abhängen. Es besteht also ein Zusammenhang zum Framing-Effect. Vgl. Laux 2012, S. 158.

451 Vgl. Kahneman und Tversky 1979, S. 268.

452 Vgl. Laux 2012, S. 165.

453 Vgl. Laux 2012, S. 160.

454 Vgl. Kahneman und Tversky 1979, S. 273.

werden am besten durch das folgende Beispiel deutlich.[455] TVERSKY/KAHNEMAN (1986) stellten die Studienteilnehmer vor die folgende Entscheidungssituation:[456]

Entscheidungssituation A: „Nehmen Sie an, Sie seien 300 US$ reicher, als Sie es tatsächlich sind. Nun sollen Sie sich zwischen (a) einem zusätzlichen sicheren Gewinn in Höhe von 100 US$ und (b) einer 50%-igen Chance 200 US$ bzw. 50%-igen Chance 0 US$ zu gewinnen entscheiden."

Entscheidungssituation B: „Nehmen Sie an, Sie seien 500 US$ reicher, als Sie es tatsächlich sind. Nun sollen Sie sich zwischen (a) einem sicheren Verlust in Höhe von 100 US$ und (b) einer 50%-igen Chance 0 US$ bzw. 50%-igen Chance 200 US$ zu verlieren entscheiden."

In beiden Fällen resultieren identische Vermögensendwerte der Entscheidungsalternativen mit (a) 400 US$ und (b) jeweils gleichwahrscheinlich 500 US$ oder 300 US$. Entsprechend sollte je nach Nutzenfunktion entweder in beiden Fällen (a) oder in beiden Fällen (b) bevorzugt werden. In der experimentellen Studie zeigte sich jedoch, dass 72% der Teilnehmer in A die Alternative (a) wählten, während in B sich lediglich 36% für Alternative (a) entschieden.[457] Zwar kann das um 200 US$ höhere Vermögen in Entscheidungssituation B auch in der Erwartungsnutzentheorie auf Basis einer konkaven Nutzenfunktion zu geringfügig abweichenden Ergebnissen führen.[458] Diese reichen jedoch als Erklärung für das beobachtbare Verhaltensmuster nicht aus.[459] Vielmehr ist im Sinne des Referenzpunkteffektes und als Kernelement der Prospect Theory festzustellen, dass in Entscheidungssituationen Veränderungen von Vermögenswerten als die relevanten Einflussfaktoren wahrgenommen werden. KAHNEMAN/TVERSKY (1979) formulieren entsprechend: „The carriers of value or utility are changes of wealth, rather than final asset positions".[460] Diese Erkenntnis war für die Autoren so zentral, dass sie Auslöser für die Entwicklung der Prospect Theory als eigenständiger deskriptiver Entscheidungstheorie war.[461]

6.2.1.2 .2 Prospect Theory

Die Prospect Theory von KAHNEMAN/TVERSKY (1979) ist die wichtigste deskriptive Entscheidungstheorie für die Beschreibung und Erklärung beobachtbarer Verhaltensweisen von Individuen in Entscheidungssituationen unter Risiko.[462]

---

455 Vgl. hierzu Laux 2012, S. 160.

456 Aus dem Englischen übersetzt aus Tversky und Kahneman 1986, S. 258.

457 Die Teilnehmer zeigen folglich risikoaverses Verhalten im Gewinn- und risikoaffines Verhalten in Verlustbereich, wodurch die Interdependenz der Effekte erneut verdeutlicht wird. Vgl. Tversky und Kahneman 1986, S. 259.

458 Vgl. Laux 2012, S. 161.

459 Vgl. Tversky und Kahneman 1986, S. 259.

460 Kahneman und Tversky 1979, S. 273. Hierzu ähnlich Daxhammer und Facsar 2012, S. 29: „Die Prospekt Theory bewertet Ergebnisse relativ zu einem Referenzpunkt anstatt das Endvermögen, wie es die Erwartungsnutzentheorie macht".

461 Vgl. Tversky und Kahneman 1986, S. 273.

462 Vgl. hier und im Folgenden zur Prospect Theory Kahneman und Tversky 1979.

Kombiniert mit der rangplatzabhängigen Nutzentheorie erweiterten die Autoren die ursprüngliche Prospect Theory zu der sogenannten Cumulative Prospect Theory, die sich insbesondere durch eine rangplatzabhängige Berücksichtigung von Eintrittswahrscheinlichkeiten unterscheidet.[463] Die zuvor dargestellten Erkenntnisse über die beobachtbaren Verstöße gegen das Invarianzaxiom in Form des Framing-Effects, des Reflection-Effects und des Reference-Point-Effects bilden die wesentliche Grundlage für die Entwicklung beider Theorien. Aufgrund der Ausrichtung dieser Arbeit reicht es hier und im Folgenden aus, auf die ursprüngliche Prospect Theory einzugehen.[464]

Für die Verwendung der Prospect Theory als Theoriegrundlage der Hypothesengenerierung in Kap. 6.2.5 ist die ursprüngliche Zielsetzung der Theorieentwicklung zu betonen. Die Prospect Theory verfolgt nicht den Anspruch ein Entscheidungskriterium für rationales Verhalten zu liefern, sondern versucht das beobachtbare Entscheidungsverhalten von Individuen zu erklären und prognostizierbar zu machen.[465] Kahneman/Tversky (1979) gehen als Begründer der Theorie sogar noch weiter und formulieren es wie folgt. "The departures from expected utility theory must lead to normatively unacceptable consequences, such as inconsistencies, intransitivities, and violations of dominance".[466] Demzufolge stellt die Prospect Theory nicht die Rationalität der Erwartungsnutzentheorie in Frage und darf nicht als Beurteilungskriterium für rationales Verhalten missverstanden werden. Im Gegenzug ist sie jedoch ein geeignetes Instrument, um Hypothesen über zu erwartende Verhaltensweisen von Entscheidungsträgern aufzustellen.[467]

Im Vergleich mit der normativen Theoriegrundlage lassen sich drei zentrale Unterschiede zwischen der Erwartungsnutzentheorie und der Prospect Theory ausmachen.[468] Der erste Unterschied liegt in der zweistufigen Konzeption des

---

463 Vgl. zur Cumulative Prospect Theory Tversky und Kahneman 1992 sowie erläuternd Eisenführ und Weber 2003, S. 375.

464 Ausführungen, die sich auf hierzu ergänzende Elemente der Cumulative Prospect Theory beziehen, werden an den entsprechenden Stellen kenntlich gemacht.

465 Vgl. Laux 2012, S. 147.

466 Kahneman und Tversky 1979, S. 277. Ähnlich formulieren sie in einem späteren Aufsatz: „No theory of choice can be both normatively adequate and descriptively accurate". Tversky und Kahneman 1986, S. 251.

467 Kahneman/Tversky (1979) betonen, dass davon auszugehen ist, dass viele Entscheidungsträger in realen Entscheidungssituationen auch dann jene Inkonsistenzen, Intransitivitäten und Dominanzverletzungen zeigen, die in der Prospect Theory abgebildet sind, wenn sie solche Verhaltensweisen eigentlich ablehnen. Vgl. Kahneman und Tversky 1979, S. 277.

468 Vgl. zu den später noch im Detail vorgestellten Abweichungen Eisenführ und Weber 2003, S. 375. Jede der Abweichungen stellt dabei zwangsläufig einen Verstoß gegen die Axiome der Erwartungsnutzentheorie dar, wie bereits in Kap.6.2.1.1 gezeigt wurde. Vgl. auch Laux 2012, S. 149.

Entscheidungsprozesses.[469] Vor der eigentlichen Bewertung der Handlungsalternativen (*evaluation phase*) erfolgt nach der Prospect Theory eine Transformation der Handlungskonsequenzen (*editing phase*). Die *editing phase* umfasst z.B. Zusammenfassungen von Entscheidungsalternativen mit ähnlichen Konsequenzen („Combination") oder die Reduzierung der Entscheidungssituation um Konsequenzen, die in allen Handlungsalternativen eintreten („Cancellation").[470] Von besonderer Bedeutung ist jedoch das sogenannte „Coding".[471] Dieses beschreibt gerade die soeben herausgestellte Transformation von Vermögensendwerten relevanter Handlungsalternativen in Gewinne und Verluste in Bezug auf einen Referenzpunkt, wobei der Referenzpunkt durch die Darstellungsform der Entscheidungssituation beeinflusst werden kann.[472]

Die Gewinne und Verluste werden anschließend in der *evaluation phase* in „Nutzenwerte" beziehungsweise „Werte" für jedes mögliche Ergebnis einer Handlungsalternative übersetzt.[473] Drei Besonderheiten der Bewertungsfunktion stellen dabei die zweite zentrale Abweichung zur Erwartungsnutzentheorie dar.[474] Dies sind die *Referenzpunktabhängigkeit*, die *Verlustaversion* und die *abnehmenden Wertzuwächse/-verluste* der Wertfunktion bei einer zusätzlichen Einheit Gewinn bzw. Verlust.[475] Kombiniert führen sie zu dem in Abb. 35 veranschaulichten s-förmigen Verlauf der Wertfunktion.[476]

---

469 Vgl. hier und im Folgenden Kahneman und Tversky 1979, S. 274 sowie Laux 2012, S. 163ff.

470 Neben den hier vorgestellten Operationen nennen KAHNEMAN/TVERSKY (1979) noch „Segregation", „Simplification" und „Detection of Dominance", auf die an dieser Stelle nicht näher eingegangen wird. Vgl. hierzu Kahneman und Tversky 1979, S. 274f.

471 Vgl. hier und im Folgenden Kahneman und Tversky 1979, S. 274.

472 Die zweistufige Konzeption und insbesondere das Coding im Rahmen der *editing phase* ist somit eine Konsequenz aus den beschriebenen Verstößen gegen das Invarianzaxiom. Vgl. Laux 2012, S. 150.

473 Im Rahmen der Prospect Theory wird gerade in Abgrenzung zur Erwartungsnutzentheorie in der Literatur in der Regel nicht von Nutzen („utility"), sondern von Wert („value") gesprochen. Vgl. Kahneman und Tversky 1979, S. 277ff. und exemplarisch Levy 1992, S. 172ff.

474 Vgl. Kahneman und Tversky 1979, S. 279 sowie ergänzend Eisenführ und Weber 2003, S. 375 und Laux 2012, S. 167f.

475 In der Erwartungsnutzentheorie sind lediglich abnehmende Grenznutzen von Vermögenszuwächsen modelliert. Vgl. Laux 2012, S. 112f.

476 Die Darstellung erfolgt in Anlehnung an Kahneman und Tversky 1979, S. 279.

Abb. 35: Wertfunktion der Prospect Theory.

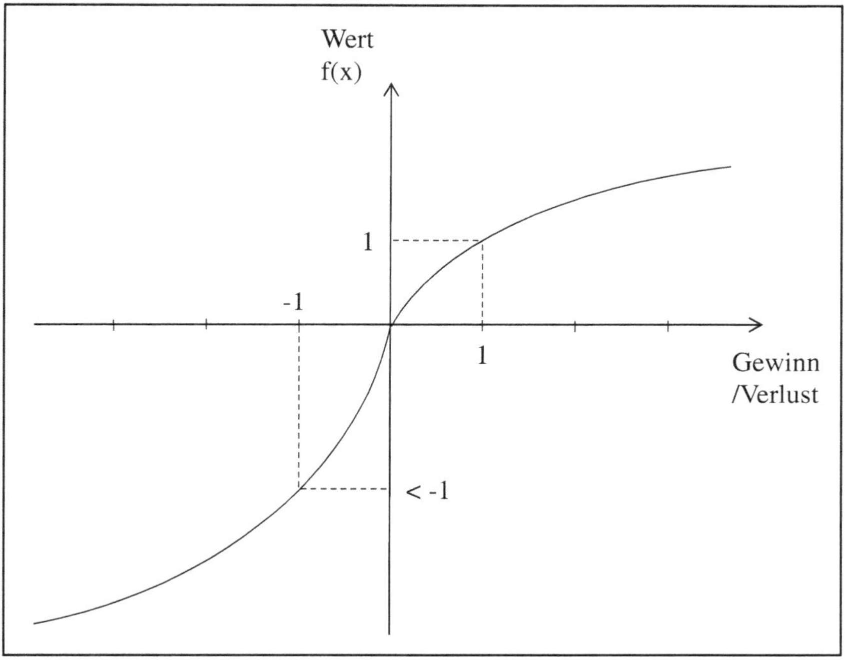

Die *Referenzpunkabhängigkeit* der Wertfunktion resultiert unmittelbar aus den Erkenntnissen über den Reference-Point-Effect. Dem Umstand geschuldet, dass in vielen Entscheidungssituationen nicht Vermögensendwerte, sondern Vermögensveränderungen als intuitive Entscheidungsgrundlage herangezogen werden, verwendet die Prospect Theorie wahrgenommene Gewinne bzw. Verluste als Inputparameter in der Wertfunktion.[477] Unter *Verlustaversion* wird der Umstand verstanden, dass Individuen typischerweise den Verlust eines Geldbetrags als eine größere Nutzeneinbuße wahrnehmen, als der Gewinn des gleichen Geldbetrags ihren Nutzen steigert.[478] In Abb. 35 verläuft die Wertfunktion daher im Verlustbereich steiler als im Gewinnbereich.[479] Anders als die Berücksichtigung individueller Risikoeinstellungen in der Erwartungsnutzentheorie führt die Verlustaversion

477 Vgl. Kahneman und Tversky 1979, S. 277.

478 Vgl. Kahneman und Tversky 1979, S. 279 und Daxhammer und Facsar 2012, S. 167f.

479 Tversky/Kahneman (1992) zeigten in ihrer Erweiterung der Prospect Theory zur Cumulative Prospect Theory, dass Verluste typischerweise mehr als doppelt so stark gewichtet werden wie Gewinne. Vgl. Tversky und Kahneman 1992, S. 311.

zu irrationalen Verhaltensweisen.[480] Die *abnehmenden Wertzuwächse/-verluste* der Wertfunktion zeigen sich in Abb. 35 in der Konkavität im Gewinn- und Konvexität im Verlustbereich.[481] Hierdurch wird die Erkenntnis des Reflection-Effects abgebildet, dass Entscheidungsträger im Gewinnbereich typischerweise risikoaverses Verhalten zeigen, während sie im Verlustbereich risikoaffin agieren.[482] In zahlreichen experimentellen Studien konnte eine solcher Wechsel der Risikoeinstellung und daraus resultierende Verzerrungen von Entscheidungen aufgezeigt werden.[483] Die durch die drei Eigenschaften ausgelöste Asymmetrie der referenzpunktabhängigen Wertfunktion kann formal wie folgt beschrieben werden:[484]

$$f(x)=\begin{cases} x^{\alpha} & ,falls\, x\geq 0 \\ -\lambda\cdot(-x)^{\alpha} & ,falls\, x<0 \end{cases}$$

Hierbei bezeichnen der Parameter λ das Ausmaß der Verlustaversion (Verlustaversion bei $\lambda>1$), x das zu bewertenden Ergebnis und α die Risikoeinstellung des Entscheiders.[485]

Die dritte zentrale Abweichung von der Erwartungsnutzentheorie bildet die Gewichtung von Wahrscheinlichkeiten, die in der Verdichtung möglicher Entscheidungskonsequenzen zu einem Gesamtergebnis eine Rolle spielt.[486] Tversky/Kahneman (1979) zeigten, dass Individuen dazu neigen, sehr kleine Eintrittswahrscheinlichkeiten zu überschätzen und mittlere bis große Wahrscheinlichkeiten zu unterschätzen.[487] Folglich können Entscheidungsverzerrungen durch eine fehlerhafte Berücksichtigung von Eintrittswahrscheinlichkeiten entstehen. Die Art und Weise, wie die Eintrittswahrscheinlichkeiten berücksichtigt werden, bildet den größten Unterschied zwischen der ursprünglichen Prospect Theory und der erweiterten

480 Vgl. zu irrationalen Verhaltensweisen durch die Verlustaversion Tversky und Kahneman 1991, S. 1041ff.
481 Vgl. Kahneman und Tversky 1979, S. 279.
482 Vgl. Laux 2012, S. 158f.
483 Vgl. Tversky und Kahneman 1981, S. 453ff.
484 Vgl. Tversky und Kahneman 1992, S. 309 und 311.
485 Der Parameter $\alpha<1$ ($\alpha=1$, $\alpha>1$) bedeutet risikoaverses (risikoneutrales, risikoaffines) Verhalten im Gewinn- und risikoaffines (risikoneutrales, risikoaverses) Verhalten im Verlustbereich.
486 Vgl. Kahneman und Tversky 1979, S. 276, Tversky und Kahneman 1992, S. 312f. und Eisenführ und Weber 2003, S. 375.
487 In der Cumulative Prospect Theory als Theorieerweiterung wird die Gewichtungsfunktion auf kumulierte Wahrscheinlichkeiten für den Gewinn- und Verlustbereich angewendet. Vgl. Tversky und Kahneman 1992, S. 299f. Bei starker Über- bzw. Unterschätzung kann es untypischerweise zu risikoaffinem Verhalten im Gewinn- und risikoaversem Verhalten im Verlustbereich kommen. Vgl. Daxhammer und Facsar 2012, S. 170f. und Tversky und Kahneman 1992, S. 306

Cumulative Prospect Theory.[488] Da im Rahmen dieser Arbeit der Einfluss unterschiedlicher Eintrittswahrscheinlichkeiten nicht im Fokus steht, wird hierauf an dieser Stelle ebenso wie auf die formale Darstellung der Wahrscheinlichkeitsgewichtungsfunktion nicht näher eingegangen.[489]

Die Prospect Theory wurde als Theoriegerüst für zu erwartendes Verhalten in zahlreichen Studien verwendet und empirisch bestätigt. Zum Beispiel konnten WEBER/CAMERER (1998) im Sinne der Prospect Theory zeigen, dass Individuen aufgrund ihrer Verlustaversion in Kapitalallokationsentscheidungen dazu neigen, solche Aktien, die während der Haltedauer einen Verlust erwirtschaftet haben, zu lange im Portfolio zu halten, während Aktien, die einen Gewinn erwirtschaftet haben, zu früh abgestoßen werden.[490] Einen Überblick über weitere exemplarische Studien, die die Irrationalität menschlicher Verhaltensweisen und die besondere Güte der Prospect Theory als Erklärungsmodell verdeutlichen, präsentiert CAMERER (2004).[491] Im Sinne eines Zwischenfazits kann an dieser Stelle daher Folgendes festgehalten werden. Während die normative Erwartungsnutzentheorie als Rationalitätsmaßstab verwendet werden kann, dient die Prospect Theory zur Prognose menschlichen Entscheidungsverhaltens und impliziert aufgrund ihrer Axiomsverstöße stets irrationales Verhalten. Als deskriptive Theorie wird sie im Rahmen dieser Arbeit zur Hypothesengenerierung über zu erwartende Verhaltensweisen eingesetzt, wobei insbesondere die Verwendung von Gewinnen und Verlusten anstelle von Vermögensendwerten und die Eigenschaft der Verlustaversion eine wichtige Rolle spielen werden.

6.2.2 Zusammenhang zwischen individualistischen Entscheidungstheorien und der marktbasierten Optionsbewertung

Die Bewertung einer Option ist eng mit entscheidungstheoretischen Fragestellungen verbunden, da sie in der Regel die Basis für Entscheidungen über den Kauf, den Verkauf oder die Ausübung des Optionsrechts bildet.[492] Um im weiteren Verlauf der Arbeit Verzerrungen in der intuitiven Optionsbewertung und damit Einflüsse auf das Verhalten von Entscheidungsträgern analysieren zu können, ist es entscheidend zu wissen, wie ein rationaler Entscheidungsträger in diesem Umfeld agieren sollte. Als grundsätzlich präskriptiv bzw. normativ ausgerichtete Ansätze wurden hierzu die marktbasierte Optionspreistheorie in Kap. 3, aber auch die Erwartungsnutzentheorie als individueller, subjektiver Bewertungsansatz in Kap. 6.2.1 vorgestellt.

488 Vgl. Kahneman und Tversky 1979 und Tversky und Kahneman 1992.
489 Für eine formale Darstellung vgl. Tversky und Kahneman 1992, S. 312f.
490 Vgl. Weber und Camerer 1998, S. 167ff. sowie für eine empirische Überprüfung des sogenannten Disposition-Effects Barber und Odean 2000, S. 773ff.
491 Vgl. Camerer 2004.
492 Vgl. Laux und Schabel 2009, S. 1.

Aufgrund der besonderen Bedeutung des Rationalitätskriteriums für die experimentelle Untersuchung soll der Zusammenhang zwischen der individualistischen Entscheidungstheorie und der marktbasierten Optionsbewertung im Folgenden kurz veranschaulicht und die Bedingungen erörtert werden, unter denen sich die entscheidungsrelevanten Bewertungsergebnisse beider Ansätze entsprechen.[493]

Das Rationalitätskriterium der Optionspreistheorie leitet sich wie in Kap. 3 erörtert aus der Annahme arbitragefreier Märkte ab. Demnach handelt rational, wer keine Arbitragemöglichkeiten, d.h. Gelegenheiten zu risikolosen Gewinnen ohne Kapitaleinsatz, auslässt. Das Rationalitätskriterium der Erwartungsnutzentheorie hingegen resultiert unmittelbar aus den in Kap. 6.2.1.1 behandelten Axiomen rationalen Verhaltens. Sofern die Präferenzen eines Entscheidungsträgers in Einklang mit diesen Axiomen stehen, bedeutet rationales Verhalten im Sinne der Erwartungsnutzentheorie, Entscheidungen so zu treffen, dass der Erwartungsnutzen $EU(x_a) = \sum_{i=1}^{n} p_{a,i} \cdot u(x_{a,i})$ maximiert wird. Obwohl beide Ansätze präskriptiven Charakter besitzen, müssen die resultierenden Entscheidungsempfehlungen nicht identisch sein.[494] Wie später noch in Kap. 6.2.5 deutlich wird, kann der Ansatz der Erwartungsnutzentheorie bei der Bewertung von Optionen schnell zu irrationalen Verhaltensempfehlungen führen, wenn der derivative Charakter einer Option, d.h. der enge Bezug zu dem zugrunde liegenden Underlying, in der Bewertung vernachlässigt wird. Wilhelm (2005) betont, „dass eine nicht zu Ende gedachte Übertragung von Aussagen der Entscheidungstheorie auf Phänomene, die in einem Risiko-Markt-Zusammenhang eingebettet sind, in die Irre führen kann."[495]

Nachfolgend wird dieser Gedankengang aufgegriffen und anhand des in Kap. 3 eingeführten Beispiels in dem für diese Arbeit relevanten Anwendungsfall verdeutlicht. Betrachtet wurde eine Kaufoption mit einem Ausübungspreis K=50 GE auf ein Underlying, dass in t=0 einen Wert in Höhe von S_0=50 GE aufweist und in einer Periode gleichwahrscheinlich auf S_1^u=70 GE steigt oder S_1^d=30 GE sinkt. Die Option kann über den Leerverkauf von 0,5 Anteilen des Underlyings und der einer Geldanlage in Höhe von 15 GE zum risikolosen Zinssatz in Höhe von 0% dupliziert werden, wie in Kap. 3.2.1 erläutert und wie in Tab. 32 verdeutlicht.

493 Vgl. hierzu Laux und Schabel 2009, S. 37ff.

494 Vgl. Laux und Schabel 2009, S. 2.

495 Wilhelm 2005, S. 639.

Tab. 32: Duplikation der betrachteten ATM-Option

Gruppe	**Anzahl**	**CF in t=0**	**CF in t=1, up**	**CF in t=1, down**
Option	1	-10	+20	0
Underlying	0,5	+25	-35	-15
Geldanlage	15	-15	+15	+15
Summe		0	0	0

Die marktbasierte Bewertung führt zu einem eindeutigen, rationalen Optionswert in Höhe von 10GE. In dem Modell von Cox/Ross/Rubinstein (1979) ergibt sich dieser aus den Formeln (3–5) bzw. (3–6).[496] Im Vergleich dazu ist in dem individualistischen Bewertungsansatz der Erwartungsnutzentheorie zu unterscheiden, ob der Zusammenhang zum Underlying berücksichtigt oder dieser missachtet wird. Unter Missachtung des Marktzusammenhangs lassen sich die Handlungsalternativen wie folgt darstellen, wobei V das Vermögen des Entscheidungsträgers bezeichnet und P den Optionspreis:

Alt 1: *Optionskauf*

$$\begin{aligned} EU\,(Optionskauf) &= 0{,}5 \cdot U(V + PO_1^u - P) + 0{,}5 \cdot U(V + PO_1^d - P) \\ &= 0{,}5 \cdot U(V + 20 - P) + 0{,}5 \cdot U(V - P) \end{aligned}$$

Alt 2: *Kein Optionskauf*

$$EU\,(Kein\ Optionskauf) = U(V)$$

Gemäß der Erwartungsnutzentheorie muss der Entscheidungsträger die Handlungsalternative wählen, die seinen Erwartungsnutzen maximiert. Aus dem Vergleich der beiden Handlungsalternativen ergeben sich diesbezüglich drei Möglichkeiten, die von dem funktionalen Verlauf der Nutzenfunktion U bzw. der Risikoeinstellung des Entscheidungsträgers abhängen. Ist dieser risikoavers, kann der Optionskauf aufgrund der Konkavität der Nutzenfunktion nur dann zu einem größeren Nutzen als die Handlungsalternative führen, wenn der Optionspreis kleiner als 10 GE ist. Ist er hingegen risikoneutral (risikoaffin) so ist die Nutzenfunktion linear (konvex) und der Grenzpreis, bei dem er zwischen den Handlungsalternativen indifferent ist, gleich (größer als) 10 GE. In dieser Betrachtungsweise spielt die Risikoeinstellung des Entscheidungsträgers folglich eine bedeutsame Rolle. Dies liegt jedoch nur daran, dass der Zusammenhang zwischen der Option und dem Underlying nicht korrekt beachtet wurde. Wie die Fortführung des Beispiels zeigt, weicht der Bewertungsansatz der Erwartungsnutzentheorie dann nicht von der marktbasierten

496 Vgl. hierzu ausführlich Kap. 3.2.

Optionspreistheorie ab, wenn der derivative Charakter der Option in den Handlungsalternativen berücksichtigt wird.

Unter Beachtung der Duplikation der Option ergeben sich folgende Alternativen:

Alt 1: *Option-/Duplikationsportfoliokauf*

$$\begin{aligned} &EU\,(Option\text{–}/Duplikationsportfoliokauf) \\ &= 0{,}5 \cdot U(V + PO_1^u - P + \Delta\,(S_0 - S_1^u) + B\,(1+r) - B) \\ &+ 0{,}5 \cdot U(V - PO_1^d - P + \Delta\,(S_0 - S_1^d) + B\,(1+r) - B) \\ &= 0{,}5 \cdot U(V + 20 - P + 0{,}5 \cdot (50 - 70)) + 0{,}5 \\ &\cdot U(V - P + 0{,}5 \cdot (50 - 30)) = U(V + 10 - P) \end{aligned}$$

Alt 2: *Kein Optionskauf*

$$EU(Kein\ Optionskauf) = U(V)$$

Ein erwartungsnutzenmaximierender Entscheidungsträger ist nun zwischen den beiden Handlungsalternativen nur genau dann indifferent, wenn der Optionspreis 10 GE entspricht. Dies gilt unabhängig davon, welche Risikoeinstellung der Entscheidungsträger besitzt. Dass die Verhaltensweise im ersten Fall irrational ist, liegt also hier nicht an dem Bruch mit einem der in Kap. 6.2.1.1 vorgestellten Axiomen rationalen Verhaltens, sondern an der Missachtung des bewertungsrelevanten Underlyings.[497] Es kann folglich festgehalten werden, dass die Erwartungsnutzentheorie zwar präskriptiven Aussagegehalt hat, jedoch in der Anwendung dann Vorsicht geboten ist, wenn das Bewertungsobjekt in einen Marktzusammenhang eingebettet ist. Laux/Schabel (2009) stellen dementsprechend fest, dass „bei Duplizierbarkeit und unbeschränkten Leerverkäufen des Duplikationsportfeuilles [...] die Bewertung ohne Rücksicht auf [...] die Präferenzen des Investors vorgenommen werden (kann). Der individuelle subjektive Grenzpreis des Bewertungsobjektes ist hier gleich dem Marktwert seines Duplikationsportfeuilles."[498]

Für die Bewertung von Optionen ist diese Erkenntnis von besonderer Bedeutung. Wie aus Kap. 3 hervorging, basiert die Optionspreistheorie auf der Annahme vollkommener und vollständiger Märkte, wodurch die Existenz eines eindeutigen Optionswertes sichergestellt und die individuellen Präferenzen des Investors irrelevant sind. Der Optionswert entspricht dem Wert seines Duplikationsportfolios. Dennoch ist die vorgestellte präskriptive wie auch deskriptive Entscheidungstheorie für die weitere Arbeit relevant, da gerade nicht davon ausgegangen werden kann, dass dieser Zusammenhang und seine Bedeutsamkeit für die Bewertung von Individuen zwangsläufig erkannt wird.[499] Sobald eine Missachtung des Marktzusammenhangs stattfindet, sind die individualistischen Entscheidungstheorien maßgeblich, um Hypothesen über menschliche Verhaltensweisen herzuleiten. Dieser Gedankengang

497 Vgl. hierzu später in der Arbeit Abb. 37.

498 Laux und Schabel 2009, S. 38.

499 Vgl. exemplarisch Rockenbach 2004, S. 521f.

wird in Kap. 6.2.5 unmittelbar wieder aufgegriffen (vgl. Abb. 37). Zunächst soll jedoch auf die Grundlagen der experimentellen Forschung als Untersuchungsmethodik eingegangen und der Stand der Forschung präsentiert werden.

6.2.3 Grundlagen der experimentellen Forschung

Die experimentelle Forschung eignet sich in besonderem Maße, um das menschliche Entscheidungsverhalten in einem kontrollierten Umfeld zu analysieren.[500] Durch die Möglichkeit der gezielten Parametervariationen (*Treatments*) können in einem Ceteris-Paribus-Design Erkenntnisse über Ursache-Wirkungs-Beziehungen gewonnen werden.[501] Hierzu werden eine oder mehrere unabhängige Variablen in der Entscheidungssituation manipuliert und der Effekt auf die abhängige Variable im Antwortverhalten der Experimentteilnehmer gemessen.[502] Im Folgenden sollen relevante Aspekte der experimentellen Forschung einführend näher beleuchtet werden. Dieses geschieht mit dem Ziel, die Wahl der experimentellen Forschung als methodische Grundlage der Untersuchungen in Kap. 6.3 und Kap. 6.4 zu begründen und darauf einzugehen, wie existierenden Kritikpunkten an der Methodik durch ein entsprechendes Untersuchungsdesign im Rahmen dieser Arbeit begegnet wird.

Der Ursprung der experimentellen Forschung als eigenständiger Methodik im Kontext wirtschaftswissenschaftlicher Fragestellungen reicht bis in die frühen 1930er Jahre zurück.[503] Lag der Fokus anfänglich auf individuellen Entscheidungsproblemen, erweiterte sich das Spektrum betrachteter Untersuchungsfelder zunehmend, so dass sie mittlerweile zu einer in vielen Feldern der Wirtschaftswissenschaften erkenntnisgenerierend eingesetzten Forschungsmethode zählt.[504] Nicht zuletzt die umfangreiche Anzahl hochrangiger Publikationen experimentbasierter Ergebnisse ist ein Beleg dafür, dass die Methode heutzutage auf breite Anerkennung stößt.[505]

Der Zweck und die Zielsetzung experimenteller Forschungsaktivitäten können sehr unterschiedlich ausfallen.[506] Häufig fokussieren sie auf die Analyse der deskriptiven Validität von Annahmen, die in den Wirtschaftswissenschaften über menschlichen Verhaltensweisen getroffen werden.[507] Sie untersuchen z.B. irrationale Verhaltensmuster in Entscheidungen von Individuen und Unternehmen oder

500 Vgl. Laux 2012, S. 148 und Shadish et al. 2008, S. 7.
501 Vgl. Spector 1993, S. 1f. und zum Zusammenhang von Ursache und Wirkung Shadish et al. 2008, S. 4ff.
502 Vgl. Hirsch 2009, S. 170.
503 Zur historischen Entwicklung der experimentellen Forschung vgl. hier und im Folgenden Roth 1995, S. 4ff.
504 Dies gilt auch für die wissenschaftliche Forschung im Bereich des Accountings. Vgl. Hirsch 2009, S. 167.
505 Vgl. Swieringa und Weick 1982, S. 56 und exemplarisch die Sammelwerke Plott und Smith 2008 sowie Smith 1990.
506 Vgl. Roth 1995, S. 21f.
507 Vgl. hier und im Folgenden Friedman und Sunder 1994, S. 8f.

testen die Funktionsweise ganzer Märkten in kontrollierten Experimentsituationen. Die Kontrollmöglichkeit von Einflussfaktoren ist der große Vorteil der experimentellen Forschung.[508] In einem kontrollierten Umfeld können durch die gezielte Manipulation einer oder mehrerer unabhängiger Variablen auch solche Effekte analysiert werden, die in empirischen Feldstudien nicht isolierbar sind.[509] Präzise und objektive Messungen von reinen Ursache-Wirkungsbeziehungen sind die Folge.[510] Die im Rahmen dieser Arbeit betrachtete Optionsbewertung kann hierfür als Beispiel dienen. An den Märkten beobachtbare Optionspreise können zwar mit den theoretischen Optionswerten der Modelle von Black/Scholes (1973) oder Margrabe (1978) verglichen werden, resultierende Wertdifferenzen können jedoch unterschiedliche Ursachen haben. So ist es zum einen denkbar, dass irrationale Verzerrungen in der Optionswertwahrnehmung der Marktteilnehmer der Auslöser sind. Ebenso ist es jedoch möglich, dass Marktunvollkommenheiten dazu führen, dass die betrachteten Optionspreismodelle kein geeigneter Maßstab für rationales Verhalten sind. Die Möglichkeit der Isolation ist daher der zentrale Grund für den Einsatz der Forschungsmethode im Rahmen dieser Arbeit. Des Weiteren ist von Bedeutung, dass experimentelle Untersuchungen reine, exogene Ceteris-Paribus-Veränderungen ermöglichen und hierdurch nicht nur Korrelationen von Variablen, sondern tatsächliche Kausalzusammenhänge aufzeigen können.[511] In empirischen, nicht-experimentellen Studien ist genau dies eines der zentralen Probleme. Die große Anwendungsflexibilität und die Möglichkeit zur explorativen Analyse von bisher theoretisch wenig beleuchteten Fragestellungen, sind weitere methodische Vorteile, die im Rahmen dieser Arbeit ihre Wirkung entfalten.[512] Gerade in Bezug auf verhaltensbezogene Effekte, wie sie in der intuitiven Wahrnehmung realer Optionen zu vermuten sind, können hierdurch Ergebnisse generiert werden, die im Zusammenspiel mit den Methoden anderer Forschungsrichtungen zu einem besonderen Erkenntniszuwachs führen.[513] Die Möglichkeit zwischen dem sogenannten „Within-subject-Design" und dem „Between-Subject-Design" zu wählen, führt zudem dazu, dass das Untersuchungsdesign zweckadäquat an die adressierte Fragestellung angepasst werden kann.[514] Grundsätzlich sind sowohl Intragruppenvergleiche (*within-subject*) als auch Intergruppenvergleiche (*between-subject*) geeignet, um einen Erkenntnisgewinn auf Basis kontrollierter Ceteris-Paribus-Analysen zu erzielen. Im Detail unterschieden sich jedoch die Vor- und Nachteile. Während sich Between-Subject-Vergleiche durch eine besondere Unabhängigkeit der Antwortverteilungen ausweisen, gewährleisten Within-Subject-Vergleiche eine

---

508 Vgl. Friedman und Sunder 1994, S. 12 sowie Spector 1993, S. 9f.

509 Vgl. Hirsch 2009, S. 170 und Spector 1993, S. 3.

510 Vgl. Hirsch 2009, S. 170.

511 Vgl. hier und im Folgenden Falk und Fehr 2003, S. 401.

512 Vgl. Hirsch 2009, S. 171.

513 Vgl. Hirsch 2009, S. 170f.

514 Vgl. zu den Vor- und Nachteilen der beiden Konzepte hier und im Folgenden Libby et al. 2002, S. 804f.

besondere Kontrollmöglichkeit über Störeffekt, die auf Unterschiede zwischen den Teilnehmern zurückzuführen sind. Zudem kommen Within-Subject-Vergleiche mit deutlich weniger Teilnehmer aus.[515] Je nach Analysefokus ist daher auf eine gezielte Auswahl der Designformen zu achten. Im Rahmen dieser Arbeit werden beide Konzepte kombiniert verwendet und ihr Einsatz in Kap. 6.3.1 und Kap. 6.4.1 dargestellt.

Während die Vorteile der Forschungsmethodik für die Analyse der im Rahmen dieser Arbeit zu untersuchende Forschungsfrage offensichtlich sind, gilt es auch die existierenden Kritikpunkte zu berücksichtigen, um die Qualität der Ergebnisse zusätzlich zu erhöhen. Zu den häufigsten Kritikpunkten zählt die externe Validität der Untersuchungsergebnisse.[516] Unter externe Validität wird die Generalisierbarkeit der Ergebnisse auf Situationen außerhalb des Experiments verstanden.[517] Anknüpfungspunkt der Kritik ist insbesondere die Realitätsferne experimenteller Entscheidungssituation.[518] Dieser Kritik wird jedoch bereits in der Literatur eindeutig begegnet. Die von Swieringa/Weick (1982) beschriebene Differenzierung in den sogenannten „weltlichen Realismus“ (*mundane realism*) und den „experimentellen Realismus“ (*experimental realism*) ist hierfür besonders hilfreich.[519] Während der experimentelle Realismus eine Situation beschreibt, in der die Teilnehmer die ihnen vorgelegten Informationen ernstnehmen und in ihrem Entscheidungsverhalten berücksichtigen, meint der weltliche Realismus die Ähnlichkeit der Experimentsituation zu realen Entscheidungssituationen.[520] Swieringa/Weick (1982) machen deutlich, dass gerade der experimentelle Realismus der entscheidende Faktor ist, um valide Experimentergebnisse zu erzielen, während die Abstraktion der Entscheidungssituation in der Regel unproblematisch ist.[521] Dieser Argumentation folgend

---

515 Aufgrund der wiederholten Befragung der Teilnehmer können jedoch unerwünschte Folgeeffekte auftreten und eine besondere Sensibilisierung für die manipulierte Variable erfolgen. Libby et al. 2002, S. 804.

516 Im Gegensatz zur externen Validität ist die interne Validität unkritisch. Die interne Validität, d.h. die Möglichkeit, Kausalzusammenhänge verlässlich ableiten zu können, wird durch die Kontrolle, die Manipulation und die Randomisierung einzelner Einflussfaktoren sichergestellt und zählt gerade zu den wesentlichen Vorteilen der Forschungsmethode. Vgl. Falk und Fehr 2003, S. 402 sowie Laux 2012, S. 148. „Internal validity is [...] simply a matter of proper experimental controls, a sensible experimental design, and a correct data analysis.“ Falk und Fehr 2003, S. 402f.

517 Vgl. Falk und Fehr 2003, S. 403. „External validity concerns inferences about the extend to which a casual relationship holds over variations in persons, settings, treatments, and outcomes.“ Shadish et al. 2008, S. 83. Mit der Validität geht zudem die Verlässlichkeit und Reproduzierbarkeit der Ergebnisse einher. Vgl. Spector 1993, S. 9.

518 Vgl. Falk und Fehr 2003, S. 403.

519 Vgl. hier und im Folgenden Swieringa und Weick 1982, S. 79ff.

520 „An experiment is realistic if laboratory events are believed, attended to, and taken seriously.“ Swieringa und Weick 1982, S. 80.

521 Vgl. Swieringa und Weick 1982, S. 79f. Maßgeblich für das anzustrebende Ausmaß der Realitätsnähe ist die jeweilige Zielsetzung der experimentellen Studie. Vgl. Falk und Fehr 2003, S. 402.

betonen FRIEDMAN/SUNDER (1994), dass es nicht die Zielsetzung in experimentellen Studien sein kann, die Realität perfekt abzubilden, da erst die Vereinfachung der Entscheidungssituation zu der benötigten Kontrollmöglichkeit führt.[522] Vielmehr ist festzustellen, dass gerade „die Künstlichkeit von Experimenten von Vorteil für die Erklärung realer Phänomene [...] sein kann".[523] Das Ziel in der Experimentkonzeption muss es daher sein, unter der Berücksichtigung des experimentellen Realismus eine bewusste Abstraktion der Entscheidungssituation vorzunehmen ohne dabei strukturelle Veränderungen in Bezug auf die zu untersuchende Forschungsfrage zu erzeugen, um im Ergebnis einen Erkenntnisgewinn für ein aus dem realen Kontext herausgelöstes Teilproblem zu erlangen. Dieser Ansatz wird auch im Rahmen der experimentellen Untersuchungen in Kap. 6.3 und Kap. 6.4 verfolgt.

Anstöße für weitere Kritik bilden die Anreizgestaltung sowie die Teilnehmerauswahl und die Teilnehmeranzahl.[524] Durch eine sorgfältige Experimentkonzeption und -durchführung können jedoch auch diese ganz oder zumindest weitgehend entkräftet werden. In Bezug auf die Teilnehmerauswahl wird regelmäßig kritisiert, dass Studenten nicht repräsentativ für reale Entscheidungsträger sind. Zum einen konnte jedoch in Untersuchungen belegt werden, dass zwischen den Gruppen häufig keine fundamentalen Unterschiede im Entscheidungsverhalten vorliegen.[525] Zum anderen kann durch die Einbindung realer Entscheidungsträger in die experimentelle Studie der Kritik im Einzelfall begegnet werden.[526] Im Rahmen dieser Arbeit werden sowohl Studenten als auch Praktiker als Teilnehmer angesprochen und ihr Entscheidungsverhalten in der Experimentauswertung vergleichend analysiert. Um zudem den angesprochenen experimentellen Realismus zu erzeugen, sollten die Teilnehmer monetär vergütet werden und sich die realisierte Vergütungshöhe in Abhängigkeit der im Experiment getroffenen Entscheidungen determinieren.[527] Durch die Möglichkeit, die Vergütung unmittelbar an das mit monetären Konsequenzen verbundene Entscheidungsverhalten zu koppeln, hat die experimentelle Forschung in dem Bereich der Wirtschaftswissenschaften sogar einen Vorteil

522 Vgl. hier und im Folgenden Friedman und Sunder 1994, S. 10f.

523 Hirsch 2009, S. 176. Ähnlich betont FALK/FEHR (2003), dass die Abstraktion der Wirklichkeit erst dazu führt, dass Wirkungszusammenhänge realer Einflussfaktoren untersucht und verstanden werden können. Vgl. Falk und Fehr 2003, S. 403.

524 Vgl. hier und im Folgenden Falk und Fehr 2003, S. 401ff. und Hirsch 2009, S. 172ff.

525 Vgl. exemplarisch Elliott et al. 2007, S. 151ff und Falk und Fehr 2003, S. 402.

526 Vgl. Falk und Fehr 2003, S. 401.

527 Vgl. Friedman und Sunder 1994, S. 17 sowie Hey 1991, S. 24. In diesem Zusammenhang entgegnet PLOTT (1982) dem Kritikpunkt der mangelnden externen Validität wie folgt: "While laboratory processes are simple in comparison to naturally occurring processes, they are real processes in the sense that real people participate for real and substantial profits and follow real rules in doing so". Plott 1982, S. 1486. Die absolute Höhe der durchschnittlichen Vergütung spielt dabei nur eine untergeordnete Rolle. Vgl. Falk und Fehr 2003, S. 402.

gegenüber psychologischen Studien.[528] Die Vergütung der Teilnehmer wird in der folgenden experimentellen Untersuchung unmittelbar an die Rückflüsse der zu bewertenden Option gekoppelt. Der zuletzt genannte Kritikpunkt der zu geringen Teilnehmerzahlen kann durch eine angemessene Berücksichtigung der Gruppengröße in der Wahl der statistischen Verfahren in der Experimentauswertung begegnet werden. Insbesondere durch die Verwendung von nicht-parametrischen Testverfahren können verlässliche Ergebnisse auch auf Basis kleiner Gruppengrößen erzielt werden.[529] Im Rahmen dieser Arbeit wird sorgfältig auf eine entsprechende Auswahl der Testverfahren geachtet und diese in Kap. 6.3.2 und Kap. 6.4.2 jeweils transparent dargestellt.[530]

Die Kurzvorstellung der Forschungsmethode hat aufgrund der genannten Vorteile und der Möglichkeit, der Methodenkritik durch ein entsprechende Experimentkonzeption und -auswertung zu begegnen, die grundsätzliche Eignung der Methodik für die adressierten Forschungsfragen verdeutlicht. Der bis an diese Stelle nur in Ansätzen hergestellte Bezug zu den konkreten experimentellen Untersuchungen wird in Kap. 6.3 und Kap. 6.4 intensiviert, in denen die Vorgehensweise sowohl in Bezug auf das Experimentdesign als auch in Bezug auf die Experimentauswertung detailliert beschrieben wird.

6.2.4 Stand der Forschung

6.2.4.1 Einführung und Strukturierung

Das Entscheidungsverhalten von Individuen in Situationen unter Unsicherheit und der Einfluss kognitiver Verzerrungen wurden in zahlreichen Studien untersucht, die zu dem Forschungsstrang der Behavioral Economics zusammengefasst werden können.[531] Die bereits angesprochene Anchoring-And-Adjustment Heuristik ist nur ein Beispiel für die vielen systematischen und robusten Zusammenhänge, die erforscht werden konnten.[532] Mit der Prospect Theory liegt sogar eine Theoriebasis vor, die das deskriptive Entscheidungsverhalten von Individuen in Entscheidungen unter

528 Vgl. Hey 1991, S. 24.

529 Wie in den Experimentauswertungen beschrieben wird, können etwa der Wilcoxon-Vorzeichenrangtest und der Mann-Whitney-U-Test als Pendants zu T-Tests bei verbundenen und unverbundenen Stichproben auch bei kleinen Gruppengrößen und nicht-normalverteilten Antworten angewendet werden. Vgl. Eckstein 2012, S. 120f. und S. 125f.

530 Die geringe Gruppengröße kann dann lediglich dazu führen, dass angenommene Wirkungszusammenhänge nicht erkannt werden, als signifikant identifizierte Ergebnisse erfahren durch die Gruppengröße in ihrem Aussagegehalt jedoch keine Einschränkung. Vgl. Janssen und Laatz 2013, S. 322f.

531 Vgl. zu den Behavioral Economics ausführlich Bruce 2010, Burton und Shah 2013, Camerer et al. 2004 und Daxhammer und Facsar 2012.

532 Einen umfangreichen Literaturüberblick bieten Barberis und Thaler 2003.

Unsicherheit abbildet.[533] Im Kontext der Realoptionsbewertung ist jedoch zu beobachten, das verhaltenswissenschaftlich basierte Forschungsarbeiten deutlich seltener sind. Bisher existieren in der Literatur nur einzelne Studien, die einen Beitrag zu einer deskriptiven Realoptionstheorie leisten.[534] Dies ist insofern verwunderlich, als dass die Bewertung von Realoptionen als relativ komplexem Fall allgemeiner Entscheidungssituationen unter Unsicherheit in besonderem Maße von verhaltenswissenschaftlichen Aspekten beeinflusst werden kann und die Anzahl normativer Forschungsbeiträge zu der Bewertung von Realoptionen sehr umfangreich ist.[535] Nachfolgend wird ein kurzer Studienüberblick gegeben. Die Darstellung dient zum einen der Wiedergabe des aktuellen Forschungsstands und zum anderen der Einordnung dieser Arbeit. Sie fokussiert auf den Bereich der experimentellen Forschung.

Eine Systematisierung der bestehenden Studien lässt sich anhand des Anknüpfungspunktes der behandelten Forschungsfrage vornehmen.[536] Es ergibt sich die in Abb. 36 veranschaulichte Dreiteilung in die Bereiche *Identifikation* von Realoptionen, *Bewertung* von Realoptionen sowie die *Entscheidungsfindung* auf Basis von Realoptionswerten.

Abb. 36: Dreiteilige Untergliederung des Forschungsfeldes der deskriptiven Realoptionsbewertung.

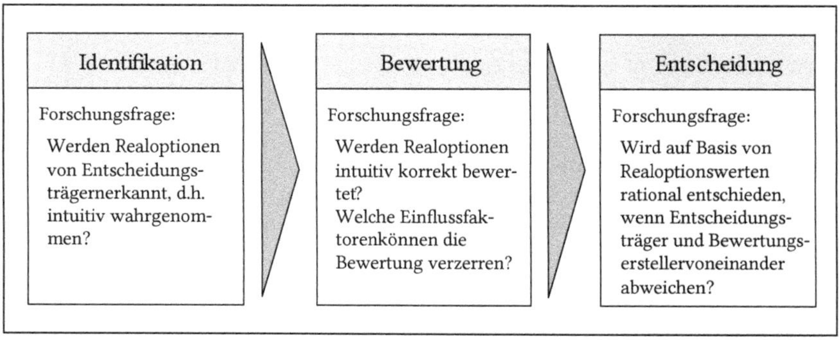

533 Vgl. Kahneman und Tversky 1979 und Tversky und Kahneman 1992 und Kap. 6.2.1.2.2 im Rahmen dieser Arbeit.

534 Vgl. hierzu insbesondere Kap. 6.2.4.2.

535 Vgl. zu normativen Beiträgen exemplarisch Zeng und Zhang 2011. Die vorliegende Arbeit setzt genau an dieser Forschungslücke an.

536 Die Unterteilung erfolgt in Anlehnung an DENSION/FARRELL/JACKSON (2012). Vgl. Dension et al. 2012, S. 590f. Zu beachten ist allerdings, dass sich nicht alle Beiträge trennscharf in einen der drei im Folgenden vorgstellten Teilbereiche einordnen lassen, da häufig mehrere Forschungsfragen parallel adressiert werden. Zudem können Erkenntnisse von bereichsübergreifender Bedeutung sein.

Der erste Teil der Studien beschäftigt sich mit der Fragestellung, ob Realoptionen wahrgenommen werden, d.h. ob Entscheidungsträger die Existenz einer Realoption in einer komplexen Entscheidungssituation identifizieren können. TIWANA/KEIL/FICHMAN (2006) konnten in einer experimentellen Studie mit IT-Managern aus 123 Unternehmen beispielsweise zeigen, dass alle von ihnen untersuchten Wechsel-, Erweiterungs-, Aufschub-, Abbruch- und Wachstumsoptionen in der Praxis als entscheidungsrelevant identifiziert werden.[537] Hingegen fanden z.B. HOWELL/JÄGLE (1997) Belege dafür, dass reale Optionen von Managern in ihren eigenen Unternehmen häufig nur mit Mühe wahrgenommen werden.[538] Die Identifikation von Realoptionen kann demzufolge die erste Quelle für Abweichungen zwischen rationalen Entscheidungen und intuitiven Verhaltensweisen sein. Sie steht jedoch nicht im Mittelpunkt dieser Arbeit. Der zweite Teil der Studien bezieht sich auf die sachlogisch nachfolgende Fragestellung, wie Realoptionen intuitiv bewertet werden. Nicht das bloße Erkennen der Option, sondern die Bewertung in (Geld-)Einheiten im Prozess der Entscheidungsfindung steht hier im Vordergrund. Aufgrund der besonderen Relevanz dieses zweiten Forschungsfeldes für die vorliegende Arbeit soll ein besonderes Augenmerk auf die Untersuchungsergebnisse aus diesem Bereich gelegt werden. Hierzu werden in Kap. 6.2.4.2 ausgewählte Studien näher vorgestellt. Da in hierarchisch organisierten Unternehmen die Ersteller von Optionsbewertungen und die verantwortlichen Entscheidungsträger häufig nicht dieselben Personen sind, resultiert aus der Fragmentierung des Entscheidungsprozesses noch ein dritter Bereich, der auf die Forschungsfrage abzielt, wie das Entscheidungsverhalten der Entscheidungsträger von den zur Verfügung gestellten Informationen abhängt und ob die Vorgabe von quantifizierten Optionswerten zu einer Rationalitätssteigerung führt. Unter anderem gingen DENISON/FARELL/JACKSON (2012) dieser Frage in zwei experimentellen Studien nach. Die Autoren konnten z.B. zeigen, dass Ergebnisbestandteilen aus Realoptionsbewertungen weniger stark vertraut wird als klassischen Wertbestandteilen aus DCF-Rechnungen und folglich unzureichend in der Entscheidungsfindung berücksichtigt werden.[539] Als Ursache nennen sie insbesondere das geringere Know-how von Realoptionsbewertungen der Entscheidungsträger.[540] Hierzu passend zeigten die Autoren, dass das Entscheidungsverhalten von übergeordneten Entscheidungsträgern durch Training verbessert werden kann.[541] Die Untergewichtung der Realoptionswerte fällt zudem weniger stark aus, wenn die komplementären Ergebnisbestandteile aus DCF-Bewertungen und Realoptionsbewertungen nicht separat, sondern aggregiert ausgewiesen werden.[542] An der Schnittstelle der Teilbereiche zwei und drei untersuchte DENISON (2009) zudem,

537 Vgl. Tiwana et al. 2006, S. 376ff.
538 Vgl. Howell und Jägle 1997, S. 343.
539 Vgl. Dension et al. 2012, S. 601ff.
540 Vgl. Dension et al. 2012, S. 594.
541 Vgl. Denison et al. 2011, S. 24f.
542 Vgl. Dension et al. 2012, S. 612.

ob die Wahl der Bewertungsmethode einen Einfluss auf das Entscheidungsverhalten hat, und stellte fest, dass eine Realoptionsbewertung die Transparenz einer Entscheidungssituation im Vergleich zu einer klassischen DCF-Methode erhöhen kann.[543] Folglich kann eine Realoptionsbewertung z.B. dazu führen, dass die Gefahr eines sogenannten Escalation of Commitments, d.h. der irrationalen Fortführung negativer Projekte aufgrund bereits in der Vergangenheit getroffener Investitionsentscheidungen, im Verhalten der Entscheidungsträger reduziert wird.

6.2.4.2 Ausgewählte Studien zur intuitiven (Real-)Optionsbewertung

Die vorliegende Arbeit lässt sich in den zweiten der drei vorgestellten Forschungsbereiche einordnen, da sie primär auf die Bewertung von Optionen ausgerichtet ist und keine Trennung zwischen Bewertungsersteller und Entscheidungsträger vornimmt. Während zuvor bereits einzelne Studien des ersten und dritten Bereiches exemplarisch angeführt wurden, sollen nun Erkenntnisse des zweiten Bereichs ausführlich beleuchtet werden. Die Darstellung gibt den Stand der Forschung wieder und konkretisiert zugleich die Forschungslücke, in der die vorliegende Arbeit einen Beitrag leistet.

In einem der ersten Beiträge zu einer deskriptiven Realoptionstheorie untersuchten Busby/Pitts (1997) unter anderem die Fragestellungen, ob Entscheidungsträger in der Praxis reale Optionen in ihrer Entscheidungsfindung berücksichtigen und ob die intuitive Wahrnehmung von Optionspreisparametern mit den Bewertungsmodellen der wissenschaftlichen Theorie übereinstimmt.[544] Die Autoren begründen die Relevanz ihrer Forschungsfrage mit der Feststellung, dass normative Optionspreistheorien aufgrund ihres hohen Schwierigkeitsgrades für die Entscheidungsunterstützung von Managern häufig ungeeignet sind und hierdurch mögliche Divergenzen intuitiver Werturteile und theoretisch fundierter Optionswerte bedeutsam werden. Methodisch verwendeten Busby/Pitts (1997) einen explorativen Fragebogen, den sie an die Finanzdirektoren großer britischer Unternehmen (FT-SE 100 Index) schickten. Aus dem Antwortverhalten zeigte sich, dass Realoptionen in der Praxis regelmäßig auftreten und als relevant für Investitionsentscheidungen wahrgenommen werden.[545] Die Wahrnehmung des Einflusses einzelner Optionsparameter untersuchten Busby/Pitts (1997) durch qualitative Aussagen, denen die Teilnehmer zustimmen oder widersprechen konnten.[546] Exemplarisch konfrontierten sie die Teilnehmer mit der Aussage, dass ein Investitionsprojekt ceteris paribus umso wertvoller ist, je länger eine Handlungsflexibilität aufrechterhalten wird. Neben der Restlaufzeit wurden der Ausübungspreis, die Volatilität und der Zinssatz adressiert. Im Ergebnis stellten Busby/Pitts (1997) fest, dass das Antwortverhalten der Teilnehmer im Wesentlichen mit der normativen Optionspreistheorie

543 Vgl. Denison 2009, S. 141.
544 Vgl. hier und im Folgenden Busby und Pitts 1997, S. 170.
545 Vgl. Busby und Pitts 1997, S. 174f.
546 Vgl. hier und im Folgenden Busby und Pitts 1997, S. 176f.

übereinstimmt. Insbesondere dem Ausübungspreises, der Restlaufzeit und der Volatilität wurde zutreffender Weise eine Bedeutung für den Optionswert beigemessen. Die Autoren konnten hierdurch erstmalig qualitative Erkenntnisse zu der intuitiven Optionsbewertung liefern. Die Studie ließ jedoch aufgrund ihres Untersuchungsdesigns kein kontrolliertes Umfeld und keine quantitative Analyse zu. Folglich konnten die Autoren keine Aussagen über die intuitive Bewertung von Realoptionen in konkreten Entscheidungssituationen, über die Wahrnehmung der Wirkungsstärke der untersuchten Optionspreisparameter oder über Ursachen von etwaigen Bewertungsverzerrungen treffen.[547]

In einer fallstudienbasierten Befragung von Praktikern untersuchten HOWELL/JÄGLE (1997) ebenfalls die Wahrnehmung von Optionswerten in der Praxis.[548] Sie fokussierten ihre Analyse auf Variationen des Underlyingpreises, der Volatilität des Underlyings und der Restlaufzeit der Option. Durch die Verwendung von Fallstudien erweiterten sie die Untersuchung von BUSBY/PITTS (1997), indem sie stärker auf die Ursachenerforschung von Bewertungsverzerrungen abzielten.[549] In den insgesamt 14 untersuchten Fallstudien konnten sie sowohl Über- als auch Unterbewertungen feststellen.[550] Es zeigte sich z.B. eine tendenzielle Überbewertung von Optionen am Geld und eine Unterbewertung von Optionen im Geld. Die Ergebnisse waren jedoch ebenso wie bei der Variation der Volatilität nicht einheitlich, so dass sich laut der Autoren kein klarer Trend erkennen lässt.[551] Als wichtige Einflussgrößen für die Qualität intuitiver Bewertungen erkannten HOWELL/JÄGLE (1997) die Branche des Unternehmens und die Erfahrung sowie die Qualifikation des Managers.[552] Nicht zuletzt durch die zusätzliche qualitative Auswertung von Freitextantworten liefert die Studie einen wichtigen Beitrag für die Erforschung der deskriptiven Realoptionsbewertung, die Aussagekraft der quantitativen Ergebnisse ist jedoch dadurch eingeschränkt, dass auch HOWELL/JÄGLE (1997) keine vollkommene Kontrolle über mögliche Einflussfaktoren in ihrem Untersuchungsdesign gewährleisten.[553]

---

547 Die Einbindung von Freitextfeldern ermöglichte jedoch zusätzliche, unerwartete Erkenntnisse. So wurde zukünftigem Handlungsspielraum zum Teil ein negativer Wert beigemessen, da dieser in dem unternehmerischen Entscheidungsprozess die Bindung zu einem Projekt senken kann. Vgl. Busby und Pitts 1997, S. 179.

548 Vgl. hier und im Folgenden Howell und Jägle 1997.

549 Vgl. hierzu auch die Einschätzung in Vollrath 2003, S. 346f. VOLLRATH (2003) liefert anknüpfend an BUSBY/PITTS (1997) und HOWELL/JÄGLE (1997) zusätzliche qualitative empirische Erkenntnisse zur intuitiven Optionsbewertung. Diesen zufolge wird die Bewertung von Flexibilität häufig als problematisch wahrgenommen und die Wirkungsrichtung von Optionspreisparametern regelmäßig nicht zutreffend erkannt. Vgl. Vollrath 2003, S. 366ff.

550 Vgl. Howell et al. 1997, S. 338.

551 Vgl. Howell und Jägle 1997, S. 339f.

552 Vgl. Howell et al. 1997, S. 341.

553 Vgl. Pike 1997, S. 938f.

Im Vergleich zu HOWELL/JÄGLE (1997) erhöhten MILLER/SHAPIRA (2004) die Kontrollmöglichkeiten des Untersuchungsdesigns, indem sie einen Fragebogen verwendeten, der im Sinne einer experimentellen Studie verschiedene Optionen mit gezielter Parametervariation beschrieb, die von den Teilnehmern zu bewerten waren.[554] Um äußere Einflüsse zu reduzieren, beschränkte sich die Optionsdarstellung auf wenige relevante Informationen. Inhaltlich fokussierten sie auf die Bewertung von Kauf- und Verkaufsoptionen aus Käufer- und Verkäufersicht. Als Ergebnisse stellten sie fest, dass die Teilnehmer den Optionen durchschnittlich einen geringeren Wert als den Erwartungswert der Optionen beimaßen.[555] Zudem wurden irrelevante negative Entwicklungen des Underlyings von den Teilnehmern berücksichtigt und verzerrten deren Preisbereitschaft für die Option.[556] Im Sinne des sogenannten Endowment-Effects stellten sie fest, dass die Preisbereitschaften für den Kauf einer Option systematisch geringer ausfiel als die Preisforderungen für den Verkauf der gleichen Option.[557] Aufgrund der guten Kontrollmöglichkeiten und der gezielten Parametervariation können die Autoren eindeutige Ursache-Wirkungs-Beziehungen aufzeigen. Das Ergebnis etwa, dass negative Entwicklungen des Underlyings die Preisbereitschaft der Teilnehmer auch dann beeinflussen, wenn sie für den Optionswert irrelevant sind, lässt eindeutig auf systematisch irrationales Verhalten schließen. Problematisch ist jedoch die die Klassifizierung des Ergebnisses, dass die Teilnehmer den Optionen einen Wert unterhalb des Erwartungswerts der Option beimaßen. Zwei Aspekte sind an dieser Stelle relevant. Zum einen muss der (naive) Erwartungswert der Optionsrückzahlungen nicht dem rationalen Optionswert entsprechen, wie in Kap. 3 ausführlich beschrieben. Weichen die Werte voneinander ab, ist ein Vergleich der Preisbereitschaft der Teilnehmer mit dem Erwartungswert der Optionsrückzahlungen für die intuitive Optionsbewertung weniger aufschlussreich. Zum anderen ist zu beachten, dass die Bestimmung von Optionswerten auf Basis der Optionspreistheorie auf der Annahme der Duplizierbarkeit der Option bzw. auf dem Konzept der risikoneutralen Bewertung fußt. Ohne die Existenz einer entsprechenden Duplikations- bzw. Hedgingmöglichkeit kann in einer experimentellen Untersuchung nicht die Existenz eines einzigen rationalen Wertes sichergestellt werden.[558] Da in dem Untersuchungsdesign von MILLER/SHAPIRA (2004) keine eindeutigen Optionswerte existieren, kann die Studie folglich keine Aussage darüber treffen, ob es zu irrationalen Abweichungen von rationalen Optionswerten kommt. Die Erkenntnis, dass die Werturteile in dem Experiment durchschnittlich die Erwartungswerte der Optionsrückzahlungen unterschreiten, kann ihre Ursache

554 Vgl. hier und im Folgenden Miller und Shapira 2004.
555 Vgl. Miller und Shapira 2004, S. 277.
556 Vgl. Miller und Shapira 2004, S. 278.
557 Vgl. Miller und Shapira 2004, S. 277f.
558 Vgl. hierzu Dangl und Kopel 2003, S. 56ff.

in der Risikoeinstellung der Teilnehmer haben und ist folglich nicht zwangsläufig als irrationale Verzerrung zu klassifizieren.[559]

In einem der wenigen Experimente, in dem den Teilnehmern tatsächlich die Möglichkeit der Duplikation bzw. des Hedgings ermöglicht wird und somit die Existenz eines eindeutigen rationalen Optionswerts sichergestellt ist, untersuchten Abbink/Rockenbach (2006), ob reale Eintrittswahrscheinlichkeiten unterschiedlicher Preisentwicklungen des Underlyings einen Einfluss auf die intuitiven Optionswerturteile von Studenten und professionellen Optionshändlern ausüben.[560] Aufgrund der Arbitragefreiheitsbedingung sind die realen Eintrittswahrscheinlichkeiten aus rationaler Sicht irrelevant. Die Ergebnisse des Experiments verdeutlichen jedoch, dass die Werturteile der Teilnehmer mit steigender Eintrittswahrscheinlichkeit positiver Underlyingpreisentwicklungen ansteigen.[561] Je weiter die realen Eintrittswahrscheinlichkeiten von den Pseudowahrscheinlichkeiten des Binomialmodells entfernt lagen, desto stärker war die Verzerrung. Nur in dem Fall, dass der Optionswert dem mit realen Eintrittswahrscheinlichkeiten ermittelten und diskontierten Erwartungswert der Optionsrückflüsse entsprach, waren die Abweichungen minimal.[562] Studenten zeigten die Verzerrung stärker als professionelle Händler.[563]

In einer ähnlichen Studie untersuchte Rockenbach (2004) den Einfluss realer Eintrittswahrscheinlichkeiten im Zusammenhang mit dem Phänomen des Mental Accountings, d.h. der gedanklichen Separation unterschiedlicher Bestandteile von Investitionsentscheidungen.[564] Im Ergebnis zeigte sich, dass die Teilnehmer häufig risikolose Arbitragegewinnmöglichkeiten missachteten und eine Erwartungswertabhängigkeit in ihren Preisbereitschaften für die angebotenen Optionen zeigten.[565] Der Effekt wurde jedoch im Laufe des Experiments geringer, so dass auf einen Lerneffekt geschlussfolgert werden konnte. Eine Ursache für die zu geringen Preisbereitschaften für Optionen mit hohen Eintrittswahrscheinlichkeiten negativer Underlyingpreisentwicklungen und die zu hohen Preisbereitschaften für Optionen mit hohen Eintrittswahrscheinlichkeiten positiver Underlyingpreisentwicklungen erkannte Rockenbach (2004) in der gedanklichen Separation von Underlying und Option.[566] Die Teilnehmer schafften es nicht, die Option, das Underlying und die

559 Jeder risikoaverse Entscheider wird eine Preisbereitschaft angeben, die unter dem Erwartungswert liegt, da er einen Risikoabschlag auf den Erwartungswert vornimmt. Vgl. Eisenführ und Weber 2003, S. 223. Wie in Kap. 6.2.1.1 ausgeführt, ist die Berücksichtigung der Risikoeinstellung Bestandteil rationalen Verhaltens.
560 Vgl. hier und im Folgenden Abbink und Rockenbach 2006, S. 498.
561 Vgl. Abbink und Rockenbach 2006, S. 504.
562 Dies ist dann der Fall, wenn die realen Eintrittswahrscheinlichkeiten den Pseudowahrscheinlichkeiten entsprechen bzw. der reale Drift des Underlyings einer Aktienoption dem risikolosen Zinssatz entspricht. Vgl. Kap. 3.2.1.
563 Vgl. Abbink und Rockenbach 2006, S. 505.
564 Vgl. zum Konzept des Mental Accountings Thaler 1985 und Thaler 1999.
565 Vgl. Rockenbach 2004, S. 518.
566 Vgl. Rockenbach 2004, S. 521f.

Möglichkeit der Geldaufnahme bzw. Geldanlage als Bewertungseinheit zu verstehen, sondern separierten risikobehaftete und risikolose Bestandteile.

Die Studien von ROCKENBACH (2004) und HOWELL/JÄGLE (1997) haben gezeigt, dass es bei der intuitiven Realoptionsbewertung sowohl zu Über- als auch zu Unterbewertungen kommen kann. Eine generelle Aussage, ob Realoptionen intuitiv über- oder unterbewertet werden, scheint auch mit Blick auf andere Forschungsarbeiten kaum möglich, sondern hängt stets von der betrachteten Option ab. Optionspreis- oder Underlyingparameter können dabei ebenso als Einflussfaktoren eine Rolle spielen, wie der Optionstyp oder die Umweltsituation.[567] Bezüglich des Optionstyps und der Umweltsituation fanden LANKTON/LUFT (2008) in experimentellen Studien mit Studenten heraus, dass steigende Unsicherheit dazu führt, dass Aufschuboptionen höher und Wachstumsoptionen geringer bewertet werden, obwohl aus normativer Sicht beide Optionen im Wert steigen.[568] Zudem zeigten sie, dass stärkerer Wettbewerb dazu führt, dass Aufschuboptionen geringer und Wachstumsoptionen höher bewertet werden, obwohl dieser in ihrem Experimentdesign keinen Einfluss auf die rationalen Optionswerte hatte.[569] Als Ausblick auf weitere Forschungsaktivitäten wiesen die Autoren explizit darauf hin, dass es nicht zielführend sein kann, allgemeingültige Unterschiede zwischen intuitiven Werturteilen und der Realoptionstheorie zu untersuchen, sondern dass sich die Analysen auf spezifische Optionsausgestaltung und konkrete Umweltfaktoren fokussieren sollten.[570]

Den speziellen Zusammenhang zwischen intuitiven Preisbereitschaften für den Kauf einer Option und intuitiven Preisbereitschaften für den Kauf des Underlyings einer Option untersuchten SHAVIT/SONSINO/BENZION (2002) in einer experimentellen Studie. Sie fanden unter anderem heraus, dass die durchschnittlichen Preisbereitschaften für das Underlying unterhalb des Erwartungswertes der Rückzahlungen lagen, während die durchschnittlichen Preisbereitschaften für die Option die Erwartungswerte der Rückzahlungen regelmäßig überstiegen.[571] Mit dem Verweis auf einen s-förmigen Verlauf der Nutzenfunktion der Teilnehmer zeigen die Autoren auf, wie dieses Verhalten theoretisch begründet werden kann. Insgesamt schlussfolgern sie jedoch, dass die intuitive Bewertung von Optionen nur teilweise durch bestehende Theorien erklärt werden kann und häufig kontextabhängig ist.[572]

Mit Blick auf den Einfluss unterschiedlicher Optionstypen fanden YAVAS/SIRMANS (2005) heraus, dass Individuen Warteoptionen tendenziell zu früh ausüben

---

567 Für den Einfluss von Underlyingparametern vgl. exemplarisch die bereits zitierten Studien ROCKENBACH (2004) und ABBINK/ROCKENBACH (2006).

568 Vgl. Lankton und Luft 2008, S. 220ff.

569 Vgl. Lankton und Luft 2008, S. 222ff.

570 Vgl. Lankton und Luft 2008, S. 204. Diesem Appell wird in der vorliegenden Arbeit durch die Analyse von konkret formulierten Entscheidungssituationen gefolgt.

571 Vgl. Shavit et al. 2002, S. 171. Als Vergleichsmaßstab verwenden SHAVIT/SONSINO/BENZION (2002) den Erwartungswert der Rückzahlungen. Die Autoren verzichten indes darauf, einen Vergleich zu rationalen Optionswerten herzustellen.

572 Vgl. Shavit et al. 2002, S. 176.

und folglich den Wert der Option unterschätzen.[573] In der bereits angesprochenen Untersuchung von TIWANA/KEIL/FICHMAN (2006) konnte zudem belegt werden, dass IT-Manager strategischen Wachstumsoptionen deutlich mehr Wert beimessen als z.B. Abbruch- oder Aufschuboptionen.[574] Nicht in einer experimentellen Studie, sondern im Rahmen einer Umfrage unter IT-Managern untersuchten TIWANA et al (2007) die Wahrnehmung verschiedener Optionstypen in Projekten, die ohne Berücksichtigung der Option einen niedrigen bzw. hohen Net Present Value (NPV) aufwiesen. Die Studie ergab, dass z.B. Wachstumsoptionen insbesondere dann als wertvoll erachtet werden, wenn der Projektwert relativ gering ist.[575] Als Ursache für die stärkere Wahrnehmung von Optionswerten bei Projekten mit geringen NPV sehen die Autoren die begrenzte Rationalität der Entscheidungsträger.[576]

In einer weiteren experimentellen Studie mit Mitarbeitern internationaler Beratungsfirmen konnten JOST/WOLF (2003) feststellen, dass Optionen intuitiv überbewertet werden können, wenn kleine Eintrittswahrscheinlichkeiten für besonders positive Underlyingpreisentwicklungen überbewertet werden.[577] Dies steht in unmittelbarem Zusammenhang und in Einklang zu der Prospect Theory von TVERSKY/KAHNEMAN (1979).[578] Als Untersuchungsgegenstand betrachteten sie Aktienoptionen als Vergütungsinstrumente. Hingegen stellten MURPHY/KNAUS (2012) eine leichte Unterbewertung von Optionen fest.[579] Im Rahmen einer experimentellen Untersuchung zeigten sie jedoch, dass die intuitiven Bewertungen zwischen den Teilnehmern sehr heterogen ausfallen und insbesondere bei großer Unsicherheit auch über dem rationalen Optionswert liegen können. Auch hier zeigt sich folglich, dass es im Rahmen der intuitiven Optionsbewertung sowohl zu Über- als auch zu Unterbewertungen kommen kann. Die intuitive Bewertung von Wechseloptionen, die z.B. bei der Bewertung von flexiblen Kraftwerken in der Praxis eine Rolle spielen, untersuchten WANG/BERNSTEIN/CHESNEY (2010) experimentell. Die Autoren konnten zeigen, dass die Teilnehmer die Wechseloption zu häufig bzw. zu früh ausübten.[580] In ihrem Experiment fokussierten sie auf eine Mean-Reverting-Eigenschaft des Underlyingpreispfads und fanden heraus, dass die tendenzielle Rückkehr zum Mittelwert zwar verstanden wird, sich aber nicht zutreffend auf das Entscheidungsverhalten im Rahmen der Optionsausübungsentscheidung auswirkt.

573 Vgl. Yavas und Sirmans 2005, S. 37. Einschränkend ist jedoch anzumerken, dass auch in dieser Studie keine rationalen Optionswerte im Sinne der klassischen Optionspreistheorie, sondern naive Erwartungswerte der Rückzahlungen als Vergleichsmaßstab betrachtet werden.
574 Vgl. Tiwana et al. 2006, S. 379.
575 Vgl. Tiwana et al. 2007, S. 169.
576 Vgl. Tiwana et al. 2007, S. 174.
577 Vgl. Jost und Wolff 2003, S. 153f. und S. 156f.
578 Vgl. Kahneman und Tversky 1979, S. 283.
579 Vgl. hier und im Folgenden Murphy und Knaus 2012, S. 7ff.
580 Vgl. hier und im Folgenden Wang et al. 2010, S. 21ff.

Wie der Überblick über bisherige Forschungsarbeiten gezeigt hat, existieren durchaus Beiträge, die die Wahrnehmung von Optionswerten ergründen. Insbesondere experimentelle Ansätze scheinen dabei geeignet, gezielte Optionsausgestaltungen zu analysieren, um systematische Zusammenhänge zu erkennen und robuste Forschungsergebnisse zu erzielen. Insgesamt ist jedoch die Anzahl der Beiträge bisher gering. Zahlreiche Zusammenhänge sind folglich unerforscht. So ist z.B. der Einfluss realer Eintrittswahrscheinlichkeiten durch die Studien von ABBINK/ROCKENBACH (2006) bzw. ROCKENBACH (2004) in Ansätzen erforscht. Wie Optionen wahrgenommen werden, wenn ein positiver oder negativer Drift über die Höhe des Underlyingpreises in den verschiedenen zukünftigen Zuständen entsteht, ist jedoch ungewiss. Ebenso ist unklar, wie stark sich einzelne Variationen der Optionspreisparameter auf die monetäre Optionswertwahrnehmung auswirken, d.h. ob nicht nur die Wirkungsrichtung, sondern auch die Wirkungsstärke intuitiv zutreffend erkannt wird. Der Vergleich mit rationalen Optionswerten fällt häufig schwer, da hierfür die Existenz eines rationalen Optionswerts im Experiment sichergestellt werden muss. Entsprechend gering ist die Erkenntnistiefe in diesem Bereich. Nur durch die Synthese von Elementen der Behavioral Economics mit der rationalen Theoriegrundlage der quantitativen Optionspreismodelle können hier Fortschritte erzielt werden.

Die vorliegende Studie setzt an diesen und weiteren offenen Punkten an. Sie fokussiert auf spezifische Optionen, wie LANK/LUFT (2008) dies fordern. In Anlehnung an ABBINK/ROCKENBACH (2006) stellt sie die Existenz eines rationalen Optionswerts an den Stellen sicher, an denen dies notwendig ist. Neben dem Drift fokussiert sie auf die Moneyness, die Volatilität und die Restlaufzeit als Einflussfaktoren von Optionen und beachtet sowohl die Wirkungsrichtung als auch die Wirkungsstärke. Zudem zielt sie anders als andere Studien unter anderem auf reale Optionen aus der Praxis ab. Mit dem Fokus auf kraftwerksspezifische Optionen im Praxisteil und Teilnehmern aus der Energiewirtschaft wird eine Branche gewählt, in der reale Optionen eine wichtige Rolle spielen. Den Ergebnissen von HOWELL/JÄGLE (1997) zufolge ist dies bedeutsam für die Qualität von intuitiven Optionsbewertungen. Durch den Vergleich der Optionswerturteile von Studenten und Praktikern leistet die Arbeit einen zusätzlichen Beitrag.

6.2.5 Hypothesenbildung

Individuen treffen nicht immer rationale Entscheidungen.[581] Vielmehr weist ihr Entscheidungsverhalten, wie in Kap. 6.2.1.2 dargestellt, eine Reihe von Wirkungszusammenhängen auf, die zu systematischen Abweichungen von rationalen Entscheidungen führen können. Die bekannten verhaltensbasierten Verzerrungen sollen im Folgenden verwendet werden, um Hypothesen über zu erwartendes Verhalten im Kontext der Realoptionsbewertung herzuleiten. Den Ausgangspunkt bildet dabei die bereits in Kap. 3.2.1 vorgestellte Entscheidungssituation über einen Optionskauf

581 Vgl. exemplarisch Barberis und Thaler 2003, S. 1063ff.

mit den Parametern $S_0=50$, $S_1^u=70$, $S_1^d=30$ und $K=50$. Werden hiervon abweichende Optionen betrachtet, wird an den entsprechenden Stellen darauf hingewiesen.

Ein rationaler Entscheider sollte für die betrachtete Option eine Zahlungsbereitschaft von genau 10 GE aufweisen.[582] Individuelle Risikoeinstellungen dürfen dabei keine Rolle spielen. Die Annahme der vollkommenen Rationalität kann jedoch nicht vorausgesetzt werden, wie etliche Studien gezeigt haben.[583] Für die Hypothesengenerierung bildet folgender zweistufiger Zusammenhang die gedankliche Grundlage. Im ersten Schritt stellt sich die Frage, ob der Zusammenhang von Optionspreis und Preis des Underlyings von einem Individuum korrekt beachtet wird. Nur wenn dies der Fall ist, kann von einer rationalen Entscheidung gesprochen werden. Jeder auf diese Weise agierende Entscheider gelangt zwangsläufig zu einer Preisbereitschaft in Höhe von 10 GE für die zu bewertende Option. Wie die vorgestellten Studienergebnisse von Rockenbach (2004) gezeigt haben, ist hiervon jedoch keinesfalls zwangsläufig auszugehen.[584] Wird die Bedeutung des derivativen Charakters einer Option nicht erkannt, d.h. ist keine vollkommene Rationalität gegeben, so stellt sich im zweiten Schritt die Frage, ob zumindest in der isolierten Bewertung der Optionsrückflüsse und des zu zahlenden Optionspreises rational agiert wird oder aber irrationale Verhaltensweisen einen Einfluss auf das Werturteil entfalten. Die Struktur des Bewertungsprozesses und die daraus abgeleitete Klassifikation der verschiedenen Typen von Entscheidungsträgern ist in Abb. 37 veranschaulicht.[585]

Abb. 37: Klassifikation unterschiedlicher Entscheidertypen.

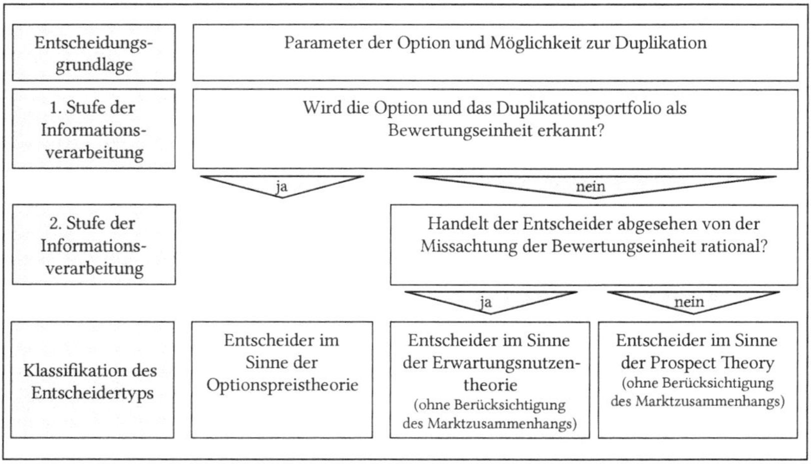

582 Vgl. Kap. 3.2.1.
583 Vgl. im Kontext der Optionsbewertung Kap. 6.2.4 in dieser Arbeit.
584 Vgl. Rockenbach 2004, S. 521f.
585 Vgl. hierzu auch Kap. 6.2.2.

Mögliche Abweichungen intuitiver Optionswerturteile von rationalen Optionswerten, d.h. Divergenzen zu dem ersten Entscheidertyp in Abb. 37, stehen im Mittelpunkt der Untersuchung. Folglich fokussiert die Hypothesengenerierung auf den zweiten und dritten Entscheidertyp. Auf Basis der Erwartungsnutzentheorie sowie der vorgestellten kognitiven Verzerrungen und der Prospect Theory sollen hierzu theoretisch fundierte Hypothesen hergeleitet werden. Wie in Kap. 6.1.2 dargestellt wurde, umfasst die Untersuchung zwei separate Experimente mit insgesamt drei inhaltlichen Blöcken. Die Hypothesengenerierung fokussiert zu großen Teilen auf den ersten Block, kann jedoch stellenweise auch auf die anderen Blöcke übertragen werden. Vermutungen über zu erwartende Verhaltensweisen in dem explorativer ausgerichteten zweiten und dritten Block werden anschließend separat präsentiert.

Für die betrachtete Option lassen sich mithilfe der Bewertungsfunktion der Prospect Theory zu erwartende Werteinschätzungen von Individuen herleiten. Allgemein lässt sich die Option des ersten Experimentteils wie folgt darstellen:

$S_{t=0}$	$S_{T=1}$	$PO_{T=1}$
	70 GE	+20 GE
50 GE		
	30 GE	± 0 GE

Gemäß der Ausgangssituation treten mit einer Wahrscheinlichkeit von 50% Optionsrückflüsse in Höhe von $PO_{T=1}$ = 20 GE auf und mit ebenfalls 50% Wahrscheinlichkeit Rückflüsse in Höhe von $PO_{T=1}$ = 0 GE. Diese ergeben sich aus dem Ausübungspreis K = 50 GE und der Entwicklung des Underlyings S. Im Sinne der *editing phase* der Prospect Theory wird also unabhängig von dem Ausgangsvermögen des Entscheidungsträgers eine positive Entwicklung des Underlyings mit einem Gewinn in Höhe von 20 GE und eine negative Entwicklung des Underlyings mit einer Vermögensveränderung von 0 GE verbunden.[586] Unter zusätzlicher Beachtung des zu leistenden Kaufpreises P ergeben sich folgende Rückflüsse aus der Entscheidung:

$$(0{,}5;\ 20\text{-}P;\ 0{,}5;\ \text{-}P)$$

Die Notation (p_1; x_1; p_2; x_2) beschreibt hier und im Folgenden stets, dass mit der Wahrscheinlichkeit p_1 das Resultat x_1 und mit der Wahrscheinlichkeit p_2 das Resultat x_2 eintritt. Sofern nur ein mögliches Ergebnis eintreten kann, wird die Notation

586 An dieser Stelle wird noch von der Wahrnehmung des für die Option zu zahlenden Kaufpreises abstrahiert. Auf diesen wird später näher eingegangen.

weiter zu (1; x_1) vereinfacht. Dies führt mittels der Bewertungsfunktion der Prospect Theory und der Berücksichtigung der Eintrittswahrscheinlichkeiten zu

$$ERW(f(P)) = 0{,}5 \cdot (20-P)^{\alpha} + 0{,}5 \cdot (-\lambda) \cdot (0-P)^{\alpha}.$$ [587]

Die Gleichung beschreibt den erwarteten Nutzenzuwachs eines Entscheidungsträgers, der im Sinne der Prospect Theory agiert. Da die Alternative des Optionskaufs (der Verzicht auf den Kauf) zu einem Zusatznutzen von null führt, kann obige Gleichung gleich null gesetzt werden, um die maximale Preisbereitschaft P^{max} zu bestimmen. Hierbei gilt es zu beachten, dass im Folgenden stets von den idealtypischen Werten $\alpha = 0{,}88$ für die Risikoeinstellung und $\lambda = 2{,}25$ für die Verlustaversion ausgegangen wird, die sich empirisch als durchschnittliche Parameter für die Risiko- bzw. Verlustaversion ergeben haben.[588] Es ergibt sich $P^{max} = 5{,}69$. Die maximale Preisbereitschaft eines Prospect-Theory-Entscheiders, der den Marktzusammenhang nicht berücksichtigt, liegt demnach bereits deutlich unter der rationalen Preisbereitschaft in Höhe von 10 GE. Die Gründe hierfür liegen neben der Missachtung der Duplikations- bzw. Hedgingmöglichkeit in der Risikoaversion und der ausgeprägten Verlustaversion.[589] Zudem kann schon hier erkannt werden, dass die Preisbereitschaft des Entscheiders erwartungswertabhängig ist, d.h. durch den realen Drift des Underlyings beeinflusst wird. Auf diesen Zusammenhang wird später noch näher eingegangen. An dieser Stelle ist das Augenmerk auf die Unterbewertung der betrachteten Option gerichtet.

In der Bestimmung von P^{max} war die implizite Annahme enthalten, dass der Entscheidungsträger den Kaufpreis „mental" mit den Optionsrückzahlungen verrechnet. Dies ist jedoch nicht zwangsläufig der Fall. Das bereits angesprochene Mental Accounting als weitere Besonderheit im Prozess der menschlichen Entscheidungsfindung ist hierfür ausschlaggebend.[590] Individuen neigen dazu, verschiedene Teilbereiche einer Entscheidung zu separieren anstatt Bewertungseinheiten zu bilden.[591] Im Kontext der vorliegenden Optionsbewertung sind entsprechend zwei Fälle zu unterscheiden. Der Kaufpreis der Option kann mit den Optionsrückzahlungen, wie gezeigt, verrechnet werden oder aber als unmittelbarer Verlust wahrgenommen

---

587 Vgl. Tversky und Kahneman 1992, S. 309. Die Darstellung gilt nur für Preisbereitschaften < 20 GE. Von Preisbereitschaften ≥20 GE kann jedoch abstrahiert werden, da diese den maximalen Optionsrückfluss überschreiten würden.

588 Vgl. Tversky und Kahneman 1992, S. 311.

589 Die Verlustaversion wird durch die Möglichkeit des Kaufpreisverlustes relevant. Die Option selber hat stets Rückflüsse ≥0.

590 Vgl. zu dem Konzept des Mental Accountings Thaler 1985 und Thaler 1999. Die dafür notwendige Segregation unterschiedlicher Bestandteile einer Entscheidungssituation wird in der Prospect Theory im Rahmen der *editing phase* vorgenommen. Vgl. Kahneman und Tversky 1979, S. 274.

591 Vgl. Thaler 1985, S. 201ff. und im Kontext der Optionsbewertung Rockenbach 2004, S. 521f.

werden. Dass dieser Unterschied von Bedeutung ist, liegt an der referenzpunktabhängigen Bewertung und der Verlustaversion im Rahmen der Prospect Theory und wird im Folgenden verdeutlicht. Im Falle einer Separierung von Kaufpreis und Rückzahlung ergeben sich zwei Konten (*accounts*):

1. Konto:	(1; -P)
2. Konto:	(0,5; 20; 0,5; 0)

Die Optionspreiszahlung ist nun isoliert von den Rückflüssen der Option. Durch die Notation (1; -P) ist ersichtlich, dass die Kaufpreiszahlung in jedem Fall zunächst durch den ersten Account als Verlust wahrgenommen wird und die späteren Optionsrückflüsse des zweiten Accounts separat betrachtet werden. Werden die beiden Accounts abermals mithilfe der Bewertungsfunktion der Prospect Theory bewertet, ergibt sich

$$ERW(f(P)) = 0{,}5 \cdot 20^{\alpha} + 0{,}5 \cdot 0^{\alpha} - \lambda \cdot P^{\alpha}$$

und folglich mit $\alpha = 0{,}88$ und $\lambda = 2{,}25$ und nach Gleichsetzen mit null die maximale Preisbereitschaft $P^{max} = 3{,}62$. Aufgrund der sicheren Verlustwahrnehmung der Optionspreiszahlung fällt die Preisbereitschaft folglich noch geringer aus als zuvor.[592] Der Unterbewertung der beiden Fälle entsprechend kann hierdurch folgende Hypothese formuliert werden:

H1: Die intuitive Preisbereitschaft für reale Kaufoptionen, die sich am Geld befinden und einen realen Drift in Höhe des risikolosen Zinssatzes aufweisen, ist geringer als der rationale Optionswert.

Die Preisbereitschaften auf Basis der Erwartungsnutzentheorie sollen nachfolgend für drei idealtypische Risikoeinstellungen als Vergleichsgröße betrachtet werden. Analog zu dem beschriebenen zweistufigen Prozess in Abb. 37 wird hiermit der Ansatz verfolgt, dass die Duplikationsmöglichkeit im ersten Schritt missachtet, anschließend jedoch ein rationales Verhalten an den Tag gelegt wird. Wie in Kap. 6.2.1.1 dargestellt, ist die Erwartungsnutzenfunktion EU(x) gegeben durch:[593]

$$EU(x) = \sum_{i=1}^{n} p_i \cdot u(x_i)$$

592 Das Ergebnis, dass eine Separation bei Vorliegen von Verlustmöglichkeiten zu einer geringeren Preisbereitschaft führt, steht in Einklang mit Thaler 1985, S. 201f.

593 Vgl. Eisenführ und Weber 2003, S. 211. Der Parameter x_i bezeichnet die Höhe des Vermögens im Zustand i.

Als Nutzenfunktion wird an dieser Stelle die Potenzfunktion $u(x_i) = x_i^\alpha$ verwendet, die es ermöglicht über den Parameter α unterschiedliche Risikoeinstellungen des Entscheiders zu modellieren.[594] Für die hier betrachteten Optionen mit zwei möglichen Optionsrückzahlungen folgt somit:

$$EU\left(x_1, x_2\right) = p_1 \cdot x_1^{\alpha} + p_2 \cdot x_2^{\alpha}$$

Der Parameter α wird im Folgenden exemplarisch mit $\alpha = 0{,}88$ für risikoaverse Entscheider, $\alpha=1$ für risikoneutrale Entscheider und $\alpha = 1{,}12$ für risikoaffine Entscheider gewählt.[595] Die Parameter der Risikoaversion sowie die Rückflüsse der Option können nun in die Erwartungsnutzenfunktion eingesetzt werden. Die maximale Preisbereitschaft wird bestimmt, indem der Erwartungsnutzen der Optionsrückzahlungen genau dem Nutzenverlust durch die Kaufpreiszahlung gleichgesetzt wird.[596] In Abhängigkeit der Risikoeinstellung ergeben sich folgende maximale Preisbereitschaften:

Fall 1: Risikoaverser Entscheider ($\alpha = 0{,}88$)

$$0{,}5 \cdot 20^{0{,}88} + 0{,}5 \cdot 0^{0{,}88} = P^{max\,0{,}88} \Leftrightarrow P^{max} = 9{,}10$$

Fall 2: Risikoneutraler Entscheider ($\alpha = 1$)

$$0{,}5 \cdot 20^{1} + 0{,}5 \cdot 0^{1} = P^{max\,1} \Leftrightarrow P^{max} = 10{,}00$$

Fall 3: Risikoaffiner Entscheider ($\alpha = 1{,}12$)

$$0{,}5 \cdot 20^{1{,}12} + 0{,}5 \cdot 0^{1{,}12} = P^{max\,1{,}12} \Leftrightarrow P^{max} = 10{,}77$$

Es zeigt sich, dass bei der betrachteten Option, deren realer Drift genau dem risikolosen Zinssatz entspricht, der risikoneutrale Entscheider als maximale Preisbereitschaft

---

594 Vgl. Laux 2012, S. 133 und Tversky und Kahneman 1992, S. 309. Nach dem Risikomaß von Pratt (1964) mit $r(x) = -\frac{u''(x)}{u'(x)}$ und $r^*(x) = -\frac{u''(x)}{u'(x)} \cdot x$ handelt es sich hierbei um eine Funktion mit abnehmender absoluter Risikoaversion r(x) und konstanter relativer Risikoaversion r*(x). Vgl. Pratt 1964, S. 125ff. Die Anforderung, dass auf Nutzenfunktionen mit steigender absoluter Risikoaversion verzichtet werden sollte, da sie nicht realistisch sind, wurde somit eingehalten. Vgl. Eisenführ und Weber 2003, S. 226f.

595 Wie zuvor leitet sich die Wahl von $\alpha = 0{,}88$ aus empirisch beobachteten Risikoaversionen ab. Vgl. Tversky und Kahneman 1992, S. 311.

596 Im Rahmen der Erwartungsnutzentheorie ist an dieser Stelle strenggenommen das Gesamtvermögen des Entscheidungsträgers in der Ermittlung des Indifferenzpreises zu berücksichtigen. Hiervon kann jedoch abstrahiert werden, da die Struktur der resultierenden Aussage von der Vermögenshöhe unberührt bleibt. Zudem ist eine Argumentation über die Betrachtung isolierter Lotterien im Kontext der Erwartungsnutzentheorie in der Literatur durchaus üblich. Vgl. exemplarisch Laux 2012, S. 121ff.

genau den Wert der Option aufweist, während der risikoaverse Entscheider eine geringere und der risikoaffine Entscheider eine höhere Preisbereitschaft besitzen.[597] Da in der Regel von risikoaversen Entscheidungsträgern ausgegangen werden wird, kann H1 folglich auch auf Basis von Erwartungsnutzenmaximierern unter Missachtung des Marktzusammenhangs hergeleitet werden. Die Unterbewertung des Prospect-Theory-Entscheiders fällt jedoch bedeutend größer aus.

Alle bisher ermittelten Preisbereitschaften bezogen sich auf die eingangs vorgestellte Option. Neben dieser sind in dem ersten Experimentteil fünf weitere, ähnlich geartete Optionen relevant.[598] Unterschiede zwischen den Optionen ergeben sich zum einen durch die Moneyness, d.h. das Verhältnis von Underlyingpreis und Ausübungspreis, und zum anderen durch den Drift des Underlyings. Die rationalen Optionswerte sind jedoch stets identisch.[599] In Tab. 33 dargestellt sind die zu erwartenden Preisbereitschaften der insgesamt sechs Optionen auf Basis der Prospect Theory und der Erwartungsnutzentheorie für alle beschriebenen Entscheidertypen. Die erste Datenzeile erhält dabei die Werte, die soeben detailliert hergeleitet wurden.

Tab. 33: Übersicht maximaler Preisbereitschaften der unterschiedlichen Entscheidertypen

Gr.	S_0	S_1^u	S_1^d	K	PO^u	PO^d	ERW	OW	CPT, agg.	CPT, sep.	EUT, avers	EUT, neutral	EUT, affin
									α=0,88; λ=-2,25	α=0,88; λ=-2,25	α=0,88	α=1,00	α=1,12
I	50	70	30	50	20	0	10	10	5,69	3,62	9,10	10,00	10,77
I	50	65	20	50	15	0	7,5	10	4,27	2,72	6,82	7,50	8,08
I	50	80	35	50	30	0	15	10	8,54	5,43	13,65	15,00	16,16
II	50	65	35	45	20	0	10	10	5,69	3,62	9,10	10,00	10,77
II	50	60	30	45	15	0	7,5	10	4,27	2,72	6,82	7,50	8,08
II	50	75	37,50	45	30	0	15	10	8,54	5,43	13,65	15,00	16,16

597 Dass der risikoneutrale Erwartungsnutzenmaximierer eine Preisbereitschaft exakt in Höhe des rationalen Optionswertes aufweist, ist nicht allgemeingültig. Ist der Drift des Underlyings ungleich der risikolosen Verzinsung, so weichen der diskontierte Erwartungswert der Optionsrückzahlungen, d.h. die Preisbereitschaft des risikoneutralen Entscheiders, und der rationale Optionswert voneinander ab. Vgl. Kap. 3.2 und Tab. 33. Der risikolose Zinssatz wird in der gesamten Arbeit mit 0% angenommen.

598 Drei der insgesamt sechs Optionen wurden bereits in Kap. 3.2 vorgestellt.

599 Nähere Erläuterungen zu den Optionsausgestaltungen und dem Experimentaufbau erfolgen in Kap. 6.3.1.

Es zeigt sich, dass trotz einheitlicher rationaler Optionswerte in Höhe von stets 10 GE die Preisbereitschaften der verschiedenen idealtypischen Erwartungsnutzenmaximierer bzw. Prospect-Theory-Entscheider stark voneinander abweichen. Die Systematik lässt sich wie folgt zusammenfassen. Klassische Prospect-Theory-Entscheider haben aufgrund ihrer Verlustaversion durchweg eine Zahlungsbereitschaft, die geringer ist als der Optionswert. Sofern eine mentale Separation von Optionspreis und Optionsrückzahlungen erfolgt, sinkt die maximale Preisbereitschaft zusätzlich, da der Optionserwerb stets mit einem sicheren Verlust in Höhe des Kaufpreises verbunden wird. Mit Blick auf Erwartungsnutzenmaximierer ist zu erkennen, dass die Preisbereitschaften umso höher ausfallen, je geringer die Risikoaversion bzw. je höher die Risikofreude ist. Insbesondere bei risikoaffinen Entscheidern lassen sich auch Überbewertungen feststellen. Dies liegt in dem Risiko der unsicheren Optionsrückzahlungen begründet, das für risikofreudige Entscheider nutzenstiftend wirkt. Neben den Effekten zwischen den verschiedenen Entscheidungstypen (Zeilen in Tab. 33) zeigt sich, dass der reale Drift bzw. der Erwartungswert der Optionsrückzahlungen einen unmittelbaren Einfluss auf alle dargestellten Entscheider ausübt (Spalten in Tab. 33), obwohl er rational betrachtet irrelevant ist.[600] In allen Fällen steigt die Preisbereitschaft mit steigendem Erwartungswert. Die Folge ist, dass ein steigender Drift bei Prospect Theory-Entscheidern die Unterbewertung abschwächt, während ein fallender Drift diese noch verstärkt. Ähnliches gilt für Erwartungsnutzenmaximierer. Folglich kann auf eine Erwartungswertabhängigkeit der Preisbereitschaften geschlussfolgert werden:

H2: Die intuitive Preisbereitschaft für reale Kaufoptionen hängt von dem Erwartungswert der Optionsrückzahlungen, d.h. von dem realen Drift des Underlyings, ab. Sie steigt/fällt mit positivem/negativem Drift.

In Tab. 33 sind zunächst drei Optionen am Geld (S_0=K) und anschließend drei Optionen im Geld (S_0>K) abgebildet. In dem Experiment erfolgt hier die Trennung zwischen den Teilnehmergruppen I und II, wie später noch in Kap. 6.3.1 erläutert wird. Wichtig an dieser Stelle ist jedoch, dass sich die Optionswerte und auch die einzelnen zustandsabhängigen Optionsrückzahlungen paarweise zwischen den Gruppen exakt entsprechen. Wie Tab. 33 zu entnehmen ist, sind die resultierenden Optionsrückzahlungen PO^u bzw. PO^d, die Erwartungswerte ERW und die Optionswerte OW in der ersten und vierten Datenzeile (bzw. der zweiten und fünften Datenzeile bzw. der dritten und sechsten Datenzeile) identisch. Auch die abgeleiteten Preisbereitschaften der Entscheidertypen unterscheiden sich nicht. Die Moneyness der Option hat folglich keinen Einfluss über den Argumentationsstrang der Prospect Theory auf das Entscheidungsverhalten. Ein solcher Effekt lässt sich jedoch über das Mental Accounting als Judgment Bias im Rahmen

600 Vgl. zur Irrelevanz des realen Drifts Kap. 3.2.

der Meinungsbildung herleiten.[601] Den Ausgangspunkt bildet die Unterscheidung in den inneren Wert und den Zeitwert einer Option, die in Kap. 2 vorgestellt wurden. Der innere Wert einer Option ist als Differenz von Underlyingpreis und Ausübungspreis für einen Entscheidungsträger unmittelbar erkennbar. Der Zeitwert hingegen, der insbesondere aus der Volatilität des Underlyings und der Restlaufzeit der Option resultiert, ist eine ungleich schwieriger greifbare bzw. berechenbare Größe. Entsprechend ist es denkbar, dass Entscheidungsträger die beiden Größen im Sinne des Mental Accountings separieren und unterschiedlich in ihr Entscheidungskalkül einfließen lassen.[602] Es kann zudem vermutet werden, dass der innere Wert einer Option als erster Schätzer für intuitive Optionswerturteile dient, der anschließend im Sinne der Anchoring-and-Adjustment-Heuristik nur unzureichend angepasst wird und somit die Preisbereitschaft verzerrt. TVERSKY/KAHNEMAN (1974) zeigten in einer experimentellen Studie zur Erforschung des Ankereffekts zum Beispiel, dass Individuen, die unter Zeitdruck das Produkt aus $1 \cdot 2 \cdot 3 \cdot 4 \cdot 5 \cdot 6 \cdot 7 \cdot 8$ berechnen sollten, eine signifikant geringere Ergebnisschätzung angaben, als Individuen, die das Produkt aus $8 \cdot 7 \cdot 6 \cdot 5 \cdot 4 \cdot 3 \cdot 2 \cdot 1$ bestimmten.[603] Der Grund war die absteigende Ziffernfolge im ersten Fall gepaart mit der typisch menschlichen Eigenschaft, Ergebnisschätzungen im Rahmen einer zweistufigen Informationsverarbeitung auf kognitiven Ankern zu basieren. Unter kognitiven Ankern werden dabei bewusst oder unbewusst generierte erste Schätzwerte verstanden, die den Ausgangspunkt für die Entscheidungsfindung bilden (z.B. das Produkt der ersten zwei Faktoren). Durch die unzureichende Adjustierung dieser Anker im nachgelagerten Entscheidungsprozess werden Verzerrungen ausgelöst. Je kleiner der Anteil des inneren Werts am Gesamtoptionswert ist, desto stärker ist die hieraus zu vermutende Verzerrung des intuitiven Werturteils. Entsprechend ist zu erwarten, dass die Abweichungen zwischen rationalem und intuitivem Werturteil bei Optionen am Geld höher ausfallen, als bei Optionen, die weit im Geld sind.

H3: Die intuitive Preisbereitschaft für reale Kaufoptionen hängt bei Optionen mit gleichen rationalen Optionswerten von der Moneyness der Option ab. Sie sinkt mit steigenden Zeitwerten und vice versa.

Alle bisherigen Ausführungen zu Erwartungsnutzenmaximierern und Prospect-Theory-Entscheidern basieren auf der Annahme, dass die Entscheidungssituation durch die Individuen zumindest soweit strukturiert wird, dass die zustandsabhängigen Rückzahlungen der Option erkannt werden. Dieses ist aber nicht zwingend der Fall. Wie aus anderen Untersuchungsbereichen bekannt ist, werden Entscheidungssituationen nicht immer auf die relevanten Informationen verdichtet.

601 Vgl. zum Mental Accounting grundlegend Thaler 1985 und Thaler 1999.
602 Als Indiz für Mental Accounting im Rahmen der Optionsbewertung vgl. Rockenbach 2004, S. 521f.
603 Vgl. hier und im Folgenden Tversky und Kahneman 1974, S. 1128f.

Benartzi/Thaler (2001) konnten z.B. zeigen, dass Individuen in Kapitalallokationsentscheidungen dazu neigen, unabhängig von dem Risikoausmaß angebotener Wertpapiere annähernd gleiche Teile ihres Kapitals auf die verschiedenen Investitionsmöglichkeiten zu verteilen.[604] Die hierfür ursächliche Heuristik wird als „Naive Diversifikation" bezeichnet.[605] Ohne Beachtung der relevanten Information werden in diesem Fall Entscheidungen heuristikbasiert getroffen.[606] Auf welche Weise relevante Parameter im Rahmen der Optionsbewertung wahrgenommen und berücksichtigt werden, ist bisher nicht geklärt, da experimentelle Studien rar sind. Aus diesem Grund verfolgt die vorliegende Arbeit auch einen explorativen Ansatz. Ohne die Ableitung expliziter Hypothesen soll die gesamte Bandbreite intuitiver Optionswerturteile untersucht und ausgewertet werden. So ist es z.B. möglich, dass Optionsentscheidungen durch Faktoren beeinflusst werden, die ähnlich wie die Naive Diversifikation nicht durch die normative Erwartungsnutzentheorie oder die deskriptive Prospect Theory abgebildet werden können. Ein Beispiel hierfür wäre eine Preisbereitschaft in Höhe von null für eine Option. Da eine Option stets zu positiven Rückzahlungen oder null führt, ist eine solche Preisbereitschaft, die zum Ausdruck bringt, dass der Flexibilität keinerlei Wert beigemessen wird, kaum erklärbar. Ebenso ist es möglich, dass Teilnehmer eine Preisbereitschaft angeben, die noch über der maximal möglichen Optionsrückzahlung liegt. Auch eine solche Verhaltensweise ist nur durch eine unzureichende Strukturierung der Entscheidungssituation möglich.

Die bisherige Hypothesengenerierung fokussierte auf die eingangs vorgestellte Optionskonstellation und damit auf die Entscheidungssituation im ersten Block des Experiments. Die Sichtweise soll nun erweitert und auch der zweite und dritte Block betrachtet werden. Dabei wird weniger eine quantitative Herleitung der Preiseffekte angestrebt, sondern im Sinne der explorativen Ausrichtung vielmehr eine qualitative Einordnung der zu erwartenden Verhaltensweisen. Der zweite Experimentteil überführt die Optionsbewertung aus Block I in einen mehrperiodigen Kontext und fokussiert auf die Wahrnehmung einzelner Optionspreisparameter. Insbesondere wird die Frage adressiert, inwiefern der Einfluss des Underlyingpreises, der Volatilität und der Restlaufzeit in ihrer Wirkungsrichtung und Wirkungsstärke zutreffend wahrgenommen werden.[607] Bezüglich einer Variation des Underlyingpreises wurde der zu vermutende Einfluss bereits in der Herleitung zu H3 angesprochen. Aufgrund der unmittelbar zu erkennenden Vergrößerung des

---

604 Vgl. Thaler und Benartzi Shlomo 2001, S. 82f.

605 Vgl. Thaler und Benartzi Shlomo 2001, S. 79.

606 Ein weiteres Beispiel liefern die Studien zum Framing Effect, denen zufolge Entscheidungen von dem Darstellungsformat der Informationen abhängen können. Vgl. hierzu grundlegend Tversky und Kahneman 1981.

607 Einzelheiten hierzu werden in Kap. 6.4.1 erörtert.

inneren Wertes der Option bei steigendem Underlyingpreis ist davon auszugehen, dass die Wirkungsrichtung korrekt wahrgenommen wird. Die Wirkungsstärke hingegen ist weniger trivial, da der Einfluss einer Erhöhung des Underlyingpreises um 1 GE auf den Optionswert von der Moneyness der Option abhängt.[608] Nur bei Optionen, die sehr weit im Geld sind, führt eine Erhöhung des Underlyingpreises um 1 GE zu einer approximativen Steigerung des Optionswertes um 1 GE. Ist die Option hingegen sehr weit aus dem Geld, verändert die Variation des Underlyingpreises den Optionswert nur marginal. Die genaue Wertdifferenz wird insbesondere in Abhängigkeit von der Moneyness der Option durch das Optionsdelta, d.h. durch die erste Ableitung der Optionspreisfunktion nach dem Underlyingpreis, bestimmt.[609] Es ist daher zu erwarten, dass die Wirkungsintensität weniger zutreffend wahrgenommen wird. Mittels der Argumentation über Ankereffekte kann die Erwartungshaltung noch konkretisiert und vermutet werden, dass eine Variation des Underlyingpreises zu einer Veränderung der intuitiven Werturteile um die Differenz des Underlyingpreises führt und somit der Einfluss überschätzt wird.

Der theoretische Einfluss der Volatilität auf den Optionswert hängt von dem Vega der Option ab, d.h. der ersten Ableitung der Optionswertfunktion nach der Volatilität des Underlyings.[610] Die Wirkungsweise in der intuitiven Optionsbewertung ist jedoch schwieriger vorauszusehen als bei einer Variation des Ausübungspreises. Es ist vorstellbar, dass eine steigende Volatilität mit einem höheren Risiko verbunden wird und folglich bei risikoaversen Entscheidern zu einem geringeren Optionswerturteil führt. Entgegengesetzt ist es aber auch möglich, dass eine steigende Volatilität dazu führt, dass ein steigender maximal erzielbarer Optionsrückfluss wahrgenommen wird und das Werturteil steigt. Die Wirkungsrichtung und umso mehr die Wirkungsstärke sind folglich ex-ante unklar. Gleiches gilt für die Restlaufzeit als drittem untersuchten Einflussfaktor, deren Einfluss theoretisch approximativ durch das Theta der Option, d.h. durch die erste Ableitung der Optionswertfunktion nach der Restlaufzeit, ausgedrückt wird.[611] Auch hier kann eine gesteigerte Restlaufzeit zu der Wahrnehmung größerer Unsicherheit oder aber zu der Wahrnehmung eines größeren möglichen Optionsrückfluss führen, wodurch keine eindeutigen Hypothesen bezüglich der wahrgenommenen Wirkungsrichtung und Wirkungsstärke möglich sind.

Der dritte Experimentblock zeichnet sich insbesondere durch seine besondere Praxisrelevanz aus.[612] Die zugrunde liegende Optionskonstellation ist jedoch sehr ähnlich zu den Entscheidungssituationen der ersten beiden Blöcke, weshalb sich die Gedankengänge bezüglich zu erwartender Verhaltensweisen übertragen

608 Vgl. Cox et al. 1979, S. 234.
609 Vgl. Hull 2012, S. 338.
610 Vgl. Hull 2012, S. 495f.
611 Vgl. Hull 2012, S. 489.
612 Vgl. hierzu näher Kap. 6.4.1.1.

lassen. Insbesondere ist im Sinne von H1 für die in Block III betrachtete ATM-Kraftwerksoption von einer intuitiven Unterbewertung auszugehen. Zudem soll wie im zweiten Experimentblock der Einfluss einzelner Optionspreisparameter explorativ erforscht werden. In Anlehnung an HOWELL/JÄGLE (1997) kann vermutet werden, dass Abweichungen von theoretischen Optionspreisen bei Praktikern aus der Energiewirtschaft weniger stark ausfallen als bei Studenten ohne wesentliche Kenntnisse der Optionspreistheorie.[613]

6.3 Erstes Experiment: Design und Ergebnisse

6.3.1 Experiment-Design

6.3.1.1 Experimentaufbau

Für das erste Experiment wurde ein 2x1-Design bestehend aus zwei Vergleichsgruppen gewählt. Beide Teilnehmergruppen durchliefen zwei experimentelle Entscheidungssituationen, die in Anlehnung an Abb. 34 hier und im Folgenden als Block I und Block II bezeichnet werden. Aufbauend auf einem gruppenspezifischen Basisszenario werden in beiden Blöcken und für beide Teilnehmergruppen gezielte und kontrollierte Parametervariationen durchgeführt. Hierdurch werden sowohl Between-Subject-Analysen als auch Within-Subject-Analysen ermöglicht.[614] Wie in Kap. 6.1.2 einführend erläutert, unterscheiden sich die Blöcke in ihrer inhaltlichen Schwerpunktsetzung der untersuchten Fragestellungen und der Ausgestaltungen der Entscheidungssituationen. Im Detail wird hierauf nachfolgend eingegangen. Der gemeinsame Bezug zur übergeordneten Fragestellung, wie Optionen intuitiv bewertet werden und welche Einflussfaktoren zu Verzerrungen führen können, ist jedoch das zentrale verbindende Element.

Die Aufteilung auf zwei Gruppen sowie die Unterteilung in zwei Blöcke und der Experimentablauf innerhalb der Blöcke ist in Abb. 38 veranschaulicht.

---

613 Vgl. Howell et al. 1997, S. 341.
614 Vgl. Sedlmeier und Renkewitz 2013, S. 144ff.

Abb. 38: Aufbau des ersten Experiments.

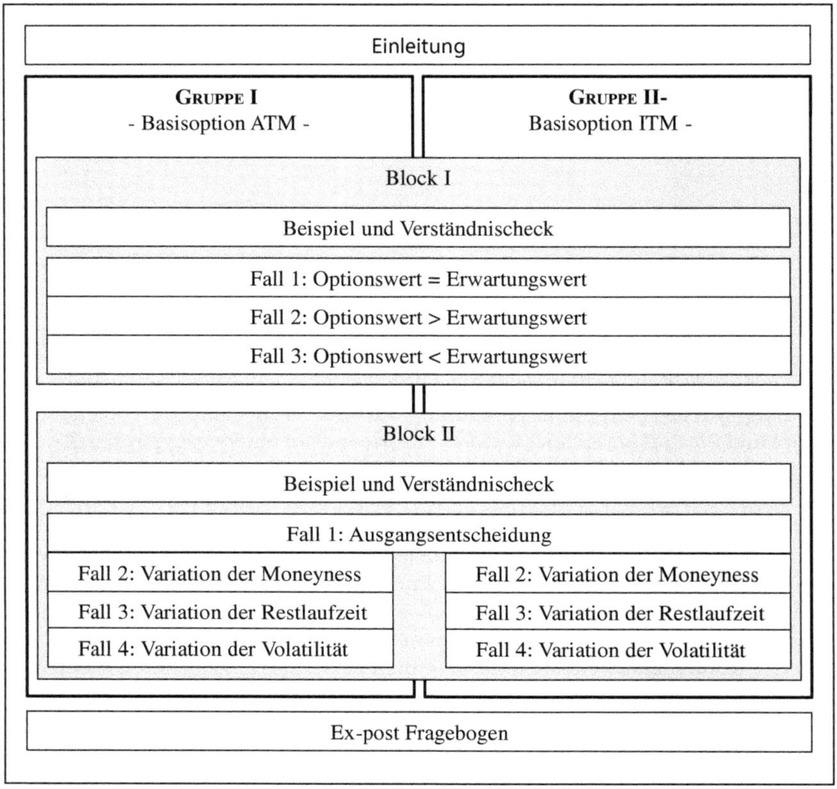

Im ersten Experimentblock steht die Frage im Fokus, ob die Preisbereitschaften der Entscheider systematische und signifikante Abweichungen von dem rationalen Optionswert aufweisen. Ein einziger rationaler Optionswert als Vergleichsgröße liegt nur dann vor, wenn die Option duplizierbar ist. Folglich wird den Teilnehmern in diesem ersten Experimentblock eine Duplikationsmöglichkeit geboten.[615] Aufgrund der resultierenden Komplexität wurde besonders stark darauf geachtet, die

615 Eine Duplikations- bzw. Hedgingmöglichkeit der Option ist in dem Experiment zwingend für die Existenz eines eindeutigen rationalen Optionswertes notwendig und wird in ähnlicher Weise in ABBINK/ROCKENBACH (2006) verwendet. Vgl. Abbink und Rockenbach 2006, S. 502f. Die Notwendigkeit einer Duplikationsmöglichkeit in realen Bewertungssituationen diskutieren unter anderem Dangl und Kopel 2003, S. 56ff. und Chance und Peterson 2013, S. 557.

Entscheidungssituation so einfach wie möglich zu halten und auf das Notwendige zu reduzieren. Wie in dem Beispiel in Kap. 3.2.1 beschränkte sich die Entscheidungssituation auf eine Periode.

Die Teilnehmer verfügten über die folgende Informationslage.[616] Der Anfangswert des Underlyings (S_0) war für t=0 vorgegeben. Nach einer Periode konnte der Wert entweder in t=1 gestiegen (S_1^u) oder gesunken (S_1^d) sein. Die Preise in beiden, gleichwahrscheinlichen Zuständen waren ebenfalls vorgegeben. Weitere Zustände waren nicht möglich. Der Ausübungspreis (K) einer Kaufoption auf dieses Underlying war den Teilnehmern bekannt. Die Entscheidungssituation war so formuliert, dass es sich bei der Option um eine reale Warteoption handelte. Zur Duplikation bzw. zum Hedging der Option konnte zudem das Underlying selber gekauft oder (leer-)verkauft werden. Da sowohl für eine Duplikation als auch für ein Hedging ein anteiliger Verkauf/Kauf des Underlyings notwendig ist,[617] wurde das Underlying zur Vereinfachung in t=0 auf einen Wert von eins normiert angeboten. Anschließend hatten die Teilnehmer die Entscheidung zu treffen, wie viele Taler sie maximal für den Erwerb der Option zu zahlen bereit sind, d.h. wie viel ihnen die Möglichkeit des Abwartens wert ist.[618]

Bei der Beschreibung der Entscheidungssituation wurde darauf geachtet, dass keine unbekannten oder missverständlichen Begriffe gewählt wurden und die Situation so präzise wie möglich geschildert wurde. Auf optionspreistheoretische Begrifflichkeiten wie „Option", „Underlying", „Ausübungspreis" etc. wurde bewusst verzichtet. Zudem wurde ein Verständnistest in das Experiment integriert. Nur diejenigen Teilnehmer, die den Verständnistest korrekt absolvierten, konnten an dem Experiment teilnehmen.

Jeder Teilnehmer wurde in dem ersten Block mit insgesamt drei Spezifikationen der dargestellten Entscheidungssituation konfrontiert.[619] Die den spezifizierten Entscheidungssituationen zugrunde liegenden Optionsstrukturen entsprachen in der ersten Gruppe exakt den in Kap. 3.2.1 eingeführten Beispielen. Während in der ersten Gruppe folglich Optionen am Geld (d.h. $K=S_0$) zu bewerten waren, wurden die Teilnehmer der zweiten Gruppe mit Optionen im Geld (d.h. $K<S_0$) konfrontiert, indem der Ausübungspreis verringert wurde. Um eine Vergleichbarkeit der Gruppen im Sinne eines Ceteris-Paribus-Designs zu erzeugen, wurde in der zweiten Gruppe zudem die Volatilität des Underlyings verringert, so dass sich die rationalen Optionswerte, die

616 Der genaue Wortlaut der Entscheidungssituation kann vom Autor zur Verfügung gestellt werden.

617 Vgl. hierzu Kap. 3.2.1 und insbesondere Formel (3–3).

618 Die Teilnehmer verfügten in jeder Entscheidungssituation über eine Kapitalausstattung in Höhe von 100 Talern. Für Einzelheiten zur Incentivierung der Teilnehmer vgl. Kap. 6.3.1.2.

619 Vgl. „Fall 1" bis „Fall 3" in Abb. 38. Es wurde besonders darauf geachtet, dass die Entscheidungen in den drei Fällen unabhängig voneinander getroffen wurden. Entscheidend hierfür war zum einen die Kapitalausstattung der Teilnehmer, die in jedem Fall neu auf 100 GE gesetzt wurde, und zum anderen die fallweise unterschiedliche Bezeichnung der möglichen Zustände in der Entscheidungssituation sowie die Ausgestaltung der Incentivierung der Teilnehmer (vgl. hierzu Kap. 6.3.1.2).

Erwartungswerte der Optionsrückzahlungen und auch die zustandsabhängige Höhe der einzelnen Optionsrückzahlungen in beiden Gruppen exakt entsprachen.[620] Auch die zugrunde liegenden Optionen in der zweiten Gruppe sind bereits aus Kap. 6.2.5 bekannt. Zur besseren Nachvollziehbarkeit fasst Tab. 34 jedoch die Optionsdetails übersichtlich zusammen.

Tab. 34: Ausgestaltung der Optionsparameter im ersten Experimentteil.

Gr.	Fall	S_0	S_1^d	S_1^u	K	PO^u	PO^d	ERW(PO)	IW	ZW	OW
I	1	50	70	30	50	20	0	10	0	10	10
I	2	50	65	20	50	15	0	7,5	0	10	10
I	3	50	80	35	50	30	0	15	0	10	10
II	1	50	65	35	45	20	0	10	5	5	10
II	2	50	60	30	45	15	0	7,5	5	5	10
II	3	50	75	37,5	45	30	0	15	5	5	10

Wie zu erkennen ist und in Kap. 3.2.1 ausführlich erörtert wurde, beträgt der rationale Optionswert in allen sechs Fällen genau 10 GE. Hiervon abweichende Preisbereitschaften können aufgrund der Duplikationsmöglichkeit als irrational eingestuft werden. Innerhalb der beiden Gruppen unterscheiden sich die drei Optionen durch ihren Erwartungswert, d.h. den realen Drift des Underlyings, der entweder genau gleich (Fall 1), kleiner (Fall 2) oder größer (Fall 3) als der Optionswert ist. Die zentrale Forschungsfrage, ob Optionen intuitiv korrekt bewertet werden oder eine Über-/ Unterbewertung stattfindet, wird folglich dahingehend weiter aufgebrochen, dass gezielt der Einfluss der Moneyness der Option und der reale Drift des Underlyings untersucht wird. Während Aussagen über irrationale Über- bzw. Unterbewertungen durch fall- und gruppenspezifische Vergleiche mit rationalen Optionswerten generiert werden können, wird der Einfluss der Moneyness durch Between-Subject-Vergleich zwischen den Gruppen und der Einfluss des Drifts durch Within-Subject-Vergleich zwischen den Fällen untersucht.

Der zweite Block des Experiments zielt weniger stark auf einen Vergleich mit rationalen Optionswerten ab, dafür jedoch stärker auf die Wahrnehmung einzelner Optionspreisparameter. Die Entscheidungssituation sieht im zweiten Block wie folgt aus. Den Teilnehmern wird ein Spiel angeboten, in dem eine Münze mehrfach geworfen wird.[621] Jedes Mal, wenn Kopf erscheint, wird ein Betrag X auf ein Konto

620 Die separate Wahrnehmung einer Veränderung der Moneyness bzw. der Volatilität wird zusätzlich in 6.3.2.2 analysiert.

621 Anstelle eines mehrfachen Münzwurfs verwenden Murphy/Knaus (2012) hierzu ähnlich das mehrfache Rollen eines Würfels zur Erzeugung der Preisentwicklung des Underlyings. Vgl. Murphy und Knaus 2012, S. 3.

eingezahlt, jedes Mal, wenn Zahl erscheint, wird ein Betrag X von dem Konto entfernt. Das Konto kann sowohl positiv als auch negativ werden. Am Ende des Spiels erhält jeder Teilnehmer den Endbestand des Kontos ausgezahlt, sofern dieser positiv ist. Ein negativer Kontostand muss von den Teilnehmern jedoch nicht ausgeglichen werden. Um an diesem Spiel teilzunehmen, das ausschließlich Gewinnpotenzial und kein Verlustrisiko bietet, müssen die Teilnehmer einen Preis zahlen. Jeder Teilnehmer wird daher gefragt, wie viel er maximal für die Spielteilnehme zu zahlen bereit ist.[622] Die zugrunde liegende Struktur der Entscheidungssituation wurde bereits in Kap. 3.2.2 zur Optionsbewertung im mehrperiodigen Kontext eingeführt. Nachfolgend soll diese jedoch konkretisiert und um das gesamte Spektrum der im Experiment getesteten Optionen erweitert werden.

Das Basisszenario (Fall 1) besteht in beiden Gruppen aus einem Münzwurfspiel mit zehn Würfen. In Gruppe I startet das Spiel mit einem Spielkontostand von null Talern und einer Veränderung des Kontostands um +/-5 Taler bei Kopf/Zahl, während in Gruppe II der Startkontostand fünf Taler beträgt und Kopf/Zahl zu einer Veränderung von +/-2,50 Talern führt. In Gruppe I handelt es sich somit um eine Option am Geld, in Gruppe II um eine Option im Geld. Durch die gleichzeitige Variation von Moneyness und Volatilität beträgt der rationale Optionswert in beiden Gruppen 6,2 Taler. Aufgrund des mehrperiodigen Spielaufbaus, der eine Analyse des Einflusses der Restlaufzeit erst ermöglicht, wird an dieser Stelle jedoch auf die Möglichkeit zur Bildung von Hedge- oder Duplikationsportfolien verzichtet.[623] Ausgehend von dem Basisszenario werden anschließend nacheinander die Moneyness (Spielkontostand zu Beginn des Spiels), die Restlaufzeit (Anzahl der Münzwürfe) und die Volatilität (Höhe der Geldbeträge, die bei jedem Münzwurf dem Konto hinzugefügt bzw. entnommen werden) ceteris paribus variiert.[624] Wie im ersten Block wurde stets darauf geachtet, die Entscheidungssituation so einfach wie möglich zu halten und die Beschreibung so präzise wie möglich zu

---

622 Der verwendete Becker/DeGroot/Marschak-Mechanismus zur Abfrage der maximalen Preisbereitschaft wird in Kap. 6.3.1.2 näher erläutert.

623 Zur vollkommenen Absicherung wären kontinuierliche Anpassungen der Portfolien im Sinne einer Delta-Hedging-Strategie notwendig, die über die zumutbare Komplexität für die Teilnehmer hinausgeht (vgl. Kap. 3.2.2). Der Nachteil eines fehlenden rationalen Optionswertes wird an dieser Stelle in Kauf genommen. Er ist jedoch an dieser Stelle von untergeordneter Bedeutung und kann in der Experimentauswertung durch die Messung impliziter Risikoeinstellungen ex-post berücksichtigt werden.

624 Wie auch in Block I wurde darauf geachtet, dass die Entscheidungen in den einzelnen Fällen unabhängig voneinander getroffen wurden und auch keine Wechselbeziehung zu Block I vorlag. Entscheidend hierfür war insbesondere das Startkapital der Teilnehmer, das in jedem Fall neu auf 100 Taler gesetzt wurde, und die Ausgestaltung der Incentivierung (vgl. hierzu Kap. 6.3.1.2).

formulieren.[625] Die Umsetzung der Entscheidungssituation in Form eines Münzwurfspiels wurde gewählt, da dieses auch in der mehrperiodigen Form einfach verständlich ist.[626] Einen Überblick über die zu bewertenden Optionen in beiden Gruppen und den vier Fällen gibt Tab. 35.[627]

Tab. 35: Ausgestaltung der Optionsparameter im zweiten Experimentteil

Gr.	Fall	S_0	Kopf/ Zahl	Wurf-anzahl	PO-Struktur[628]	K	ERW(PO)	IW	ZW	OW
I	1	0	+5/-5	10	(50; 40; 30; 20; 10; 0; 0; 0; 0; 0; 0)	0	6,2	0	6,2	6,2
I	2	5	+5/-5	10	(55; 45; 35; 25; 15; 5; 0; 0; 0; 0; 0)	0	9,3	5	4,3	9,3
I	3	0	+5/-5	8	(40; 30; 20; 10; 0; 0; 0; 0; 0)	0	5,5	0	5,5	5,5
I	4	0	+2,5/-2,5	10	(25; 20; 15; 10; 5; 0; 0; 0; 0; 0; 0)	0	3,1	0	3,1	3,1
II	1	5	+2,5/-2,5	10	(30; 25; 20; 15; 10; 5; 0; 0; 0; 0; 0)	0	6,2	5	1,2	6,2
II	2	-2,50	+2,5/-2,5	10	(22,5; 17,5; 12,5; 7,5; 2,5; 0; 0; 0; 0; 0; 0)	0	2,1	0	2,1	2,1
II	3	5	+2,5/-2,5	12	(35; 30; 25; 20; 15; 10; 5; 0; 0; 0; 0; 0; 0)	0	6,4	5	1,4	6,4
II	4	5	+3,5/-3,5	10	(40; 33; 26; 19; 12; 5; 0; 0; 0; 0; 0)	0	7,4	5	2,4	7,4

625 Ein Verständnis-Check stellt erneut sicher, dass die Teilnehmer die Aufgabenstellung verstanden haben.

626 Gleichzeitig ist eine tatsächliche Berechnung des Optionswertes unverhältnismäßig kompliziert. Folglich wird die Gefahr reduziert, dass die Teilnehmer den Optionswert ausrechnen, anstatt ein intuitives Werturteil anzugeben.

627 Die Entscheidungssituation in Gruppe I, Fall 1 entspricht exakt der Option, die in Kap. 3.2.2 als einführendes Beispiel vorgestellt wurde.

628 Die verschiedenen PO sind nicht gleichwahrscheinlich. Durch die Münzwürfe ergeben sich folgende Wahrscheinlichkeiten in der Reihe der angegebenen PO. Bei achtfachem Münzwurf: 0,39%; 3,13%; 10,94%; 21,88%; 27,34%; 21,88%; 10,94%; 3,13%; 0,39%. Bei zehnfachem Münzwurf: 0,10%; 0,98%; 4,39%; 11,72%; 20,51%; 24,61%; 20,51%; 11,72%; 4,39%; 0,98%; 0,10%. Bei zwölffachem Münzwurf: 0,02%; 0,29%; 1,61%; 5,37%; 12,08%; 19,34%; 22,56%; 19,34%; 12,08%; 5,37%; 1,61%; 0,29%; 0,02%. Wie die unterschiedliche PO-Struktur (bei gleichen Optionswerten und Erwartungswerten) zwischen Fall 1 der ersten Gruppe und Fall 1 der zweiten Gruppe in der Auswertung zu berücksichtigen ist, wird in Kap. 6.3.2 erörtert.

Wie bereits in Abb. 38 angedeutet und in Tab. 35 deutlich wird, sind die Optionswerturteile in den Fällen zwei, drei und vier nicht zwischen den Gruppen vergleichbar und werden folglich ausschließlich innerhalb der jeweiligen Gruppen durch Within-Subject-Analysen untersucht.[629] Zu beachten ist jedoch, dass die Veränderungen innerhalb der ersten Gruppe von Fall 1 zu Fall 2 sowie von Fall 1 zu Fall 4 genau die Variation zwischen Fall 1 der ersten Gruppe zu Fall 1 der zweiten Gruppe abbilden. Folglich ermöglichen die Within-Subject-Analysen der ersten Gruppe Aussagen über den separaten Einfluss der Moneyness und der Volatilität als Auslöser möglicher Unterschiede zwischen den beiden Gruppen in Fall 1.

Im Anschluss an die Optionsbewertungen werden die Teilnehmer mit Aussagen zu ihrem Entscheidungsverhalten und zu Wirkungszusammenhängen konfrontiert und nach ihrem Grad der Zustimmung gefragt. Die Ex-post-Fragen dienen dazu, das Antwortverhalten der Teilnehmer weitergehend analysieren zu können.[630] Insbesondere wird hierbei auf die möglicherweise unterschiedliche Wahrnehmung des inneren Wertes und des Zeitwertes der Option abgezielt.

6.3.1.2 Experimentteilnehmer

Das erste Experiment wurde mit 16 Studentinnen und 48 Studenten der Wirtschaftswissenschaften an der Bergischen Universität Wuppertal durchgeführt.[631] Die insgesamt 64 Teilnehmer befanden sich im Durchschnitt im sechsten Fachsemester (Mittelwert: 5,5; Median: 5,0) und besuchten im Wintersemester 2012/13 das Bachelormodul Controlling. Durch die Beschränkung der Teilnehmer auf Studenten des Controllingmoduls wurde das Ziel einer möglichst homogenen Zusammensetzung verfolgt. Die Fokussierung auf Bachelorstudenten mit geringen Vorkenntnissen aus dem Bereich der Optionsbewertung steht in Einklang mit der Ausrichtung der Forschungsfrage, die bewusst auf die Kongruenz von theoretisch-rationalen Optionswerten und intuitiven Werteinschätzungen abzielt. Entsprechend gaben über 60% der Teilnehmer an, dass ihnen der Begriff „Realoption" unbekannt ist, und über 80%, dass sie sich mit der Bewertung von Optionen nicht auskennen.

Die Teilnahme an dem Experiment erfolgte online und anonym. Mittels verschlüsselten Zugangscodes wurde sichergestellt, dass nur die adressierten Teilnehmer Zugang zu dem Experiment erhielten und keine mehrfache Teilnahme möglich war. Die durchschnittliche Dauer der Experimentteilnahme betrug rund 28 Minuten. Es konnten nur Studenten an dem Experiment teilnehmen, die zuvor

---

629 Aus diesem Grund sind in Abb. 38 die Fälle zwei, drei und vier für die beiden Experimentgruppen separat dargestellt.

630 Vgl. zur exemplarischen Verwendung von Ex-Post-Fragen Maines und McDaniel 2000, S. 189ff.

631 Im weiteren Verlauf wird vereinfachend von „Studenten" bzw. „Teilnehmern" gesprochen, gemeint ist jedoch stets die Gesamtgruppe der Studentinnen und Studenten bzw. Teilnehmerinnen und Teilnehmer.

einen Verständnis-Check korrekt absolvierten. Die Gefahr der Angabe willkürlicher Antworten in der experimentellen Studie wurde hierdurch bereits ex-ante reduziert.

Um eine experimentkonforme Anreizgestaltung zu gewährleisten, hing die Teilnahmevergütung der Studenten von den im Experiment getroffenen Entscheidungen, d.h. den angegebenen maximalen Preisbereitschaften, ab. Konkret sah die Ausgestaltung wie folgt aus. Nach der Angabe der individuellen Preisbereitschaft wurde ein zufälliger Angebotspreis ermittelt. Lag die Preisbereitschaft über dem Angebotspreis, erwarb der Teilnehmer die Option für den Angebotspreis. Lag die Preisbereitschaft unterhalb des Angebotspreises, verblieb der Teilnehmer bei seinem aktuellen Kontostand. Diese auf den sogenannten Becker/deGroot/Marschak-Mechanismus zurückgehende Vergütungsausgestaltung wurde den Studenten erklärt und das Verständnis ebenfalls im Vorhinein überprüft.[632] Der Becker/deGroot/Marschak-Mechanismus ist dazu geeignet, die wahre Preisbereitschaft der Probanden abzufragen, und gehört neben der sogenannten Vickrey-Auktion zu den gängigsten Methoden der Preisbereitschaftsabfrage in wissenschaftlichen Studien.[633] Eine bewusste Verzerrung der Preisbereitschaftsangabe ist hierdurch aus Teilnehmersicht nicht sinnvoll, da diese zu ungewollten Käufen führen oder gewollte Käufe verhindern kann. Um Pfadabhängigkeiten im Antwortverhalten zu vermeiden, wurde die Vergütung zudem so ausgestaltet, dass sie nur von einer der Optionspreisentscheidungen abhing, die die Teilnehmer zu treffen hatten.[634] Welche Entscheidung dies war, wurde im Nachhinein zufallsbasiert ausgewählt und den Teilnehmern ebenso wie die finale Vergütungshöhe erst nach Abschluss des Experiments mitgeteilt.[635] Den Teilnehmern war dies bekannt. Folglich bestand für sie der Anreiz, in jeder Entscheidungssituation unabhängig voneinander die aus ihrer Sicht optimale Entscheidung zu treffen. Die Studenten wurden in jeder Entscheidungssituation mit einem Startkapital in Höhe von 100 Talern (= 10 €) ausgestattet, das ihnen für die Angabe der eigenen Preisbereitschaft zur Verfügung stand.[636] Im Ergebnis erzielten die Teilnehmer eine durchschnittliche Vergütung in Höhe von 10,16 € (Min: 7,00 €, Max: 15,50 €, Median: 10,00 €).

---

632 Vgl. Becker et al. 1964, S. 228.

633 Vgl. Becker et al. 1964, S. 228 und Wertenbroch und Skiera 2002, S. 231f. Die Vickrey-Auktion ist ein Mechanismus, bei der der Höchstbietende den Zuschlag erhält, jedoch nur den Preis des zweithöchsten Gebotes bezahlt. Vgl. Breidert et al. 2006, S. 11f., Vickrey 1961, S. 14ff. und Wertenbroch und Skiera 2002, S. 230.

634 Ein ähnliches Vorgehen wählen z.B. Yavas und Sirmans 2005, S. 47.

635 Im Sinne der Prospect Theory ist es sonst möglich, dass ein Gewinn im ersten Experimentteil dazu führt, dass die Teilnehmer anschließend risikoavers agieren, während ein Verlust im ersten Experimentteil zu einer Risikofreude führen könnte. Dies hätte negative Konsequenzen für die Vergleichbarkeit der Antworten im zweiten Experimentteil.

636 In den Experimenten wurde stets von „Talern“ gesprochen. In den folgenden Auswertungen werden die Bezeichnungen „Taler“ und „GE“ synonym verwendet.

6.3.2 Ergebnisse

6.3.2.1 Auswertungen des ersten Experimentteils

Die insgesamt 64 Studentinnen und Studenten wurden randomisiert in zwei Gruppen aufgeteilt. In der ersten Gruppe befanden sich 33 Teilnehmer, in der zweiten Gruppe 31 Teilnehmer. In Tab. 36 ist die deskriptive Statistik des Antwortverhaltens aller Teilnehmer in den beiden Gruppen für den ersten Experimentteil unbereinigt dargestellt.

Tab. 36: Deskriptive Statistik zum ersten Experimentteil ohne Datenbereinigung

Gruppe	Fall	n	PO^u	PO^d	ERW(PO)	OW	Mittelwert	Std.abw.	Min.	Max.
I	1	33	20	0	10	10	23,86	24,53	0,00	100
I	2	33	15	0	7,5	10	19,02	19,65	0,00	65
I	3	33	30	0	15	10	29,81	23,78	0,00	100
II	1	31	20	0	10	10	16,35	15,77	0,00	64
II	2	31	15	0	7,5	10	13,74	14,92	0,00	59
II	3	31	30	0	15	10	23,45	18,08	0,00	74

Die Variablen PO^u und PO^d bezeichnen die Optionsrückzahlungen bei positiver und negativer Preisentwicklung. ERW(PO) bezeichnet den naiven Erwartungswert über die Optionsrückflüsse und OW den rationalen Optionswert. Die letzten vier Spalten der Tabelle enthalten das Antwortverhalten der Teilnehmer. Die mittleren Preisbereitschaften liegen in allen sechs Fällen deutlich über den rationalen Optionswerten. Das Antwortverhalten ist jedoch sehr heterogen, wie die hohen Standardabweichungen zeigen. Die mittleren Preisbereitschaften sind durch Ausreißer verzerrt und kaum aussagekräftig. In allen sechs Fällen liegen Teilnehmer vor, deren Preisbereitschaften den maximalen Rückfluss der Option PO^{max} überschreiten.[637] Unabhängig davon, ob normative oder deskriptive Entscheidungstheorien zugrunde gelegt werden, sind solch hohe Preisbereitschaften nur durch mangelndes Situationsverständnis begründbar und bedürfen einer Bereinigung. Als inhaltlich begründetes und eindeutig operationalisiertes Kriterium zur Datenbereinigung wird die Bedingung formuliert, dass diejenigen Antworten aus der Analyse zu entfernen sind, in denen die Preisbereitschaft die maximal mögliche Optionsrückzahlung (PO^{max}) übersteigt.[638] Die bereinigte Datenbasis ist in Tab. 37 dargestellt.

---

637 PO^{max} entspricht in der einperiodigen Entscheidungssituation des ersten Experimentteils PO^u.

638 Sobald eine Preisbereitschaft eines Teilnehmers den Grenzwert übersteigt, wird das Antwortverhalten desjenigen Teilnehmers vollständig aus der Auswertung

Tab. 37: Deskriptive Statistik zum ersten Experimentteil nach Datenbereinigung.

Gruppe	Fall	n	PO^u	PO^d	ERW(PO)	OW	Mittelwert	Std.abw.
I	1	19	20	0	10	10	8,55	5,66
I	2	19	15	0	7,5	10	6,85	5,74
I	3	19	30	0	15	10	12,23	6,65
II	1	24	20	0	10	10	9,71	6,91
II	2	24	15	0	7,5	10	8,00	6,39
II	3	24	30	0	15	10	15,80	10,13

Bevor auf die deutlich gesunkenen gruppenspezifischen Mittelwerte näher eingegangen wird, soll zunächst ein detaillierter Blick auf das deskriptive Antwortverhalten beider Gruppen in dem ersten Fall geworfen werden. Abb. 39 veranschaulicht, dass lediglich 37% der Teilnehmer in Gruppe I und 17% der Teilnehmer in Gruppe II den Wert der Option korrekt wahrgenommen haben.[639] Im Umkehrschluss bedeutet dies, dass fast zwei Drittel in Gruppe I und in Gruppe II sogar über 80% der Teilnehmer irrationalerweise eine zu hohe oder zu niedrige Preisbereitschaft für die Realoption angaben. Die Preisbereitschaft, die in beiden Gruppen am häufigsten abweichend vom rationalen Optionswert genannt wurde, entsprach gerade dem inneren Wert der Option. In Gruppe I lag der Anteil an Studenten, die den Zeitwert vollkommen missachteten, bei 16%, in Gruppe II sogar bei 33%. Als erstes Indiz kann daher im Hinblick auf H3 zumindest für Fall 1 festgehalten werden, dass der innere Wert für einen beachtlichen Anteil an Teilnehmern das intuitive Optionswerturteil determiniert. Unterstützt wird dieses Ergebnis durch den Umstand, dass sich die inneren Werte zwischen den beiden Gruppen unterscheiden (Gruppe I: 0 GE, Gruppe II: 5 GE). Insbesondere der positive innere Wert in Gruppe II scheint dabei eine besonders starke Ankerwirkung zu entfalten und führt zu dem hohen Anteil an Werturteilen in Höhe des inneren Wertes und dem geringen Anteil an rationalen Optionswerturteilen.

herausgenommen. Hierdurch wird eine einheitliche Datenbasis in der gesamten Analyse sichergestellt und bereinigungsbedingte Verzerrungen verhindert.

639 Als korrekt werden hier und im Folgenden solche Preisbereitschaften gewertet, die weniger als 10% von dem rationalen Optionswert abwichen.

Abb. 39: Antwortverteilungen im ersten Experimentteil in Fall 1.

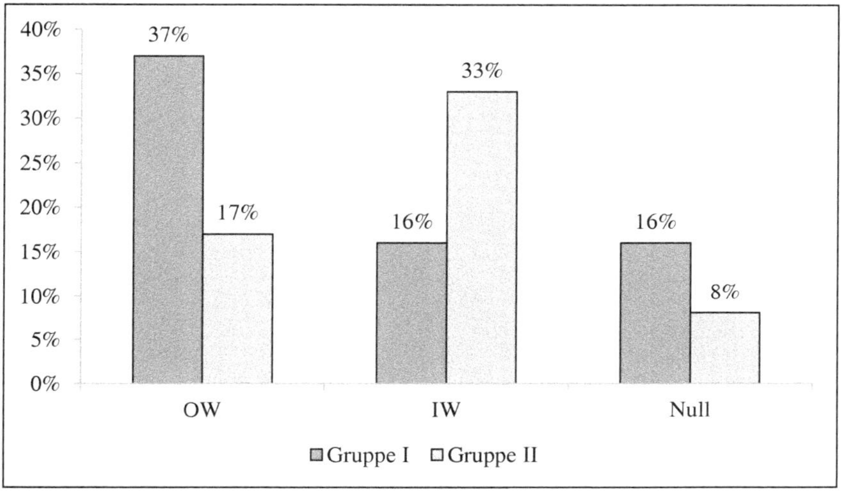

Neben dem geringen Anteil korrekter Optionswerturteile und dem Einfluss des inneren Wertes auf die Wertwahrnehmung sind mit Blick auf Abb. 39 die Anteile an Teilnehmern bemerkenswert, die der Option überhaupt keinen Wert beimaßen. Obwohl die Option ausschließlich zu positiven Rückzahlungen führen kann, d.h. keinerlei Verlustrisiko existiert, sind immerhin 16% der Teilnehmer in Gruppe I und 8% der Teilnehmer in Gruppe II nicht bereit, einen – sei es noch so geringen – Preis für die Option zu bezahlen.[640] Die auffällig große Differenz zwischen den Anteilen in Gruppe I und Gruppe II lässt sich dabei erneut gut durch die jeweiligen Optionsausgestaltungen erklären. Über den Einfluss des inneren Wertes führt die höhere Moneyness in Gruppe II dazu, dass dort maximale Preisbereitschaften unter 5 GE und insbesondere Preisbereitschaften in Höhe von 0 GE deutlich seltener angegeben werden.

Neben dem Blick auf ausgewählte Preisbereitschaften in Abb. 39 wird mit Abb. 40 das Ausmaß und die Richtung der intuitiven Werturteilsverzerrungen deutlich.

640 Da der innere Wert der in Gruppe I betrachteten Option 0 GE beträgt, entsprechen sich in Abb. 39 die Anteile der Teilnehmer aus Gruppe I, die der Option keinen bzw. einen Wert in Höhe des inneren Wertes beimessen (jeweils 16%).

Abb. 40: Abweichungen vom rationalen Optionswert im ersten Experimentteil in Fall 1.

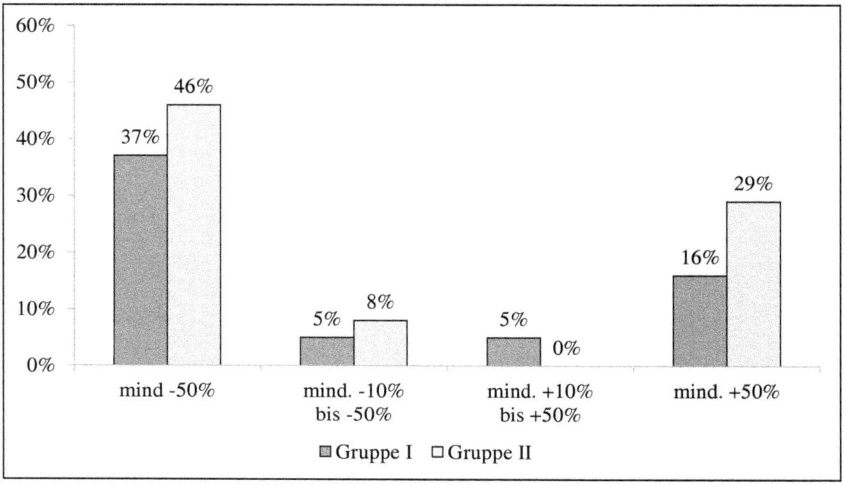

Fast die Hälfte aller Teilnehmer unterschätzt den Optionswert intuitiv um mindestens 10%. Zudem unterschätzen mehr als 40% der Teilnehmer in Gruppe II und über 35% der Teilnehmer in Gruppe I den Optionswert um mindestens 50%. Eine Überschätzung des Optionswert ist hingegen seltener zu beobachten, erfolgt dennoch bei mehr als jedem fünften Teilnehmer um mindestens 10% und bei 16% (29%) der Teilnehmer in Gruppe I (Gruppe II) um mindestens 50%. Die Auffälligkeit, dass häufiger Unterbewertungen als Überbewertungen erfolgen, steht in Einklang mit H1.

Durch die bis hierhin rein deskriptiv durchgeführte Auswertung der Antwortverteilungen im ersten Fall konnten bereits erste Muster in der Optionswertwahrnehmung aufgedeckt werden. Nachfolgend sind in Tab. 38 die entsprechenden deskriptiven Häufigkeiten für alle drei Fälle des ersten Experimentteils aufgeführt. Die Werte der ersten und vierten Datenzeile enthalten die soeben analysierten und in Abb. 39 und Abb. 40 dargestellten Antwortverteilungen des ersten Falls.

Tab. 38: Deskriptive Verteilungsanalyse der intuitiven Optionswerturteile

			Optionswerturteile						
Gr.	**Fall**	**n**	**OW**	**IW**	**Null**	**Abw. mind. -50%**	**Abw. mind. -10% bis -50%**	**Abw. mind. +10%. bis +50%**	**Abw. mind. +50%**
I	1	19	37%	16%	16%	37%	5%	5%	16%
I	2	19	21%	26%	26%	47%	11%	0%	21%
I	3	19	5%	5%	5%	21%	21%	0%	53%
II	1	24	17%	33%	8%	46%	8%	0%	29%
II	2	24	13%	17%	29%	46%	4%	5%	33%
II	3	24	17%	8%	8%	17%	0%	25%	42%

Anders als der erste Fall impliziert der zweite Fall einen negativen und der dritte Fall einen positiven Drift des Underlyings. Im Antwortverhalten der Teilnehmer führt dies zu deutlichen Auswirkungen. Bezogen auf den zweiten Fall zeigt sich in beiden Gruppen, dass ein negativer Drift im Underlying den ohnehin geringen Anteil korrekter Optionswerturteile zusätzlich reduziert.[641] Lag die Quote im ersten Fall bei 37% (Gruppe I) bzw. 17% (Gruppe II), liegt sie im zweiten Fall bei 21% bzw. 13%. Ein negativer Drift verringert offenbar die Qualität intuitiver Werturteile. Auch der positive Drift im dritten Fall führt zu einem Rückgang an rationalen Optionswerturteilen (Gruppe I: 5%, Gruppe II: 10%), wobei insbesondere die deutliche Zunahme an Überbewertungen auffällt. Werden die gruppen- und fallspezifischen Abweichungen gegenübergestellt, ist zu erkennen, dass bei einem negativen Drift deutlich mehr Teilnehmer den Optionswert unterschätzen (58% in Gruppe I; 50% in Gruppe II) als überschätzen (21% in Gruppe; 38% in Gruppe II), während bei einem positiven Drift die Teilnehmer eher zu einer Überschätzung (53% in Gruppe; 67% in Gruppe II) als zu einer Unterschätzung (42% in Gruppe; 17% in Gruppe II) neigen. Folglich deuten die Ergebnisse nicht nur auf eine Abnahme der Urteilsqualität hin, sondern sie sind auch ein deutliches Indiz für den verzerrenden Einfluss des realen Drifts und damit für den in H2 vermuteten Zusammenhang. Die Irrelevanz des realen Drifts wird offenbar nicht als solche wahrgenommen, was auch der Anteil an Preisbereitschaften in Höhe von null eindeutig belegt. Inwiefern sich hieraus signifikante Erkenntnisse über den Einfluss des Drifts auf die mittleren Preisbereitschaften ableiten lassen, wird später näher analysiert.

641 Im ersten Fall war der Anteil korrekter Optionswerturteile auch deshalb so hoch, weil dort –anders als im Fall 2 und Fall 3 – der rationale Optionswert genau dem naiven Erwartungswert der Optionsrückzahlungen entsprach. Vgl. hierzu ausführlich Kap. 3.2.1.

Als Zwischenfazit der deskriptiven Auswertungen kann festgehalten werden, dass intuitive Optionsbewertungen häufig deutlich von den rationalen Optionswerten abweichen. Fast in allen betrachteten Fällen liegen 80% oder mehr der Werturteile um mindestens 10% über oder unter dem rationalen Optionswert. Die Ergebnisse deuten zudem darauf hin, dass sowohl von der Moneyness der Option als auch dem Drift des Underlyings ein verzerrender Effekt ausgeht. Der innere Wert der Option wird nicht selten unmittelbar als Optionswertschätzer verwendet und ein positiver Drift erhöht den Anteil an Überbewertungen deutlich. Zudem zeigte sich eine auffällige Häufung von Teilnehmern, die der Option überhaupt keinen Wert beimessen. Dies ist insbesondere bei einem negativen Drift des Underlyings der Fall.

Um Erkenntnisse über eindeutige Wirkungszusammenhänge in der intuitiven Optionsbewertung abzuleiten, können die gruppenspezifischen Mittelwerte der Optionswerturteile auf signifikante Differenzen untersucht werden.[642] Hierzu werden sowohl Mittelwertvergleiche zwischen den Gruppen und zwischen den untersuchten Fällen als auch Vergleiche zu den rationalen Optionswerten betrachtet. Bevor entsprechende Ein- und Zweistichproben-Tests bei verbundenen und unverbundenen Gruppen durchgeführt werden, veranschaulicht Abb. 41 die bereits in Tab. 37 dargestellten Mittelwerte und stellt sie dem rationalen Optionswert gegenüben.

Aus der grafischen Betrachtung lassen sich drei bemerkenswerte Zusammenhänge erkennen. Die mittleren Preisbereitschaften der zweiten Gruppe liegen im paarweisen Vergleich in allen drei Fällen höher als die mittleren Preisbereitschaften der ersten Gruppe. Dies steht in Einklang mit H3, da die Optionen in Gruppe II einen höheren inneren Wert aufweisen als die Optionen in Gruppe I. Zudem liegt in beiden Gruppen das Werturteil in Fall 1 über dem Werturteil in Fall 2 und unter dem Werturteil in Fall 3. Wie in der Herleitung zu H2 begründet, scheint der negative Drift in Fall 2 und der positive Drift in Fall 3 folglich auch im Mittelwert die Preisbereitschaften der Teilnehmer systematisch zu verzerren. Zuletzt fällt mit Blick auf den rationalen Optionswert auf, dass die Optionswerturteile bei positivem Drift diesen über- und bei negativem Drift unterschreiten. Wie in H1 angenommen, liegt zudem die mittlere Preisbereitschaft der Teilnehmer in Gruppe 1 im Fall 1 unterhalb des rationalen Wertes.

642 Vgl. exemplarisch Backhaus et al. 2011, S. 160ff.

Abb. 41: Übersicht über die mittleren Preisbereitschaften im ersten Experimentteil.

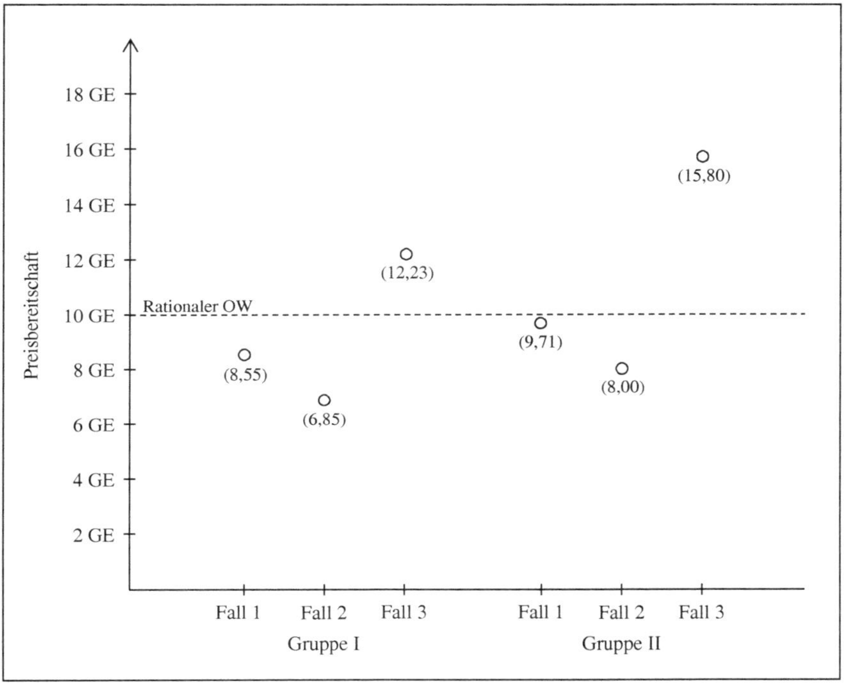

Die Erkenntnisse der grafischen Analyse werden nachfolgend auf ihre Signifikanz hin getestet. Die Auswertungen erfolgen abgestimmt auf die Reihenfolge der aufgestellten Hypothesen. Für die Auswahl geeigneter Signifikanztests sind die Antwortverteilungen der Teilnehmer entscheidend.[643] Mittels des Kolmogorov-Smirnov-Tests wurden daher vorab alle Antwortverteilungen auf Abweichungen von der Normalverteilung getestet. Im ersten Experimentblock lagen keine signifikanten Abweichungen vor.[644] Entsprechend kann hier auf T-Tests zurückgegriffen

643 Dies gilt insbesondere, da die Gruppengröße n<50 beträgt. Vgl. Eckstein 2012, S. 110.

644 Aufgrund der geringen Gruppengröße wurden die Kolmogorov-Smirnov-Tests nicht mit einer asymptotischen Annäherung der Antwortverteilungen an eine theoretische Prüfverteilung (sogenannte Lilliefors-Modifikation, vgl. Eckstein 2012, S. 110) durchgeführt, sondern exakte Werte verwendet. JANSSEN/LAATZ (2013) empfehlen diese Vorgehensweise. Vgl. Janssen und Laatz 2013, S. 604.

werden, die die Normalverteilung als Anwendungsvoraussetzung haben.[645] Auf alternative, verteilungsannahmefreie Testverfahren wird anlassbezogen im späteren Verlauf der Arbeit näher eingegangen.

Ergebnisauswertung zur Überprüfung von H1

Die Ergebnisse der gruppen- und fallspezifischen Einstichproben-T-Tests, die sich im Kontext von H1 aus dem Vergleich mit den rationalen Optionswerten ergeben, stellt Tab. 39 dar.

Tab. 39: Ergebnisse der Einstichproben-T-Tests auf Abweichungen von den rationalen Optionswerten auf Basis bereinigter Daten

Gruppe	Fall	n	Mittelwert	Std.abw.	T-Wert (2-seitig)
I	1	19	8,55	5,66	-1,117
I	2	19	6,85	5,74	-2,393**
I	3	19	12,23	6,65	1,459
II	1	24	9,71	6,91	-0,207
II	2	24	8,00	6,39	-1,535
II	3	24	15,80	10,13	2,803**

*(**;***) Signifikanzniveau $p < 0,10$ (0,05; 0,01)

Es zeigt sich, dass in beiden Gruppen die mittleren Optionswerturteile im ersten Fall nicht signifikant von dem rationalen Optionswert abweichen. Zwar treten in beiden Gruppen, wie gezeigt, häufiger Unter- als Überbewertungen auf und liegen in beiden Gruppen die mittleren Preisbereitschaften unter 10 GE, jedoch führt aufgrund der großen Streuung der wahrgenommenen Optionswerte der Einstichproben-T-Test zu keinen signifikanten Ergebnissen. Hypothese 1, die sich auf Gruppe I, Fall 1 bezog, kann folglich an dieser Stelle nicht bestätigt werden.[646] Dass in Gruppe II, Fall 1 keine signifikante Abweichung vorliegt, ist vor dem Hintergrund der aufgestellten Hypothesen hingegen wenig verwunderlich. Die erhöhte Moneyness in Gruppe II wirkt im Sinne von H3 der gemäß H1 zu vermutenden Unterbewertung entgegen, wodurch ein kompensierender Effekt vorliegt.

645 Vgl. Mosler und Schmid 2006, S. 251ff. Daneben setzen T-Test eine Varianzhomogenität der zu vergleichenden Gruppen voraus. In den folgenden Auswertungen wird entsprechend im Rahmen von Zwei-Stichproben-T-Tests stets mithilfe des Levene-Tests die Varianzhomogenität überprüft und bei abweichenden Varianzen auf den Welch-Test zurückgegriffen. Vgl. Eckstein 2012, S. 117ff.

646 Auch ein aufgrund der gerichteten Hypothese möglicher einseitiger Einstichproben-T-Test fällt nicht signifikant aus.

Für den zweiten Fall wurden keine expliziten Hypothesen über zu erwartende Abweichungen vom rationalen Optionswert aufgestellt. Werden die Hypothesenherleitungen zu H1 und H2 jedoch parallel beachtet, ergibt sich für die erste Gruppe eine eindeutige Aussage über die zu erwartende Preisbereitschaft. Da bei neutralem Drift in Fall 1 bereits gemäß H1 eine Unterbewertung zu vermuten war und ein negativer Drift im Sinne von H2 zu einem geringeren Optionswerturteil führt, ist in Gruppe I, Fall 2 von einer Unterbewertung auszugehen. In ähnlicher Weise gilt die Argumentation auch für Gruppe II. Hier wirkt jedoch die höhere Moneyness der Unterbewertung entgegen, wodurch die Abweichung vom rationalen Wert geringer ausfallen sollte. Mit Blick auf Tab. 39 treffen die abgeleiteten Vermutungen für beide Gruppen zu. In Gruppe I liegt die mittlere Preisbereitschaft mit 6,85 GE deutlich und signifikant unter dem rationalen Optionswert. Der Wert der ATM-Option mit negativem Drift im Underlying wird zu gering wahrgenommen. In Gruppe II liegt die mittlere Preisbereitschaft ebenfalls unterhalb des rationalen Wertes von 10 GE, die Abweichung fällt jedoch geringer aus und ist nicht signifikant.

Wie für Fall 2 können auch für den dritten Fall Aussagen über zu vermutende Abweichungen aus den formulierten Hypothesen abgeleitet werden. Aufgrund einer Erhöhung der Optionswerturteile bei positivem Drift im Sinne von H2 ist in Gruppe I davon auszugehen, dass die Unterbewertung aus Fall 1 in Fall 3 geringer ausfällt oder es sogar zu einer Überbewertung kommt. In Gruppe II hingegen wirken der positive Drift und die höhere Moneyness in die gleiche Richtung, weshalb hier die Überbewertung besonders stark ausfallen sollte. Auch hier zeigen die Ergebnisse in Tab. 39, dass beide abgeleiteten Vermutungen zutreffen. Während sich in Gruppe I die signifikante Unterbewertung aus Fall 2 zu einer leichten, nicht signifikanten Überbewertung in Fall 3 umkehrt, resultiert in Gruppe II eine deutliche und signifikante Überbewertung.

Obwohl H1 in Gruppe I, Fall 1 nicht bestätigt werden konnte, belegen die Einstichproben-T-Tests folglich signifikante Fehlurteile durch verzerrte Wahrnehmungen der Teilnehmer.[647] Die betrachtete Option am Geld mit negativem realen Drift im Underlying wird intuitiv zu niedrig und die betrachtete Option im Geld mit positivem realen Drift im Underlying wird intuitiv zu hoch bewertet. Die deutlichen Anzeichen für den Einfluss des realen Drifts werden nun folgend in der Überprüfung von H2 näher analysiert.

---

647 Durch die Möglichkeit der Duplikation bzw. des Hedgings wurde die Existenz eines eindeutigen rationalen Optionswerts sichergestellt. Die Entscheidung, ob die Studenten von dieser Möglichkeit Gebrauch machen, steht nicht im Fokus der Untersuchung. Es sei jedoch erwähnt, dass rund 40% (40%, 57%) der Teilnehmer im Fall 1 (Fall 2, Fall 3) das Angebot nutzten, das Underlying zusätzlich zu der Option zu kaufen bzw. (leer) zu verkaufen.

Ergebnisauswertung zur Überprüfung von H2

Der Einfluss des realen Drifts kann in dem vorliegenden Experimentdesign durch Within-Subject-Analysen untersucht werden. Hierzu sind die Werturteile im zweiten und dritten Fall den ursprünglichen Werturteilen im ersten Fall als verbundene Stichprobe gegenüberzustellen. Nicht die Abweichungen vom rationalen Optionswert stehen damit im Mittelpunkt der Analyse, sondern der wahrgenommene Einfluss des aus theoretischer Sicht irrelevanten Drifts des Underlyings. Nur durch diese Analyseform kann der Einfluss unabhängig von dem zuvor abgegebenen Werturteil analysiert werden.[648] Tab. 40 zeigt die Ergebnisstatistik inklusive der Signifikanzanalysen. Aufgrund der gerichteten Hypothese 2 können in allen untersuchten Fällen einseitige T-Tests durchgeführt werden.[649]

Tab. 40: Ergebnisse der Mittelwertvergleiche auf Auswirkungen des realen Drifts des Underlyings auf Basis bereinigter Daten

Gruppe	Fall	n	Mittelwert	Std.abw.	T-Wert (1-seitig)
I	1	19	8,55	5,66	1,129
	2	19	6,85	5,74	
I	1	19	8,55	5,66	-2,742***
	3	19	12,23	6,65	
I	2	19	6,85	5,74	-2,968***
	3	19	12,23	6,65	
II	1	24	9,71	6,91	1,520*
	2	24	8,00	6,39	
II	1	24	9,71	6,91	-3,664***
	3	24	15,80	10,13	
II	2	24	8,00	6,39	-4,791***
	3	24	15,80	10,13	

*(**;***) Signifikanzniveau p < 0,10 (0,05; 0,01)

Wie die Ergebnisse in Tab. 40 zeigen und die deskriptiven Auswertungen der Antwortverteilungen bereits angedeutet haben, geht von dem Drift des Underlyings ein irrational verzerrender Effekt auf die Preisbereitschaften der Teilnehmer aus. Der

648 Bei reinen Vergleichen mit dem rationalen Optionswert ist es z.B. denkbar, dass der verzerrende Einfluss eines positiven Drifts nicht erkannt wird, da die in H1 vermutete Unterbewertung diesen überkompensiert.

649 Vgl. zur Anwendung einseitiger T-Tests exemplarisch Janssen und Laatz 2013, S. 331.

positive Drift (Fall 3) führt in beiden Gruppen dazu, dass sich die Optionswerturteile signifikant steigern, obwohl der rationale Optionswert konstant bleibt. Auch der negative Drift (Fall 2) führt in Gruppe II zu einem signifikanten Effekt in Form einer Verringerung der durchschnittlichen Preisbereitschaft. Lediglich in Gruppe I, Fall 2 kann kein signifikanter Effekt ausfindig gemacht werden.[650]

Der Vergleich zwischen den Fällen mit positivem und negativem Drift zeigt jedoch zudem, dass die Richtung des Drifts einen eindeutigen Einfluss auf die intuitiven Preisbereitschaften ausübt. Die wahrgenommene Bedeutung des Drifts variiert, je nachdem, ob ein positiver oder ein negativer Drift vorliegt. Es kann somit festgehalten werden, dass der reale Drift irrationalerweise einen signifikanten Einfluss auf die wahrgenommenen Optionswerte ausübt und zu Verzerrungen in der intuitiven Optionsbewertung führt. Hypothese 2 ist folglich bestätigt.

Ergebnisauswertung zur Überprüfung von H3

Der Einfluss der Moneyness kann durch Between-Subject-Analysen zwischen den beiden Gruppen näher analysiert werden. Die Ergebnisse der entsprechenden T-Tests sind in Tab. 41 dargestellt. Erneut können aufgrund der gerichteten Hypothese 3 einseitige T-Tests durchgeführt werden.

Tab. 41: Ergebnisse der Mittelwertvergleiche auf Auswirkungen der Moneyness der Option auf Basis bereinigter Daten

Fall	**Gruppe**	**n**	**Mittelwert**	**Std.abw.**	**T-Wert (1-seitig)[651]**
1	I	19	8,55	5,66	-0,590
	II	24	9,71	6,91	
2	I	19	6,85	5,74	-0,614
	II	24	8,00	6,39	
3	I	19	12,23	6,65	-1,390*
	II	24	15,80	10,13	

*(**;***) Signifikanzniveau p < 0,10 (0,05; 0,01)

650 Zu beachten ist generell, dass ein nicht signifikantes Testergebnis bedeutet, dass die Nullhypothese, d.h. in dem vorliegenden Fall die Mittelwertgleichheit von Fall 1 und Fall 2, aus „Mangel an Beweisen" nicht abgelehnt werden kann, nicht aber, dass diese zutreffend ist. Vgl. hierzu Eckstein 2012, S. 111 und Janssen und Laatz 2013, S. 322f.

651 Zweistichproben-T-Tests unverbundener Stichproben bedürfen der Varianzhomogenität. Vgl. Janssen und Laatz 2013, S. 323. Diese wurde mithilfe des Levene-Tests überprüft und lag in Fall 1 und Fall 2 vor. Aufgrund der Varianzheterogenität in Fall 3 ist hier für Fall 3 das Ergebnis des modifizierten T-Tests bzw. Welch-Tests angegeben. Vgl. hierzu Eckstein 2012, S. 112.

Auch wenn das Ausmaß der Mittelwertdifferenzen mit +1,16 GE in Fall 1 und +1,15 GE in Fall 2 beträchtlich erscheint und die Richtung der Abweichungen in Einklang mit H3 stehen, können die Abweichungen für die ersten beiden Fälle nicht als signifikant klassifiziert werden. Im dritten Fall hingegen, ist die Preisbereitschaft in Gruppe I signifikant geringer als in Gruppe II. Der höhere innere Wert in Gruppe II führt hier zu einem höheren intuitiven Optionswerturteil in Gruppe II, wodurch Hypothese 3 für diesen Fall 3 bestätigt werden kann.

Zusammenfassend sind die Ergebnisse der Mittelwertvergleiche des ersten Experimentteils in Abb. 42 dargestellt. Die mittleren Preisbereitschaften aus Abb. 41 sind dabei um die Testergebnisse und die korrespondierenden Signifikanzniveaus ergänzt.

Abb. 42: Ergebnisse der Mittelwertvergleiche im ersten Experimentteil.

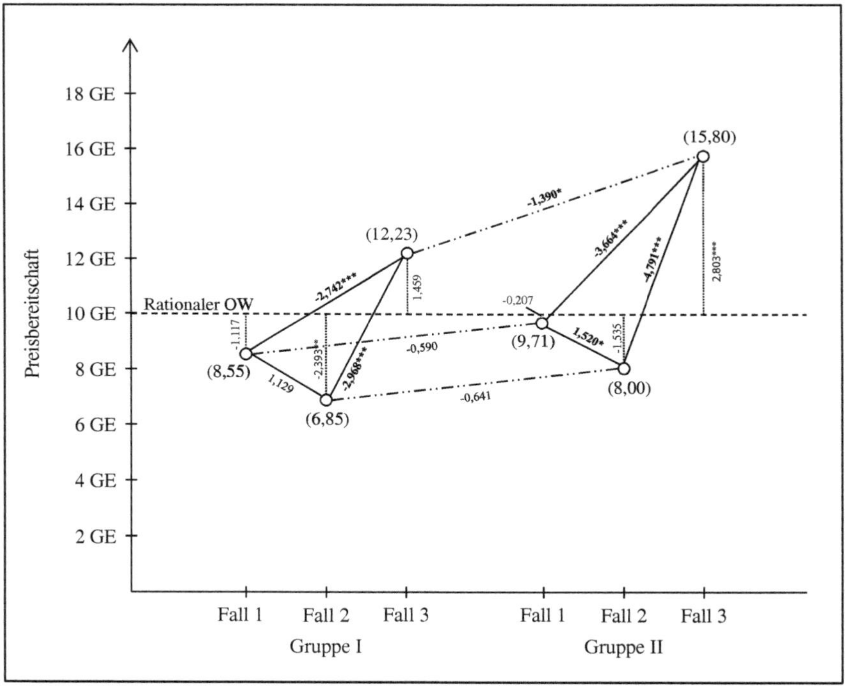

6.3.2.2 Auswertungen des zweiten Experimentteils

Die Auswertungen des zweiten Experimentteils umfassen im Wesentlichen die Antwortverteilungen der Teilnehmer in den vier betrachteten Fällen. Ergänzend wird nachgelagert auf die Ergebnisse aus den Ex-post-Fragen eingegangen. Die deskriptive Ergebnisstatistik auf Basis aller Teilnehmer kann Tab. 42 entnommen werden. Analog zu Tab. 36 im ersten Experimentteil sind die unbereinigten Ergebnisse jedoch wenig aussagekräftig. Im Folgenden werden daher erneut ausschließlich diejenigen Teilnehmer berücksichtigt, bei denen in allen vier Fällen die angegeben Preisbereitschaft unter der maximalen Glückspielauszahlung (PO^{max}) lag.[652] Tab. 43 zeigt die bereinigte Datenbasis.

Tab. 42: Deskriptive Statistik zum zweiten Experimentteil ohne Datenbereinigung

Gr.	Fall	n	PO^{max}	PO^{min}	ERW ($max(S_0$-K;0))	OW	Mittel-wert	Std.abw.	Min.-Antw.	Max.-Antw.
I	1	33	50	0	6,2	6,2	27,00	28,547	0	100
I	2	33	55	0	9,3	9,3	28,27	29,930	0	100
I	3	33	40	0	5,5	5,5	24,06	25,551	0	100
I	4	33	25	0	3,1	3,1	20,64	26,407	0	100
II	1	31	30	0	6,2	6,2	15,52	25,226	0	100
II	2	31	22,5	0	2,1	2,1	9,69	20,705	0	100
II	3	31	35	0	6,4	6,4	24,56	34,764	0	100
II	4	31	40	0	7,4	7,4	27,55	35,382	0	100

Tab. 43: Deskriptive Statistik zum zweiten Experimentteil nach Datenbereinigung

Gr.	Fall	n	PO^{max}	PO^{min}	ERW ($max(S_0$-K;0))	OW	Mittel-wert	Std.abw.	Min.-Antw.	Max.-Antw.
I	1	20	50	0	6,2	6,2	7,55	8,568	0	30
I	2	20	55	0	9,3	9,3	9,65	8,530	0	32
I	3	20	40	0	5,5	5,5	8,40	8,426	0	30
I	4	20	25	0	3,1	3,1	4,80	5,994	0	20
II	1	21	30	0	6,2	6,2	5,52	4,403	0	20
II	2	21	22,5	0	2,1	2,1	2,17	3,877	0	15
II	3	21	35	0	6,4	6,4	6,98	5,540	0	23
II	4	21	40	0	7,4	7,4	6,86	6,099	0	25

652 Durch den Bezug auf eine einheitliche Teilnehmergruppe in allen Auswertungen werden Verzerrungen durch die Datenbereinigung verhindert.

Aufgrund der Experimentkonzeption ist ein Between-Subject-Vergleich zwischen den Gruppen I und II in dem zweiten Experimentteil nur in Bezug auf Fall 1 sinnvoll. Wie in Kap. 6.3.1.1 beschrieben, wird in Fall 1 die unterschiedliche Moneyness durch unterschiedliche Volatilitäten ausgeglichen. Bevor auf die gruppenspezifischen Mittelwerte der Preisbereitschaften vergleichend eingegangen wird, soll zunächst in Analogie zu Kap. 6.3.2.1 ein deskriptiver Blick auf das Antwortverhalten geworfen werden. Abb. 43 ist zu entnehmen, dass in keiner der beiden Gruppen ein Teilnehmer existiert, der eine Preisbereitschaft in Höhe des als Vergleichsmaßstab dienenden Optionswertes aus dem Binomialmodell von Cox/Ross/Rubinstein (1979) angab.[653] Auffällig ist daneben, dass in Gruppe I rund 20% der Teilnehmer und in Gruppe II sogar ca. 43% der Teilnehmer maximal den inneren Wert der Option als Optionspreis zu zahlen bereit sind. All jene Teilnehmer missachten den Zeitwert der Option folglich vollkommen. Der höhere Anteil in der zweiten Gruppe erklärt sich dabei durch den geringeren Zeitwertanteil im Optionswert der Gruppe II. Während in Gruppe I jene Teilnehmer, die den inneren Wert als maximale Preisbereitschaft angeben, den gesamten Optionswert in Höhe von 6,2 GE missachten müssen, reicht es für Teilnehmer in der zweiten Gruppe aus, wenn sie den Zeitwert in Höhe von 1,2 GE ignorieren, um zu einem solchen Urteil zu gelangen. Das Ergebnis besagt zugleich, dass jeder fünfte Teilnehmer in Gruppe I überhaupt nichts für die Option zu zahlen bereit ist. Die Intuition jener Teilnehmer erfasst folglich nicht die einseitige Gewinnchance, die eine Option bietet. In der zweiten Gruppe ist der Anteil geringer, liegt jedoch immerhin bei 14%.

653 Alle Preisbereitschaften über-/unterschreiten den theoretischen Optionswert um mindestens +/-10%.

Abb. 43: Antwortverteilungen im zweiten Experimentteil in Fall 1.

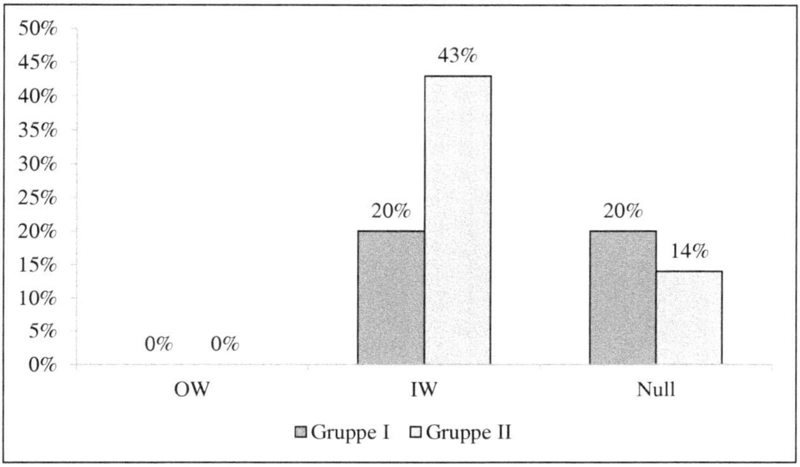

Die Abweichungen der intuitiven Optionswerturteile von dem theoretischen Optionswert sind für beide Gruppen in Abb. 44 dargestellt. Es zeigt sich, dass die Abweichungen eine recht breite Streuung aufweisen. Rund 35% (24%) der Teilnehmer in Gruppe I (Gruppe II) unterschätzen den Optionswert um mindestens 50%, geben also eine maximale Preisbereitschaft unterhalb von 3,1 GE an. Ebenso überschätzen rund 35% (19%) in Gruppe I (Gruppe II) den Optionswert um mindestens 50%, geben also eine maximale Preisbereitschaft über 9,3 GE an. Insgesamt treten Unterbewertungen häufiger als Überbewertungen auf.

Abb. 44: Abweichungen vom rationalen Optionswert im zweiten Experimentteil in Fall 1.

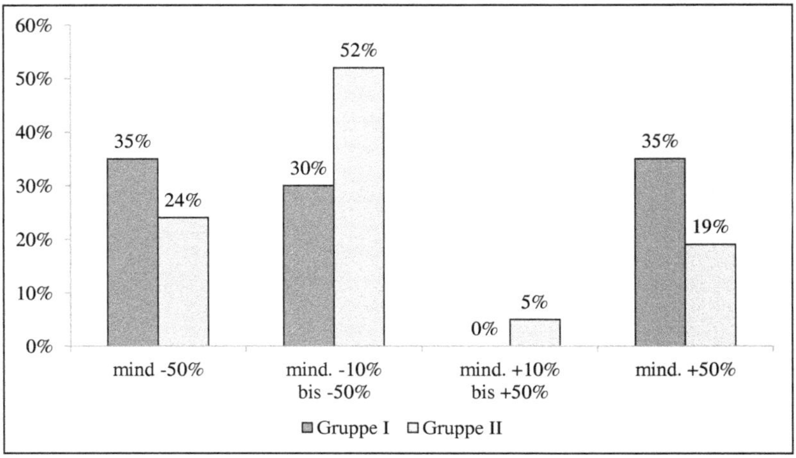

Neben der deskriptiven Auswertung kann für Fall 1 ein Mittelwertvergleich der durchschnittlichen Preisbereitschaften zwischen den Gruppen durchgeführt werden, da sich die theoretischen Optionswerte mit jeweils 6,2 GE genau entsprechen.[654] Zu beachten ist jedoch, dass anders als in den Experimentauswertungen zum ersten Teil die Antwortverteilungen der Teilnehmer im zweiten Teil zum Teil signifikant von der Normalverteilung abweichen (vgl. Tab. 44) und damit die Aussagekraft von

654 Zwei Anmerkungen sind an dieser Stelle zu machen. Zum einen ist der Between-Subject-Vergleich für Fall 1 die einzige Stelle des Experiments, in der die beschriebene Datenbereinigung aufgrund unterschiedlicher PO^{max} theoretisch zu Verzerrungen führen kann. In allen anderen Fällen sind entweder die maximalen Optionsrückzahlungen identisch oder es handelt sich um Within-Subject-Analysen mit gleichen Teilnehmergruppen als Datenbasis. Es lässt sich jedoch feststellen, dass die unterschiedlichen Bereinigungsgrenzen (Gruppe I: 50 GE und Gruppe II: 30 GE) keinen Einfluss auf das Ergebnis hat, da in Gruppe I kein einziger Teilnehmer existiert, der eine Preisbereitschaft zwischen 30 GE und 50 GE angegeben hat. Bei einer einheitlichen Bereinigungsgrenze in Höhe von 30 GE würde folglich die identische Datenbasis resultieren. Zum anderen ist, wie in Kap. 6.3.1.1 ausführlich beschrieben, darauf hinzuweisen, dass die theoretischen Optionswerte bei einer fehlenden Duplizierbarkeit der Option eine eingeschränkte Aussagekraft als Rationalitätsmaßstab besitzen. Sofern notwendig wird hierauf explizit eingegangen (vgl. Kap. 6.4.2.1).

T-Tests eingeschränkt ist.[655] Entsprechend sind der Wilcoxon-Vorzeichen-Rang-Test für Vergleiche mit rationalen Optionswerten und für Mittelwertvergleiche verbundener Stichproben im Rahmen von Within-Subject-Analysen sowie der Mann-Whitney-U-Test für Mittelwertvergleiche unabhängiger Stichproben als alternative nicht-parametrische Tests heranzuziehen.[656]

Tab. 44: Ergebnisse der Kolmogorov-Smirnov-Tests auf Abweichungen von der Normalverteilung

Gruppe	**Fall**	**n**	**Mittelwert**	**Std.abw.**	**Kolmogorov-Smirnov-Test**[657]
I	1	20	7,55	8,568	0,267*
I	2	20	9,65	8,530	0,234
I	3	20	8,40	8,426	0,225
I	4	20	4,80	5,994	0,268*
II	1	21	5,52	4,403	0,309**
II	2	21	2,17	3,877	0,288**
II	3	21	6,98	5,540	0,345***
II	4	21	6,86	6,099	0,300**

*(**;***) Signifikanzniveau p < 0,10 (0,05; 0,01)

655 Ein Grund hierfür ist die natürliche Untergrenze der Preisbereitschaften in Höhe von 0 GE, die im zweiten Experimentteil deutlich häufiger zum Tragen kommt als im ersten Experimentteil, da die Optionswerte geringer sind.

656 Vgl. hierzu Janssen und Laatz 2013, S. 618f., S. 622ff. und S. 643ff. Ein hierzu äquivalenter Test, der zu identischen Ergebnissen führt, ist der Wilcoxon-Rangsummen-Test. Vgl. Janssen und Laatz 2013, S. 623. Darüber hinaus wird der modifizierte T-Test bzw. Welch-Test stets als Pendant zum Zwei-Stichproben-T-Test bei unverbundenen Stichproben verwendet, wenn zwar von der Normalverteilung ausgegangen werden kann, zwischen den untersuchten Gruppen jedoch Varianzheterogenität vorliegt.

657 Wie in den Auswertungen in Kap.6.3.2.1 wurde der Kolmogorov-Smirnov-Test auf Basis exakter Werte durchgeführt.

Für den Mittelwertvergleich zwischen den beiden Gruppen für Fall 1 ist aufgrund der nicht-normalverteilten Antworten und den recht kleinen Gruppengrößen (n<50) der verteilungsannahmenfreie Mann-Whitney-U-Test zu verwenden. Die Ergebnisse sind in Tab. 45 dargestellt. Es zeigt sich, dass in Gruppe I das durchschnittliche Optionswerturteil etwas über und in Gruppe II etwas unter dem theoretischen Optionswert in Höhe von 6,2 GE liegt, die Differenz zwischen den Gruppen jedoch nicht signifikant ist.

Tab. 45: Ergebnisse des Mann-Whitney-U-Tests zwischen Gruppe I und II für Fall 1

Gruppe	Fall	n	Mittelwert	Mann-Whitney-U-Test für zwei unverbundene Stichproben (2-seitig)
I	1	20	7,55	-0,309
II	1	21	5,52	

*(**;***) Signifikanzniveau p < 0,10 (0,05; 0,01)

H3 kann an dieser Stelle folglich nicht bestätigt werden.[658] Für die Bedeutsamkeit des inneren Wertes für intuitive Optionswerturteile verbleibt jedoch auch für den zweiten Experimentteil die Erkenntnis der deskriptiven Auswertung, dass der intrinsische Wert in Gruppe I in 20% bzw. in Gruppe II in ca. 43% der Fälle als unmittelbarer Optionswertschätzer dient.

Die intuitiven Optionswerturteile in den Fällen zwei bis vier, d.h. der wahrgenommene Einfluss einer Within-Subject-Variation der *Moneyness* (Fall 2), der *Restlaufzeit* (Fall 3) und der *Volatilität* (Fall 4) wird im Folgenden separat untersucht. Für alle drei Parameter wird zunächst auf die intuitiv wahrgenommene Wirkungsrichtung der Parametervariation eingegangen und anschließend die wahrgenommene Wirkungsstärke näher untersucht.

Ergebnisauswertung zum Einfluss der Moneyness

Durch die Variation der Entscheidungssituation von Fall 1 zu Fall 2 wurde in Gruppe I die Moneyness der Option erhöht und in Gruppe II die Moneyness der Option verringert. Entsprechend stieg in Gruppe I der theoretische Optionswert von 6,2 GE auf 9,3 GE, während er in Gruppe II von 6,2 GE auf 2,1 GE fiel. Die wahrgenommene Wirkungsstärke und Wirkungsrichtung kann als Within-Subject-Analyse durch Mittelwertvergleiche auf Basis verbundener Stichproben untersucht werden.[659] Die fall- und gruppenspezifischen mittleren Preisbereitschaften und die Ergebnisse der

658 Da die Differenz nicht signifikant ausfällt, erübrigt sich an dieser Stelle eine weitergehende Analyse, ob die Risikoeinstellung der Teilnehmer oder die in H3 vermutete intuitive Verzerrung ausschlaggebend ist.

659 Auf isolierte Vergleiche der Preisbereitschaften zum theoretischen Optionswert wird nicht näher eingegangen, da diese nicht im Fokus des zweiten Experimentblocks stehen.

Signifikanztests sind in Tab. 46 dargestellt. Aufgrund des Kolmogorov-Smirnov-Testergebnisses in Tab. 44 wird hier der parameterfreie Wilcoxon-Vorzeichen-Rangtest für zwei verbundene Stichproben auf Basis exakter Werte verwendet.[660]

Tab. 46: Signifikanztests der wahrgenommenen Wirkungsrichtung in Fall 2

Gr.	**Fall**	**n**	**Mittelwert**	**Std.-abw.**	**Wilcoxon-Vorzeichen-Rangtest für zwei verbundene Stichproben (2-seitig)**
I	1	20	7,55	8,568	-1,980**
	2	20	9,65	8,530	
II	1	21	5,52	4,403	-2,780***
	2	21	2,17	3,877	

*(**;***) Signifikanzniveau p < 0,10 (0,05; 0,01)

Es zeigt sich, dass in Gruppe I die Steigerung der Moneyness zu einer signifikanten Erhöhung und in Gruppe II die Verringerung der Moneyness zu einer signifikanten Verringerung der Werturteile führt. Beide Ergebnisse stehen in Einklang mit der rationalen Bewertungstheorie, d.h. die Wirkungsrichtung der Parameterveränderung wird zutreffend erkannt. Durch einen Blick auf die deskriptiven Veränderungen der Preisbereitschaften zwischen Fall 1 und Fall 2 kann das Ergebnis der Signifikanztests untermauert werden. In Gruppe I nimmt mit 70% der überwiegende Teil der Studenten korrekterweise eine Optionswertsteigerung wahr, während in Gruppe II mit 76% ebenfalls der überwiegende Teil zutreffender Weise eine Optionswertverringerung erkennt.

Neben der Wirkungsrichtung ist die wahrgenommene Wirkungsstärke der Variation der Moneyness von Interesse. Wird die Option nach dem Modell von Cox/Ross/Rubinstein (1979) bewertet, steigt der Optionswert in Gruppe I um 3,1 GE und fällt in Gruppe II um 4,1 GE. Werden die Preisbereitschaftsdifferenzen der Teilnehmer mit den Optionswertdifferenzen des Modells verglichen, lassen sich Rückschlüsse auf die Wahrnehmung der Wirkungsstärke ziehen. Tab. 47 zeigt für die Variation der Moneyness das entsprechende Analyseergebnis.[661]

660 Vgl. Janssen und Laatz 2013, S. 643ff.

661 Auch die Differenzen der Preisbereitschaften zwischen den vier Fällen wurden mithilfe des Kolmogorov-Smirnov-Tests auf die Normalverteilung hin getestet. Da die Verteilungen der Differenzen zwischen Fall 1 und Fall 2 für beide Gruppen nicht signifikant von der Normalverteilung abwichen (Kolmogorov-Smirnov-Test auf Basis exakter Werte für Gr. I 0,208 und Gr. II 0,254), kann hier der Einstichproben-T-Test verwendet werden.

Tab. 47: Signifikanztests der wahrgenommenen Wirkungsstärke in Fall 2

Gr.	Fall	OW-Diff.	n	Mittelwert	Std.abw.	T-Wert (2-seitig)
I	1 vs. 2	3,1	20	2,10	3,57	-1,254
II	1 vs. 2	-4,1	21	-3,36	6,30	0,540

*(**;***) Signifikanzniveau p < 0.10 (0.05; 0.01)

In Gruppe I steht der Optionswertdifferenz in Höhe von 3,1 GE eine geringere Differenz der angegebenen Preisbereitschaften in Höhe von 2,1 GE gegenüber, die Abweichung ist jedoch nicht signifikant. Über den Mittelwertvergleich kann folglich nicht auf eine Fehleinschätzung der Wirkungsstärke der Moneyness-Variation geschlussfolgert werden. Ein differenzierteres Bild ermöglicht jedoch ein Blick auf die Häufigkeiten der Werturteilsdifferenzen in Abb. 45.

Abb. 45: Häufigkeiten ausgewählter Preisdifferenzen in Gruppe I und II zwischen Fall 1 und Fall 2.

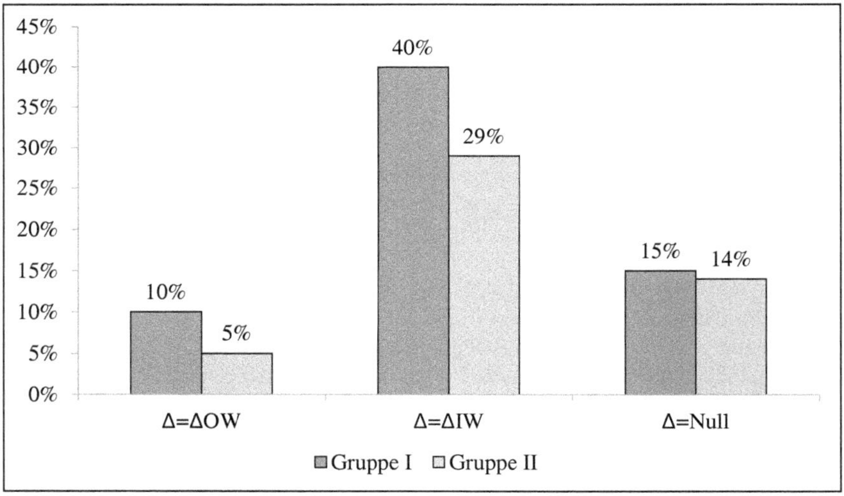

Für Gruppe I zeigt sich, dass lediglich 10% der Teilnehmer die Veränderung des Optionswertes von Fall 1 zu Fall 2 korrekt wahrnehmen.[662] Demgegenüber geben 15% der Teilnehmer an, dass sie in Fall 2 die gleiche Preisbereitschaft für die Option haben wie in Fall 1. Der Moneynessveränderung messen diese Studenten folglich intuitiv keinerlei Relevanz zu.[663] Bei dem mit Abstand größte Anteil der Teilnehmer steigt die Preisbereitschaft und damit der wahrgenommene Optionswert von Fall 1 zu Fall 2 um 5 GE, d.h. genau um die Veränderung des inneren Wertes der Option. Da der Optionswertanstieg wie in Kap. 6.2.5 beschrieben jedoch aufgrund der Konvexität der Optionswertfunktion bei Optionen im Geld geringer ausfällt als der Anstieg des inneren Wertes, überschätzen rund 40% der Teilnehmer die Stärke des funktionalen Zusammenhangs von Underlyingpreis und Optionswert.[664] Aufgrund des besonders großen Anteils an Teilnehmern, die diese Verhaltensweise zeigen, kann im Sinne der Überlegungen zu H3 geschlussfolgert werden, dass die Veränderung des inneren Wertes einer Option häufig maßgeblich für die einhergehende Veränderung des Optionswerturteils ist. In Summe zeigt sich, dass – nicht zuletzt aufgrund des soeben beschriebenen Verhaltensmusters – rund 50% (40%) der Teilnehmer die Wirkungsstärke der Underlyingpreissteigerung um mindestens 10% (50%) überschätzen und 40% (35%) die Wirkungsstärke um mindestens 10% (50%) unterschätzen.

In Gruppe II stieg der Underlyingpreis nicht wie in Gruppe I an, sondern verringerte sich von Fall 1 zu Fall 2. Die Studenten waren folglich in Fall 2 mit einer Option konfrontiert, die aus dem Geld war. Die Signifikanzprüfung in Tab. 47 führte zu keinen signifikanten Verzerrungen der mittleren Preisbereitschaft, die mit -3,36 GE recht nah an dem theoretischen Wert von -4,1 GE lag. Wie Abb. 45 zeigt, lassen sich jedoch auch in Gruppe II ähnliche Effekte wie in Gruppe I beobachten. Lediglich ein sehr kleiner Teil der Teilnehmer (5%) nahm die Optionswertveränderung in ihrer Wirkungsstärke korrekt wahr. Hingegen wirkte sich ähnlich wie in Gruppe I bei 14% die Veränderung des Underlyingpreises – im Widerspruch zur Optionspreistheorie – nicht auf die individuelle Preisbereitschaft aus. Rund 30% der Teilnehmer in Gruppe II gaben eine um den inneren Wert der Option verringerte Preisbereitschaft an, obwohl der theoretische Optionswert nur um 4,1 GE und nicht um die Differenz der inneren Werte in Höhe von 5 GE sinkt. Die Teilnehmer überschätzen

662 Wie in den Auswertungen zum ersten Experimentteil in Kap. 6.3.2.1 berücksichtigt die Auswertung alle Werturteile, die nicht mehr als 10% von der jeweils angegeben Größe abweichen. Als „zutreffend" bzw. „korrekt" werden hier und im Folgenden Werturteile verstanden, die in Einklang mit den theoretischen Optionswerten stehen.

663 Ebenfalls 15% geben sogar eine geringere Preisbereitschaft in Fall 2 als in Fall 1 an.

664 Dass die Signifikanzprüfungen vorab dennoch zu keinen signifikanten Ergebnissen auf Mittelwertbasis geführt haben, liegt in der großen Streuung der Preisbereitschaften begründet.

entsprechend die Wirkungsstärke.[665] Mit Blick auf die Antwortverteilungen in beiden Gruppen lässt sich eindeutig feststellen, des eine Preisbereitschaftsdifferenz genau in Höhe der Veränderung des inneren Wertes die mit Abstand am häufigsten wahrgenommene Wirkungsstärke ist. Die herausragende Bedeutung des inneren Wertes für die intuitive Wahrnehmung kann dadurch belegt werden. Die Streuung der Werturteile ist dabei wie in Gruppe I recht groß. So überschätzen in Gruppe II 43% (14%) den negativen Einfluss um mindestens 10% (50%), während ihn rund 52% (38%) um mindestens 10% (50%) unterschätzen.

Ergebnisauswertung zum Einfluss der Restlaufzeit

Der Einfluss der Restlaufzeit einer Option auf die intuitive Bewertung kann in einer vergleichenden Analyse von Fall 1 zu Fall 3 untersucht werden. In Gruppe I sank zwischen den Fällen die Restlaufzeit um zwei Perioden (acht statt zehn Münzwürfen), während in Gruppe II die Restlaufzeit um zwei Perioden (zwölf statt zehn Würfen) anstieg. Die Auswirkungen auf den theoretischen Optionswert betrugen in der ersten Gruppe -0,7 GE und in der zweiten Gruppe +0,2 GE. In Tab. 48 dargestellt sind die Ergebnisse der Mittelwertvergleiche zwischen Fall 1 und Fall 3 bei verbundenen Stichproben separat für beide Gruppen. Da die Anwendungsvoraussetzungen des T-Tests erneut nicht erfüllt sind, wird auf den parameterfreien Wilcoxon-Vorzeichen-Rangtest für zwei verbundene Stichproben zurückgegriffen.

Tab. 48: Signifikanztests der wahrgenommenen Wirkungsrichtung in Fall 3

Gr.	Fall	n	Mittelwert	Std.abw.	Wilcoxon-Vorzeichen-Rangtest für zwei verbundene Stichproben (2-seitig)
I	1	20	7,55	8,568	-0,351
	3	20	8,40	8,426	
II	1	21	5,52	4,403	-1,977**
	3	21	6,98	5,540	

*(**;***) Signifikanzniveau $p < 0.10$ (0.05; 0.01)

Die Mittelwerte zeigen, dass in beiden Gruppen die Variation der Restlaufzeit zu einer im Durchschnitt gestiegenen Preisbereitschaft geführt hat. Bezüglich Gruppe II bedeutet dies, dass die Wirkungsrichtung der Parametervariation zutreffend wahrgenommen wird, da ein signifikant höherer Mittelwert in Fall 3 resultiert. Die Erhöhung in Gruppe I steht hingegen im Widerspruch zur Optionspreistheorie, ist jedoch nicht signifikant. Bei der Interpretation der Ergebnisse ist zu beachten, dass

665 Ganze 57% der Teilnehmer in Gruppe II gaben an, dass die Option in Fall 2 keinen Wert besitzt. Dieses ist der einzige Fall, in dem eine OTM-Option zu bewerten war.

die Auswirkungen der Restlaufzeit auf die absoluten Optionswerte nach dem Cox/Ross/Rubinstein-Modell mit -0,7 GE (+0,2 GE) in Gruppe I (Gruppe II) recht gering ausfallen. Hierdurch sind nur geringe Effekte auf Mittelwertbasis zu erwarten und ein Blick auf die deskriptiven Antwortverteilungen ist umso aufschlussreicher. Insbesondere stellt sich die Frage, wie viel Prozent der Teilnehmer der veränderten Restlaufzeit eine Wertsteigerung, eine Wertverringerung oder eine Wertirrelevanz beimessen.

In Gruppe I gaben 60% der Teilnehmer an, dass sie im Fall 3 genau die gleiche Preisbereitschaft haben wie im Fall 1. Der Großteil der Studenten nahm folglich die Verringerung der Restlaufzeit nicht als wertrelevant wahr. Bei den übrigen 40% zeichnet sich ein gemischtes Bild. Während 20% zutreffenderweise ein geringeres Werturteil angaben, gaben 20% sogar eine gesteigerte Preisbereitschaft an. Auch in Gruppe II maß der mit Abstand größte Teil (52%) der veränderten Restlaufzeit keinerlei Bedeutung zu. Immerhin 38% der Teilnehmer erkannten zutreffenderweise eine Steigerung des Optionswertes, während rund 10% trotz der verlängerten Restlaufzeit weniger für die Option zu zahlen bereit waren.

Neben der Wirkungsrichtung kann die wahrgenommene Wirkungsstärke wie zuvor durch einen Vergleich der Preisdifferenzen zu den theoretischen Wertdifferenzen analysiert werden. Da die Verteilungen der Preisdifferenzen in beiden Gruppen laut Kolmogorov-Smirnov-Test auf Basis exakter Werte signifikant von der Normalverteilung abweichen (Gruppe I: 0,363***; Gruppe 2: 0,298**), ist hierfür der Wilcoxon-Vorzeichen-Rangtest für eine Stichprobe zu verwenden. Es zeigt sich, dass in Gruppe I die Wirkungsstärke signifikant verzerrt wahrgenommen wird. Anstelle einer Wertverringerung um -0,7 GE wird im Durchschnitt eine Wertsteigerung in Höhe von +0,85 GE angegeben. Das Ergebnis steht in Einklang mit der zuvor aufgezeigten, jedoch nicht signifikanten verzerrten Wahrnehmung der Wirkungsrichtung. In Gruppe II liegt kein signifikantes Ergebnis vor.

Tab. 49: Signifikanztests der wahrgenommenen Wirkungsstärke in Fall 3

Gr.	**Fall**	**OW-Diff.**	**n**	**Mittelwert**	**Standardabweichung**	**Wilcoxon-Vorzeichen-Rangtest für eine Stichprobe (2-seitig)**
I	1 vs. 3	-0,7	20	0,85	5,38	-1,685*
II	1 vs. 3	0,2	21	1,45	3,13	-0,617

*(**;***) Signifikanzniveau p < 0,10 (0,05; 0,01)

Ergänzend kann in Abb. 46 der Blick auf die Häufigkeiten geworfen werden, mit denen die theoretische Optionswertdifferenz, die Differenz des inneren Wertes bzw. eine Nulldifferenz als wahrgenommene Werteffekte angegeben wurden.

Abb. 46: Häufigkeiten ausgewählter Preisdifferenzen in Gruppe I und II zwischen Fall 1 und Fall 3.

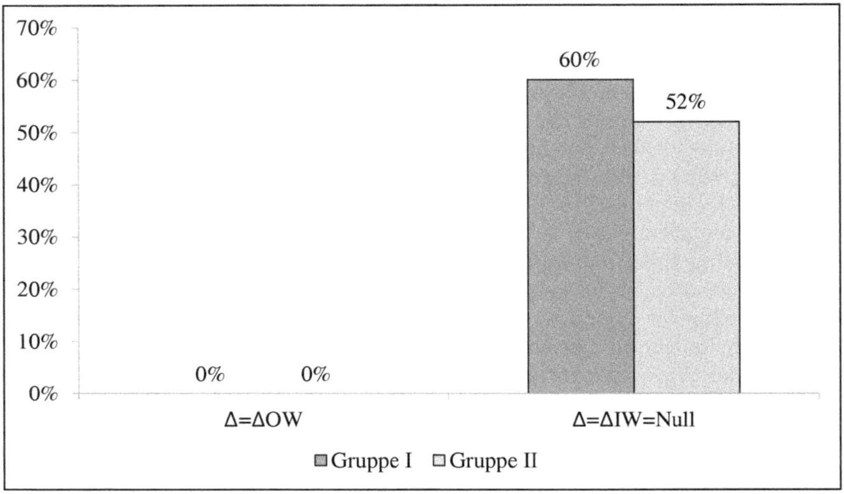

Keiner der Teilnehmer in beiden Gruppen über- bzw. unterschätzen die Wirkungsstärke um nicht mehr als 10%.[666] Zudem wird im Sinne von H3 die Parametervariation der Restlaufzeit, die keinen Einfluss auf den inneren Wert der Option hat, sehr häufig als nicht wertbeeinflussend wahrgenommen. Im Vergleich zu den Analysen der übrigen getesteten Einflussparameter zeigt sich sogar, dass der Einfluss der Restlaufzeit am häufigsten missachtet wurde.[667]

Ergebnisauswertung zum Einfluss der Volatilität

Zuletzt wurde im vierten Spiel die Volatilität des Underlyings variiert. Im Vergleich zum ersten Fall verringerte sich in Gruppe I die Spannbreite der Preisveränderungen des Underlyings c.p. von +/-5 GE pro Periode auf +/-2,5 GE pro Periode. In Gruppe II stieg die Spannweite von +/-2,5 GE auf +/-3,5 GE. Die theoretischen Optionswerte fielen (stiegen) hierdurch c.p. um -3,1 GE (1,2 GE) in Gruppe I (Gruppe II) im Vergleich zu Fall 1. Tab. 50 stellt die Einflüsse auf die intuitiven Preisbereitschaften dar, wobei wie zuvor der parameterfreie Wilcoxon-Vorzeichen-Rangtest für zwei verbundene Stichproben zu verwenden ist, da die Anwendungsvoraussetzungen des T-Tests nicht

666 Aufgrund der nur geringen absoluten Optionswertdifferenz ist das als korrekt klassifizierte +/-10%-Intervall in dieser Auswertung allerdings vergleichsweise klein.

667 Allerdings ist einschränkend anzumerken, dass die Veränderung der Restlaufzeit in dem Experiment auch den geringsten Einfluss auf den theoretischen Optionswert hatte.

vorliegen. Es zeigt sich, dass sich in beiden Gruppen die Preisbereitschaft der Teilnehmer durch die veränderte Volatilität nicht signifikant verändert hat. Die Ergebnisse der Mittelwertvergleiche können folglich nicht belegen, dass die Wirkungsrichtung der Volatilitätsveränderung im Mittel zutreffend wahrgenommen wird.

Tab. 50: Signifikanztests der wahrgenommenen Wirkungsrichtung in Fall 4

Gr.	Fall	n	Mittelwert	Std.abw.	Wilcoxon-Vorzeichen-Rangtest für zwei verbundene Stichproben (2-seitig)
I	1	20	7,55	8,568	-1,332
	4	20	4,80	5,994	
II	1	21	5,52	4,403	-1,604
	4	21	6,86	6,099	

*(**;***) Signifikanzniveau p < 0,10 (0,05; 0,01)

Mit Blick auf die deskriptiven Antwortverteilungen fällt auf, dass in Gruppe I lediglich 45% zutreffenderweise eine Verringerung und in Gruppe II lediglich 38% zutreffenderweise eine Erhöhung des Optionswertes wahrgenommen haben. Hingegen existiert in beiden Gruppen ein recht hoher Anteil an Studenten, der keinerlei Einfluss der veränderten Volatilität auf den wahrgenommenen Optionswert bemerkt.

Die Ergebnisse bezüglich der wahrgenommenen Wirkungsstärke sind in Tab. 51 dargestellt.[668] Die mittleren Preisbereitschaftsdifferenzen entsprechen mit 2,75 GE in Gruppe I und 1,33 GE in Gruppe II annähernd den theoretischen Optionswertdifferenzen in Höhe von -3,1 GE und 1,2 GE. Auf Mittelwertbasis liegt jedoch für Gruppe I eine signifikante Abweichung vor. Die Teilnehmer in Gruppe I unterschätzen die negative Einflussstärke einer gesunkenen Volatilität signifikant.

Tab. 51: Signifikanztests des wahrgenommenen Wirkungsstärke in Fall 4

Gr.	Fall	OW-Diff.	n	Mittelwert	Standard-abweichung	Wilcoxon-Vorzeichen-Rangtest für eine Stichprobe (2-seitig)
I	1 vs. 4	-3,1	20	-2,75	7,62	-1,651*
II	1 vs. 4	1,2	21	1,33	3,59	-1,144

*(**;***) Signifikanzniveau p < 0,10 (0,05; 0,01)

668 Der Wilcoxon-Vorzeichen-Rangtest für eine Stichprobe wird auch hier verwendet, da in beiden Gruppen die Antwortverteilungen nicht normalverteilt sind. Ein Kolmogorov-Smirnov-Test auf Basis exakter Werte führt in Gruppe I zu 0,287* und Gruppe II zu 0,264*.

Weitere von der Theorie abweichende Verhaltensmuster lassen sich deutlich in den deskriptiven Antwortverteilungen erkennen. Ähnlich wie die Restlaufzeit wird auch die Volatilität des Underlyings von vielen Teilnehmern nicht als wertrelevant wahrgenommen. Abb. 47 veranschaulicht, dass in beiden Gruppen mit 35% in Gruppe I bzw. sogar 48% in Gruppe II jeweils der mit Abstand größte Anteil der Teilnehmer die Veränderung der Volatilität nicht als bedeutsam für ihre Preisbereitschaft wahrnahmen. Lediglich 15% in Gruppe I und rund 5% in Gruppe II gaben eine veränderte Preisbereitschaft an, die von der theoretischen Optionswertdifferent nicht mehr als 10% abwich. Die Wirkungsstärke der Volatilität wird folglich häufig zu gering eingeschätzt.

Abb. 47: Häufigkeiten ausgewählter Preisdifferenzen in Gruppe I und II zwischen Fall 1 und Fall 4.

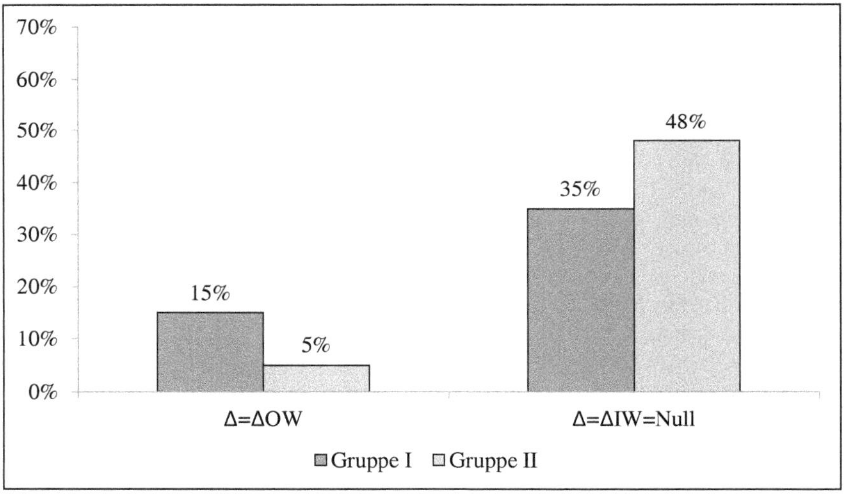

Im Vergleich zu der Variation der Moneyness der Option lässt sich zudem feststellen, dass der Einfluss der Volatilität im Mittel ähnlich stark wahrgenommen wurde. Wie in Kap. 6.3.1.1 beschrieben, war das Experiment so konzipiert, dass die Ceteris-Paribus-Variation in Gruppe I von Fall 1 zu Fall 2 sowie von Fall 1 zu Fall 4 gemeinsam genau dem Unterschied zwischen Gruppe I, Fall 1 und Gruppe II, Fall 1 entsprach. Zwischen den Gruppen in Fall 1 lag eine nicht signifikante Differenz in Höhe von -2,03 GE der mittleren Preisbereitschaften vor, d.h. der kompensierende Ausgleich von geringerer Volatilität und höherer Moneyness wurde nicht signifikant falsch wahrgenommen. Hierzu passend fallen auch die Differenzen in den Preisurteilen zwischen den Fällen eins, zwei und vier in Gruppe I aus. Die Variationen der Moneyness und der Volatilität, die in dem Binomialmodell jeweils eine Optionspreisdifferenz von 3,1 GE bzw. -3,1 GE verursachen, wurden im Mittel ähnlich stark mit +2,1 GE bzw. 2,75 GE wahrgenommen. In der deskriptiven Analyse der Antwortverteilungen zeigte sich hingegen ein bemerkenswerter Unterschied. Während nur 15% der Teilnehmer der Moneyness keinen Wert beimaßen, waren es bei der Volatilitätsvariation ganze 35%. Der Einfluss der Volatilität wird folglich intuitiv häufiger missachtet als der Einfluss der Moneyness.

Nach der Abfrage der Preisbereitschaften wurden die Teilnehmer gebeten, Fragen zu ihrer Einschätzung der Entscheidungssituation abzugeben. Die Ex-Post-Fragen bezogen sich auf das Antwortverhalten der Teilnehmer in Fall 1. Im Sinne eines Between-Subject-Vergleichs stand dabei die Frage im Vordergrund, ob ein Spieleinsatz in Höhe von 5 GE von den Teilnehmern in Gruppe II als weniger risikoreich wahrgenommen wurde als in Gruppe I, und damit, ob der Zeitwert anders wahrgenommen wird als der innere Wert der Option. Im Ergebnis zeigt sich jedoch, dass die Risikoeinschätzung in den beiden Gruppen sehr ähnlich ausfällt. Der Einsatz von 5 GE bei einer einmaligen Spielteilnahme wird in beiden Gruppen von rund zwei Drittel der Teilnehmer als wenig risikoreich empfunden. Ein mehrmaliger Einsatz von 5 GE wird hingegen überraschenderweise von deutlich weniger Teilnehmern als risikoarm empfunden.[669] Bemerkenswert ist die Einschätzung des mittleren Gewinns, den die Studenten durch eine wiederholte Teilnahme an dem Spiel erwarten. Hier zeigt sich ein Unterschied zwischen den Gruppen, der in Einklang zu der Vermutung steht, dass eine Option, die im Geld ist (Gruppe II), im Durchschnitt als wertvoller angesehen wird als eine Option, die am Geld ist (Gruppe I). Während die Teilnehmer in Gruppe I einen zu erwartenden Gewinn in Höhe von 6,7 GE pro Spiel angaben, lag der Wert in Gruppe II mit 13,6 GE deutlich und signifikant (Mann-Whitney-U-Test: -2,041**) höher.[670]

6.3.3 Zwischenfazit

Die beiden Blöcke der ersten experimentellen Studie haben eindeutige und signifikante Ergebnisse über die intuitive Wahrnehmung von Optionen in den betrachteten Entscheidungssituationen generiert. Insbesondere hat sich gezeigt, dass Realoptionswerte sehr häufig verzerrt wahrgenommen werden. In jeder der getesteten Fälle des ersten Experimentteils wichen bei der absoluten Mehrheit der Teilnehmer die intuitiven Werturteile von dem theoretischen Optionswert ab.[671] Dieses Verhalten kann als eindeutig irrational klassifiziert werden, da eine Duplikationsmöglichkeit der Option in dem ersten Experimentblock sichergestellt wurde und folglich abweichende Preisbereitschaften zwangsläufig mit ausgelassenen Arbitragegewinnen einhergehen. Zudem ist deutlich geworden, dass die Optionswertwahrnehmungen sehr unterschiedlich ausfallen können. Die recht große Streuung der Preisbereitschaften der Teilnehmer ist hierfür ein deutlicher Beleg. Neben Studenten, die den Optionswert über- oder unterschätzen existieren in allen Fällen Studenten, die der Option überhaupt keinen

---

669 Rational betrachtet ist die mehrmalige Teilnahme stets risikoärmer.

670 Der Mann-Whitney-U-Test wird an dieser Stelle verwendet, da die Antworten der Teilnehmer nicht normalverteilt sind (Kolmogorov-Smirnov-Test: 0,359*** (0,351***) in Gruppe I (Gruppe II)).

671 Der Anteil der abweichenden Preisbereitschaften lag zwischen 63% und 95%. Vgl. Tab. 38.

Wert beimessen. Bei negativem Drift liegt deren Anteil sogar bei über 25%. Auch der Anteil an Studenten, die den inneren Wert der Option als Werturteil verwenden und damit den Optionswert unterschätzen, ist beachtlich. Es lässt sich somit bereits mit Blick auf den ersten Experimentteil festhalten, dass der Wert von zukünftiger Handlungsflexibilität regelmäßig nicht oder nicht vollständig wahrgenommen wird.[672]

Um die Einflussgrößen auf die intuitive Optionsbewertung zu ergründen, wurden anschließend die Bedeutung des realen Drifts des Underlyings und der Moneyness der Option näher untersucht. Trotz der Irrelevanz des realen Drifts für den rationalen Optionswert konnte hierdurch ein signifikanter Effekt des Drifts auf die Werturteile der Teilnehmer ausfindig gemacht werden. Der derivative Charakter der Option wird nicht zutreffend erkannt, wodurch ein positiver Drift zu steigenden und ein negativer Drift zu fallen Werturteilen führt. H2 konnte folglich bestätigt werden. Ebenso beeinflusst der Zeitwertanteil die Optionswertwahrnehmung zum Teil signifikant. Wie in H3 hergeleitet, führt der höhere innere Wert in Gruppe II zu höheren mittleren Preisbereitschaften.

In der Kombination führen die beiden verzerrenden Effekte der Moneyness und des Drifts dazu, dass signifikante Über- und Unterbewertungen entstehen. So lag die mittlere Preisbereitschaft für eine ITM-Option mit positivem Drift signifikant zu hoch und die mittlere Preisbereitschaft für eine ATM-Option mit negativem Drift signifikant zu gering. Zwar konnte die in H1 vermutete Unterbewertung der Option in Gruppe I, Fall 1 nicht belegt werden, die Ergebnisse zeigen jedoch, dass nicht nur ein Großteil der Teilnehmer den Optionswert verzerrt wahrnimmt, sondern auch, dass es zu signifikanten und damit im Mittelwert prognostizierbaren Über- und Unterbewertungen kommt. Die Untersuchungsergebnisse liefern folglich einen unmittelbaren Beitrag zur Qualitätsverbesserung von unternehmerischen Entscheidungen auf Basis von Realoptionswerten, indem sie für die Bedeutsamkeit intuitiver Verzerrungen sensibilisieren und dabei helfen, unter anderem den spezifischen Einfluss der Moneyness und des Drifts auf die intuitive Optionswertwahrnehmung einzuschätzen.

Im zweiten Experimentblock wurden darüber hinausgehend einzelne Optionspreisparameter auf ihre Wirkungsweise in der Optionswertwahrnehmung hin untersucht. Neben dem Underlyingpreis waren dies die Volatilität des Underlyings und die Restlaufzeit der Option. Wie die Ergebnisse gezeigt haben, wird die Wertrelevanz der Parameter häufig missachtet und dadurch die Wirkungsrichtung und erst recht die Wirkungsstärke zum Teil signifikant verzerrt wahrgenommen. Dies gilt insbesondere für die Restlaufzeit der Option und die Volatilität des Underlyings, so maßen zum Beispiel der Restlaufzeit mehr als die Hälfte der Teilnehmer keinerlei Relevanz zu. Die große Bedeutung des inneren Wertes der Option für die Optionswertwahrnehmung der Teilnehmer wurde durch die Analyse der Preisbereitschaftsdifferenzen bei einer Variation des Underlyingpreises deutlich. Bei einem Großteil der Teilnehmer (Gruppe I: 40%, Gruppe II. 29%) veränderte sich

672 Mit Ausnahme von Fall 3 wurde in allen betrachteten Entscheidungssituationen die Option häufiger unterbewertet als überbewertet. Vgl. Tab. 38.

die Preisbereitschaft genau um die Differenz des inneren Wertes der Option. Der Einfluss des Underlyingpreises wird damit systematisch überschätzt. Dazu passend ergab sich, dass der einzigen getesteten OTM-Option in Gruppe II, Fall 2 von mehr als der Hälfte der Teilnehmer kein Wert beigemessen wurde.

Die Ergebnisse des zweiten Experimentteils ergänzen damit die zuvor gewonnenen Erkenntnisse, indem die wahrgenommene Wirkungsrichtung und Wirkungsstärke zusätzlicher Parameter untersucht wurden. Auch durch die im zweiten Experimentteil aufgedeckten Verzerrungen können in unternehmerischen Entscheidungen Fehlurteile ausgelöst werden, die es zu vermeiden gilt. So ist zum Beispiel in Investitionsentscheidungen sicherzustellen, dass Möglichkeiten zur Aufrechterhaltung zukünftiger Handlungsflexibilität adäquat berücksichtigt werden und nicht die Zeitspanne der Handlungsmöglichkeiten, d.h. die Restlaufzeit der Realoption, fälschlicherweise als wertirrelevant erachtet wird.

Die Ergebnisse der ersten experimentellen Studie werden in dem nachfolgenden Experiment erweitert und insbesondere durch einen engeren Bezug zu praxisnahen Entscheidungssituationen bereichert. Während das erste Experiment auf konkret beschriebene, aber fiktive Entscheidungssituationen mit Optionscharakter abzielte und Studenten die Teilnehmergruppen bildeten, fokussiert das zweite Experiment auf eine realitätsnahe Entscheidungssituation in der operativen Steuerung eines Kraftwerks und generiert die Ergebnisse aus den Werturteilen von Praktikern. Hierdurch sollen die externe Validität der Ergebnisse zusätzlich erhöht und Vergleiche zwischen den verschiedenen Teilnehmergruppen ermöglicht werden.

6.4 Zweites Experiment: Design und Ergebnisse

6.4.1 Experiment-Design

6.4.1.1 Experimentaufbau

In dem zweiten Experiment erfolgte keine Separation der Teilnehmer in verschiedene Gruppen, da nur eine begrenzte Anzahl an Praktikern als Experimentteilnehmer zur Verfügung stand.[673] Alle Teilnehmer durchliefen folglich den gleichen, aus zwei Blöcken bestehenden Experimentaufbau.[674] Abb. 48 veranschaulicht die Struktur des

673 Die geringe Teilnehmerzahl ist der Tatsache geschuldet, dass auf eine möglichst große Homogenität der Teilnehmer geachtet wurde. Eine Gruppenstärke von n=25 ist im Vergleich zu anderen experimentellen Studien nicht ungewöhnlich. Vgl. exemplarisch Rockenbach 2004, S. 519. In der Auswertung kann sie zwar dazu führen, dass existierende Zusammenhänge nicht als signifikant erkannt werden, als signifikante klassifizierte Ergebnisse sind jedoch unabhängig von der Gruppenstärke. Vgl. Janssen und Laatz 2013, S. 322.

674 Die Experimentauswertungen in Kap. 6.4.2 beruhen folglich stets auf Within-Subject-Analysen, sofern nicht Vergleiche zu Antwortverteilungen des ersten Experiments gezogen werden.

zweiten Experiments. Da der zweite Block exakt dem zweiten Teil des ersten Experiments entspricht, wird an dieser Stelle auf eine erneute Vorstellung verzichtet und das Augenmerk im Folgenden auf den ersten Block gerichtet.[675] Der identische Aufbau im zweiten Block ermöglicht jedoch in der späteren Experimentauswertung Optionswerturteile der unterschiedlichen Teilnehmergruppen miteinander zu vergleichen.

Abb. 48: Aufbau des zweiten Experiments.[676]

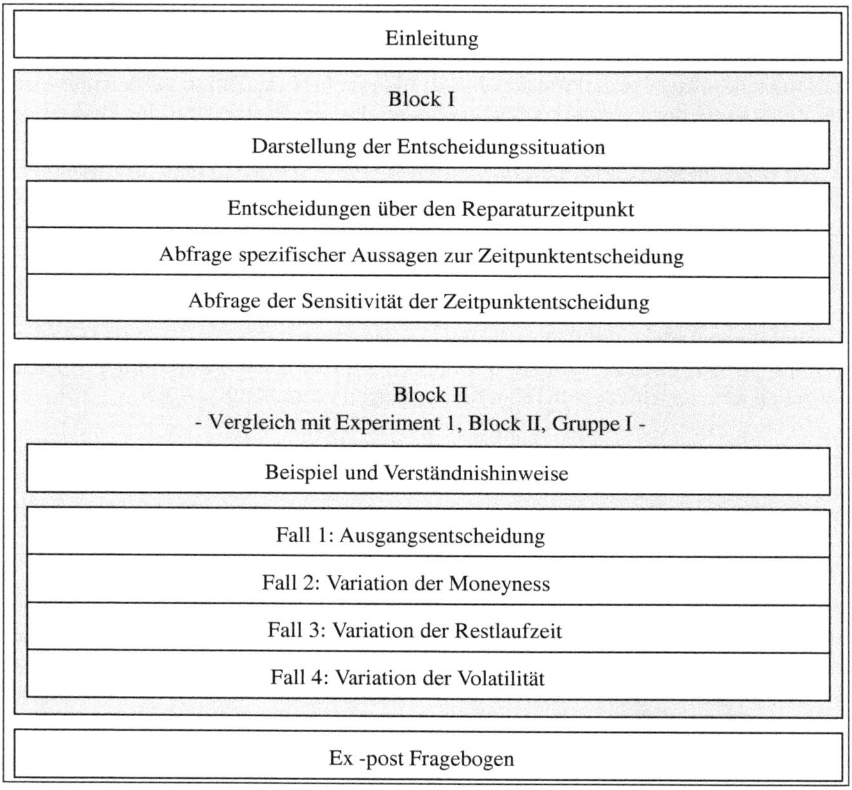

675 Da in dem zweiten Experiment nur eine Teilnehmergruppe existiert, durchläuft diese den Experimentpfad von Gruppe I im ersten Experiment.

676 Die Darstellung bezieht sich exklusiv auf das zweite Experiment. In Bezug auf Abb. 34 stellt der hier als Block I bezeichnete Abschnitt den dritten Teil der experimentellen Untersuchung dar.

Im ersten Experimentblock des zweiten Experiments wird die Realoptionsbewertung in einen besonders praxisnahen Kontext übertragen. Das Ziel ist es, die intuitive Optionsbewertung von Praktikern in einer für ein Energieversorgungsunternehmen typischen unternehmerischen Entscheidungssituation zu untersuchen. Daher wird nicht wie im ersten Experiment ein fiktives Investitionsprojekt oder die Teilnahme an einem Glücksspiel betrachtet, sondern spezifisch auf den operativen Einsatz eines flexiblen Kraftwerks abgezielt.[677] Konkret geht es um die Frage, zu welchem Zeitpunkt eine reparaturbedingte Stillstandszeit in einem Kraftwerk angesetzt werden soll, wenn die Strompreisentwicklung unsicher ist. Von den Teilnehmern ist die später noch detaillierter beschriebene Entscheidung zu treffen, ob die Reparatur sofort durchgeführt wird und damit der aktuelle Deckungsbeitrag der Stromproduktion aufgrund des reparaturbedingten Stillstands verloren geht oder ob sie zu einem späteren Zeitpunkt angesetzt wird, wodurch der zukünftige, heute noch unsichere Deckungsbeitrag der zukünftigen Stromproduktion entgeht.

Eine solche Entscheidungssituation eignet sich aus gleich mehreren Gründen für die experimentelle Untersuchung. Zum einen weisen flexible Kraftwerke aufgrund ihrer operativen Einsatzflexibilität wie in Kap. 2.2 ausführlich beschrieben einen Realoptionswert auf. Dies ist eine zwingende Voraussetzung für die Eignung der Entscheidungssituation vor dem Hintergrund der Zielsetzung der Studie. In der Wahl des Reparaturzeitpunktes entfaltet der Realoptionscharakter wie folgt seine Wirkung. Während der entgehende Deckungsbeitrag bei sofortiger Reparatur bekannt ist, steht der zukünftigen reparaturbedingten Stillstandszeit aufgrund volatiler Strompreise ein unsicherer Deckungsbeitragsverlust gegenüber. Dieser ist als Realoption zu klassifizieren, da das Energieversorgungsunternehmen die künftige Kraftwerksfahrweise an die Preisentwicklung anpassen kann. Im Sinne einer Option hat ein Kraftwerksbetreiber zu jedem Zeitpunkt das Recht, aber nicht die Pflicht, sein Kraftwerk zur Stromproduktion einzusetzen. In Abhängigkeit von den Marktpreisen wird er es folglich dann einsetzten, wenn die Stromerlöse die variablen Kosten übersteigen. Andernfalls wird er die Realoption verfallen lassen, d.h. keinen Strom produzieren. Um die Entscheidung über eine sofortige oder eine spätere Reparatur zu treffen, muss also eine Realoptionsbewertung für den späteren Zeitraum durchgeführt und mit dem aktuellen Deckungsbeitrag des Kraftwerks verglichen werden. Derjenige Zeitpunkt, der den geringeren Wert generiert, wird anschließend für die Reparatur gewählt.

Wie durch die Beschreibung des Realoptionscharakters gleichzeitig deutlich geworden ist, weist die Entscheidungssituation eine große Praxisnähe auf. Entsprechend der Zielsetzung, die intuitive Wahrnehmungen von Praktikern zu

677 Vgl. zur Analogie operativer Kraftwerksoptionen und Finanzoptionen ausführlich Kap. 2.2.

untersuchen, besitzt die Entscheidungssituation folglich den Vorteil, dass keine künstliche Entscheidungssituation in dem Experiment konstruiert wird, sondern eine in Energieversorgungsunternehmen regelmäßig wiederkehrende operative Entscheidung betrachtet wird.[678]

Als besonders bedeutsam einzustufen ist zudem der Vorteil, dass in dem gewählten Design die Realoptionsbewertung von den Teilnehmern nicht explizit gefordert wird, sondern implizit über die Entscheidung des Reparaturzeitpunktes erfolgt. Hierdurch kann zum einen die Entscheidungssituation einfach verständlich und ohne die Verwendung optionspreistheoretischer Vokabeln formuliert werden. Zum anderen und ungleich wichtiger ist jedoch, dass hierdurch in besonderem Maße die Intuition der Teilnehmer angesprochen wird. Anders als bei einer direkten Abfrage von Realoptionswerten wird durch die implizite Abfrage mittels der Zeitpunktentscheidung das Theoriekonzept der Optionsbewertung und damit eine von der eigenen Wahrnehmung möglicherweise abrückende, theoriegestützte Bewertung der Teilnehmer nicht bereits durch die Fragenformulierung adressiert.[679] Folglich kann über das Antwortverhalten der Teilnehmer auf den intuitiv wahrgenommen Optionswert geschlussfolgert werden, ohne von den Teilnehmern explizit eine Optionsbewertung gefordert zu haben.

Zuletzt, aber als nicht minder wichtig, ist die besondere Relevanz der intuitiven Wahrnehmung in einer solchen Entscheidungssituation für die Praxis aufzuführen. Diese resultiert zum einen aus dem Umstand, dass die Entscheidungskonsequenzen einer einzelnen Zeitpunktfestlegung von relativ geringem monetären Ausmaß sind, weshalb der Umfang unterstützender Bewertungsrechnungen in der Regel gering und die Intuition der Entscheidungsträger von entsprechend großer Bedeutung sind. Gleichzeitig jedoch führt die wiederkehrende Abfolge solcher Entscheidungen dazu, dass in Summe durchaus erhebliche monetäre Konsequenzen resultieren, die sich unmittelbar auf das betriebliche Ergebnis eines Energieversorgungsunternehmens auswirken.[680] Die Kombination aus geringen monetären Konsequenzen der Einzelfallentscheidung und hohen Gesamtkonsequenzen aufgrund der wiederkehrenden Abfolge ist folglich entscheidend.

Nachdem die besondere Eignung der Entscheidungssituation dargestellt wurde, soll diese nun in ihrem konkreten Experimentdesign detailliert betrachtet werden.[681] In der Realität hängt die Wahl des optimalen Reparaturzeitpunktes von zahlreichen

---

678 Das gesamte Experiment wurde mithilfe von Praktikern vorab auf Verständlichkeit aus Sicht der Teilnehmer überprüft.

679 Gleichzeitig kann jedoch davon ausgegangen werden, dass aufgrund der Verbreitung des Realoptionskonzepts in der Energiewirtschaft und den Vorkenntnissen der Teilnehmer (vgl. Kap. 6.4.1.2) der Optionscharakter eines Kraftwerks unmittelbar geläufig ist.

680 Zu beachten ist jedoch, dass die Entscheidungssituation nicht in der Form gleichbleibend wiederkehrend ist, dass sie vollkommen standardisiert und automatisiert getroffen werden kann.

681 Der genaue Wortlaut kann vom Autor zur Verfügung gestellt werden.

Einflussgrößen ab. Diese werden in der experimentellen Untersuchung durch explizite Annahmen auf ein notwendiges Maß vereinfacht, ohne die grundsätzliche Struktur zu verzerren. Die wesentlichen verbleibenden Einflussgrößen sind der aktuelle Spotmark-Strompreis P_t, der Forward-Strompreis für den späteren Reparaturzeitpunkt $F_{t,T}$, die Volatilität des Strompreises, die variablen Kosten des Kraftwerks K_{var} und die Zeitspanne zwischen den beiden möglichen Reparaturzeitpunkten T.[682] Zudem ist für den Optionscharakter der Entscheidungssituation notwendig, dass das betrachtete Kraftwerk vollkommen flexibel ist, d.h. dass dieses bei positiven Deckungsbeiträgen sofort zur Stromproduktion eingesetzt und bei negativen Deckungsbeiträgen sofort stillgelegt werden kann.

Im Rahmen der experimentellen Untersuchung wird ein Kraftwerk betrachtet, dass sich aufgrund seiner variablen Kosten genau am Geld befindet. In diesem Kraftwerk kann die Reparatur entweder „sofort" oder „in zwei Tagen" durchgeführt werden. Unabhängig von dem gewählten Zeitpunkt dauert sie eine Stunde, während der das Kraftwerk nicht zur Stromproduktion eingesetzt werden kann. Um eine Realoption am Geld zu modellieren, werden folgende Annahmen getroffen. Der Strom-Forwardpreis für die Reparatur in zwei Tagen, d.h. der erwartete Strompreis für den späteren Reparaturzeitpunkt, beträgt $F_{0,2}$ = 40 €/MWh. Aufgrund der Preisvolatilität ist dieser unsicher. Pro Tag kann der Preis gleichwahrscheinlich um +/- 2 €/MWh steigen bzw. sinken. Die variablen Kosten des Kraftwerks betragen stets K_{var} = 40 €/MWh und verändern sich nicht. Wird zunächst von der Reparatur abstrahiert, ergibt sich in zwei Tagen der folgende Kraftwerkseinsatz. Liegt der Strompreis $F_{2,2}$ über 40 €/MWh, erzielt das Kraftwerk einen positiven Deckungsbeitrag (DB). Liegt der Strompreis hingegen unter 40 €/MWh, wird das Kraftwerk nicht zur Stromproduktion eingesetzt und erzielt keinen Deckungsbeitrag. Der risikolose Zinssatz wird vereinfachend mit 0% angenommen. Abb. 49 veranschaulich den Zusammenhang.

682 Die Einflussparameter entsprechen damit im Wesentlichen den Variablen der klassischen Optionspreismodelle von Black/Scholes (1973) oder Cox/Ross/Rubinstein (1979). Vgl. Black und Scholes 1973, S. 644 und Cox et al. 1979, S. 232ff.

Abb. 49: Kraftwerkeinsatz in zwei Tagen (ohne Reparatur).

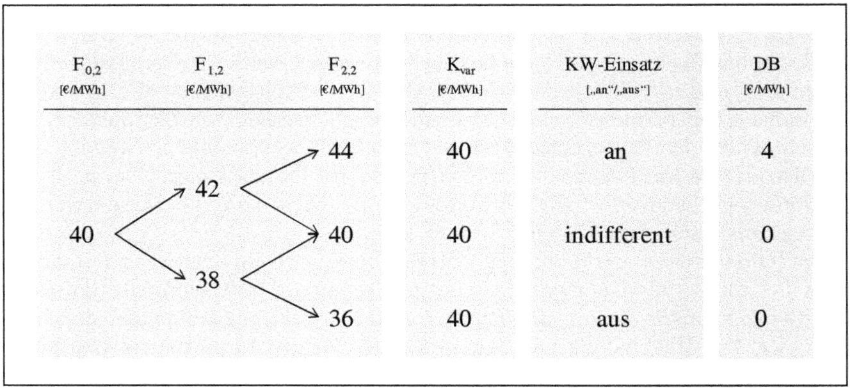

In der gegebenen Konstellation zu beachten ist, dass aufgrund der Flexibilität des Kraftwerks der erwartete Deckungsbeitrag für den Zeitpunkt in zwei Tagen nicht 0 €/MWh entspricht, obwohl sich der erwartete Strompreis und die variablen Kosten des Kraftwerks mit 40 €/MWh entsprechen. Die Flexibilität des Kraftwerks, d.h. die Möglichkeit dieses bei negativen Deckungsbeiträgen auszuschalten, führt dazu, dass der Deckungsbeitrag des Kraftwerks in der Erwartung steigt und hier einen Wert von 0,25 · 4 €/MWh = 1 €/MWh annimmt. Im Sinne der Optionspreistheorie besitzt die Option der Stromproduktion in dieser Preiskonstellationen einen Zeitwert in Höhe von 1 €/MWh, während der innere Wert der ATM-Option 0 €/MWh beträgt. In Anlehnung an Kap. 3.2.2 lässt sich dieser Optionswert in Höhe von 1 €/MWh auch mithilfe des Binomialmodells von Cox/Ross/Rubinstein (1979) im mehrperiodigen Kontext durch ein Roll-Back-Verfahren mit den Formeln (37), (38) und (39) ermitteln. Im Mittelpunkt des Experiments steht die Wahrnehmung dieses Optionswertes. In Anlehnung an die Hypothesen H1 und H3 in Kap. 6.2.5 ist davon auszugehen, dass die ATM-Option von den Teilnehmern tendenziell unterbewertet wird. Übersetzt auf die Entscheidungssituation bedeutet dies, dass davon auszugehen ist, dass die spätere Reparatur gegenüber der sofortigen Reparatur zu häufig vorgezogen wird bzw. dass die Möglichkeit der sofortigen Stromproduktion und damit die Einnahme des aktuellen Deckungsbeitrags gegenüber der Möglichkeit der späteren Stromproduktion bzw. der Einnahme des späteren Deckungsbeitrags vorgezogen wird.

Um die Entscheidung treffen zu können, ob die Reparatur sofort oder später durchgeführt wird, ist der aktuelle Strompreis notwendig, da er neben den variablen Kosten den aktuellen Deckungsbeitrag und damit die Opportunitätskosten der sofortigen Reparatur determiniert. In dem Experiment werden den Teilnehmern vier verschiedene aktuelle Strom-Spotmarktpreise genannt. Für jede der vier Preiskonstellationen werden die Teilnehmer in einem ersten Schritt jeweils auf einer 5-Punkte-Skala gefragt, wie ihre Empfehlung ausfällt von (1) „Starke Empfehlung der sofortigen Reparatur“ bis (5) „Starke Empfehlung der Reparatur in zwei Tagen“, wobei (3) eine Indifferenz zwischen den beiden Zeitpunkten aufzeigt.[683] Durch die Verwendung von vier Fällen mit vier unterschiedlichen aktuellen Strom-Spotmarktpreisen wird eine Analyse ermöglicht, ab welchem Preis die Entscheidung gerade kippt. Um den wahrgenommenen Optionswert über die Antwortverteilungen in den vier untersuchten Fällen möglichst präzise ableiten zu können, ist das Intervall der Spotmarktpreise in den vier Fällen so gering wie möglich anzusetzen, unter der Nebenbedingung jedoch, dass der wahrgenommene Optionswert möglichst vieler Teilnehmer auch tatsächlich in diesem Intervall liegt. Als untere Grenze des Intervalls wird daher ein aktueller Strom-Spotmarktpreis in Höhe von 40 €/MWh gewählt. Bei diesem entstehen bei sofortiger Reparatur keinerlei Opportunitätskosten, da der Strom-Spotmarktpreis genau den variablen Kosten des Kraftwerks entspricht. Folglich ist der sofortige Reparaturzeitpunkt mindestens so gut bzw. besser als der spätere Reparaturzeitpunkt geeignet. Daneben wird ein aktueller Strom-Spotmarktpreis in Höhe von 41,50 €/MWh gewählt. Dieser führt zu einem Deckungsbeitragsverlust in Höhe von 1,50 €/MWh bei sofortiger Reparatur, während die Stromproduktion in zwei Tagen im Erwartungswert lediglich einen Deckungsbeitrag von 1 €/MWh erreicht. Es ist davon auszugehen, dass in dieser Konstellation die spätere Reparatur von jedem Teilnehmer bevorzugt wird. Dazwischen werden in gleichen Abständen aktuelle Strom-Spotmarktpreise in Höhe von 41 €/MWh und 40,50 €/MWh betrachtet. Nach der Abfrage der Reparaturentscheidungen für alle vier Fälle wird jeder Teilnehmer zusätzlich nach dem genauen aktuellen Strom-Spotmarktpreis gefragt, bei dem er persönlich gerade indifferent zwischen den beiden Reparaturzeitpunkten ist.

Aus dem Indifferenzpreis kann in der Experimentauswertung anschließend der aktuelle Deckungsbeitrag des Kraftwerks bestimmt werden und auf den intuitiv wahrgenommenen Optionswert geschlussfolgert werden, da der aktuelle Deckungsbeitrag des Kraftwerks auf Basis des Indifferenzpreises diesen gerade widerspiegelt.[684] Somit beantworten die Teilnehmer durch ihre Reparaturentscheidung implizit die Frage, wie viel sie für die Realoption, in zwei Tagen das Kraftwerk zur Stromproduktion einsetzen zu können, im Sinne von Opportunitätskosten zu zahlen

683 In der Experimentbeschreibung wird explizit betont, dass ausschließlich die in dem Experiment gegebenen Informationen entscheidungsrelevant sind und insbesondere aus dem Reparaturbedarf keinerlei Sicherheitsrisiko für das Kraftwerk resultiert.

684 Der entgangene aktuelle Deckungsbeitrag bei einer Entscheidung für den Erhalt der Kraftwerksoption, d.h. bei einer Entscheidung für den späteren Reparaturzeitpunkt, kann unmittelbar als Optionspreiszahlung verstanden werden. Bezogen auf die eingangs vorgestellten Extrempreise von 40€/MWh und 41,50€/MWh bedeutet dies beispielsweise, dass die spätere Kraftwerksoption für einen Preis in Höhe von 0€/MWh (=40€/MWh-40€/MWh) bzw. für einen Preis in Höhe von 1,50€/MWh (=41,50€/MWh-40€/MWh) aufrechterhalten werden kann.

bereit sind.[685] Je stärker ein Teilnehmer den Realoptionswert des Kraftwerks unterschätzt (überschätzt), desto geringer (höher) ist die Angabe des Indifferenzpreises.

Nachdem die Teilnehmer ihre Entscheidungen über den Reparaturzeitpunkt getroffen haben, werden sie mit konkreten Aussagen über die Entscheidungssituation konfrontiert und gebeten ihren Grad an Zustimmung oder Ablehnung anzugeben. Hierdurch soll die Wahrnehmung der Teilnehmer tiefergehend ergründet und auf systematische Zusammenhänge untersucht werden. Ein besonderes Augenmerk liegt auch hier auf der Wahrnehmung des Zeitwertes. Zudem wurden die Teilnehmer gefragt, ob ihr Entscheidungsverhalten durch die Variation ausgewählter Parameter beeinflusst worden wäre, wodurch die Bedeutung einzelner Einflussgrößen näher analysiert werden kann.

6.4.1.2 Experimentteilnehmer

Teilnehmer an dem Experiment waren 25 Controller/innen aus einem großen Unternehmen der deutschen Energiewirtschaft.[686] Sowohl die fachliche Ausrichtung als auch der energiewirtschaftliche Branchenbezug führen dazu, dass Kenntnisse über Optionsbewertungsverfahren in der Teilnehmergruppe überdurchschnittlich weit verbreitet sind.[687] Hierdurch wird zum einen das Ziel verfolgt, im ersten Experimentteil Praktiker mit optionsbasierten und praxisrelevanten Entscheidungssituationen zu konfrontieren, die eine möglichst große Nähe zu Entscheidungssituationen in deren täglichem Umfeld aufweisen. Zum anderen ist der Kenntnisstand der Praktiker für die Vergleiche intuitiver Werturteile mit denen von Bachelorstudenten von Bedeutung, wie sie im zweiten Teil des Experiments durchgeführt werden.

Von den 25 Teilnehmern waren 80% seit mindestens vier Jahren bei dem entsprechenden Unternehmen tätig. Über insgesamt mehr als vier Berufsjahre verfügten 92%. Mit Blick auf das optionspreistheoretische Vorwissen gaben 56% der Teilnehmer an, dass sie die Grundlagen der Optionspreistheorie in der Ausbildung bzw. im Studium kennengelernt haben. Aufgrund der Branche und dem Tätigkeitsprofil der Teilnehmer sind die Methoden der Realoptionsbewertung zudem in der täglichen Arbeit der Teilnehmergruppe weit verbreitet. So geben nur 16% der Teilnehmer an, dass sie in ihrer Arbeit nur selten oder nie mit Optionen zu tun haben. Entsprechend weit verbreitet ist das Wissen über bewertungsrelevante Zusammenhänge.

---

685 Dieser kann in der Auswertung dem theoretischen Optionswert gegenübergestellt werden. Einschränkungen in der Interpretation des Wertvergleichs werden in Kap. 6.4.2.1 erörtert.

686 Neben Praktikern aus Controlling-Fachabteilungen werden hierzu auch Praktiker aus dem controllingnahen Asset Management gezählt. Im Folgenden wird verallgemeinernd von „Controllern" oder „Teilnehmern" gesprochen, gemeint ist jedoch stets die Gesamtgruppe der Controllerinnen und Controller bzw. Teilnehmerinnen und Teilnehmer.

687 Die Relevanz der Branche für Optionsbewertungen konnten z.B. Howell/Jägle (1997) aufzeigen. Vgl. Howell et al. 1997, S. 341.

88% der Teilnehmer ist der Begriff „Zeitwert“ bekannt, 72% geben an, dass sie mit dem Konzept des Zeitwertes vertraut sind. Nach eigenen Angaben wissen 68% der Teilnehmer, welche Faktoren den Wert einer Option beeinflussen.

Die Teilnahme an dem Experiment erfolgte online und anonym. Durch persönliche Zusendung der Zugangsdaten wurde sichergestellt, dass nur die adressierten Teilnehmer Zugang zu dem Experiment erhielten und keine mehrfache Teilnahme möglich war. Von einer monetären Vergütung der Praktiker für die Experimentteilnahme wurde abgesehen.

6.4.2 Ergebnisse

6.4.2.1 Auswertungen des ersten Experimentteils

Wie in Kap. 6.4.1.1 beschrieben, wurden die Einschätzungen der Praktiker in einem ersten Schritt für vier verschiedene Strompreise abgefragt. Als Interpretationshilfe der Antwortverhalten ist in Tab. 52 der Zusammenhang zwischen dem gewählten Reparaturzeitpunkt und den daraus ableitbaren Erkenntnissen über die jeweilige Wahrnehmung des Realoptionswertes für alle vier Fälle veranschaulicht. Durch die grauhinterlegten Felder wird zudem fallspezifisch angezeigt, welche Entscheidung unter Anwendung des Bewertungsmodells von Cox/Ross/Rubinstein (1979) rational ist.[688]

Tab. 52: Zusammenhang zwischen Zeitpunktentscheidung und Optionswerturteil[689]

Fall	**Spotmarkt-Strompreis**	**K**	**Wahrgenommener Optionswert, falls Entscheidung...**[687]		
			...„Sofort“	**...„Indifferent“**	**...„In zwei Tagen“**
	[€/MWh]	[€/MWh]	[€/MWh]	[€/MWh]	[€/MWh]
1	41,50	40,00	>1,50	=1,50	<1,50
2	41,00	40,00	>1,00	=1,00	<1,00
3	40,50	40,00	>0,50	=0,50	<0,50
4	40,00	40,00	>0,00	=0,00	<0,00

Die Teilnehmer konnten ihre Präferenz zwischen den beiden Reparaturzeitpunkten in allen vier Fällen auf einer 5-Punkte-Skala (von 1="Starke Empfehlung für sofortige

688 Eine Einschränkung als rationaler Vergleichsmaßstab erfährt das Modell in diesem Experimentteil aufgrund der fehlenden Duplizierbarkeit der Option. Hierauf wird später noch genauer eingegangen.

689 In Bezug auf die 5-Punkte-Skala werden unter „Sofort“ Antworten mit 1 bzw. 2 Punkten, unter „Indifferent“ mit 3 Punkten und unter „in zwei Tagen“ mit 4 bzw. 5 Punkten verstanden.

Reparatur" bis 5="Starke Empfehlung für Reparatur in zwei Tagen") angeben. Ein Wert in Höhe von „3" entsprach folglich einer Indifferenz zwischen den Reparaturzeitpunkten. Aufgrund der abnehmenden Höhe des Spotmarkt-Strompreises von Fall 1 bis Fall 4 ist es unabhängig von der individuellen Optionswertwahrnehmung sinnvoll, den sofortigen Reparaturzeitpunkt in den Fällen fortschreitend zunehmend zu präferieren. Auch eine konstant bleibende Präferenz für den späteren oder den früheren Zeitpunkt ist zumindest theoretisch denkbar, nämlich dann, wenn die Realoption mit einem Wert >1,50 €/MWh wahrgenommen wird (in allen vier Fällen wird sofortige Reparatur bevorzugt), oder wenn der Realoption ein Wert <0,00 MWh beigemessen wird (in allen vier Fällen wird die spätere Reparatur bevorzugt). Eine zunehmende Präferenz für die spätere Reparatur bei abnehmenden Sportmarkt-Strompreisen ist indes nicht begründbar und auf Missverständnisse in der Entscheidungssituation zurückzuführen. Zwei der insgesamt 25 Teilnehmer zeigten ein solches Antwortverhalten und wurden aus der Auswertung herausgenommen. Das Entscheidungsverhalten der verbleibenden 23 Teilnehmer, die die Datenbasis aller weiteren Auswertungen des ersten Experimentteils bilden, ist in Tab. 53 dargestellt.

Tab. 53: Häufigkeitsverteilung der Reparaturentscheidung

		„Sofort"			**„Indifferenz"**	**„In zwei Tagen"**		
Fall	n	1	2	Σ	3	4	5	Σ
1	23	4,3%	0,0%	**4,3%**	**4,3%**	8,7%	82,6%	**91,3%**
2	23	4,3%	4,3%	**8,7%**	**26,1%**	26,1%	39,1%	**65,2%**
3	23	39,1%	4,3%	**43,5%**	**26,1%**	8,7%	21,7%	**30,4%**
4	23	78,3%	8,7%	**87,0%**	**13,0%**	0,0%	0,0%	**0,0%**

Im ersten der vier Fälle empfahlen mehr als 90% der Teilnehmer die Reparatur in zwei Tagen durchzuführen. Wie in Kap. 6.4.1.1 beschrieben, wurde das Intervall der Spotmarktpreise in den vier Fällen möglichst gering gewählt, wobei der Spotmarkt-Strompreis in Fall 1 jedoch mit 41,50 €/MWh bewusst so hoch angesetzt wurde, dass möglichst viele Entscheider den Reparaturzeitpunkt in zwei Tagen bevorzugen, um die intuitiven Optionswerturteile möglichst präzise ableiten zu können. Dass ein Großteil der Praktiker in Fall 1 tatsächlich den späteren Zeitpunkt bevorzugt, d.h. den Optionswert <1,50 €/MWh wahrnimmt, spricht folglich für die Wahl der oberen Intervallgrenze.[690] Zudem steht das Antwortverhalten in Fall 1 nicht im Widerspruch zu dem theoretischen Optionswert aus dem Binomialmodell von Cox/Ross/Rubinstein (1979), das der Option einen Wert in Höhe von 1 €/MWh beimisst. Hieraus kann jedoch nicht geschlussfolgert werden, dass der Optionswert korrekt

690 Lediglich 8,6% überschätzen den Optionswert mit ≥ 1,50 €/MWh deutlich.

wahrgenommen wird. Die in der Hypothesengenerierung vermutete Unterbewertung lässt sich aus der isolierten Analyse von Fall 1 ebenso wenig untersuchen wie mögliche Überbewertungen der Option, die nicht die Grenze von 1,50 €/MWh erreichen oder überschreiten. Hierzu ist eine Betrachtung der Entscheidungsverhalten in den Fällen zwei bis vier notwendig.

Für den Vergleich mit dem Optionswert des Binomialmodell ist der zweite Fall der aufschlussreichste. Da bei einem Spotmarkt-Strompreis in Höhe von 41,00 €/MWh der erwartete Deckungsbeitrag der Stromproduktion in zwei Tagen (Handlungsalternative „Sofortige Reparatur") und damit der Optionswert des Kraftwerks genau dem Deckungsbeitrag der aktuellen Stromproduktion (Handlungsalternative „Reparatur in zwei Tagen") entspricht, können Empfehlungen für eine sofortige Reparatur als Überbewertung der Kraftwerksoption im Vergleich zum Binomialmodell und Empfehlungen für eine spätere Reparatur als Unterbewertungen interpretiert werden. Nur Indifferenzurteile stehen in Fall 2 in Einklang mit der Theoriebasis. Mit Blick auf die Ergebnisse in Tab. 53 zeigt sich, dass wie in Kap. 6.2.5 vermutet, ein Großteil der Praktiker die Kraftwerksoption unterbewertet. Fast zwei Drittel der Teilnehmer gaben die Empfehlung ab, den späteren Reparaturzeitpunkt zu wählen, und messen der Option damit einen Wert <1,00 €/MWh zu. Überbewertungen der Realoption erfolgen demgegenüber mit 8,7% deutlich seltener. Die übrigen rund 26% gaben ein implizites Optionswerturteil in Höhe des Cox/Ross/Rubinstein-Optionswertes ab.

Die Verwendung des Optionswerts aus dem Binomialmodell als rationalem Vergleichsmaßstab für das Verhalten der Experimentteilnehmer ist an dieser Stelle nicht unkritisch, wie in Kap. 3.2 ausführlich erörtert. Aufgrund fehlender Duplikations- bzw. Hedgemöglichkeiten für die Teilnehmer können von dem theoretischen Optionswert abweichende Werturteile nicht zwangsläufig als irrationale Bewertungsverzerrungen verstanden werden. Um diese Einschränkung bereits in der Experimentkonzeption zu berücksichtigen, erhielten die Teilnehmer keine monetären Anreize durch entscheidungsabhängige Vergütung. Sie sollten im Sinne eines Controllers lediglich Empfehlungen für den Reparaturzeitpunkt abgeben, wodurch der Einfluss der individuellen Risikoeinstellung abgeschwächt wurde. Dennoch verbleibt in dem Experiment die Möglichkeit, dass die individuelle Risikoeinstellung das Optionswerturteil verzerrt. Diese sich überlagernden Effekte aus der Risikoaversion der Teilnehmer und der in der Hypothesengenerierung begründeten, zu vermutenden intuitiven Unterbewertung der Option, die beide die Wahl des späteren Reparaturzeitpunktes begünstigen, gilt es daher sich näher anzuschauen.

In dem bereits betrachteten Fall 2 reicht bereits eine geringe Risikoaversion aus, damit ein Teilnehmer nicht indifferent zwischen den beiden Zeitpunkten ist, sondern den späteren bevorzugt, sofern er nicht im Sinne der Optionspreistheorie die Annahme der vollkommenen und vollständigen Märkte für das Underlyings voraussetzt. Letztlich entscheidet der Teilnehmer über die „Lotterien" (1, 100%) bzw. (4, 25%; 0, 75%), wobei erstere, d.h. die Reparatur in zwei Tagen, von einem risikoaversen Entscheider stets bevorzugt wird. Umso entscheidender ist es, an dieser Stelle den Blick auf das Antwortverhalten in Fall 3 zu richten. Anders als in

Fall 2 sind in Fall 3 die Erwartungswerte der Handlungsalternativen nicht identisch. Die Entscheidung für den späteren Reparaturzeitpunkt führt zu einem deutlich geringeren Erwartungswert in Höhe von 0,50 €/MWh. Um die Entscheidung eines Teilnehmers für diesen späteren Reparaturzeitpunkt über die Risikoeinstellung zu begründen, bedarf es daher in Fall 3 eines deutlich größeren Ausmaßes an Risikoaversion. Im Weiteren wird daher der folgende Analyseansatz verfolgt. Reicht das Argument der Risikoeinstellung nicht aus, um das Verhalten vollständig zu erklären, da die Risikoaversion für das beobachtete Verhalten ein unplausibles Ausmaß annehmen müsste, so verbleibt von den sich überlagernden Effekten nur noch die intuitive Unterbewertung der Option als Erklärungsansatz. Es ist folglich zunächst zu prüfen, wie stark die Risikoaversion der Teilnehmer ausgeprägt sein muss, damit hierüber die beobachteten Entscheidungsverhalten erklärt werden können. Diese abgeleitete Risikoaversion wird im Folgenden als implizite Risikoaversion der Teilnehmer bezeichnet.

Wie in Kap. 6.2.1.1.2 vorgestellt, ist nach dem Entscheidungskriterium der präskriptiven Erwartungsnutzentheorie diejenige Handlungsalternative zu wählen, in der der Erwartungsnutzen maximal ist.[691] Die Formel für den erwarteten Nutzen ist gegeben durch $EU(x) = \sum_{i=1}^{n} p_i \cdot x_i^{\alpha}$. Für die beiden Handlungsalternativen „Sofortige Reparatur“ und „Reparatur in zwei Tagen“ kann entsprechend der Erwartungsnutzen in Abhängigkeit von der Risikoeinstellung des Entscheidungsträgers, d.h. dem Parameter α ausgerechnet werden. Gesucht wird derjenige Grenzwert für α, ab dem ein rational agierender Erwartungsnutzenmaximierer gerade die Alternative „Reparatur in zwei Tagen“ bevorzugt.

Der Erwartungsnutzen der Handlungsalternative „Reparatur in zwei Tagen“, d.h. der sicheren Einnahme des aktuellen Deckungsbeitrags in Höhe von 0,50 €/MWh, entspricht:

$$EU_{\text{„In zwei Tagen“}} = \sum_{i=1}^{n} p_i \cdot x_i^{\alpha} = 100\% \cdot 0{,}5^{\alpha}.$$ [692]

Analog dazu entspricht der Erwartungsnutzen bei sofortiger Reparatur:

$$EU_{\text{„sofort“}} = \sum_{i=1}^{n} p_i \cdot x_i^{\alpha} = 25\% \cdot 4^{\alpha}.$$

691 Vgl. zum Zusammenhang zwischen Erwartungsnutzentheorie und Optionspreistheorie als rationalem Maßstab in der Derivateberwertung Kap. 6.2.2.

692 An dieser Stelle ist im Rahmen der Erwartungsnutzentheorie grundsätzlich der Gesamtvermögensstand des Entscheidungsträgers zu berücksichtigen. Da jedoch die Bedeutsamkeit der Risikoaversion als Erklärung für das beobachtete Verhalten mit steigendem Vermögen aufgrund der Konvexität der Nutzenfunktion abnimmt, ist die hier präsentierte Einflussstärke bereits die maximal mögliche.

Aus der zu untersuchenden Konstellation $EU_{\text{„In zwei Tagen“}} > EU_{\text{„Sofort“}}$ folgt $\alpha < 0{,}67$. Die Risikoaversion der Teilnehmer muss also so ausgeprägt sein, dass der Risikoaversionsparameter α einen Wert in Höhe von 0,67 unterschreitet, um in Fall 3 eine Entscheidung für den späteren Reparaturzeitraum „In zwei Tagen“ mithilfe der Erwartungsnutzentheorie als rational zu rechtfertigen. Aus empirischen Untersuchungen zur Validierung der Prospect Theory, die im Gewinnbereich die hier verwendete Nutzen- bzw. Wertfunktion $u(x) = x^{\alpha}$ verwendet, ist jedoch bekannt, dass Individuen im Durchschnitt Risikoaversionswerte in Höhe von $\alpha = 0{,}88$ aufweisen.[693] Die Risikoaversion ist daher nicht ausreichend, um in der betrachteten Entscheidungssituation in Fall 3 Entscheidungen für den späteren Reparaturzeitpunkt zu erklären.[694] In den deskriptiven Antwortverteilungen zeigt sich in Tab. 53 jedoch, dass auch in Fall 3 immerhin 30% der Teilnehmer den späteren Reparaturzeitpunkt präferieren. Fast ein Drittel der Teilnehmer misst der Option intuitiv einen Wert <0,5 €/MWh zu und unterschätzt im Vergleich mit dem Cox/Ross/Rubinstein-Modell den theoretischen Optionswert damit um mehr als 50%. Zudem geben rund 26% an, dass sie bei der Preiskonstellation in Fall 3 indifferent zwischen den Reparaturzeitpunkten sind, und zeigen damit ebenfalls eine deutliche Unterbewertung der Realoption. Zwar mögen im Einzelfall auch α-Werte unterhalb von 0,67 begründbar sein, bei der Häufigkeit des Auftretens ist dies jedoch unwahrscheinlich.[695] Unter den Experimentteilnehmern müssten mehr als 55% eine Risikoaversion in Höhe von $\alpha \leq 0{,}67$ besitzen und folglich der Durchschnitt deutlich von den aus der Literatur bekannten $\alpha = 0{,}88$ abweichen. Die Ergebnisse belegen mithilfe der Messung der impliziten Risikoaversion damit an dieser Stelle für mehr als die Hälfte der Teilnehmer eine intuitive Unterbewertung der Realoption.

Unterstützt wird dieses Ergebnis durch das Entscheidungsverhalten in Fall 4. Hier bevorzugen 87% der Teilnehmer die sofortige Reparatur. Aufgrund des bewusst niedrig gewählten Spotmarkts-Strompreises als unterer Grenze des in den vier Fällen betrachteten Preisintervalls betragen hier die Opportunitätskosten der sofortigen Reparatur 0 €/MWh, weshalb das eindeutige Antwortverhalten nicht verwunderlich ist. Bemerkenswert ist jedoch, dass immerhin 13% der Teilnehmer eine Indifferenz angeben, d.h. der Kraftwerksoption keinerlei Wert beimessen. Der Zeitwert wird entsprechend von jenen Teilnehmern intuitiv vollkommen missachtet. Aufgrund der Opportunitätskosten in Höhe von null ist dieses Verhalten definitiv nicht über die Risikoeinstellung der Teilnehmer begründbar.

Die Abfrage der Reparaturentscheidungen in den vier Fällen diente dazu, auf Basis möglichst einfach verständlicher Fragen die Größenordnung intuitiver

693 Vgl. Tversky und Kahneman 1992, S. 311.

694 In der Experimentkonzeption wurde bewusst darauf geachtet, den Spotmarkt-Strompreis in Fall 3 so gering anzusetzen, dass eine Entscheidung für „Später“ kaum plausibel mithilfe der Risikoaversion erklärbar ist.

695 Über die Abfrage der genauen Indifferenzpreise lässt sich dieses Ergebnis im Folgenden zusätzlich bestätigen.

Optionswerturteile ableiten zu können. Zur Erhöhung der Präzision wurden die Teilnehmer anschließend gefragt, wie hoch der aktuelle Spotmarkt-Strompreis genau sein müsste, damit sie gerade indifferent sind. Die Ergebnisstatistik inklusive der Teststatistik auf signifikante Abweichungen von dem theoretischen Cox/Ross/ Rubinstein-Optionswertes ist in Tab. 54 dargestellt.

Tab. 54: Ergebnisstatistik des Einstichprobentests[696]

n	Mittelwert	Std.abw.	Preis nach Cox/Ross/ Rubinstein	Wilcoxon-Vorzeichenrangtest bei einer Stichprobe (2-seitig)
23	40,40	1,324	41,00	-2,763***

*(**;***) Signifikanzniveau p < 0,10 (0,05; 0,01)

Im Mittel gaben die Teilnehmer an, dass sie bei einem aktuellen Spotmarkt-Strompreis in Höhe von 40,40 €/MWh gerade indifferent zwischen den beiden Zeitpunkten für die Reparatur seien. Sie maßen der Realoption damit implizit einen Wert in Höhe von 0,40 €/MWh zu, der deutlich unterhalb der Cox/Ross/Rubinstein-Optionswertes lag. Die negative Abweichung, d.h. die intuitive Unterbewertung, ist hochsignifikant. Im Sinne der impliziten Risikoaversionsmessung bedeutet ein Wert in Höhe von 40,40 €/MWh eine Risikoaversion in Höhe von $\alpha = 0{,}60$ was als mittlere Risikoeinstellung der Experimentteilnehmer nicht plausibel erscheint. Folglich ist die signifikante Abweichung der intuitiven Optionswerte von dem Cox/Ross/ Rubinstein-Optionswert nicht alleine durch die Risikoeinstellung der Teilnehmer erklärbar, sondern spiegelt unmittelbar eine Verzerrung der intuitiven Optionswerturteile wider. Die in Kap. 6.2.5 hergeleitete vermutete Unterbewertung kann damit für den Praxisfall bestätigt werden. Dass der Median der Antwortverteilung mit 40,00 €/MWh sogar noch geringer als das arithmetische Mittel ausfällt, zeigt, dass rund die Hälfte der Teilnehmer der Realoption überhaupt keinen oder sogar einen negativen Wert beimessen und den Zeitwert der Option vollkommen missachten. Deutlich wird dies auch durch die Darstellung der Antwortverteilung in Abb. 50, in der die Gruppe derjenigen Teilnehmer weiter aufgegliedert ist, die den Optionswert im relativen Verglich zum Binomialmodell unterschätzten.

696 Der Kolmogorov-Smirnov-Test auf Basis exakter Werte führt zu dem signifikanten Ergebnis (0,292**), dass die Optionswerturteile der Teilnehmer nicht normalverteilt sind. Da zudem die Teilnehmeranzahl n<50 beträgt, sind die Anwendungsvoraussetzungen für den Einstichproben-T-Test nicht erfüllt. Vgl. zu den Anwendungsvoraussetzungen Janssen und Laatz 2013, S. 323. Als geeigneter verteilungsfreier Einstichproben-Test ist daher der Wilcoxon-Vorzeichen-Rangtest bei einer Stichprobe anstelle des Einstichproben-T-Tests anzuwenden, dessen Ergebnisstatistik in Tab. 54 dargestellt ist. Vgl. zur nachrangigen Anwendung verteilungsfreier Tests Janssen und Laatz 2013, S. 602 sowie zum Wilcoxon-Vorzeichen-Rangtest bei einer Stichprobe Janssen und Laatz 2013, S. 618f.

Abb. 50: Häufigkeiten der aus dem Indiffernzpreis abgeleiteten Optionswerturteile.

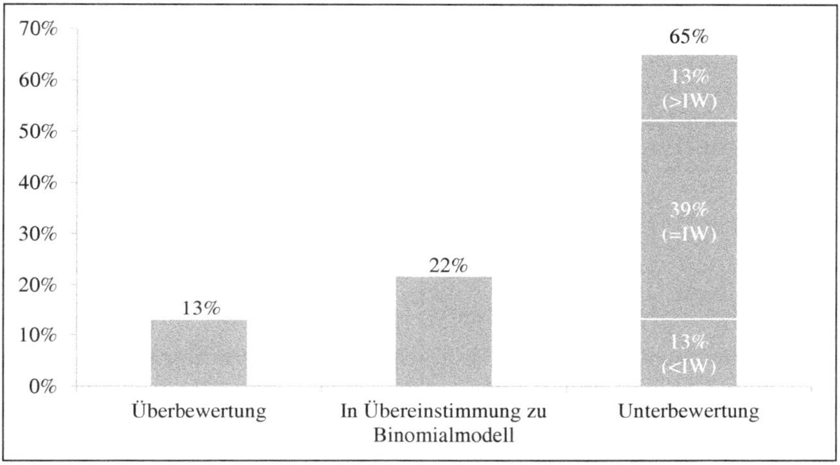

Insgesamt beläuft sich der Anteil intuitiver Unterbewertungen auf rund 65%, wovon wiederum mehr als die Hälfte der Realoption intuitiv einen Wert genau in Höhe des inneren Wertes der Option, d.h. in Höhe von null beimessen. Zusätzlich nehmen rund 13% sogar einen negativen Optionswert wahr. Für den Großteil derjenigen Teilnehmer, die einen Optionswert unterhalb des Cox/Ross/Rubinstein-Optionswertes angeben, kann folglich auch an dieser Stelle eindeutig festgestellt werden, dass nicht die Risikoaversion der Teilnehmer die entscheidende Ursache für die beobachtete Unterbewertung ist.

Im Anschluss an die Entscheidungsfindung über den Reparaturzeitpunkt wurden die Teilnehmer mit Aussagen zu der Entscheidungssituation konfrontiert, zu denen sie ihr Ausmaß an Zustimmung bzw. Ablehnung angeben sollten. Diese wurden konzipiert, um die Hintergründe für das beobachteten Verhalten näher zu ergründen, und waren bewusst so ausgestaltet, dass sie unabhängig von der Risikoeinstellung der Teilnehmer eine eindeutige korrekte Lösung aufwiesen. Die erste der vier Aussagen formulierte die These, dass der Erwartungswert der Optionsrückflüsse – und damit in der gegeben Konstellation der theoretische Optionswert – genau dem inneren Wert der Option entspricht. Da der Erwartungswert der Optionsrückzahlungen dem inneren Wert zuzüglich des Zeitwerts entspricht, d.h. den inneren Wert übersteigt, ist diese Aussage abzulehnen.[697] Aufgrund des in Kap. 6.2.5 vermuteten starken Einflusses des inneren Wertes auf intuitive Optionswerturteile ist jedoch

697 Vgl. zu den Bedingungen zur Identität von naivem Erwartungswert der Optionsrückflüsse und theoretischem Optionswert Kap. 3. Hier ist die Identität aufgrund von r=0%=Drift gegeben.

mit hiervon abweichenden Antworten zu rechnen. Wie Tab. 55 zu entnehmen ist, nehmen tatsächlich 43% der Teilnehmer diesen Zusammenhang nicht korrekt wahr.

Tab. 55: Antwortverhalten in der ersten Ex-Post-Frage[698]

„Der erwartete Deckungsbeitrag des Kraftwerks beträgt für übermorgen 0 €/MWh, da der erwartete Strompreis genau den variablen Kosten entspricht."				
Aussagekern[697]	Falsche Antworten			Korrekte Antwort
	Zustimmung	Indifferenz	Σ	Ablehnung
ERW(PO)=0=IW	39,1%	4,3%	43,5%	56,5%

In der zweiten Aussage wurde die Wahrnehmung der Kraftwerksrückflüsse – und damit implizit der Optionswerthöhe – weiter untersucht. Die erste Aussage, dass der Kraftwerks-DB des späteren Reparaturzeitpunktes genau 0 €/MWh entspricht, wird zu der Aussage gelockert, dass der Kraftwerks-DB < 1 €/MWh beträgt. Während in der ersten Aussage nur jene Entscheider, die den gesamten Zeitwert der Option missachten, eine Zustimmung angeben, reicht es in der zweiten Aussage für eine Zustimmung aus, wenn ein Entscheider den Zeitwert nur nicht in voller Höhe wahrnimmt. Die Ergebnisse in Tab. 56 zeigen, dass, wie zu erwarten, der Anteil der Zustimmungen im Vergleich zur ersten Aussage ansteigt. Erneut sei dabei betont, dass es sich hierbei nicht um eine risikoaversionsabhängige Entscheidungsempfehlung handelt, sondern um eine Aussage mit einer eindeutigen Lösung. Die zuvor gewonnene Erkenntnis der intuitiven und risikoeinstellungsunabhängigen Unterbewertung kann hierdurch zusätzlich belegt werden. Einschränkend ist jedoch anzumerken, dass das Antwortverhalten in dieser direkten Befragungsform – anders als in der zuvor getroffenen Zeitpunktentscheidung – möglicherweise weniger die Intuition der Teilnehmer, sondern zu einem größeren Anteil Unverständnis bzw. eine Missachtung der Kraftwerksflexibilität widerspiegelt. Der sehr hohe Anteil von 43,5% der Teilnehmer in Tab. 55, die der Option keinen Wert beimisst, darf daher nicht überbewertet werden. Im Hinblick auf die in der Praxis weitaus komplexeren

698 Gemessen wurde der Grad der Zustimmung auf einer 5-Punkte-Skala von (1) „stimme voll zu" bis (5) „stimme überhaupt nicht zu". Hier und im Folgenden wurden in den Auswertungen die Ausprägungen (1) und (2) als Zustimmung, (3) als Indifferenz und (4) und (5) als Ablehnung verstanden.

699 Der Aussagekern gibt jeweils die Aussage an, auf die die jeweilige Untersuchungsfrage abzielt. Ein Transfer dieses Kerns in eine Aussage ohne optionspreistheoretische Vokabeln ist in dem Experiment notwendig, um von den Teilnehmern verstanden zu werden und um die Intuition der Praktiker anzusprechen.

Entscheidungssituationen ist diese Erkenntnis dennoch aufschlussreich. Es kann zumindest gemutmaßt werden, dass Unverständnis und die Missachtung relevanter Zusammenhänge auch dort eine bedeutsame Rolle im Kontext optionspreisbasierter Bewertungen spielen.

Tab. 56: Antwortverhalten in der zweiten Ex-Post-Frage

„Der erwartete Deckungsbeitragsverlust durch die Reparatur in zwei Tagen ist kleiner als 1 €/MWh.“				
Aussagekern	Falsche Antworten			Korrekte Antwort
	Zustimmung	Indifferenz	Σ	Ablehnung
ERW(PO)<1=OW	43,5%	0,0%	43,5%	56,5%

Die dritte und vierte Aussage sind in Tab. 57 und Tab. 58 dargestellt. Sie zielen beide auf die Wahrnehmung des Optionswertes und des Zeitwertes ab, setzen jedoch an zwei verschiedenen Aspekten an. Zum einen wird durch den Vergleich von erwartetem und aktuellem Strompreis in Tab. 57 untersucht, ob die Teilnehmer jemals einer Option einen größeren Wert als den intrinsischen Wert der Option beimessen, und zum andern wird durch den Vergleich zwischen erwartetem Strompreis und variablen Kosten, d.h. dem Ausübungspreis der Option, in Tab. 58 analysiert, ob einer Option, die aus dem Geld ist, grundsätzlich überhaupt kein Wert beigemessen wird. In beiden Fällen ist die Aussagenformulierung so gewählt, dass die These aus normativer Sicht abzulehnen ist. Indifferenzen oder Zustimmungen sind folglich falsche Antworten. Wie Tab. 57 zu entnehmen ist, liegt der Anteil falscher Antworten bezüglich des Zusammenhangs von aktuellem und zukünftigem Strompreis bei knapp 40%. Diese Teilnehmer würden den Reparaturzeitpunkt stets auf den Termin legen, zu dem der Strompreis am geringsten ist, und damit den mit der Optionalität eines flexiblen Kraftwerks verbundene Zeitwert missachten. Der Anteil falscher Antworten zu der Frage des Zusammenhangs von erwarteten Strompreis und Ausübungspreis der Option liegt in Tab. 58 mit rund 48% sogar noch höher. Fast die Hälfte der Teilnehmer messen einer OTM-Option keinen Wert bei, wählen also stets den späteren Reparaturzeitpunkt, wenn der Ausübungspreis der Realoption oberhalb des erwarteten Strompreises liegt. Die Asymmetrie der Konsequenzen eines steigenden bzw. fallenden Strompreises und damit der Zeitwert der Option wird auch hier häufig nicht korrekt wahrgenommen.

Tab. 57: Antwortverhalten in der dritten Ex-Post-Frage

„Wenn der erwartete Strompreis in zwei Tagen geringer ist als der aktuelle Strompreis, bevorzuge ich stets die Reparatur in zwei Tagen."				
Aussagekern	Falsche Antworten			Korrekte Antwort
	Zustimmung	Indifferenz	Σ	Ablehnung
OW<=IW	30,4%	8,7%	39,1%	60,9%

Tab. 58: Antwortverhalten in der vierten Ex-Post-Frage

„Wenn der erwartete Strompreis in zwei Tagen geringer ist als die variablen Kosten, bevorzuge ich stets die Reparatur in zwei Tagen."				
Aussagekern	Falsche Antworten			Korrekte Antwort
	Zustimmung	Indifferenz	Σ	Ablehnung
Eine OTM-Option besitzt keinen Wert	39,1%	8,7%	47,8%	52,2%

Im Anschluss an die vier dargestellten Thesen wurden die Teilnehmer gefragt, wie sich ihr Antwortverhalten ändern würde, wenn sich einzelne Optionspreisparameter in der Entscheidungssituation verändern. Abgezielt wurde dabei auf den wahrgenommenen Einfluss der Volatilität, der Moneyness, des Restlaufzeit und einer Kombination aus Volatilität und Moneyness. In Tab. 59, Tab. 60, Tab. 61 und Tab. 62 sind die Szenarioformulierungen und die Ergebnisse dargestellt.[700]

Tab. 59: Wahrnehmung einer Volatilitätsveränderung

„Wenn der Strompreis stärker schwanken würde...."				
Kernfrage	Falsche Antworten			Korrekte Antwort
	„Gleich"	„Später"	Σ	„Früher"
Einfluss der Volatilität erkannt?	30,4%	4,3%	34,8%	65,2%

700 Die Antwortmöglichkeiten der Teilnehmer waren (1) „...würde ich die sofortige Reparatur eher bevorzugen", (2) „...hätte dies keinen Einfluss auf meine Entscheidung" und (3) „...würde ich die spätere Reparatur eher bevorzugen". Diese sind in den Ergebnistabellen abgekürzt zu „Früher", „Gleich" und „Später".

Tab. 60: Wahrnehmung einer Moneynessveränderung

„Wenn der aktuelle Strompreis und der Strom-Forwardpreis gleichzeitig um 1 €/MWh steigen würde....“				
Kernfrage	Falsche Antworten			Korrekte Antwort
	„Früher“	„Gleich“	Σ	„Später“
Einfluss(stärke) der Moneyness erkannt?	21,7%	52,2%	73,9%	26,1%

Tab. 61: Wahrnehmung einer Restlaufzeitveränderung

„Wenn die Alternative zur sofortigen Reparatur eine Reparatur in drei Tagen (anstatt in zwei Tagen) wäre....“				
Kernfrage	Falsche Antworten			Korrekte Antwort
	„Gleich“	„Später“	Σ	„Früher“
Einfluss der Restlaufzeit erkannt?	34,8%	17,4%	52,2%	47,8%

Tab. 62: Wahrnehmung einer parallelen Volatilitäts- und Moneynessveränderung

„Wenn der erwartete Strompreis für übermorgen 38€/MWh (statt 40€/MWh) und die tägliche Schwankung +/- 3 €/MWh (statt 2 €/MWh) betragen würde....“				
Kernfrage	Falsche Antworten			Korrekte Antwort
	„Früher“	„Später“	Σ	„Gleich“
Wertidentität ATM vs. ITM erkannt?	13,0%	43,5%	56,5%	43,5%

Knapp zwei Drittel aller Teilnehmer verbinden mit einer steigenden Volatilität des Underlyings zutreffenderweise einen steigenden Optionswert. Das verbleibende Drittel gibt jedoch überwiegend an, dass die gesteigerte Volatilität zu einer Optionswertverringerung führt.

Dass eine steigende Moneyness mit einem steigenden Optionswert verbunden ist, erscheint unmittelbar einleuchtend und konnte bereits in Kap. 6.3.2.2 belegt werden. In der in Tab. 60 dargestellten Frage wurde daher eine steigende Moneyness in Bezug gesetzt zu einer gleichzeitigen Werterhöhung der alternativen Handlungsmöglichkeit, um auch die wahrgenommene Wirkungsstärke einzufangen. Die Teilnehmer wurden sinngemäß gefragt, ob eine Erhöhung des Moneyness um 1 €/MWh den Realoptionswert um weniger als, genau um oder mehr als 1 €/MWh erhöht. Aus normativer Sicht ist für die Antwort das Delta der Option maßgeblich, das für eine Kaufoption stets größer als null und kleiner als eins ist.[701] Da folglich die Möglichkeit der späteren Stromproduktion durch die Steigerung des Underlyingpreises weniger an Wert gewinnt als die sofortige Stromproduktion, ist als korrekte Antwort die spätere Reparatur eher zu bevorzugen. Den Wirkungszusammenhang nehmen jedoch nur rund 26% der Teilnehmer korrekt wahr. Über die Hälfte aller Teilnehmer übersetzt die Moneynessveränderung unmittelbar in eine Optionswertveränderung und gibt folglich eine unveränderte Entscheidung an. Ein solches Verhalten ist erneut durch die Missachtung des Zeitwertes zu begründen. Wird von dem Zeitwert abstrahiert, so ist das Delta einer ITM-Option genau gleich eins.

Die Wirkung einer Verlängerung der Restlaufzeit wird von mehr als der Hälfte der Teilnehmer (52,2%) nicht korrekt wahrgenommen. Rund ein Drittel erkennt keine Wertrelevanz in der veränderten Restlaufzeit.

Im letzten Fall in Tab. 62 wurden die Moneyness und die Volatilität parallel variiert, wodurch die ursprüngliche ATM-Option zu einer OTM-Option wurde, während der theoretische Optionswert, der Erwartungswert der Optionsrückzahlungen und auch die genaue Struktur der Optionsrückzahlungen (4, 25%; 0, 75%) identisch blieben. Aufgrund der schon in Tab. 58 beobachteten häufigen Unterbewertung von OTM-Optionen war zu vermuten, dass Teilnehmer fälschlicherweise eine Tendenz hin zu der späteren Reparatur entwickeln. Im Ergebnis zeigt sich, dass mit rund 43% tatsächlich ein Großteil der Teilnehmer dieses Verhalten zeigt.

Die Optionswertwahrnehmung der Teilnehmer wurde bis an diese Stelle durch die konkrete Entscheidungssituation in dem Experiment und die nachgelagerten Fragen analysiert. Durch die nur implizit gestellte Frage nach dem wahrgenommenen Optionswert konnte bewusst auf die Intuition der Teilnehmer abgezielt werden, ohne mögliche Vorurteile gegenüber Begriffen wie „Zeitwert" oder „Optionswert" bedeutsam werden zu lassen. Dennoch ist es im Nachgang interessant, die Teilnehmer unmittelbar nach ihrer Wahrnehmung von Zeitwerten und inneren Optionswerten zu befragen. Bezogen auf die konkrete Entscheidungssituation wurden sie daher gefragt, ob sie den Zeitwert bzw. den inneren Wert als relevant empfunden haben und ob sie der Meinung sind, dass sie diesen korrekt eingeschätzt haben. Die Antworten waren auf einer 5-Punkte-Skala von (1) „stimme voll zu" bis (5) „stimme überhaupt nicht zu" zu geben. Tab. 63 stellt die Ergebnisse inklusive der Signifikanztests auf Mittelwertgleichheit bei verbundenen Stichproben dar.[702]

701 Vgl. Hull 2012, S. 483.

702 In keinem der beiden paarweisen Vergleiche kann laut Kolmogorov-Smirnov-Test auf Basis exakter Werte von Normalverteilungen ausgegangen werden. (0,302**; 0,184; 0,317**; 0,411***). Entsprechend wird in der Analyse auf den verteilungsannahmenfreien Wilcoxon-Vorzeichenrangtest zurückgegriffen. Vgl. Janssen und Laatz 2013, S. 643ff.

Tab. 63: Einstufung der Relevanz des inneren Wertes und des Zeitwertes sowie der Schwierigkeit, diese korrekt wahrzunehmen

Frage	**n**	**Mittelwert**	**Std. abw.**	**Wilcoxon-Vorzeichen-Rangtest für zwei Stichproben (2-seitig)**
Zeitwert relevant?	21	1,90	1,179	-0,769
Innerer Wert relevant?	20	2,25	1,482	
Zeitwert korrekt eingeschätzt?	21	2,71	1,309	3,477***
Innerer Wert korrekt eingeschätzt?	21	1,38	0,740	

*(**;***) Signifikanzniveau p < 0,10 (0,05; 0,01)

An der niedrigen Höhe der absoluten Mittelwerte zeigt sich, dass beide Optionswertbestandteile von den Teilnehmern als relevant eingestuft werden. Zudem fällt auf, dass der Unterschied in der Relevanzeinschätzung nicht signifikant ist. Anders sieht diese jedoch bezüglich der Einschätzung der Teilnehmer aus, ob sie in der Lage waren, die jeweiligen Optionswertbestandteile in ihrer Höhe korrekt wahrzunehmen. Hier spiegeln die Mittelwerte das eindeutige und signifikante Ergebnis wider, dass die Teilnehmer aus ihrer persönlichen Sicht den inneren Wert deutlich zuverlässiger einschätzen konnten als den Zeitwert. Die zuvor gewonnenen Erkenntnisse über intuitive Verzerrungen in der Optionsbewertung und insbesondere die häufige Missachtung des Zeitwertes in der intuitiven Optionsbewertung stehen hierzu in Einklang und finden eine Begründung. Weniger die fehlende wahrgenommene Relevanz des Zeitwertes ist für die Unterbewertung verantwortlich als vielmehr das Problem, diesen nicht korrekt einschätzen zu können.

Als Zwischenfazit aus den Ergebnissen des ersten Experimentteils des zweiten Experiments kann an dieser Stelle festgehalten werden, dass wie im Sinne von H1 angenommen eine tendenzielle Unterbewertung der Kraftwerksoptionen auszumachen ist. Das Experiment unterstreicht die Bedeutsamkeit dieser Erkenntnis, da bewusst eine praxisnahe Entscheidungssituation gewählt wurde. Als Ursache konnten weitere Belege für die unzureichende Wahrnehmung des Zeitwertes geliefert und insbesondere die auch selbst wahrgenommene schwierige Einschätzung des Zeitwertes ausfindig gemacht werden. Zudem wurde der Einfluss bzw. die Einflussstärke der Restlaufzeit, der Moneyness und der Volatilität auch in dieser sehr praxisnahen Realoption häufig nicht korrekt wahrgenommen. Durch die Divergenz des deskriptiven Entscheidungsverhaltens und der präskriptiven, rationalen Optionsbewertung sind Fehlentscheidungen naheliegend und können von großer Bedeutung für den

Unternehmenserfolg sein. In der experimentellen Entscheidungssituation etwa wurde aus rationaler Sicht deutlich zu häufig der spätere Reparaturzeitpunkt gewählt, wodurch der erwartete Deckungsbeitrag des Kraftwerks vermindert wurde.

6.4.2.2 Auswertungen des zweiten Experimentteils

Der Fokus der Auswertung des zweiten Experimentblocks liegt auf dem Vergleich der Optionswerturteile von Studenten und Praktikern. Daneben werden jedoch wie in Kap. 6.3.2.2 die Wahrnehmungen der Praktiker auch separat beleuchtet. Um die Konsistenz in den Auswertungen zu gewährleisten, wird das gleiche Kriterium zur Datenbereinigung verwendet. In dem vorliegenden Experiment war hiervon jedoch kein einziger Teilnehmer betroffen, weshalb die folgenden Auswertungen auf den gesamten 25 Teilnehmern basieren.[703] Tab. 64 stellt die Mittelwerte der Optionswerturteile beider Teilnehmergruppen gegenüber.[704]

Tab. 64: Gegenüberstellung der mittleren Preisbereitschaften beider Teilnehmergruppen

Fall	Cox/Ross/ Rubinstein-Optionswert	Studenten				Praktiker			
		n	Mittelwert	Std. abw.	Kolmogorov-Smirnov-Test	n	Mittelwert	Std. abw.	Kolmogorov-Smirnov-Test
1	6,2	20	7,55	8,568	1,194	25	6,62	5,280	0,341***
2	9,3	20	9,65	8,530	1,045	25	9,96	5,045	0,271
3	5,5	20	8,40	8,426	1,005	25	5,13	4,226	0,272***
4	3,1	20	4,80	5,994	1,199	25	3,53	2,665	0,219

*(**;***) Signifikanzniveau p < 0,10 (0,05; 0,01)

Auch wenn der Vergleich mit dem theoretischen Optionswert aufgrund der in Kap. 6.3.1.1 beschriebenen Einschränkungen nicht im Vordergrund steht, fällt auf, dass die mittlere Preisbereitschaft der Praktiker mit Ausnahme von Fall 2 deutlich näher an dem Cox/Ross/Rubinstein-Optionswert liegt als die Preisbereitschaften der Studenten. In keinem der vier Fälle weichen die mittleren Werturteile der Praktiker signifikant von dem theoretischen Optionswert ab.[705] Zudem ist in allen

703 Dies kann bereits als erstes Anzeichen für das bessere Verständnis von Optionswerten der erfahreneren Praktiker im Vergleich zu den Studenten gewertet werden.

704 Die betrachtete Teilnehmergruppe der Studenten entspricht Gruppe I in Tab. 43.

705 Aufgrund der in Tab. 64 aufgezeigten Abweichung von der Normalverteilung und dem Stichprobenumfang von n<50 ist für diese Aussage der parameterfreie Wilcoxon-Vorzeichen-Rangtest bei einer Stichprobe maßgebend. Vgl. Janssen und

vier Fällen die Varianz der Werturteile der Praktiker signifikant geringer als die Varianz der Werturteile der Studenten.[706] Beides kann als Beleg dafür gewertet werden, dass die umfassenderen Vorkenntnisse der Praktiker, wie sie in Kap. 6.4.1.2 geschildert wurden, dazu führen, dass die wahrgenommenen Werturteile im Mittel, aber auch im Einzelfall weniger stark verzerrt sind. Im direkten Mittelwertvergleich zwischen den beiden Gruppen sind jedoch keine signifikanten Unterschiede festzustellen.[707]

In Anlehnung an Abb. 43 und Abb. 44 in Kap. 6.3.2.2 werden nachfolgend die Antwortverteilungen der Praktiker und der Studenten für den ersten Fall grafisch gegenübergestellt.[708] Für alle anschließenden Fallbetrachtungen wird der Schwerpunkt wie in Kap. 6.3.2.2 auf die Veränderung der Preisbereitschaften im Vergleich zu diesem Fall 1 gelegt und entsprechend nur am Rande den theoretischen Optionswerten gegenübergestellt. In Abb. 51 fällt auf, dass deutlich weniger Praktiker der zu bewertenden ATM-Option einen Wert in Höhe von null beimessen. Der innere Wert scheint folglich für Studenten eine stärkere Ankerwirkung zu entfalten als für Praktiker. Allerdings weicht auch kein einziges Praktikerurteil um nicht mindestens 10% von dem theoretischen Optionswert ab.

Laatz 2013, S. 618f. Diese kommt für den Fall 1 (Fall 2, Fall 3, Fall 4) zu der nicht signifikanten Ergebnisgröße -0,561 (0,297; -1,390; 0,230).

706 Der Levene-Test auf Varianzhomogenität führt in den Fällen 1–4 zu den signifikanten Ergebnissen 3,391*; 3,459*; 8,668*** und 8,968***.

707 Da erneut nicht von normalverteilten Antwortverteilungen ausgegangen werden kann und n<50 ist, ist hierfür das Ergebnis des parameterfreien Mann-Whitney-U-Tests für zwei unverbundene Stichproben maßgeblich, der für die vier Fälle zu den nicht signifikanten Ergebnissen -0,334; -1,172; -1,163; -0,565 kommt. Vgl. Janssen und Laatz 2013, S. 622ff.

708 Wie in Kap. 6.3.2.2 wurden alle Preisbereitschaften, die nicht weiter als 10% von dem theoretischen Optionswert entfernt lagen, als Preisbereitschaften in Höhe des Optionswertes gewertet worden. Dies waren jedoch in beiden Gruppen 0%.

Abb. 51: Vergleich der Antwortverteilungen in Fall 1 zwischen den beiden Teilnehmergruppen.

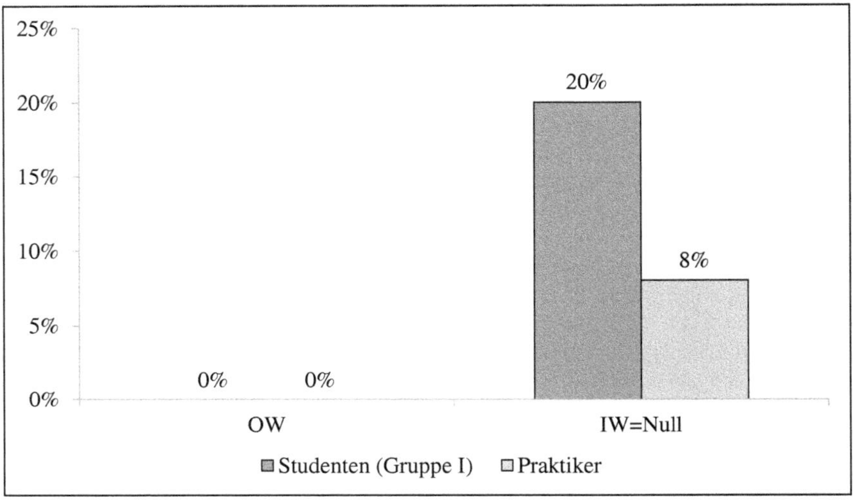

Abb. 52 verdeutlicht dies und zeigt zudem, dass auch in den Optionswerturteilen der Praktiker eine tendenzielle Unterbewertung der Option auszumachen ist. Die Streuung der Werturteile ist dabei, wie bereits in Tab. 64 gesehen, geringer als in den Studentenurteilen.

Abb. 52: Vergleich der Abweichungen zwischen den Werturteilen der beiden Teilnehmergruppen und dem theoretischen Optionswert.

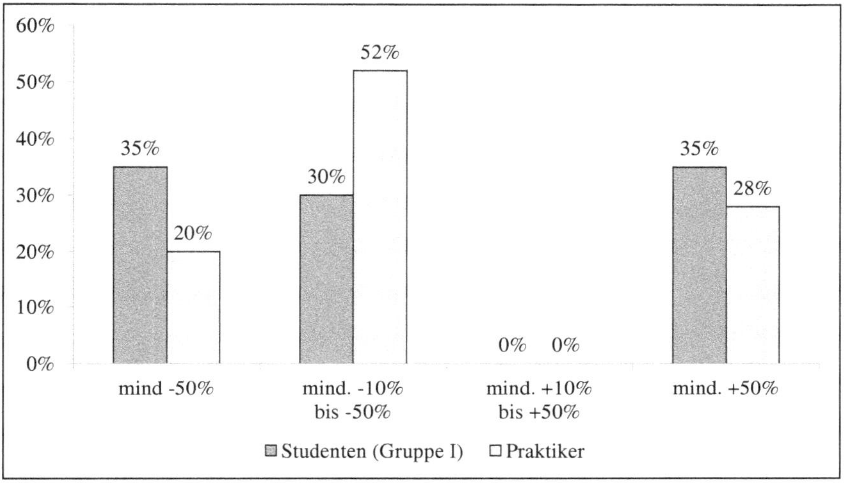

Wie in Kap. 6.3.2.2 werden im Folgenden zunächst statistische Mittelwertvergleiche durchgeführt werden, in denen die wahrgenommene Wirkungsrichtung und Wirkungsstärke einer Variation der *Moneyness*, der *Restlaufzeit* und der *Volatilität* auf signifikante Verzerrungen untersucht werden. Anschließend erfolgt ein detaillierterer Blick auf die deskriptiven Antwortverteilungen. Neben der isolierten Untersuchung der Praktikerurteile wird hierbei stets ein Vergleich zwischen den Wahrnehmungen der Praktiker und der Studenten gezogen.

Ergebnisauswertung zum Einfluss der Moneyness

Die mittleren Preisbereitschaften der Praktiker steigen von Fall 1 zu Fall 2 von 6,62 GE auf 9,96 GE an. Wie Tab. 65 zu entnehmen ist, ist dieser Anstieg signifikant, folglich wird die Wirkungsrichtung einer Moneynesserhöhung von den Teilnehmern korrekt wahrgenommen.[709]

709 Da wie Tab. 64 zu entnehmen ist, die Antwortverteilungen nicht normalverteilt sind und n<50 ist, ist der parameterfreie Wilcoxon-Vorzeichen-Rangtest für zwei verbundene Stichproben für diese Aussage maßgeblich. Vgl. Janssen und Laatz 2013, S. 643ff.

Tab. 65: Signifikanzprüfung der wahrgenommenen Wirkungsrichtung einer Moneynessveränderung in den Werturteilen der Praktiker

Gr.	Fall	n	Mittelwert	Std. abw.	Wilcoxon-Vorzeichen-Rangtest für zwei verbundene Stichproben (2-seitig)
Praktiker	1	25	6,62	5,280	-4,132***
	2	25	9,96	5,045	

*(**;***) Signifikanzniveau p < 0,10 (0,05; 0,01)

Im Vergleich zu Tab. 46 kann festgestellt werden, dass auf Basis der Mittelwerte sowohl die Praktiker als auch die Studenten die Wirkungsrichtung im Durchschnitt korrekt wahrnehmen.

Die theoretische Optionswertdifferenz zwischen Fall 1 und Fall 2 liegt bei +3,1 GE. Die durchschnittlich wahrgenommene Wirkungsstärke in den Urteilen der Praktiker liegt mit +3,34 GE leicht über diesem Wert. Der Unterschied ist, wie die Signifikanzprüfung in Tab. 66 zeigt, jedoch nicht signifikant.[710] Folglich kann die Nullhypothese, dass sich die theoretische und die praktisch wahrgenommene Optionswertdifferenz entsprechen, nicht abgelehnt werden.

Tab. 66: Signifikanzprüfung der wahrgenommenen Wirkungsstärke einer Moneynessveränderung in den Werturteilen der Praktiker

Gr.	Fall	OW-Diff.	n	Mittelwert	Std. abw.	Wilcoxon-Vorzeichen-Rangtest für eine Stichprobe (2-seitig)
Praktiker	1 vs. 2	3,1	25	3,34	2,085	-0,890

*(**;***) Signifikanzniveau p < 0,10 (0,05; 0,01)

Auch innerhalb der Studenten wurde die Wirkungsstärke nicht signifikant falsch wahrgenommen (vgl. Tab. 47), wenngleich die wahrgenommene Optionswertdifferenz mit +2,10 GE deutlich geringer als bei den Praktikern ausfiel. Auf einen signifikanten Unterschied zwischen den Teilnehmergruppen lässt sich jedoch nicht schließen, wie Tab. 67 verdeutlich.[711]

710 Da die Differenz gemäß Kolmogorov-Smirnov-Test signifikant von der Normalverteilung abweicht (0,307**), wird der Wilcoxon-Vorzeichen-Rangtest für eine Stichprobe verwendet. Vgl. Janssen und Laatz 2013, S. 618f.

711 Da die Antwortverteilungen der Praktiker als eine der zu vergleichenden Größen nicht normalverteilt ist, ist der parameterfreie Mann-Whitney-U-Test für zwei

Tab. 67: Signifikanzprüfung der wahrgenommenen Wirkungsstärke einer Moneynessveränderung zwischen den Werturteilen der Praktiker und der Studenten

Gr.	Fall	OW-Diff.	n	Mittelwert	Std. abw.	Mann-Whitney-U-Test bei zwei unverbundenen Stichproben (2-seitig)
Praktiker	1 vs. 2	3,1	25	3,34	2,085	0,991
Studenten	1 vs. 2	3,1	20	2,10	3,567	

*(**;***) Signifikanzniveau p < 0,10 (0,05; 0,01)

Wie in Kap. 6.4.2.2 ist es jedoch aufschlussreich, neben den Mittelwertvergleichen einen Blick auf die zugrunde liegenden Antwortverteilungen zu werfen. Bezüglich der Wirkungsrichtung ist hierdurch festzustellen, dass 84% der Praktiker durch die erhöhte Moneyness zutreffenderweise einen erhöhten Optionswert wahrnahmen.[712] Hingegen gaben 12% trotz der Moneynessveränderung die gleiche maximale Preisbereitschaft an. Unter den Studenten zeigte sich hier mit 15% ein ähnlich hoher Anteil. Einen negativen Einfluss auf den Optionswert nahmen irrationalerweise nur ein Praktiker (4%) und 15% der Studenten wahr.

Um die wahrgenommene Wirkungsstärke näher zu untersuchen, können die Häufigkeiten ausgewählter Wertveränderungen betrachtet werden. Mehr als die Hälfte der Praktiker gab eine Veränderung ihrer maximalen Preisbereitschaft von Fall 1 zu Fall 2 um genau die Veränderung des inneren Wertes der Option, d.h. um 5 GE, an. Die entsprechenden Teilnehmer überschätzen damit die Wirkungsstärke der Moneynessveränderung systematisch. Unter den Studenten war der Anteil geringer, lag aber auch bei beachtlichen 40%, wie bereits Kap. 6.4.2.2 gezeigt hat. Der Anteil von Preisbereitschaftsdifferenzen, die der theoretischen Optionswertdifferenz entsprach, lag unter den Praktikern bei 16% und unter den Studenten bei 10%. Obwohl die Mittelwertvergleiche keine signifikanten Abweichungen ausfindig machen konnten, zeigt sich somit, dass die Wirkungsstärke nur selten zutreffend und durch den starken Einfluss der Veränderungshöhe des inneren Wertes häufig zu stark wahrgenommen wird.

Ergebnisauswertung zum Einfluss der Restlaufzeit

Von Fall 1 zu Fall 3 wurde die Restlaufzeit der Option reduziert. Entsprechend verringerte sich der theoretische Optionswert um -0,7 GE. Die Signifikanzprüfung der Mittelwertunterschiede zwischen Fall 1 und Fall 3, d.h. der Einfluss der Restlaufzeit, ist für die Gruppe der Praktiker in Tab. 68 dargestellt. Es zeigt sich, dass eine signifikante Verringerung der durchschnittlichen Werturteile vorliegt, d.h. die

unverbundene Stichproben zu verwenden. Vgl. Janssen und Laatz 2013, S. 622ff.

712 Unter den Studenten betrug der Anteil 70%.

Wirkungsrichtung der veränderten Restlaufzeit korrekt wahrgenommen wird. In der Gruppe der Studenten war dies nicht der Fall.

Tab. 68: Signifikanzprüfung der wahrgenommenen Wirkungsrichtung einer Restlaufzeitveränderung in den Werturteilen der Praktiker

Gr.	Fall	n	Mittelwert	Std.abw.	Wilcoxon-Vorzeichen-Rangtest für zwei verbundene Stichproben (2-seitig)
Praktiker	1	25	6,62	5,280	-3,177***
	3	25	5,13	4,226	

*(**;***) Signifikanzniveau p < 0,10 (0,05; 0,01)

Die wahrgenommene Wirkungsstärke der veränderten Restlaufzeit weicht in den Werturteilen der Praktiker allerdings signifikant von der theoretischen Optionswertdifferenz ab (vgl. Tab. 69). Da die Differenz zwischen Fall 1 und Fall 3 nicht signifikant von der Normalverteilung gemäß Kolmogorov-Smirnov-Test abweicht (0,204), kann hier der Einstichproben-T-Test angewendet werden. Die negative Einflussstärke wird von den Praktikern signifikant überschätzt. In der Gruppe der Studenten hingegen wurde der negative Einfluss signifikant unterschätzt (vgl. Tab. 49).

Tab. 69: Signifikanzprüfung der wahrgenommenen Wirkungsstärke einer Restlaufzeitveränderung in den Werturteilen der Praktiker

Gr.	Fall	OW-Diff.	n	Mittelwert	Std. abw.	T-Test (2-seitig)
Praktiker	1 vs. 3	-0,7	25	-1,50	2,069	-1,924*

*(**;***) Signifikanzniveau p < 0,10 (0,05; 0,01)

Der Vergleich zwischen der Gruppe der Praktiker und der Gruppe der Studenten in Tab. 70 führt folglich zu dem Ergebnis, dass die durchschnittliche wahrgenommene Optionswertdifferenz durch die veränderte Restlaufzeit zwischen den Gruppen hochsignifikant voneinander abweicht.[713] Die Praktiker nehmen den negativen Einfluss der verkürzten Restlaufzeit deutlich stärker wahr.

713 Da die Differenzenverteilung der Studenten signifikant von der Normalverteilung abweicht (vgl. Kap. 6.3.2.2), ist für diese Auswertung der Mann-Whitney-U-Test zu verwenden. Vgl. Janssen und Laatz 2013, S. 622ff.

Tab. 70: Signifikanzprüfung der wahrgenommenen Wirkungsstärke einer Restlaufzeitveränderung zwischen den Werturteilen der Praktiker und der Studenten

Gr.	Fall	OW-Diff.	n	Mittelwert	Std. abw.	Mann-Whitney-U-Test bei zwei unverbundenen Stichproben (2-seitig)
Praktiker	1 vs. 3	-0,7	25	-1,50	2,069	-2,620***
Studenten	1 vs. 3	-0,7	20	0,85	5,383	

*(**;***) Signifikanzniveau p < 0,10 (0,05; 0,01)

Dieser Befund wird unterstützt durch einen Blick auf die deskriptiven Antwortverteilungen. Insgesamt 68% der Praktiker nahmen zutreffend eine Verringerung des Optionswertes wahr.[714] Allerdings gaben auch immerhin 28% der Praktiker ein unverändertes Werturteil an, maßen der Restlaufzeit also keinerlei Bedeutung für den Wert der Option bei. Im Vergleich mit den Studenten fällt diese Missachtung der Wertrelevanz der Restlaufzeit jedoch relativ gering aus. Unter den Studenten führte in 60% der Fälle die Veränderung der Restlaufzeit zu keiner Veränderung der wahrgenommenen Optionswerte. Zudem verbindet kein Praktiker die gesunkene Restlaufzeit mit einem gestiegenen Optionswert, während immerhin 20% der Studenten fälschlicherweise eine Optionswertsteigerung wahrnehmen.

Ergebnisauswertung zum Einfluss der Volatilität

Zuletzt kann durch den Vergleich von Fall 1 und Fall 4 der Einfluss der Volatilität auf den wahrgenommenen Optionswert analysiert werden. Die Wirkungsrichtung der Volatilitätsverringerung wird von den Praktikern im Durchschnitt korrekt wahrgenommen, wie der Mittelwertvergleich in Tab. 71 zeigt. Bei den Studenten konnte zuvor nicht belegt werden, dass die Richtung zutreffend wahrgenommen wird.

714 Unter den Studenten betrug der Anteil 20%. Die Wirkungsstärke der Reduzierung der Restlaufzeit wurde von keinem der Teilnehmer aus der Gruppe der Studenten und der Gruppe der Praktiker um weniger als 10% von der theoretischen Optionswertdifferenz abweichend wahrgenommen. Da die theoretische Optionswertdifferenz mit -0,7 GE sehr gering war, ist dieses Ergebnis wenig verwunderlich, da hier das +/-10%-Intervall (anders als bei der Variation der Moneyness (+3,1GE) und der Variation der Volatilität (-3,1GE)) sehr gering ausfällt.

Tab. 71: Signifikanzprüfung der wahrgenommenen Wirkungsrichtung einer Volatilitätsveränderung in den Werturteilen der Praktiker

Gr.	Fall	n	Mittelwert	Std. abw.	Wilcoxon-Vorzeichen-Rangtest für zwei verbundene Stichproben (2-seitig)
Praktiker	1	25	6,62	5,280	-4,044***
	4	25	2,53	2,665	

*(**;***) Signifikanzniveau p < 0,10 (0,05; 0,01)

Zudem wird die Wirkungsstärke von den Praktikern im Durchschnitt nicht signifikant falsch wahrgenommen, wie Tab. 72 zu entnehmen ist.[715] Es zeigt sich sogar, dass die durchschnittliche Wertdifferenz der Praktikerurteile mit -3,09 GE sehr nah an der theoretischen Optionswertdifferenz in Höhe von -3,10 GE liegt. Die Werturteilsdifferenz der Studenten lag mit durchschnittlich -2,75 GE hiervon etwas weiter entfernt, zudem zeigte der Signifikanztest in der Gruppe der Studenten, dass eine signifikante Abweichung vorliegt.

Tab. 72: Signifikanzprüfung der wahrgenommenen Wirkungsstärke einer Volatilitätsveränderung in den Werturteilen der Praktiker

Gr.	Fall	OW-Diff.	n	Mittel-wert	Std. abw.	Wilcoxon-Vorzeichen-Rangtest für eine Stichprobe (2-seitig)
Praktiker	1 vs. 4	-3,1	25	-3,09	2,801	0,771

*(**;***) Signifikanzniveau p < 0,10 (0,05; 0,01)

Zu einem entsprechenden Ergebnis kommt auch der Signifikanztest der Mittelwertunterschiede zwischen den beiden Gruppen in Tab. 73. Die Praktiker nehmen den negativen Einfluss der Volatilitätsverringerung signifikant stärker wahr und liegen näher an dem theoretischen Wert. Zudem ist auch hier zu beobachten, dass die Streuung der Werturteile der Praktiker signifikant geringer ist als die Streuung der Werturteile der Studenten.

715 Gemäß Kolmogorov-Smirnov-Test liegt keine Normalverteilung vor (0,264*), weshalb der parameterfreie Wilcoxon-Vorzeichen-Rangtest für eine Stichprobe zu verwenden ist. Vgl. Janssen und Laatz 2013, S. 643ff.

Tab. 73: Signifikanzprüfung der wahrgenommenen Wirkungsstärke einer Volatilitätsveränderung zwischen den Werturteilen der Praktiker und der Studenten

Gr.	Fall	OW-Diff.	n	Mittelwert	Std. abw.	Mann-Whitney-U-Test bei zwei unverbundenen Stichproben (2-seitig)
Praktiker	1 vs. 4	-3,1	25	-3,09	2,800	-1,911*
Studenten	1 vs. 4	-3,1	20	-2,75	7,620	

*(**;***) Signifikanzniveau p < 0,10 (0,05; 0,01)

Die deskriptive Auswertung der Antwortverteilungen kommt zudem zu dem Ergebnis, dass 84% der Praktiker durch die Volatilitätsverringerung korrekterweise eine Optionswertreduzierung wahrnahmen.[716] Hingegen gaben die übrigen 16% an, dass sich ihre Preisbereitschaft durch die Volatilitätsverringerung nicht verändert. Unter den Studenten war der Anteil derjenigen, die den Einfluss der Volatilität in Form unveränderter Optionswerturteile missachteten, mit 35% sowie der Anteil derjenigen, die sogar eine Optionswertsteigerung wahrnahmen, mit 20% höher als unter den Praktikern. Entsprechend zeigt sich auch hier, dass die Werturteile der Praktiker tendenziell näher an den theoretischen Optionswerten liegen.

Nach Abschluss der Preisbereitschaftsabfragen wurde die Gelegenheit genutzt, die Praktiker ganz unmittelbar nach ihrer eigenen Wahrnehmung zu befragen. Tab. 74 fasst die Auswertung der Praktikereinschätzungen zusammen, die jeweils mithilfe eines semantischen Differentials auf einer 5-Punkte-Skala abgefragt wurden.[717]

716 Unter den Studenten betrug der Anteil 45%.

717 Laut Kolmogorov-Smirnov-Test auf Basis exakter Werte ist in keinem der betrachteten paarweisen Vergleiche von Normalverteilungen auszugehen (0,200; 0,347*** | 0,184; 0,304** | 0,271**; 0,251*), entsprechend wird in Tab. 74 der Wilcoxon-Vorzeichen-Rangtest für zwei Stichproben angewendet. Vgl. Janssen und Laatz 2013, S. 643ff.

Tab. 74: Einstufung des Charakters des Zeitwertes und des inneren Wertes durch die Praktiker

Frage	**n**	**Mittelwert**[716]	**Std. abw.**	**Wilcoxon-Vorzeichen-Rangtest für zwei Stichproben (2-seitig)**
Zeitwert (einfach - schwierig)	25	3,84	1,068	-4,263***
Innerer Wert (einfach - schwierig)	25	1,52	0,653	
Zeitwert (intuitiv - kontraintuitiv)	25	2,88	1,092	-4,021***
Innerer Wert (intuitiv - kontraintuitiv)	25	1,60	0,764	
Zeitwert (vertrauenswürdig - nicht vertrauenswürdig)	25	3,12	9,27	-2,826***
Innerer Wert (vertrauenswürdig - nicht vertrauenswürdig)	25	2,16	0,898	

*(**;***) Signifikanzniveau p < 0,10 (0,05; 0,01)

Es zeigt sich, dass die Praktiker die Berechnung des Zeitwertes als deutlich schwieriger wahrnehmen als die Bestimmung des inneren Wertes. Der Unterschied ist signifikant, wodurch bestätigt wird, was auf Basis von Kap. 6.2.5 schon zu vermuten war. Die einfache mathematische Berechnung des inneren Wertes wird auch als solche wahrgenommen. Zudem wird der Zeitwert als weniger intuitiv und weniger vertrauenswürdig empfunden. Insbesondere das Ergebnis, dass er als weniger intuitiv eingestuft wird, überrascht nicht, sondern wurde bereits in der Hypothesengenerierung in Kap. 6.2.5 vermutet. Die geringe Vertrauenswürdigkeit ist eine darüber hinaus gehende Erkenntnis und kann für unternehmerische Entscheidungen von großer Bedeutung sein. Für die Interpretation ist jedoch anzumerken, dass einzelne teilnehmenden Praktiker an dieser Stelle zu Recht darauf verwiesen haben, dass der Zeitwert insbesondere aufgrund von Problemen bei der Auswahl zweckadäquater Marktparameter in der Optionsbewertung wie z.B. der korrekten Volatilität nur wenig verlässlich und das Merkmal der Vertrauenswürdigkeit ohne konkreten Anwendungszweck nur schwierig beurteilbar ist.

718 Die semantischen Differentiale reichte von (1) einfach/intui*tiv/vertrauenswürdig bis zu (5) schwierig/kontraintuitiv/nicht vertrauenswürdig.*

6.4.3 Zwischenfazit

Im Vergleich zur ersten experimentellen Studie in Kap. 6.3 wurde in der zweiten Untersuchung mit der Kraftwerkseinsatzplanung eine besonders praxisrelevante Entscheidungssituation untersucht. Die Abfrage der Optionswertwahrnehmung geschah dabei implizit durch die Wahl eines Reparaturzeitpunktes, um die Praxisnähe zusätzlich zu erhöhen und die Intuition der teilnehmenden Praktiker anzusprechen. Im Ergebnis hat sich gezeigt, dass intuitive Verzerrungen in der Optionswertwahrnehmung auch in der Praxis auftreten können, was die besondere Bedeutung der Analyseergebnisse zusätzlich unterstreicht. Fast zwei Drittel der Teilnehmer unterschätzen den Realoptionswert des Kraftwerks. Zwar konnte durch das Experimentdesign nicht ex-ante gänzlich ausgeschlossen werden, dass die Risikoeinstellung der Praktiker Auslöser der Unterbewertung im Vergleich zum Binomialmodell von Cox/Ross/Rubinstein (1979) ist, jedoch konnte in der Experimentauswertung ex-post belegt werden, dass die beobachtete Unterbewertung von der bereits in der ersten experimentellen Studie erkannten intuitiv negativ verzerrten Wertwahrnehmung realer ATM-Optionen zeugt. Neben der signifikanten Abweichung der Werturteile auf Mittelwertbasis ist der Umstand, dass ein Großteil der Teilnehmer der Kraftwerksoption überhaupt keinen Wert beimisst und damit den Zeitwert vollkommen missachtet ein eindeutiger Beleg für die Irrationalität im Entscheidungsverhalten. Der enge Bezug zu einer realen unternehmerischen Entscheidung macht dabei deutlich, dass die verhaltensbasierten Verzerrungen der Optionswertwahrnehmungen unmittelbaren Einfluss auf den Erfolg eines Unternehmens haben können. Einschränkend ist dabei lediglich anzumerken, dass die an dem Experiment teilnehmenden Praktiker nicht die tatsächlichen Entscheidungsträger vergleichbarer Reparaturentscheidungen in ihrem Unternehmen sind. Als Controller unterstützen sie jedoch die Entscheidungsfindung in solchen und weiteren optionsbasierten Entscheidungssituationen, weshalb auch ihre Optionswertwahrnehmungen von entsprechend großer Bedeutung sind.

In Bezug auf die Wahrnehmung einzelner Parameter hat die Untersuchung gezeigt, dass der innere Wert einer Option von großer Bedeutung für die Optionswertwahrnehmung ist, während der Einfluss der Restlaufzeit und der Volatilität des Underlyings auch von den Praktikern häufig missachtet wird. Die unterschiedliche Wahrnehmung des inneren Wertes und des Zeitwertes ist dabei nicht darauf zurückzuführen, dass die Praktiker dem Zeitwert weniger Relevanz zugestehen, sondern dass sie ihn als signifikant schwieriger einzuschätzen einstufen.

Der abschließende Vergleich der Werturteile von Studenten und Praktikern hat ergeben, dass beide Teilnehmergruppen den Einfluss der Moneyness im Durchschnitt nicht signifikant verzerrt wahrnehmen, jedoch die Mehrheit ihre maximale Preisbereitschaft genau um die Differenz des inneren Wertes der Option erhöht und damit die Einflussstärke systematisch überschätzt. Bezüglich der Restlaufzeit konnte festgestellt werden, dass weniger Praktiker als Studenten deren Wertrelevanz missachten und dass im Durchschnitt der Einfluss der Restlaufzeit von den Praktikern signifikant zu stark und von den Studenten signifikant zu gering wahrgenommen wird. Ähnlich wird auch die Volatilität von den Praktikern signifikant stärker wahrgenommen als von den Studenten. Trotz der in Kap. 6.2.3 erörterten grundsätzlichen Eignung von Studenten als Experimentteilnehmer zeigen die hier beleuchteten Unterschiede im Detail, dass stets Vorsicht geboten ist, wenn aus dem Entscheidungsverhalten von Studenten Rückschlüsse auf die Praxis gezogen werden sollen. Aus diesem Grund wurde in der besonders praxisnahen Entscheidung der Wahl eines Reparaturzeitpunktes bewusst auf die Teilnahme von Studenten verzichtet und die Ergebnisse ausschließlich aus dem Antwortverhalten der Praktiker generiert.

Insgesamt hat sich dennoch gezeigt, dass die intuitiven Optionswertwahrnehmungen der beiden unterschiedlichen Teilnehmergruppen ganz ähnliche Verzerrungen aufweist. Die Vergleichbarkeit einschränkend ist abschließend anzumerken, dass darauf verzichtet wurde, den Praktikern die Experimentteilnahme variabel zu vergüten. Da die durchschnittliche Vergütung der Studenten mit rund 10 € recht gering war, erscheint diese aus Gründen der Praktikabilität in Kauf genommene Differenz vertretbar und von untergeordneter Bedeutung für die Experimentergebnisse. Dass die Praktiker die experimentellen Entscheidungssituation dennoch ernst genommen haben, zeigt sich nicht zuletzt an den Experimentergebnissen. So lagen die durchschnittlichen Optionswerturteile der Praktiker in allen betrachteten Fällen näher am theoretischen Optionswert als die Werturteile der Studenten und wiesen zudem im Durchschnitt eine signifikant geringere Streuung auf.

7. Zusammenfassung und Ausblick

Die Zielsetzung der Arbeit war es, die beiden aufgeworfenen Forschungsfragen zur Bewertung und kognitiven Wahrnehmung realer Optionen zu beantworten. Hierzu wurden zunächst die Grundlagen der klassischen Optionspreistheorie gelegt und die Analogie zu unternehmerischen Entscheidungssituationen aufgezeigt. Von Beginn an wurde ein enger Bezug zu dem Anwendungsfall realer Kraftwerksoptionen hergestellt. Aufgrund der Flexibilität der Kraftwerksfahrweise und der Unsicherheit der beobachtbaren Marktpreise für Strom, Brennstoffe und CO_2-Zertifikate konnten fossile Kraftwerk als nahezu idealtypisches Beispiel für eine Realoption und als geeignetes Untersuchungsobjekt für die vorliegende Arbeit klassifiziert werden. Den Grundlagenteil abschließend und den Hauptteil der Arbeit einleitend wurden die beiden verbundenen Forschungsprojekte theoriebasiert eingeordnet und ihr inhaltlicher Zusammenhang verdeutlicht.

Das erste Hauptkapitel zielte mit empirischen Verteilungstests historischer Commodityrenditen sowie quantitativen Bewertungen von Clean Dark Spread Optionen auf Basis unterschiedlicher Verteilungsannahmen darauf ab, den Einfluss von Fat Tails in der Renditeverteilung des Underlyings auf den Wert von Kraftwerksoptionen zu analysieren. Mithilfe analytischer Modelle konnten im Ergebnis systematische Über- und Unterbewertungen der Realoptionen durch die Verwendung der Normalverteilungsannahme ausfindig gemacht werden. Die Richtung und die Relevanz der Bewertungsverzerrungen hängt im Wesentlichen von dem Ausmaß der Fat Tails, der Moneyness der Option und der Volatilität des Underlyings ab. Zudem wird die Bedeutung der auch empirisch nachweisbaren Fat Tails durch die Restlaufzeit der Option beeinflusst. Bei langen Restlaufzeiten und im Zeitablauf unabhängig verteilten Renditen verlieren die Optionswertverzerrungen an Relevanz, da sich die Gesamtrenditeverteilung einer Normalverteilung annähert. Die Monte-Carlo-Simulationen haben diesen Zusammenhang im konkreten Anwendungsbeispiel der Kraftwerksbewertung eindeutig belegt und dabei die vollständige Komplexität der Bewertung von Optionen auf den Clean Dark Spread mit mehreren korrelierten Unsicherheitsfaktoren, unterschiedlichen Verteilungsannahmen und sich verändernden Parametern im Zeitablauf veranschaulicht. In einer gegenüberstellenden Diskussion der Ergebnisse aus Kap. 5.2.1 und Kap. 5.3 konnte abschließend empirisch belegt werden, dass Fat Tails auch auf Basis von Wochenrenditen vorliegen. Die erkannten systematischen Verzerrungen aus Kap. 5.2.1 gewinnen hierdurch an Bedeutung. Die konkreten Ergebnisse bezüglich der ersten Forschungsfrage können somit wie folgt zusammengefasst werden:

(1) Fat Tails in der Gesamtrenditeverteilung des Underlyings führen zu systematischen Unter- (OTM, ITM) und Überbewertungen (ATM) der Realoption bei Verwendung der Normalverteilungsannahme.

(2) Die Höhe und die Struktur der Unter-/Überbewertung ist abhängig von dem Ausmaß der Fat Tails und der Volatilität des Underlyings.
(3) Empirisch lassen sich signifikante Abweichungen von der Normalverteilung in allen betrachteten Commoditypreisentwicklungen und der Wechselkursentwicklung aufzeigen.
(4) Die Abweichungen der empirischen Renditeverteilungen von der Normalverteilung sind im Wesentlichen auf Fat Tails zurückzuführen.
(5) Bei langen Restlaufzeiten und unabhängig verteilten Renditen hat die Normalverteilungsannahme keinen signifikant verzerrenden Effekt auf den Optionswert, da sich die Gesamtrendite der Normalverteilung im Zeitablauf annähert.
(6) Die Gesamtrenditeverteilung ist für die Relevanz der in Kap. 5.2.1 belegten Über- und Unterbewertungen maßgeblich. Die empirisch überprüfbaren Gesamtrenditeverteilungen auf Basis von Tages- und Wochenrenditen enthalten Fat Tails und damit den Auslöser der Bewertungsverzerrungen.

Der zweiten Forschungsfrage nachgehend wurde anschließend in Kap. 6 experimentell untersucht, welche verhaltensbasierten Verzerrungen in der intuitiven Realoptionsbewertung auftreten können, wodurch diese determiniert werden und welche negativen Konsequenzen sich für das Entscheidungsverhalten ergeben. Im Ergebnis des ersten Experiments zeigten sich systematische und signifikante Über- und Unterbewertungen, die insbesondere auf den realen Drift des Underlyings und die Moneyness der Option zurückzuführen sind. Aufgrund der Duplikationsmöglichkeit der zu bewertenden Option kann dieses Verhalten als eindeutig irrational klassifiziert werden. Zudem werden von den Teilnehmern einzelne Optionspreisparameter in ihrer Wirkungsrichtung und Wirkungsstärke systematisch falsch eingeschätzt. Das zweite Experiment belegt hierzu ergänzend, dass auch Praktiker solchen Verzerrungen unterliegen. In der besonders praxisnahen Entscheidungssituation der Zeitpunktentscheidung einer Kraftwerksreparatur wird zudem der Optionswert häufig und im Mittel signifikant unterschätzt. Die zentralen Ergebnisse des zweiten Forschungsprojekts sind:

(1) Der Wert realer Optionen wird häufig verzerrt wahrgenommen. In den Experimentergebnissen zeigen sich sowohl signifikante Über- als auch Unterbewertungen.
(2) Zentrale Ursachen für Verzerrungen der Optionswertwahrnehmungen sind der reale Drift des Underlyings sowie die Moneyness der Option.
(3) Die Wirkungsstärke einer Variation des Underlyingwertes wird häufig überschätzt. Der innere Wert scheint dabei eine Ankerwirkung zu entfalten.
(4) Die Wertrelevanz einer Variation der Volatilität und der Restlaufzeit wird häufig nicht wahrgenommen. Diese Missachtung trat unter Studenten häufiger auf als unter Praktikern.
(5) Die Werturteile der Praktiker weisen eine signifikant geringere Streuung auf als die Studentenurteile.

(6) Der Wert der realen Kraftwerksoption wird von den Praktikern im Durchschnitt signifikant unterschätzt. Es wird zu häufig der spätere Reparaturzeitpunkt gewählt.
(7) Der innere Wert und der Zeitwert werden von den Praktikern als relevant, der Zeitwert jedoch als schwieriger zu erfassen eingestuft.

Durch das Zusammenspiel der beiden Forschungsfragen auf Basis des verbindenden Elements der realoptionsbasierten Bewertung von Kraftwerken konnten die adressierten Forschungsfragen aus präskriptiver und deskriptiver Perspektive gezielt untersucht und neue Erkenntnisse generiert werden. Gleichzeitig bietet die Arbeit zahlreiche Anknüpfungspunkte für weitere Forschungsvorhaben.

Aus den Erkenntnissen über die Bedeutung von Fat Tails in Kap. 5 bilden sich aufgrund der gegenwärtigen Marktveränderungen in der Energiewirtschaft unmittelbar neue Untersuchungsfelder. Die zunehmende Einspeisung von Strom aus erneuerbaren Energiequellen führt zu nachhaltigen Veränderungen mit möglichen Auswirkungen auf Volatilitäten, Korrelationen und Renditeverteilungen, die Konsequenzen für die Optionsbewertung und die Angemessenheit der Normalverteilungsannahme hervorrufen. Entsprechend gilt es, die Marktveränderungen zu verstehen und den daraus resultierenden Einfluss auf die hier vorgestellten Ergebnisse zu analysieren. Es kann zumindest gemutmaßt werden, dass die sich in den Fat Tails niederschlagenden Extremrenditen durch die sehr volatile Einspeisung von Strom aus Windenergie- und Photovoltaikanlagen in ihrer Bedeutung noch deutlich zunehmen werden. Darüber hinaus können z.B. auch die aus dem Zubau von Windenergie- und Photovoltaikanlagen resultierenden Effekte auf die Struktur der Strompreiskurve im Tagesverlauf in weiterführenden Forschungsarbeiten Berücksichtigung finden. Insbesondere durch eine abflachende Strompreiskurve während der Mittagsstunden ergeben sich unmittelbare Veränderungen der tageszeitabhängigen Moneyness, die wie Kap. 5.2.1 gezeigt hat, eine Determinante der Bewertungsverzerrungen durch die Normalverteilungsannahme ist.

Im Umfeld der zweiten behandelten Forschungsfrage erscheinen die Anknüpfungspunkte für weitere Forschungsvorhaben sogar noch vielfältiger, da die deskriptive Realoptionstheorie bei Weitem nicht abschließend erforscht ist. Im Kontext von Kraftwerksoptionen können z.B. Investitions- und Stilllegungsentscheidungen in den Fokus der Betrachtung gerückt werden und weitere Transparenz bezüglich der Wahrnehmung des Zeitwertes in solchen schwerwiegenden Entscheidungen generiert werden. Auch ist es möglich auf etwaige Lerneffekte abzuzielen, da optionsbasierte Entscheidungssituationen in der Kraftwerkssteuerung in der Regel wiederkehrenden Charakter haben. Da Realoptionen jedoch nicht auf die Energiewirtschaft beschränkt sind, können mit Blick auf andere Branchen weitere unternehmerische Entscheidungssituationen mit Optionscharakter betrachtet und die Wirkungszusammenhänge näher ergründet werden. Das Ziel muss es sein, durch weitere anwendungsbezogene Erkenntnisse im Gesamtbild zu einer deskriptiven Realoptionstheorie beizutragen.

Durch die Integration von Praktikern als Experimentteilnehmern hat die Arbeit zudem gezeigt, wie es möglich ist, Ergebnisse in engem Bezug zur Praxis und mit entsprechend großer Praxisrelevanz zu erzielen. Über die individuelle Wahrnehmung der Optionswerte hinaus scheint es in dieser Hinsicht vielversprechend, verstärkt der Fragestellung nachzugehen, wie die erforschten Verzerrungen im Entscheidungsverhalten verhindert und Rationalität im unternehmerischen Entscheidungsprozess sichergestellt werden können. Wirkungsvolle Erkenntnisse zum sogenannten „Debiasing", d.h. der Verhinderung von Entscheidungsverzerrungen, stehen im Kontext von Realoptionsbewertungen als wichtige Ergänzung noch weitestgehend aus, wodurch umfassender Raum für weitere Forschungsanstrengungen gegeben ist.[719]

719 Vgl. zum Begriff des „Debiasing" exemplarisch Soll et al. 2015.

Anhang

Anhang 1: Graphische Verteilungsanalysen

Jahresprodukt

Abb. A. 1: QQ-Plot Jahresprodukt (aggregiert) Steinkohle.

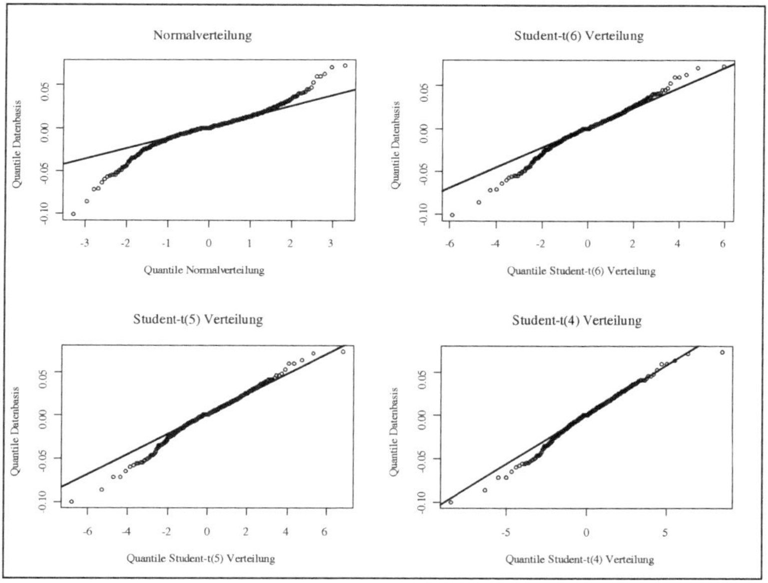

Abb. A. 2: QQ-Plot Jahresprodukt (aggregiert) CO_2.

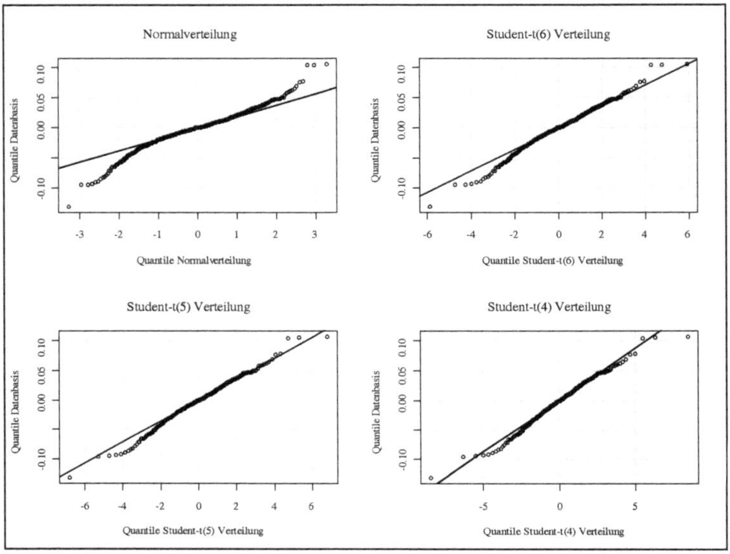

Abb. A. 3: QQ-Plot Jahresprodukt (aggregiert) $/€-Wechselkurs.

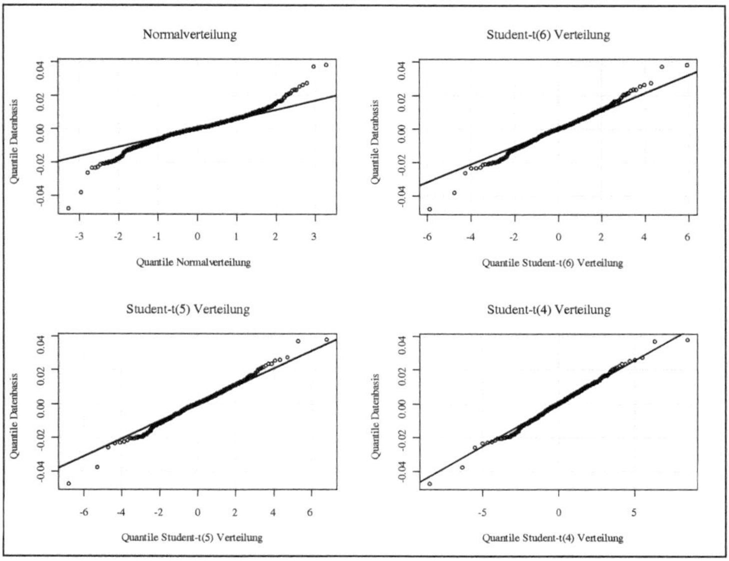

Abb. A. 4: QQ-Plot Jahresprodukt (aggregiert) Spread alter Kraftwerkstyp.

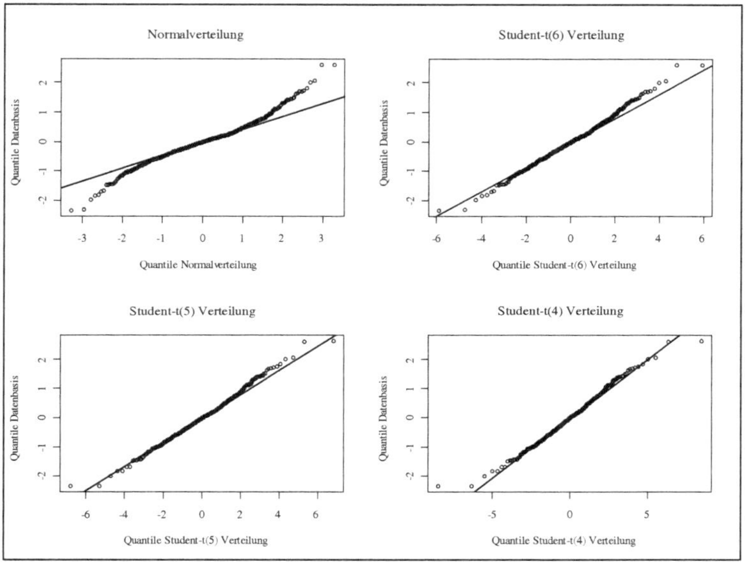

Abb. A. 5: QQ-Plot Jahresprodukt (aggregiert) Spread neuer Kraftwerkstyp.

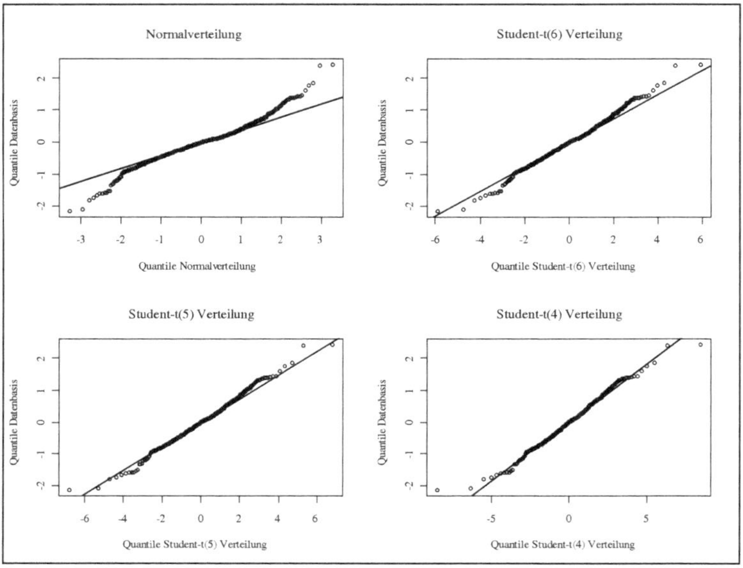

Monatsprodukt (exemplarisch: Januarprodukt)

Abb. A. 6: QQ-Plot Monatsprodukt Januar (aggregiert) Steinkohle.

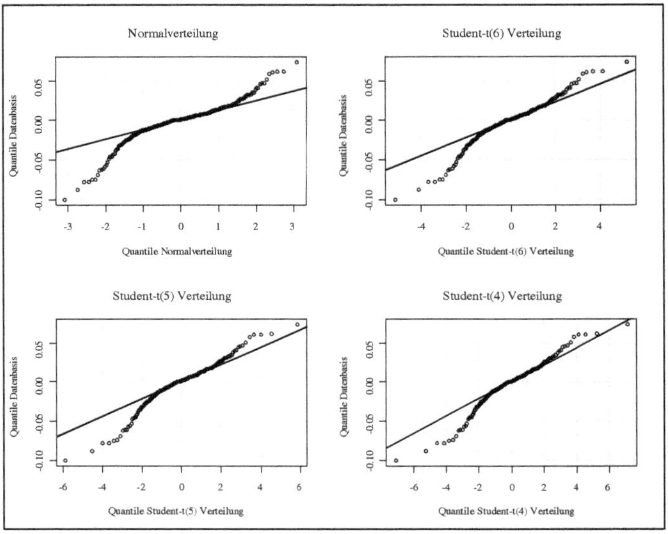

Abb. A. 7: QQ-Plot Monatsprodukt Januar (aggregiert) CO_2.

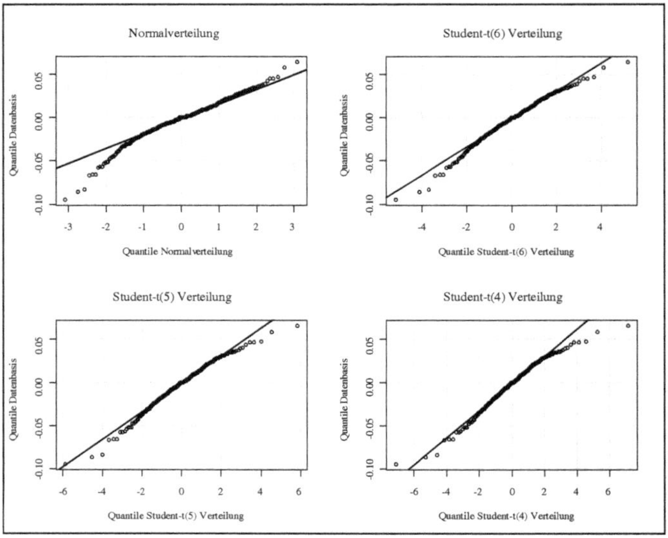

Abb. A. 8: QQ-Plot Monatsprodukt Januar (aggregiert) $/€-Wechselkurs.

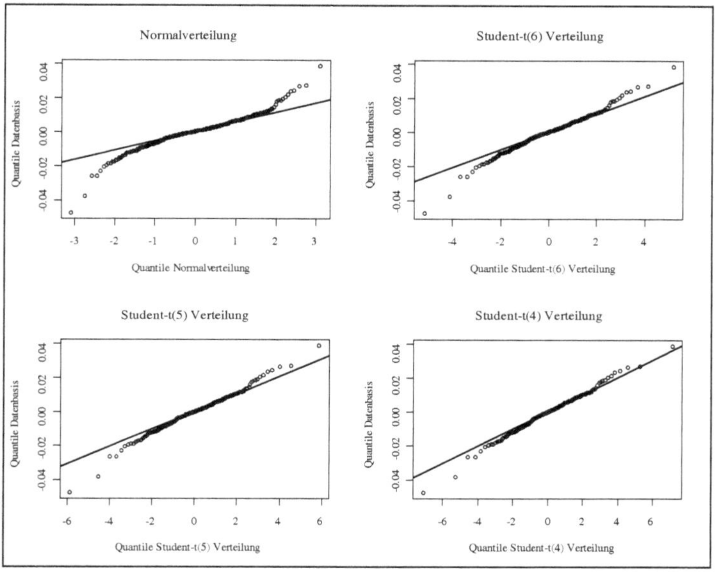

Abb. A. 9: QQ-Plot Monatsprodukt Januar (aggregiert) Spread alter Kraftwerkstyp.

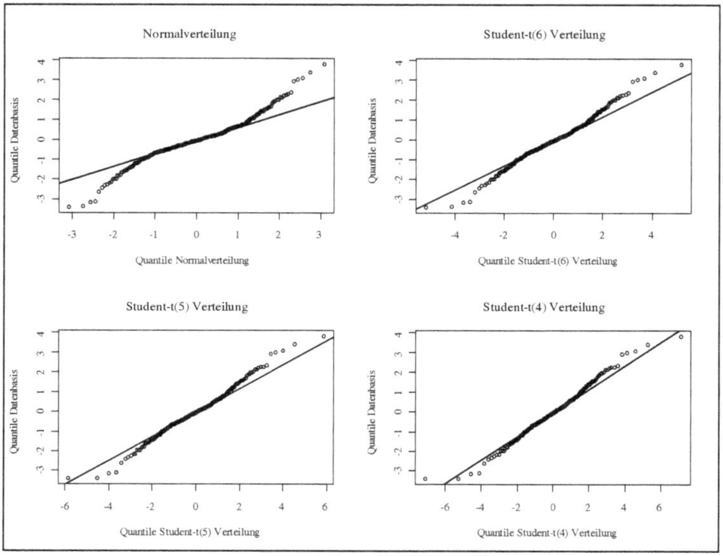

Abb. A. 10: QQ-Plot Monatsprodukt Januar (aggregiert) Spread neuer Kraftwerkstyp.

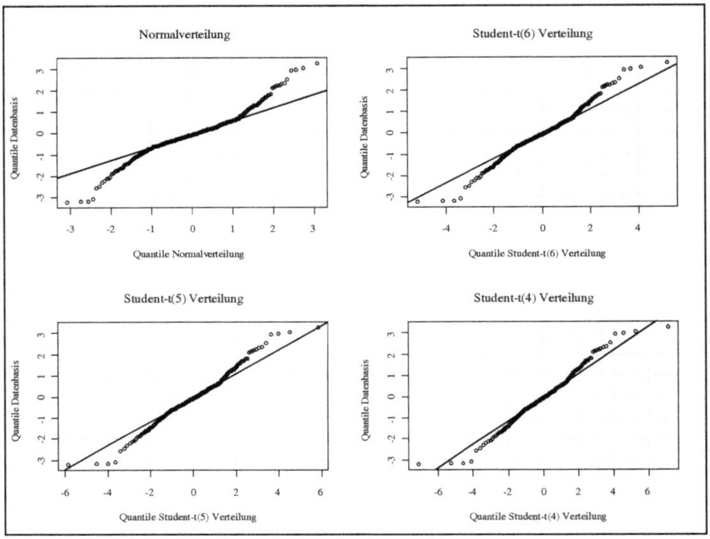

Anhang 2: Statistische Verteilungsanalysen

Tab. A. 1: Verteilungsanalyse Februarprodukt (aggregiert)

		n	Mittelwert	Standardabweichung	Schiefe	Kurtosis (Wölbung)	Jarque-Bera Test	Shapiro-Wilk Test	Kolmogorov-Smirnov Test
Strom	Aug-Jan	475	-0,0014	0,0145	-0,0838	3,8490	64,3769***	0,9693***	0,4824***
Kohle	Aug-Jan	475	-0,0004	0,0210	-0,8303	6,7288	498,4974***	0,9251***	0,4734***
CO_2	Aug-Jan	475	-0,0020	0,0208	-0,7481	5,4522	106,8945***	0,9585***	0,4774***
Wechselkurs $/€	Aug-Jan	475	-0,0001	0,0085	-0,3709	6,8624	521,3099***	0,9527***	0,4870***
CDS alt	Aug-Jan	475	-0,0430	0,8903	-0,1082	4,5658	137,2087***	0,9788***	0,0798***
CDS neu	Aug-Jan	475	-0,0522	0,8382	-0,1903	4,5141	122,0500***	0,9796***	0,1045***

*(**;***) Signifikanzniveau p < 0,10 (0,05; 0,01)

Tab. A. 2: Verteilungsanalyse Februarprodukt (geclustert)

		n	Mittelwert	Standardabweichung	Schiefe	Kurtosis (Wölbung)	Jarque-Bera Test	Shapiro-Wilk Test	Kolmogorov-Smirnov Test
Strom (Logrendite)	Aug	79	0,0013	0,0098	0,9824	4,9244	27,0568***	0,9413***	0,4914***
	Sept	82	-0,0011	0,0104	-0,0179	4,0415	4,4596	0,9745	0,4884***
	Okt	83	-0,0008	0,0167	-0,1567	3,6653	2,3249	0,9837	0,4827***
	Nov	79	-0,0054	0,0163	-0,2288	2,9625	0,7214	0,9854	0,4866***
	Dez	73	0,0015	0,0142	0,3231	2,8837	1,3273	0,9831	0,4876***
	Jan	79	-0,0036	0,0167	0,1322	2,8375	0,2655	0,9848	0,4854***
Kohle (Logrendite)	Aug	79	-0,0004	0,0111	0,3691	4,0083	5,9322*	0,9726*	0,4879***
	Sept	82	-0,0004	0,0167	-0,7649	4,1509	13,6679***	0,9541***	0,4860***
	Okt	83	-0,0008	0,0296	-1,1430	4,9845	34,0906***	0,8839***	0,4761***
	Nov	79	-0,0032	0,0201	-0,8527	6,1231	45,3840***	0,9120***	0,4755***
	Dez	73	0,0043	0,0187	0,1790	6,1042	33,0298***	0,9323***	0,4758***
	Jan	79	-0,0015	0,0236	-0,2698	4,3763	8,2958**	0,9777	0,4761***
CO_2 (Logrendite)	Aug	79	0,0028	0,0146	0,1208	2,9014	0,2015	0,9829	0,4862***
	Sept	82	-0,0016	0,0196	-0,4370	2,9425	2,7082	0,9836	0,4843***
	Okt	83	-0,0023	0,0221	-0,6391	4,1879	11,6210***	0,9507***	0,4817***
	Nov	79	-0,0032	0,0213	-0,5412	6,7088	53,6100***	0,9397***	0,4741***
	Dez	73	-0,0022	0,0218	-1,3535	6,9828	76,3263***	0,8861***	0,4812***
	Jan	79	-0,0053	0,0231	-0,5539	4,4418	12,1709***	0,9678**	0,4795***

		n	Mittelwert	Standardabweichung	Schiefe	Kurtosis (Wölbung)	Jarque-Bera Test	Shapiro-Wilk Test	Kolmogorov-Smirnov Test
Wechselkurs $/€ (Logrendite)	Aug	79	-0,0010	0,0082	-1,0235	8,6011	125,9425***	0,8784***	0,4892***
	Sept	82	0,0013	0,0074	0,1145	5,1301	17,5988***	0,9455***	0,4921***
	Okt	83	-0,0007	0,0080	-0,5828	3,9732	8,8368**	0,9653**	0,4924***
	Nov	79	-0,0005	0,0071	-0,0293	2,5390	0,5264	0,9898	0,4935***
	Dez	73	0,0012	0,0109	-0,4402	8,3262	96,4543***	0,9002***	0,4844***
	Jan	79	-0,0010	0,0087	-0,1751	3,2721	0,8378	0,9763	0,4924***
CDSalt (Absolute Differenzen)	Aug	79	0,0339	0,6108	0,8690	5,1407	27,3423***	0,9526***	0,1744**
	Sept	82	0,0415	0,6862	-0,6480	7,5261	81,8500***	0,9218***	0,1964***
	Okt	83	-0,0206	1,0789	0,4409	4,0722	7,5394**	0,9612**	0,1169
	Nov	79	-0,2186	0,9375	-0,3992	3,8045	4,8625*	0,9747	0,1657**
	Dez	73	0,0281	0,7956	0,2952	2,5329	1,5825	0,9830	0,1002
	Jan	79	-0,1213	1,0779	-0,4035	3,0008	2,2472	0,9651**	0,1076
CDS neu (Absolute Differenzen)	Aug	79	0,0534	0,6153	1,0857	6,2282	53,9292***	0,9307***	0,1937***
	Sept	82	0,0164	0,6206	-0,8638	9,1062	147,5886***	0,8938***	0,2001***
	Okt	83	-0,0351	0,9924	0,2629	3,6089	2,6734	0,9743*	0,1207
	Nov	79	-0,2453	0,9148	-0,4605	4,1828	8,3846**	0,9651**	0,1873***
	Dez	73	0,0421	0,7538	0,2305	2,4932	1,2548	0,9791	0,1126
	Jan	79	-0,1412	0,9897	-0,3808	2,7915	2,0454	0,9612**	0,1272

*(**;***) Signifikanzniveau p < 0,10 (0,05; 0,01)

Tab. A. 3: Verteilungsanalyse Märzprodukt (aggregiert)

		n	Mittelwert	Standardabweichung	Schiefe	Kurtosis (Wölbung)	Jarque-Bera Test	Shapiro-Wilk Test	Kolmogorov-Smirnov Test
Strom	Sep-Feb	472	-0,0017	0,0145	-0,7291	5,4468	64,3769***	0,9693***	0,4828***
Kohle	Sep-Feb	472	-0,0008	0,0228	-0,8608	6,0345	498,4974***	0,9360***	0,4729***
CO_2	Sep-Feb	472	-0,0023	0,0240	-0,3565	6,4825	106,8945***	0,9417***	0,4699***
Wechselkurs $/€	Sep-Feb	472	0,0000	0,0082	-0,2242	6,5754	521,3099***	0,9630***	0,4874***
CDS alt	Sep-Feb	472	-0,0341	0,8522	-0,2445	5,0614	137,2087***	0,9589***	0,1233***
CDS neu	Sep-Feb	472	-0,0476	0,7635	-0,4797	5,2951	122,0500***	0,9579***	0,1364***

*(**;***) Signifikanzniveau p < 0,10 (0,05; 0,01)

Tab. A. 4: Verteilungsanalyse Märzprodukt (geclustert)

		n	Mittelwert	Standardabweichung	Schiefe	Kurtosis (Wölbung)	Jarque-Bera Test	Shapiro-Wilk Test	Kolmogorov-Smirnov Test
Strom (Logrendite)	Sept	82	-0,0008	0,0092	-0,2695	3,8061	3,8009	0,9870	0,4901***
	Okt	83	-0,0027	0,0151	-0,5746	4,5044	13,7564***	0,9360***	0,4849***
	Nov	79	-0,0030	0,0144	0,0627	3,6691	1,9741	0,9874	0,4827***
	Dez	73	0,0007	0,0145	-0,7670	5,3347	26,2263***	0,9510***	0,4858***
	Jan	79	-0,0019	0,0134	-0,1015	3,0770	0,2214	0,9833	0,4896***
	Feb	76	-0,0026	0,0185	-1,2680	5,4651	42,7943***	0,9114***	0,4879***
Kohle (Logrendite)	Sept	82	-0,0004	0,0165	-0,7445	4,1065	12,8494***	0,9545***	0,4860***
	Okt	83	-0,0008	0,0291	-1,1203	5,0456	34,2815***	0,8892***	0,4764***
	Nov	79	-0,0034	0,0204	-0,6955	5,6471	32,2920***	0,9237***	0,4752***
	Dez	73	0,0040	0,0188	0,2101	5,7598	26,5105***	0,9428***	0,4760***
	Jan	79	-0,0016	0,0262	-0,6951	4,9550	20,8888***	0,9590**	0,4750***
	Feb	76	-0,0026	0,0219	-0,8177	5,1126	24,8424***	0,9431***	0,4838***
CO_2 (Logrendite)	Sept	82	-0,0016	0,0196	-0,4370	2,9425	2,7082	0,9836	0,4843***
	Okt	83	-0,0023	0,0221	-0,6391	4,1879	11,6210***	0,9507***	0,4817***
	Nov	79	-0,0032	0,0213	-0,5412	6,7088	53,6100***	0,9397***	0,4741***
	Dez	73	-0,0022	0,0218	-1,3535	6,9828	76,3263***	0,8861***	0,4812***
	Jan	79	-0,0053	0,0231	-0,5539	4,4418	12,1709***	0,9678**	0,4795***
	Feb	76	0,0009	0,0333	0,0511	5,6096	24,1602***	0,9098***	0,4615***
Wechselkurs $/€ (Logrendite)	Sept	82	0,0013	0,0074	0,1546	5,0865	17,0703***	0,9455***	0,4923***
	Okt	83	-0,0007	0,0080	-0,5981	3,9872	9,2040**	0,9657**	0,4923***
	Nov	79	-0,0005	0,0071	-0,0235	2,5607	0,4660	0,9898	0,4935***
	Dez	73	0,0011	0,0109	-0,4536	8,3470	97,3302***	0,8990***	0,4846***
	Jan	79	-0,0010	0,0087	-0,1964	3,2946	1,0021	0,9753	0,4925***
	Feb	76	-0,0002	0,0061	0,3508	3,1637	1,8179	0,9709*	0,4953***
CDSalt (Absolute Differenzen)	Sept	82	0,0707	0,7671	0,5967	4,2289	11,1293***	0,9347***	0,1728**
	Okt	83	-0,1320	0,9893	-0,6304	5,8394	36,4676***	0,8599***	0,2053***
	Nov	79	-0,0261	0,7653	-0,1987	4,0196	4,6938*	0,9721*	0,1458*
	Dez	73	-0,0203	0,8033	-0,8881	5,8380	37,3997***	0,9356***	0,1375
	Jan	79	-0,0037	0,8973	0,2572	3,8767	4,0453	0,9777	0,1034
	Feb	76	-0,0934	0,8447	-0,1403	3,2276	0,5722	0,9876	0,1106
CDS neu (Absolute Differenzen)	Sept	82	0,0455	0,6581	0,3653	4,9117	16,0231***	0,9368***	0,1852***
	Okt	83	-0,1469	0,8708	-0,8377	6,3410	52,3480***	0,8715***	0,2218***
	Nov	79	-0,0540	0,7047	-0,2556	3,9307	4,4001	0,9677**	0,1521**
	Dez	73	-0,0080	0,7462	-1,1704	6,7566	64,7229***	0,9119***	0,1408
	Jan	79	-0,0234	0,7750	0,0919	3,4992	1,2592	0,9860	0,1093
	Feb	76	-0,0959	0,7902	-0,3860	3,3142	2,4785	0,9815	0,1344

*(**;***) Signifikanzniveau $p < 0,10$ (0,05; 0,01)

Tab. A. 5: Verteilungsanalyse Aprilprodukt (aggregiert)

		n	Mittelwert	Standardabweichung	Schiefe	Kurtosis (Wölbung)	Jarque-Bera Test	Shapiro-Wilk Test	Kolmogorov-Smirnov Test
Strom	Okt-Mär	473	-0,0009	0,0166	1,8867	23,7227	64,3769***	0,9693***	0,4763***
Kohle	Okt-Mär	473	-0,0006	0,0227	-0,7081	5,5319	498,4974***	0,9461***	0,4712***
CO_2	Okt-Mär	473	-0,0015	0,0252	-0,3315	6,0733	106,8945***	0,9440***	0,4678***
Wechselkurs $/€	Okt-Mär	473	0,0000	0,0083	-0,0885	7,0751	521,3099***	0,9582***	0,4871***
CDS alt	Okt-Mär	473	0,0021	0,8170	1,4218	16,6162	137,2087***	0,9010***	0,1193***
CDS neu	Okt-Mär	473	-0,0063	0,7569	2,0143	25,9410	122,0500***	0,8611***	0,1523***

*(**;***) Signifikanzniveau p < 0,10 (0,05; 0,01)

Tab. A. 6: Verteilungsanalyse Aprilprodukt (geclustert)

		n	Mittelwert	Standardabweichung	Schiefe	Kurtosis (Wölbung)	Jarque-Bera Test	Shapiro-Wilk Test	Kolmogorov-Smirnov Test
Strom (Logrendite)	Okt	83	-0,0006	0,0153	-0,8115	4,8694	23,1278***	0,9332***	0,4865***
	Nov	79	-0,0026	0,0152	0,3349	5,2433	20,1580***	0,9631**	0,4803***
	Dez	73	0,0003	0,0125	-0,5257	4,2121	8,8844**	0,9666**	0,4887***
	Jan	79	-0,0021	0,0144	-0,0045	4,4302	7,8525**	0,9697*	0,4835***
	Feb	76	-0,0014	0,0146	-1,1731	5,6336	42,6957***	0,9245***	0,4900***
	Mär	83	0,0011	0,0241	3,7847	25,7050	2088,7456***	0,6730***	0,4789***
Kohle (Logrendite)	Okt	83	-0,0010	0,0282	-1,2024	5,2456	40,2361***	0,8854***	0,4768***
	Nov	79	-0,0033	0,0194	-0,6509	6,1669	42,2106***	0,9152***	0,4748***
	Dez	73	0,0038	0,0178	0,3114	6,3243	38,5157***	0,9225***	0,4791***
	Jan	79	-0,0015	0,0255	-0,3857	3,7780	4,5581	0,9749	0,4733***
	Feb	76	-0,0022	0,0220	-0,8225	5,1622	25,6801***	0,9413***	0,4832***
	Mär	83	0,0010	0,0204	-0,0199	3,5243	1,2956	0,9826	0,4788***
CO_2 (Logrendite)	Okt	83	-0,0023	0,0221	-0,6391	4,1879	11,6210***	0,9507***	0,4817***
	Nov	79	-0,0032	0,0213	-0,5412	6,7088	53,6100***	0,9397***	0,4741***
	Dez	73	-0,0022	0,0218	-1,3535	6,9828	76,3263***	0,8861***	0,4812***
	Jan	79	-0,0053	0,0231	-0,5539	4,4418	12,1709***	0,9678**	0,4795***
	Feb	76	0,0009	0,0333	0,0511	5,6096	24,1602***	0,9098***	0,4615***
	Mär	83	0,0033	0,0266	-0,3964	4,2790	8,8780**	0,9747*	0,4699***

		n	Mittelwert	Standardabweichung	Schiefe	Kurtosis (Wölbung)	Jarque-Bera Test	Shapiro-Wilk Test	Kolmogorov-Smirnov Test
Wechselkurs $/€ (Logrendite)	Okt	83	-0,0007	0,0081	-0,6125	4,0287	9,7796***	0,9661**	0,4921***
	Nov	79	-0,0005	0,0071	-0,0149	2,5385	0,5191	0,9888	0,4935***
	Dez	73	0,0011	0,0109	-0,4702	8,4764	102,0960***	0,8970***	0,4846***
	Jan	79	-0,0010	0,0087	-0,1942	3,3197	1,0566	0,9751	0,4924***
	Feb	76	-0,0002	0,0061	0,3204	3,0673	1,4242	0,9729	0,4954***
	Mär	83	0,0014	0,0082	0,8464	8,1163	107,9902***	0,9208***	0,4907***
CDSalt (Absolute Differenzen)	Okt	83	0,0204	0,7873	0,5078	6,8009	58,1459***	0,9074***	0,1535**
	Nov	79	0,0003	0,7585	-0,0968	3,4349	1,0304	0,9891	0,1312
	Dez	73	-0,0345	0,7017	-0,4640	4,4662	10,4305***	0,9637**	0,1467*
	Jan	79	-0,0036	0,6978	-0,1175	4,0959	4,9414*	0,9767	0,1434*
	Feb	76	-0,0294	0,7011	0,2190	3,7148	2,7330	0,9768	0,1394*
	Mär	83	0,0520	1,1336	2,8369	20,6367	1253,8391***	0,7621***	0,1176
CDS neu (Absolute Differenzen)	Okt	83	0,0044	0,6778	-0,0442	6,1798	38,4094***	0,9224***	0,1868***
	Nov	79	-0,0270	0,7011	-0,0672	3,3046	0,5621	0,9812	0,1793**
	Dez	73	-0,0237	0,6301	-0,7367	5,1117	22,3449***	0,9400***	0,1784**
	Jan	79	-0,0227	0,5989	-0,4680	4,1646	8,3229**	0,9704*	0,1800**
	Feb	76	-0,0295	0,6197	-0,0123	3,8239	2,7208	0,9774	0,1822**
	Mär	83	0,0549	1,1358	3,4400	25,5262	2023,5723***	0,7027***	0,1406*

*(**;***) Signifikanzniveau p < 0,10 (0,05; 0,01)

Tab. A. 7: Verteilungsanalyse Maiprodukt (aggregiert)

		n	Mittelwert	Standardabweichung	Schiefe	Kurtosis (Wölbung)	Jarque-Bera Test	Shapiro-Wilk Test	Kolmogorov-Smirnov Test
Strom	Nov-Apr	465	-0,0004	0,0173	1,2567	24,6319	64,3769***	0,9693***	0,4764***
Kohle	Nov-Apr	465	0,0000	0,0208	-0,3447	5,3935	498,4974***	0,9668***	0,4706***
CO_2	Nov-Apr	465	-0,0002	0,0252	-0,2730	6,0634	106,8945***	0,9471***	0,4662***
Wechselkurs $/€	Nov-Apr	465	0,0002	0,0081	0,0250	7,3369	521,3099***	0,9571***	0,4886***
CDS alt	Nov-Apr	465	-0,0038	0,7836	1,3459	15,8946	137,2087***	0,9053***	0,1177***
CDS neu	Nov-Apr	465	-0,0047	0,7336	2,0020	25,0105	122,0500***	0,8531***	0,1455***

*(**;***) Signifikanzniveau p < 0,10 (0,05; 0,01)

Tab. A. 8: Verteilungsanalyse Maiprodukt (geclustert)

		n	Mittelwert	Standardabweichung	Schiefe	Kurtosis (Wölbung)	Jarque-Bera Test	Shapiro-Wilk Test	Kolmogorov-Smirnov Test
Strom (Logrendite)	Nov	79	-0,0016	0,0208	0,5182	17,6052	750,1849***	0,7343***	0,4774***
	Dez	73	0,0006	0,0122	-0,4755	4,1260	7,5541**	0,9610**	0,4880***
	Jan	79	-0,0029	0,0142	-0,1891	4,9609	14,8519***	0,9529***	0,4850***
	Feb	76	-0,0019	0,0168	-3,0381	18,5770	940,0088***	0,7579***	0,4907***
	Mär	83	0,0022	0,0206	4,9643	36,9426	4553,5419***	0,5759***	0,4862***
	Apr	75	0,0013	0,0164	0,4658	3,4741	3,8344	0,9730	0,4868***
Kohle (Logrendite)	Nov	79	-0,0032	0,0189	-0,6479	6,2854	44,8669***	0,9096***	0,4754***
	Dez	73	0,0037	0,0173	0,3560	6,7724	49,3494***	0,9007***	0,4802***
	Jan	79	-0,0013	0,0264	-0,4597	4,2110	8,6229**	0,9777	0,4727***
	Feb	76	-0,0020	0,0222	-0,7779	4,9812	22,1407***	0,9501***	0,4820***
	Mär	83	0,0007	0,0209	0,3431	4,0307	6,1022**	0,9840*	0,4794***
	Apr	75	0,0023	0,0166	0,2077	2,9680	0,5690	0,9874	0,4846***
CO_2 (Logrendite)	Nov	79	-0,0032	0,0213	-0,5412	6,7088	53,6100	0,9397	0,4741***
	Dez	73	-0,0022	0,0218	-1,3535	6,9828	76,3263***	0,8861***	0,4812***
	Jan	79	-0,0053	0,0231	-0,5539	4,4418	12,1709	0,9678	0,4795***
	Feb	76	0,0009	0,0333	0,0511	5,6096	24,1602	0,9098*	0,4615***
	Mär	83	0,0033	0,0266	-0,3964	4,2790	8,8780***	0,9747***	0,4699***
	Apr	75	0,0055	0,0212	0,2600	3,2340	1,2034	0,9866	0,4823***
Wechselkurs $/€ (Logrendite)	Nov	79	-0,0005	0,0071	-0,0010	2,4911	0,6506***	0,9885***	0,4935***
	Dez	73	0,0011	0,0108	-0,4771	8,5740	105,6940***	0,8954***	0,4847***
	Jan	79	-0,0010	0,0086	-0,2026	3,3124	1,0827	0,9756	0,4923***
	Feb	76	-0,0002	0,0062	0,3590	3,1474	1,8692***	0,9725**	0,4953***
	Mär	83	0,0014	0,0082	0,8132	7,9254	100,1418***	0,9246***	0,4907***
	Apr	75	0,0004	0,0069	0,2264	3,3626	1,3111	0,9884	0,4928***
CDSalt (Absolute Differenzen)	Nov	79	0,0525	0,8363	0,3577	5,8722	31,8462***	0,9417***	0,1327
	Dez	73	-0,0203	0,6445	-0,0504	5,7911	26,5570***	0,9278***	0,2108***
	Jan	79	-0,0369	0,6788	-0,2558	3,9102	4,2600	0,9830	0,1525*
	Feb	76	-0,0410	0,7530	-0,3179	5,2388	19,2606***	0,9638***	0,1260
	Mär	83	0,1071	0,9745	3,7801	27,2160	2346,4115***	0,6927***	0,1838***
	Apr	75	-0,0973	0,7259	-0,2408	2,6023	1,0887	0,9837	0,1302
CDS neu (Absolute Differenzen)	Nov	79	0,0260	0,8178	0,5419	8,2920	103,8074	0,8961	0,1565**
	Dez	73	-0,0107	0,5696	-0,3056	6,3724	39,5304	0,9143	0,2459***
	Jan	79	-0,0548	0,5633	-0,1459	3,3482	0,9130	0,9904	0,1764**
	Feb	76	-0,0397	0,6632	-0,9134	7,5244	81,7338	0,9264	0,1701**
	Mär	83	0,1091	0,9701	4,6617	35,3775	4134,1499	0,6111	0,1994***
	Apr	75	-0,0691	0,6869	-0,2008	2,7774	0,5924	0,9874	0,1401

*(**;***) Signifikanzniveau $p < 0,10$ (0,05; 0,01)

Tab. A. 9: Verteilungsanalyse Juniprodukt (aggregiert)

		n	Mittelwert	Standardabweichung	Schiefe	Kurtosis (Wölbung)	Jarque-Bera Test	Shapiro-Wilk Test	Kolmogorov-Smirnov Test
Strom	Dez-Mai	455	0,0003	0,0164	0,8843	12,1055	64,3769***	0,9693***	0,4796***
Kohle	Dez-Mai	455	0,0011	0,0202	-0,3608	5,5331	498,4974***	0,9681***	0,4729***
CO_2	Dez-Mai	455	0,0005	0,0250	-0,2555	5,9366	106,8945***	0,9515***	0,4666***
Wechselkurs $/€	Dez-Mai	455	0,0002	0,0085	-0,1260	7,0224	521,3099***	0,9572***	0,4863***
CDS alt	Dez-Mai	455	-0,0158	0,7354	0,6131	7,3551	137,2087***	0,9574***	0,1288***
CDS neu	Dez-Mai	455	-0,0072	0,6953	0,9553	10,4835	122,0500***	0,9309***	0,1383***

*(**;***) Signifikanzniveau p < 0,10 (0,05; 0,01)

Tab. A. 10: Verteilungsanalyse Juniprodukt (geclustert)

		n	Mittelwert	Standardabweichung	Schiefe	Kurtosis (Wölbung)	Jarque-Bera Test	Shapiro-Wilk Test	Kolmogorov-Smirnov Test
Strom (Logrendite)	Dez	73	0,0005	0,0138	-0,1352	4,8366	12,0592***	0,9554**	0,4842***
	Jan	79	-0,0022	0,0155	0,0548	4,7348	11,3918***	0,9521***	0,4818***
	Feb	76	-0,0024	0,0165	-1,9532	11,4743	294,5201***	0,8393***	0,4844***
	Mär	83	0,0023	0,0177	3,5826	23,8086	1766,8440***	0,7073***	0,4882***
	Apr	75	0,0021	0,0164	0,8859	5,3599	29,8335***	0,9489***	0,4859***
	Mai	69	0,0015	0,0170	1,2321	5,8121	43,8438***	0,9183***	0,4876***
Kohle (Logrendite)	Dez	73	0,0036	0,0170	0,3669	6,9576	54,1470***	0,8930***	0,4799***
	Jan	79	-0,0010	0,0257	-0,5346	4,6728	14,4972***	0,9718*	0,4739***
	Feb	76	-0,0018	0,0227	-0,7737	4,7177	18,6625***	0,9530***	0,4821***
	Mär	83	0,0009	0,0214	0,2809	3,6970	3,2780	0,9845	0,4797***
	Apr	75	0,0026	0,0161	0,2051	2,9291	0,5478	0,9829	0,4875***
	Mai	69	0,0031	0,0136	0,2834	3,1297	1,1071	0,9809	0,4892***
CO_2 (Logrendite)	Dez	73	-0,0022	0,0218	-1,3535	6,9828	76,3263***	0,8861***	0,4812***
	Jan	79	-0,0053	0,0231	-0,5539	4,4418	12,1709***	0,9678**	0,4795***
	Feb	76	0,0009	0,0333	0,0511	5,6096	24,1602***	0,9098***	0,4615***
	Mär	83	0,0033	0,0266	-0,3964	4,2790	8,8780**	0,9747*	0,4699***
	Apr	75	0,0055	0,0212	0,2600	3,2340	1,2034	0,9866	0,4823***
	Mai	69	0,0009	0,0194	-0,0581	3,3273	0,5619	0,9818	0,4814***

		n	Mittelwert	Standardabweichung	Schiefe	Kurtosis (Wölbung)	Jarque-Bera Test	Shapiro-Wilk Test	Kolmogorov-Smirnov Test
Wechselkurs $/€ (Logrendite)	Dez	73	0,0011	0,0108	-0,4878	8,5951	106,5977***	0,8955***	0,4848***
	Jan	79	-0,0010	0,0086	-0,2212	3,3343	1,2510	0,9758	0,4922***
	Feb	76	-0,0002	0,0061	0,3728	3,1660	2,0315	0,9716*	0,4954***
	Mär	83	0,0014	0,0082	0,7989	7,8526	97,1883***	0,9260***	0,4907***
	Apr	75	0,0004	0,0069	0,2286	3,4023	1,4452	0,9877	0,4928***
	Mai	69	-0,0004	0,0096	-0,5540	4,0320	7,4997**	0,9744	0,4918***
CDSalt (Absolute Differenzen)	Dez	73	-0,0171	0,6646	-0,7281	4,8849	19,1512***	0,9458***	0,1733**
	Jan	79	-0,0260	0,6295	-0,2119	3,4377	1,5264	0,9881	0,1486*
	Feb	76	-0,0788	0,7559	-0,1984	4,7049	11,1374***	0,9645**	0,1392*
	Mär	83	0,0948	0,7898	2,1359	13,0378	436,4620***	0,8460***	0,1583**
	Apr	75	-0,0560	0,6420	-0,1811	3,1341	0,5770	0,9881	0,1535*
	Mai	69	-0,0230	0,8924	0,9929	5,1010	26,4279***	0,9414***	0,1118
CDS neu (Absolute Differenzen)	Dez	73	-0,0083	0,6123	-0,8985	5,3092	28,6096***	0,9293***	0,1992***
	Jan	79	-0,0424	0,5615	-0,0515	3,2004	0,3000	0,9887	0,1707**
	Feb	76	-0,0763	0,6753	-0,7246	5,9553	37,6503***	0,9457***	0,1599**
	Mär	83	0,0978	0,7650	2,9977	19,9656	1182,6531***	0,7728***	0,1703**
	Apr	75	-0,0261	0,6280	0,0019	3,4430	0,9001	0,9860	0,1420*
	Mai	69	0,0048	0,8805	1,2644	6,0618	49,4137***	0,9221***	0,1118

*(**;***) Signifikanzniveau p < 0,10 (0,05; 0,01)

Tab. A. 11: Verteilungsanalyse Juliprodukt (aggregiert)

		n	Mittelwert	Standardabweichung	Schiefe	Kurtosis (Wölbung)	Jarque-Bera Test	Shapiro-Wilk Test	Kolmogorov-Smirnov Test
Strom	Jan-Jun	461	0,0003	0,0168	0,6508	8,6671	64,3769***	0,9693***	0,4755***
Kohle	Jan-Jun	461	0,0009	0,0199	-0,5028	5,2406	498,4974***	0,9695***	0,4744***
CO_2	Jan-Jun	461	0,0003	0,0262	-0,8387	10,1070	106,8945***	0,9237***	0,4668***
Wechselkurs $/€	Jan-Jun	461	0,0001	0,0079	-0,0967	4,9884	521,3099***	0,9804***	0,4893***
CDS alt	Jan-Jun	461	-0,0167	0,8968	-0,6002	17,2159	137,2087***	0,8831***	0,1016***
CDS neu	Jan-Jun	461	-0,0064	0,8570	-0,4265	19,0139	122,0500***	0,8602***	0,1289***

*(**;***) Signifikanzniveau p < 0,10 (0,05; 0,01)

Tab. A. 12: Verteilungsanalyse Juliprodukt (geclustert)

		n	Mittelwert	Standardabweichung	Schiefe	Kurtosis (Wölbung)	Jarque-Bera Test	Shapiro-Wilk Test	Kolmogorov-Smirnov Test
Strom (Logrendite)	Jan	79	-0,0015	0,0140	-0,9239	5,9386	43,1443***	0,9372***	0,4870***
	Feb	76	-0,0020	0,0160	-0,8912	4,7988	22,2359***	0,9094***	0,4825***
	Mär	83	0,0018	0,0186	2,5187	15,5838	672,4368***	0,8043***	0,4844***
	Apr	75	0,0023	0,0170	0,7642	4,6585	17,5590***	0,9491***	0,4851***
	Mai	69	0,0021	0,0160	0,7561	4,8656	18,4802***	0,9590**	0,4874***
	Jun	79	-0,0009	0,0182	-0,0021	5,6243	25,2470***	0,9565***	0,4762***
Kohle (Logrendite)	Jan	79	-0,0009	0,0235	-0,4347	4,4167	10,2971***	0,9734*	0,4766***
	Feb	76	-0,0013	0,0214	-0,7466	4,8134	19,2971***	0,9563**	0,4833***
	Mär	83	0,0005	0,0212	0,3368	4,1753	7,2734**	0,9782	0,4800***
	Apr	75	0,0022	0,0167	0,1025	3,6461	1,8724	0,9869	0,4826***
	Mai	69	0,0029	0,0140	-0,0962	2,7440	0,1988	0,9877	0,4880***
	Jun	79	0,0021	0,0200	-1,3794	6,6941	75,2460***	0,8939***	0,4812***
CO_2 (Logrendite)	Jan	79	-0,0053	0,0231	-0,5539	4,4418	12,1709***	0,9678**	0,4795***
	Feb	76	0,0009	0,0333	0,0511	5,6096	24,1602***	0,9098***	0,4615***
	Mär	83	0,0033	0,0266	-0,3964	4,2790	8,8780**	0,9747*	0,4699***
	Apr	75	0,0055	0,0212	0,2600	3,2340	1,2034	0,9866	0,4823***
	Mai	69	0,0009	0,0194	-0,0581	3,3273	0,5619	0,9818	0,4814***
	Jun	79	-0,0031	0,0289	-3,0564	21,0129	1261,0811***	0,7461***	0,4776***
Wechselkurs $/€ (Logrendite)	Jan	79	-0,0010	0,0085	-0,2373	3,3423	1,3751	0,9767	0,4922***
	Feb	76	-0,0002	0,0061	0,3896	3,1738	2,2128	0,9704*	0,4955***
	Mär	83	0,0014	0,0082	0,8005	7,7548	93,7605***	0,9273***	0,4909***
	Apr	75	0,0004	0,0069	0,2400	3,4070	1,5302	0,9880	0,4928***
	Mai	69	-0,0004	0,0095	-0,5633	4,0933	8,0544**	0,9739	0,4919***
	Jun	79	0,0003	0,0074	-0,6444	3,0985	5,7845*	0,9649**	0,4949***
CDSalt (Absolute Differenzen)	Jan	79	0,0060	0,6930	-0,1981	2,8420	0,5604	0,9899	0,1241
	Feb	76	-0,0731	0,7751	-0,1885	4,7534	11,6721***	0,9601**	0,1672**
	Mär	83	0,0810	0,7815	1,5595	11,0512	274,4197***	0,8838***	0,1599**
	Apr	75	-0,0326	0,5866	0,0747	3,1222	0,2067	0,9860	0,1869***
	Mai	69	0,0342	0,8550	0,8117	4,1009	12,2132***	0,9568**	0,1160
	Jun	79	-0,1173	1,4149	-1,1242	13,1891	382,2313***	0,8266***	0,1107
CDS neu (Absolute Differenzen)	Jan	79	-0,0090	0,6154	-0,3555	2,8004	1,7818	0,9737	0,1548**
	Feb	76	-0,0682	0,7009	-0,3835	5,0029	16,4021***	0,9445***	0,1740**
	Mär	83	0,0822	0,7693	2,2195	15,9164	683,0550***	0,8228***	0,1926***
	Apr	75	-0,0049	0,5799	0,2485	3,2434	1,1474	0,9850	0,1773**
	Mai	69	0,0607	0,8422	1,0572	4,9673	26,2842***	0,9332***	0,1176
	Jun	79	-0,0973	1,3599	-1,0710	13,7307	420,1648***	0,8119***	0,1111

*(**;***) Signifikanzniveau $p < 0,10$ (0,05; 0,01)

Tab. A. 13: Verteilungsanalyse Augustprodukt (aggregiert)

		n	Mittelwert	Standardabweichung	Schiefe	Kurtosis (Wölbung)	Jarque-Bera Test	Shapiro-Wilk Test	Kolmogorov-Smirnov Test
Strom	Feb-Jul	467	-0,0003	0,0164	0,2283	12,0109	64,3769***	0,9693***	0,4786***
Kohle	Feb-Jul	467	0,0006	0,0189	-0,3723	5,6489	498,4974***	0,9618***	0,4736***
CO_2	Feb-Jul	467	0,0003	0,0261	-0,8012	9,9583	106,8945***	0,9323***	0,4669***
Wechselkurs $/€	Feb-Jul	467	0,0003	0,0074	-0,0261	5,2858	521,3099***	0,9803***	0,4893***
CDS alt	Feb-Jul	467	-0,0272	0,8272	0,0982	7,7789	137,2087***	0,9228***	0,1229***
CDS neu	Feb-Jul	467	-0,0225	0,7728	0,1623	9,3220	122,0500***	0,8999***	0,1499***

*(**;***) Signifikanzniveau p < 0,10 (0,05; 0,01)

Tab. A. 14: Verteilungsanalyse Augustprodukt (geclustert)

		n	Mittelwert	Standardabweichung	Schiefe	Kurtosis (Wölbung)	Jarque-Bera Test	Shapiro-Wilk Test	Kolmogorov-Smirnov Test
Strom (Logrendite)	Feb	76	-0,0020	0,0175	-2,9797	18,6399	941,9583***	0,7671***	0,4879***
	Mär	83	0,0000	0,0190	2,6776	16,4889	770,4094***	0,7604***	0,4850***
	Apr	75	0,0027	0,0151	0,5561	4,0248	8,0458**	0,9594**	0,4869***
	Mai	69	0,0021	0,0161	0,4358	5,2094	18,3462***	0,9399***	0,4813***
	Jun	79	0,0008	0,0137	0,3549	3,0916	1,8198	0,9802	0,4886***
	Jul	85	-0,0043	0,0151	-0,5332	3,5814	5,7504*	0,9734*	0,4865***
Kohle (Logrendite)	Feb	76	-0,0008	0,0207	-0,6718	4,6822	16,2978***	0,9592**	0,4839***
	Mär	83	0,0002	0,0213	0,3091	4,7612	13,5677***	0,9690**	0,4756***
	Apr	75	0,0019	0,0181	-0,0534	4,0049	3,9143	0,9834	0,4790***
	Mai	69	0,0026	0,0148	-0,1432	2,9858	0,2622	0,9818	0,4861***
	Jun	79	0,0022	0,0210	-1,1969	7,2529	84,4911***	0,8930***	0,4768***
	Jul	85	-0,0019	0,0154	-0,0495	5,8557	31,8261***	0,9325***	0,4789***
CO_2 (Logrendite)	Feb	76	0,0009	0,0333	0,0511	5,6096	24,1602***	0,9098***	0,4615***
	Mär	83	0,0033	0,0266	-0,3964	4,2790	8,8780**	0,9747*	0,4699***
	Apr	75	0,0055	0,0212	0,2600	3,2340	1,2034	0,9866	0,4823***
	Mai	69	0,0009	0,0194	-0,0581	3,3273	0,5619	0,9818	0,4814***
	Jun	79	-0,0031	0,0289	-3,0564	21,0129	1261,0811***	0,7461***	0,4776***
	Jul	85	-0,0048	0,0223	-0,2432	2,2723	2,4734	0,9772	0,4811***

		n	Mittelwert	Standardabweichung	Schiefe	Kurtosis (Wölbung)	Jarque-Bera Test	Shapiro-Wilk Test	Kolmogorov-Smirnov Test
Wechselkurs $/€ (Logrendite)	Feb	76	-0,0002	0,0061	0,4047	3,1815	2,3843	0,9701*	0,4956***
	Mär	83	0,0014	0,0081	0,8044	7,7105	92,3052***	0,9282***	0,4910***
	Apr	75	0,0004	0,0069	0,2495	3,4131	1,6103	0,9873	0,4928***
	Mai	69	-0,0004	0,0094	-0,5777	4,1581	8,7301**	0,9726	0,4918***
	Jun	79	0,0003	0,0074	-0,6413	3,0726	5,7025*	0,9646**	0,4949***
	Jul	85	0,0004	0,0062	0,0512	2,8284	0,0767	0,9921	0,4946***
CDSalt (Absolute Differenzen)	Feb	76	-0,0838	0,7489	-0,6801	6,8357	57,2497***	0,9322***	0,1540**
	Mär	83	0,0054	0,7573	1,8115	13,3383	440,4806***	0,8449***	0,1737**
	Apr	75	-0,0180	0,6024	-0,3137	4,2031	6,7046**	0,9727	0,1815**
	Mai	69	0,0040	0,7622	0,4532	3,3143	2,9570	0,9769	0,1142
	Jun	79	-0,0131	0,9157	-0,2923	6,1468	37,1327***	0,9412***	0,1280
	Jul	85	-0,0550	1,0590	-0,0575	6,1993	39,7429***	0,8788***	0,1743**
CDS neu (Absolute Differenzen)	Feb	76	-0,0769	0,6765	-1,3198	9,5957	171,6874***	0,8831***	0,1865***
	Mär	83	0,0054	0,7494	2,5537	18,5572	980,2759***	0,7747***	0,1871***
	Apr	75	0,0081	0,5562	-0,2868	4,3029	7,3716**	0,9683*	0,1938***
	Mai	69	0,0295	0,7308	0,6981	4,1869	10,7964***	0,9596**	0,1549*
	Jun	79	0,0071	0,8461	-0,2149	6,6602	48,9694***	0,9287***	0,1541**
	Jul	85	-0,0977	0,9690	-0,2805	6,2715	42,6218***	0,8700***	0,1836***

*(**;***) Signifikanzniveau p < 0,10 (0,05; 0,01)

Tab. A. 15: Verteilungsanalyse Septemberprodukt (aggregiert)

		n	Mittelwert	Standardabweichung	Schiefe	Kurtosis (Wölbung)	Jarque-Bera Test	Shapiro-Wilk Test	Kolmogorov-Smirnov Test
Strom	Mär-Aug	470	0,0011	0,0151	0,9577	7,4514	64,3769***	0,9693***	0,4831***
Kohle	Mär-Aug	470	0,0007	0,0174	-0,1695	7,0772	498,4974***	0,9416***	0,4728***
CO_2	Mär-Aug	470	0,0010	0,0236	-1,1438	11,5204	106,8945***	0,9359***	0,4713***
Wechselkurs $/€	Mär-Aug	470	0,0002	0,0078	-0,3109	5,9463	521,3099***	0,9669***	0,4872***
CDS alt	Mär-Aug	470	0,0256	0,7841	0,1950	6,2661	137,2087***	0,9484***	0,1370***
CDS neu	Mär-Aug	470	0,0332	0,7524	0,4368	6,8968	122,0500***	0,9351***	0,1520***

*(**;***) Signifikanzniveau p < 0,10 (0,05; 0,01)

Tab. A. 16: Verteilungsanalyse Septemberprodukt (geclustert)

		n	Mittelwert	Standardabweichung	Schiefe	Kurtosis (Wölbung)	Jarque-Bera Test	Shapiro-Wilk Test	Kolmogorov-Smirnov Test
Strom (Logrendite)	Mär	83	0,0025	0,0186	1,7665	8,8476	171,9684***	0,8550***	0,4866***
	Apr	75	0,0031	0,0157	0,9794	4,7613	23,6552***	0,9162***	0,4852***
	Mai	69	0,0014	0,0144	1,0308	6,4087	49,9957***	0,9142***	0,4864***
	Jun	79	0,0017	0,0125	0,2786	3,7832	3,6158	0,9809	0,4862***
	Jul	85	-0,0045	0,0136	-0,5260	4,6635	15,2227***	0,9717*	0,4882***
	Aug	79	0,0030	0,0136	0,4621	5,4607	25,1997***	0,9530***	0,4874***
Kohle (Logrendite)	Mär	83	0,0002	0,0208	0,2623	4,9243	15,4509***	0,9665**	0,4752***
	Apr	75	0,0019	0,0184	-0,0483	3,8555	2,9130	0,9825	0,4801***
	Mai	69	0,0024	0,0148	-0,2286	3,0001	0,6504	0,9812	0,4861***
	Jun	79	0,0026	0,0219	-0,8216	8,3535	111,3218***	0,8737***	0,4695***
	Jul	85	-0,0022	0,0153	0,0343	6,2717	41,4887***	0,9203***	0,4789***
	Aug	79	-0,0003	0,0095	-0,0560	4,7243	11,2621***	0,9481***	0,4892***
CO_2 (Logrendite)	Mär	83	0,0033	0,0266	-0,3964	4,2790	8,8780**	0,9747*	0,4699***
	Apr	75	0,0055	0,0212	0,2600	3,2340	1,2034	0,9866	0,4823***
	Mai	69	0,0009	0,0194	-0,0581	3,3273	0,5619	0,9818	0,4814***
	Jun	79	-0,0031	0,0289	-3,0564	21,0129	1261,0811***	0,7461***	0,4776***
	Jul	85	-0,0048	0,0223	-0,2432	2,2723	2,4734	0,9772	0,4811***
	Aug	79	0,0046	0,0185	0,0387	4,4757	8,3545**	0,9678**	0,4790***
Wechselkurs $/€ (Logrendite)	Mär	83	0,0014	0,0080	0,8033	7,6087	88,7833***	0,9294***	0,4912***
	Apr	75	0,0004	0,0069	0,2528	3,4064	1,6099	0,9876	0,4928***
	Mai	69	-0,0004	0,0095	-0,5614	4,1450	8,4077**	0,9734	0,4917***
	Jun	79	0,0003	0,0074	-0,6559	3,1438	6,0523**	0,9637**	0,4949***
	Jul	85	0,0004	0,0062	0,0531	2,8658	0,0566	0,9925	0,4946***
	Aug	79	-0,0010	0,0085	-1,0201	7,2088	77,8118***	0,8928***	0,4893***
CDSalt (Absolute Differenzen)	Mär	83	0,1211	0,7373	0,6878	7,1731	72,2001***	0,9340***	0,1904***
	Apr	75	0,0166	0,5812	0,0604	3,3417	0,6325	0,9886	0,1608**
	Mai	69	-0,0059	0,7500	0,6905	4,2210	10,9368***	0,9591**	0,1506*
	Jun	79	0,0431	0,7992	-0,3346	3,7720	4,0195	0,9705*	0,1509**
	Jul	85	-0,0732	0,9091	0,1194	6,8821	58,2125***	0,8922***	0,1746***
	Aug	79	0,0503	0,8513	0,2204	6,3239	40,6915***	0,9134***	0,1571**
CDS neu (Absolute Differenzen)	Mär	83	0,1212	0,7418	1,1764	9,4913	176,2204***	0,8988***	0,2112***
	Apr	75	0,0424	0,5620	0,3244	3,4399	2,2591	0,9840	0,1895***
	Mai	69	0,0184	0,7300	1,0578	5,6904	36,9440***	0,9280***	0,1534*
	Jun	79	0,0649	0,7349	-0,1388	4,1224	5,2335*	0,9695*	0,1850***
	Jul	85	-0,1171	0,8474	0,2089	6,6467	51,9399***	0,8893***	0,2043***
	Aug	79	0,0747	0,8224	0,2919	6,5495	46,6814***	0,9088***	0,1800**

*(**;***) Signifikanzniveau p < 0,10 (0,05; 0,01)

Tab. A. 17: Verteilungsanalyse Oktoberprodukt (aggregiert)

		n	Mittelwert	Standardabweichung	Schiefe	Kurtosis (Wölbung)	Jarque-Bera Test	Shapiro-Wilk Test	Kolmogorov-Smirnov Test
Strom	Apr-Sep	471	0,0009	0,0131	0,3113	5,2876	64,3769***	0,9693***	0,4816***
Kohle	Apr-Sep	471	0,0002	0,0160	-0,4307	6,0345	498,4974***	0,9525***	0,4770***
CO_2	Apr-Sep	471	-0,0004	0,0226	-1,2130	12,2380	106,8945***	0,9359***	0,4744***
Wechselkurs $/€	Apr-Sep	471	0,0000	0,0078	-0,4771	5,0413	521,3099***	0,9753***	0,4893***
CDS alt	Apr-Sep	471	0,0571	0,7459	0,7295	5,9195	137,2087***	0,9531***	0,1332***
CDS neu	Apr-Sep	471	0,0576	0,6990	0,6604	5,7546	122,0500***	0,9534***	0,1525***

*(**;***) Signifikanzniveau p < 0,10 (0,05; 0,01)

Tab. A. 18: Verteilungsanalyse Oktoberprodukt (geclustert)

		n	Mittelwert	Standardabweichung	Schiefe	Kurtosis (Wölbung)	Jarque-Bera Test	Shapiro-Wilk Test	Kolmogorov-Smirnov Test
Strom (Logrendite)	Apr	75	0,0027	0,0158	0,2074	4,4082	7,8577**	0,9644**	0,4820***
	Mai	69	0,0025	0,0147	0,2025	7,4323	62,7246***	0,8929***	0,4816***
	Jun	79	0,0014	0,0120	0,6232	3,6333	7,0535**	0,9657**	0,4918***
	Jul	85	-0,0034	0,0127	0,0963	4,3462	7,5859**	0,9731*	0,4844***
	Aug	79	0,0039	0,0102	0,6807	4,2920	12,8149***	0,9625**	0,4912***
	Sep	84	-0,0008	0,0116	0,3315	3,3216	2,1607	0,9840	0,4882***
Kohle (Logrendite)	Apr	75	0,0021	0,0185	0,2289	3,8026	3,2475	0,9677*	0,4824***
	Mai	69	0,0021	0,0142	-0,2740	2,7673	0,9672	0,9840	0,4877***
	Jun	79	0,0026	0,0199	-1,2553	7,1477	83,3354***	0,8988***	0,4781***
	Jul	85	-0,0023	0,0155	0,0366	6,3341	43,0541***	0,9226***	0,4770***
	Aug	79	-0,0004	0,0100	-0,0496	3,9879	3,9500	0,9728*	0,4892***
	Sep	84	-0,0026	0,0149	-0,8649	4,4214	19,0351***	0,9355***	0,4860***
CO_2 (Logrendite)	Apr	75	0,0055	0,0212	0,2600	3,2340	1,2034	0,9866	0,4823***
	Mai	69	0,0009	0,0194	-0,0581	3,3273	0,5619	0,9818	0,4814***
	Jun	79	-0,0031	0,0289	-3,0564	21,0129	1261,0811***	0,7461***	0,4776***
	Jul	85	-0,0048	0,0223	-0,2432	2,2723	2,4734	0,9772	0,4811***
	Aug	79	0,0046	0,0185	0,0387	4,4757	8,3545**	0,9678**	0,4790***
	Sep	84	-0,0046	0,0211	-0,2050	2,5366	1,1751	0,9908	0,4840***

		n	Mittelwert	Standardabweichung	Schiefe	Kurtosis (Wölbung)	Jarque-Bera Test	Shapiro-Wilk Test	Kolmogorov-Smirnov Test
Wechselkurs $/€ (Logrendite)	Apr	75	0,0004	0,0070	0,2529	3,3683	1,4934	0,9883	0,4928***
	Mai	69	-0,0004	0,0095	-0,5398	4,0976	7,7734**	0,9741	0,4917***
	Jun	79	0,0002	0,0074	-0,6478	3,1165	5,8678*	0,9641**	0,4949***
	Jul	85	0,0004	0,0062	0,0318	2,7984	0,0790	0,9922	0,4946***
	Aug	79	-0,0010	0,0086	-1,0205	7,2059	77,7373***	0,8939***	0,4893***
	Sep	84	0,0001	0,0078	0,0318	3,7526	2,5050	0,9796	0,4922***
CDSalt (Absolute Differenzen)	Apr	75	0,0032	0,6099	0,5531	3,8017	6,5413**	0,9643**	0,1689**
	Mai	69	0,0513	0,6937	0,6620	5,3007	22,6312***	0,9413***	0,1734**
	Jun	79	0,0466	0,6623	0,2866	3,2036	1,3932	0,9899	0,1433*
	Jul	85	-0,0239	0,7148	-0,2467	3,7652	3,4845	0,9765	0,1553**
	Aug	79	0,1149	0,6315	0,0774	4,0008	4,0943	0,9712*	0,2131***
	Sep	84	0,1476	1,0329	1,1067	5,1740	36,2795***	0,9009***	0,1432*
CDS neu (Absolute Differenzen)	Apr	75	0,0304	0,5957	0,5789	3,6892	6,3101**	0,9591**	0,1742**
	Mai	69	0,0746	0,6852	0,8331	6,7729	53,7313***	0,9237***	0,1906**
	Jun	79	0,0682	0,6150	0,5541	4,1311	9,2431***	0,9763	0,1625**
	Jul	85	-0,0682	0,6645	-0,3439	4,3893	9,6460***	0,9716*	0,1646**
	Aug	79	0,1395	0,6102	0,3523	4,1773	7,1341**	0,9627**	0,2391***
	Sep	84	0,1082	0,9266	0,9683	4,9199	28,1604***	0,9148***	0,1481**

*(**;***) Signifikanzniveau p < 0,10 (0,05; 0,01)

Tab. A. 19: Verteilungsanalyse Novemberprodukt (aggregiert)

		n	Mittelwert	Standardabweichung	Schiefe	Kurtosis (Wölbung)	Jarque-Bera Test	Shapiro-Wilk Test	Kolmogorov-Smirnov Test
Strom	Mai-Okt	478	-0,0007	0,0132	-0,0700	5,1836	64,3769***	0,9693***	0,4807***
Kohle	Mai-Okt	478	-0,0007	0,0185	-1,2356	9,9933	498,4974***	0,8714***	0,4776***
CO_2	Mai-Okt	478	-0,0017	0,0228	-1,2666	11,5372	106,8945***	0,9377***	0,4755***
Wechselkurs $/€	Mai-Okt	478	-0,0001	0,0081	-0,5444	4,7360	521,3099***	0,9745***	0,4893***
CDS alt	Mai-Okt	478	0,0051	0,9231	0,6217	9,4957	137,2087***	0,9070***	0,1185***
CDS neu	Mai-Okt	478	-0,0045	0,8628	0,3542	8,2968	122,0500***	0,9252***	0,1221***

*(**;***) Signifikanzniveau p < 0,10 (0,05; 0,01)

Tab. A. 20: Verteilungsanalyse Novemberprodukt (geclustert)

		n	Mittelwert	Standardabweichung	Schiefe	Kurtosis (Wölbung)	Jarque-Bera Test	Shapiro-Wilk Test	Kolmogorov-Smirnov Test
Strom (Logrendite)	Mai	69	0,0011	0,0114	-0,0424	3,4801	0,9994	0,9784	0,4883***
	Jun	79	0,0019	0,0117	0,2822	3,1040	1,2012	0,9834	0,4913***
	Jul	85	-0,0033	0,0134	0,1829	4,9118	15,0779***	0,9581***	0,4843***
	Aug	79	0,0025	0,0086	0,3841	3,6066	3,6291	0,9818	0,4918***
	Sep	84	-0,0016	0,0094	-0,2145	2,7222	0,8247	0,9866	0,4911***
	Okt	82	-0,0044	0,0197	0,2268	3,7511	3,1649	0,9600**	0,4807***
Kohle (Logrendite)	Mai	69	0,0020	0,0141	-0,2488	2,6118	1,0213	0,9828	0,4886***
	Jun	79	0,0026	0,0187	-1,3215	6,3090	63,5669***	0,9055***	0,4866***
	Jul	85	-0,0024	0,0159	0,0788	6,2797	41,7598***	0,9180***	0,4770***
	Aug	79	-0,0005	0,0100	0,0378	3,9355	3,5600	0,9753	0,4892***
	Sep	84	-0,0025	0,0148	-0,8353	4,6055	20,4464***	0,9407***	0,4859***
	Okt	82	-0,0028	0,0297	-1,1623	6,3862	62,0891***	0,7985***	0,4668***
CO_2 (Logrendite)	Mai	69	0,0009	0,0194	-0,0581	3,3273	0,5619	0,9818	0,4814***
	Jun	79	-0,0031	0,0289	-3,0564	21,0129	1261,0811***	0,7461***	0,4776***
	Jul	85	-0,0048	0,0223	-0,2432	2,2723	2,4734	0,9772	0,4811***
	Aug	79	0,0046	0,0185	0,0387	4,4757	8,3545**	0,9678**	0,4790***
	Sep	84	-0,0046	0,0211	-0,2050	2,5366	1,1751	0,9908	0,4840***
	Okt	82	-0,0027	0,0235	-0,4513	3,5330	4,2046	0,9696**	0,4819***
Wechselkurs $/€ (Logrendite)	Mai	69	-0,0004	0,0096	-0,4977	4,0052	6,6082**	0,9757	0,4917***
	Jun	79	0,0003	0,0074	-0,6450	3,0661	5,7598*	0,9633**	0,4949***
	Jul	85	0,0004	0,0063	0,0273	2,8039	0,0697	0,9917	0,4946***
	Aug	79	-0,0010	0,0086	-1,0320	7,2672	79,8919***	0,8911***	0,4893***
	Sep	84	0,0001	0,0078	-0,0271	3,6842	2,1049	0,9798	0,4919***
	Okt	82	-0,0003	0,0087	-0,4470	3,3043	3,3436	0,9791	0,4921***
CDSalt (Absolute Differenzen)	Mai	69	-0,0142	0,7032	0,0688	3,7698	2,2909	0,9824	0,1344
	Jun	79	0,0779	0,6465	-0,2513	3,0911	0,9601	0,9881	0,1632**
	Jul	85	-0,0318	0,7504	0,7339	5,7637	37,7268***	0,9269***	0,1709**
	Aug	79	0,0773	0,5091	-0,0311	3,1086	0,1307	0,9827	0,2316***
	Sep	84	0,0794	0,8389	0,8885	5,1789	30,0421***	0,9349***	0,1358*
	Okt	82	-0,1559	1,5972	0,7368	5,3417	28,6155***	0,9278***	0,1441*
CDS neu (Absolute Differenzen)	Mai	69	0,0089	0,6658	0,0172	3,6871	1,8269	0,9876	0,1439
	Jun	79	0,0997	0,6127	-0,1504	3,3068	0,8155	0,9846	0,1794**
	Jul	85	-0,0773	0,7387	0,7628	5,9599	42,6334***	0,9433***	0,1754***
	Aug	79	0,1019	0,5016	0,1833	3,3818	1,1839	0,9890	0,2328***
	Sep	84	0,0402	0,7391	0,7199	4,4824	16,3812***	0,9547***	0,1568**
	Okt	82	-0,1890	1,4744	0,5391	4,7816	16,4602***	0,9463***	0,1391*

*(**;***) Signifikanzniveau p < 0,10 (0,05; 0,01)

Tab. A. 21: Verteilungsanalyse Dezemberprodukt (aggregiert)

		n	Mittelwert	Standardabweichung	Schiefe	Kurtosis (Wölbung)	Jarque-Bera Test	Shapiro-Wilk Test	Kolmogorov-Smirnov Test
Strom	Jun-Nov	489	-0,0018	0,0137	-0,8831	8,6614	64,3769***	0,9693***	0,4813***
Kohle	Jun-Nov	489	-0,0014	0,0191	-1,3960	9,6388	498,4974***	0,8592***	0,4765***
CO_2	Jun-Nov	489	-0,0027	0,0238	-1,1529	10,1312	106,8945***	0,9435***	0,4755***
Wechselkurs $/€	Jun-Nov	489	-0,0003	0,0078	-0,4186	4,4684	521,3099***	0,9806***	0,4892***
CDS alt	Jun-Nov	489	-0,0218	0,8273	0,2279	6,6435	137,2087***	0,9470***	0,1123***
CDS neu	Jun-Nov	489	-0,0381	0,7669	-0,0331	6,1763	122,0500***	0,9519***	0,1340***

*(**;***) Signifikanzniveau p < 0,10 (0,05; 0,01)

Tab. A. 22: Verteilungsanalyse Dezemberprodukt (geclustert)

		n	Mittelwert	Standardabweichung	Schiefe	Kurtosis (Wölbung)	Jarque-Bera Test	Shapiro-Wilk Test	Kolmogorov-Smirnov Test
Strom (Logrendite)	Jun	79	0,0023	0,0112	0,2444	3,1100	0,9364	0,9910	0,4903***
	Jul	85	-0,0029	0,0133	-0,2006	7,3710	73,8334***	0,9168***	0,4813***
	Aug	79	0,0019	0,0082	0,5390	3,3759	4,6793*	0,9720*	0,4933***
	Sep	84	-0,0015	0,0088	-0,2415	3,1865	1,0903	0,9848	0,4920***
	Okt	82	-0,0045	0,0138	-0,4968	4,6036	13,5833***	0,9593**	0,4886***
	Nov	80	-0,0061	0,0207	-0,7853	5,9226	40,0258***	0,9392***	0,4813***
Kohle (Logrendite)	Jun	79	0,0027	0,0178	-1,2663	5,9681	54,0207***	0,9139***	0,4866***
	Jul	85	-0,0025	0,0154	0,0292	6,6455	51,2791***	0,9207***	0,4770***
	Aug	79	-0,0007	0,0102	0,0874	3,7818	2,6497	0,9772	0,4891***
	Sep	84	-0,0025	0,0149	-0,7981	4,5146	18,4750***	0,9452***	0,4859***
	Okt	82	-0,0028	0,0287	-1,3045	6,2456	63,6417***	0,8044***	0,4711***
	Nov	80	-0,0024	0,0216	-1,5080	8,9204	157,4632***	0,8377***	0,4755***
CO_2 (Logrendite)	Jun	79	-0,0031	0,0289	-3,0564	21,0129	1261,0811***	0,7461***	0,4776***
	Jul	85	-0,0048	0,0223	-0,2432	2,2723	2,4734	0,9772	0,4811***
	Aug	79	0,0046	0,0185	0,0387	4,4757	8,3545**	0,9678**	0,4790***
	Sep	84	-0,0046	0,0211	-0,2050	2,5366	1,1751	0,9908	0,4840***
	Okt	82	-0,0027	0,0235	-0,4513	3,5330	4,2046	0,9696**	0,4819***
	Nov	80	-0,0054	0,0261	-0,3202	4,1028	6,2784**	0,9752	0,4756***

		n	Mittelwert	Standardabweichung	Schiefe	Kurtosis (Wölbung)	Jarque-Bera Test	Shapiro-Wilk Test	Kolmogorov-Smirnov Test
Wechselkurs $/€ (Logrendite)	Jun	79	0,0003	0,0074	-0,6555	3,0390	5,9237*	0,9606**	0,4949***
	Jul	85	0,0003	0,0063	0,0373	2,8177	0,0672	0,9916	0,4946***
	Aug	79	-0,0010	0,0086	-1,0298	7,3327	81,8135***	0,8910***	0,4892***
	Sep	84	0,0002	0,0079	0,0796	4,0016	4,3164	0,9719*	0,4921***
	Okt	82	-0,0003	0,0088	-0,4778	3,3686	3,9353	0,9781	0,4921***
	Nov	80	-0,0010	0,0075	0,1306	2,2681	1,7508	0,9788	0,4935***
CDSalt (Absolute Differenzen)	Jun	79	0,0894	0,6477	0,0262	2,6874	0,2042	0,9897	0,1740**
	Jul	85	0,0092	0,6109	0,4783	4,5744	13,4023***	0,9605**	0,2016***
	Aug	79	0,0396	0,5421	-0,4359	4,3038	9,1890**	0,9754	0,1878***
	Sep	84	0,0873	0,7020	0,8681	4,0936	15,9163***	0,9413***	0,1593**
	Okt	82	-0,1490	1,1902	0,7981	5,6737	36,0992***	0,9146***	0,1617**
	Nov	80	-0,2093	1,0157	-0,2320	4,0967	5,5538*	0,9661**	0,1438*
CDS neu (Absolute Differenzen)	Jun	79	0,1115	0,6045	0,0416	2,8819	0,0300	0,9896	0,1825***
	Jul	85	-0,0370	0,6314	0,3022	4,9838	17,0063***	0,9489***	0,1985***
	Aug	79	0,0629	0,5094	-0,0155	3,6937	2,0523	0,9829	0,1961***
	Sep	84	0,0480	0,5995	0,7066	3,7336	9,6223***	0,9501***	0,1903***
	Okt	82	-0,1819	1,0485	0,5102	5,1725	21,7807***	0,9335***	0,1791***
	Nov	80	-0,2301	0,9756	-0,2718	4,5029	9,7456***	0,9563***	0,1560**

*(**;***) Signifikanzniveau p < 0,10 (0,05; 0,01)

Anhang 3: Wölbung der Gesamtrenditeverteilung

Abb. A. 11: Wölbung der Gesamtrenditeverteilung des Steinkohlepreises im Simulationsverlauf.

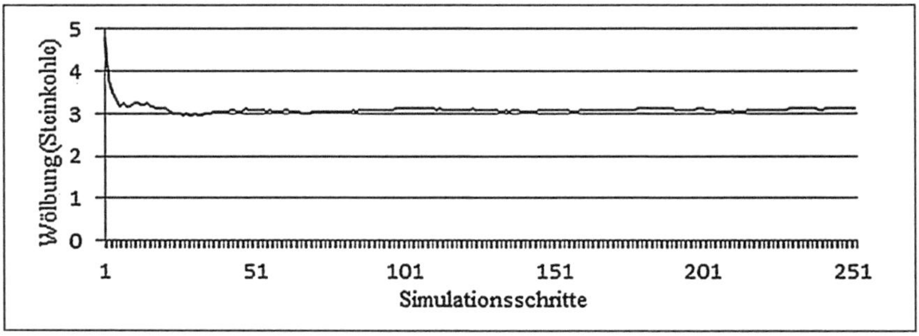

Abb. A. 12: Wölbung der Gesamtrenditeverteilung des Preises für CO_2-Zertifikate im Simulationsverlauf.

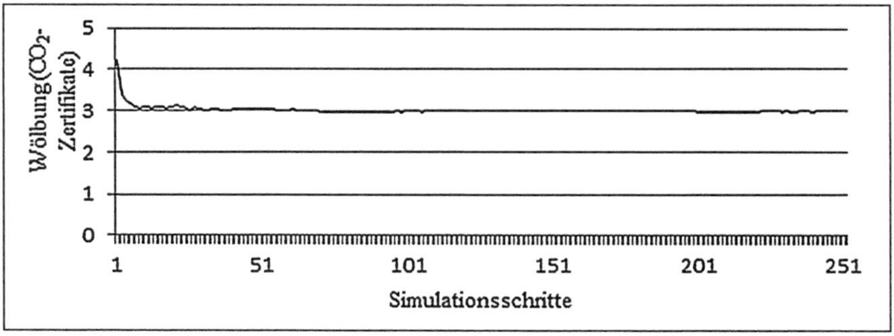

Literaturverzeichnis

Abbink, Klaus; Rockenbach, Bettina (2006): Option Pricing by Students and Professional Traders: A Behavioural Investigation. In: *Managerial and Decision Economics* Vol. 27 (No. 6), S. 497–510.

Allais, Maurice (1953): Le Comportement de l'Homme Rationnel devant le Risque: Critique des Postulats et Axiomes de l'Ecole Americaine. In: *Econometrica* Vol. 21, S. 503–546.

Amend, Frank (2001): Flexibilität und Hedging: Realoptionen in der Elektrizitätswirtschaft. In: Ulrich Hommel, Martin Scholich und Robert Vollrath (Hg.): Realoptionen in der Unternehmenspraxis. Berlin Heidelberg: Springer-Verlag, S. 179–206.

Amram, Martha; Kulatilaka, Nalin (1999): Real Options. Managing Strategic Investment in an Uncertain World. Boston, Massachusetts: Harvard Busniess School Press.

Backhaus, Klaus; Erichson, Bernd; Plinke, Wulff; Weiber, Rolf (2011): Multivariate Analysemethoden. Eine anwendungsorientierte Einführung. 13. Auflage. Berlin, Heidelberg: Springer-Verlag.

Baecker, Philipp; Hommel, Ulrich; Lehmann, Hanna (2003): Marktorientierte Investitionsrechnung bei Unsicherheit, Flexibilität und Irreversibilität – Eine Systematik der Bewertungsverfahren. In: Ulrich Hommel, Martin Scholich und Philipp Baecker (Hg.): Reale Optionen. Konzepte, Praxis und Perspektiven strategischer Unternehmensfinanzierung. Berlin Heidelberg: Springer-Verlag, S. 15–36.

Ballwieser, Wolfgang (2011): Unternehmensbewertung. Prozeß, Methoden und Probleme. 3. Auflage. Stuttgart: Schäffer-Poeschel.

Bamberg, Günter; Coenenberg, Adolf Gerhard; Krapp, Michael (2012): Betriebswirtschaftliche Entscheidungslehre. 15. Auflage. München: Vahlen.

Bank, Matthias; Gerke, Wolfgang (2005): Finanzierung II. Grundlegende Theorien, Modelle und Konzepte der neoklassischen Finanzierungstheorie. Stuttgart: Kohlhammer.

Barber, Brad M.; Odean, Terrance (2000): Trading is Hazardous to Your Wealth: The Common Stock Investment Performance of Individual Investors. In: *The Journal of Finance* Vol. 55 (No. 2), S. 773–803.

Barberis, Nicholas; Thaler, Richard (2003): A Survey of Behavioral Finance. In: George M. Constantinides, Milton Harris und René M. Stulz (Hg.): Handbook of the Economics of Finance. Vol. 1B. Amsterdam: Elsevier, S. 1051–1121.

Bardmann, Manfred (2011): Grundlagen der Allgemeinen Betriebswirtschaftslehre. Wiesbaden: Gabler Verlag.

Bartling, Hartwig; Luzius, Franz (2008): Grundzüge der Volkswirtschaftslehre. Einführung in die Wirtschaftstheorie und Wirtschaftspolitik. 16. Auflage. München: Vahlen.

Becker, Gordon M.; Degroot, Morris H.; Marschak, Jacob (1964): Measuring utility by a single-response sequential method. In: *Behavioral Science* Vol. 9 (No. 3), S. 226–232.

Becker, Hans Paul (2012): Investition und Finanzierung. Grundlagen der betrieblichen Finanzwirtschaft. 5. Auflage. Wiesbaden: Gabler Verlag.

Biesecker, Adelheid; Kesting, Stefan (2003): Mikroökonomik. Eine Einführung aus sozial-ökologischer Perspektive. München: Oldenbourg Verlag.

Black, Fischer; Scholes, Myron (1973): The pricing of options and corporate liabilities. In: *Journal of political economy* Vol. 81 (No. 3), S. 637–654.

Blohm, Hans; Lüder, Klaus (2012): Investition. Schwachstellenanalyse des Investitionsbereichs und Investitionsrechnung. 10. Auflage. München: Vahlen.

Bonduelle, Yann; Schmoldt, Inga; Scholich, Martin (2003): Anwendungsmöglichkeiten der Realoptionsbewertung. In: Ulrich Hommel, Martin Scholich und Philipp Baecker (Hg.): Reale Optionen. Konzepte, Praxis und Perspektiven strategischer Unternehmensfinanzierung. Berlin Heidelberg: Springer-Verlag, S. 3–14.

Borchert, Jörg; Hasenbeck, Mark (2009): Bewertung und Steuerung von Kraftwerksscheiben. In: *Zeitschrift für Energiewirtschaft* 33. Jg. (Nr. 2), S. 115–126.

Borchert, Jörg; Schemm, Ralf; Korth, Swen (2006): Stromhandel. Institutionen, Marktmodelle, Pricing und Risikomanagement. Stuttgart: Schäffer-Poeschel Verlag.

Borison, Adam (2005): Real Options Analysis: Where Are the Emperor's Clothes? In: *Journal of Applied Corporate Finance* Vol. 17 (No. 2), S. 17–31.

Bornhorn, Hubert (2012): Möglichkeiten und Grenzen mathematisch-statistischer Methoden bei der Quantifizierung von Risiken. In: Jürgen Jacobs, Johannes Riegler, Hermann Schulte-Mattler und Günter Weinrich (Hg.): Frühwarnindikatoren und Krisenfrühaufklärung. Konzepte zum präventiven Risikomanagement. Wiesbaden: Springer Gabler Verlag, S. 46–70.

Bortz, Jürgen (2005): Statistik. Für Human- und Sozialwissenschaftler. 6. Auflage. Berlin, Heidelberg: Springer-Verlag.

Bosch, Karl (2007): Basiswissen Statistik. Einführungen in die Grundlagen der Statistik mit zahlreichen Beispielen und Übungsaufgaben mit Lösungen. München: Oldenbourg Verlag.

Bottazzia, Giulio; Sapio, Sandro; Secchi, Angelo (2005): Some statistical investigations on the nature and dynamics of electricity prices. In: *Physica A: Statistical Mechanics and its Applications* Vol. 355 (No. 1), S. 54–61.

Boyle, Phelim P. (1977): Options: A Monte Carlo Approach. In: *Journal of Financial Economics* Vol. 4, S. 323–338.

Brealey, Richard A.; Myers, Stewart C.; Allen, Franklin (2011): Principles of Corporate Finance. 10. Edt. New York: McGraw-Hill/Irwin.

Breidert, Christoph; Hahsler, Michael; Reutterer, Thomas (2006): A Review of Methods for Measuring Willingness-To-Pay. In: *Innovative Marketing* Vol. 2 (No. 4), S. 8–32.

Brekke, Kjell Arne; Schieldrop, Bjarne (2000): Investment in Flexible Technologies under Uncertainty. In: Michael J. Brennan und Lenos Trigeorgis (Hg.): Project Flexibility, Agency, and Competition. New Developments in the Theory and Application of Real Options. New York, Oxford: Oxford University Press, S. 34–49.

Brennan, Michael J.; Schwartz, Eduardo S. (1985): Evaluating Natural Resource Investments. In: *Journal of Business* Vol. 58 (No. 2), S. 135.

Breuer, Wolfgang (2008): Finanzierung. Eine systematische Einführung. 2. Auflage. Wiesbaden: Gabler Verlag.

Bruce, Brian R. (Hg.) (2010): Handbook of behavioral finance. Cheltenham: Elgar.

Bundeskartellamt (2011): Sektoruntersuchung Stromerzeugung Stromgroßhandel. Bericht gemäß § 32e Abs. 3 GWB.

Burton, Edwin T.; Shah, Sunit N. (2013): Behavioral finance. Hoboken, NJ: Wiley.

Busby, J. S.; Pitts, C.G.C (1997): Real Options in Practice: An Exploratory Survey of How Finance Officers Deal with Flexibility in Capital Apraisal. In: *Management Accounting Research* 8, S. 169–186.

Busse von Colbe, Walther; Crasselt, Nils; Pellens, Bernhard (Hg.) (2011): Lexikon des Rechnungswesens. 5. Auflage. München: Oldenbourg Verlag.

Camerer, Colin F. (2004): Prospect Theory in the Wild: Evidence from the Field. In: Colin F. Camerer, George Loewenstein und Matthew Rabin (Hg.): Advances in Behavioral Economics. Princeton, New Jersey: Princeton University Press, S. 148–160.

Camerer, Colin F.; Loewenstein, George; Rabin, Matthew (Hg.) (2004): Advances in Behavioral Economics. Princeton, New Jersey: Princeton University Press.

Camerer, Colin F.; Malmendier, Ulrike (2007): Behavioral Economics of Organizations. In: Peter Diamond und Hannu Vartiainen (Hg.): Behavioral Economics and Its Applications. Princeton und Oxford: Princeton University Press, S. 235–281.

Carmona, Rene; Durrleman, Valdo (2003): Pricing and Hedging Spread Options. In: *SIAM Review* Vol. 45 (No. 4), S. 627–685.

Chance, Don M.; Peterson, Pamela P. (2013): Real Options and Investment Valuation. In: David T. Larrabee (Hg.): Valuation techniques. Discounted cash flow, earnings quality, measures of value added, and real options. Hoboken, N.J.: John Wiley & Sons, S. 485–572.

Clewlow, Les; Strickland, Chris (1999): Valuing Energy Options in a One Factor Model Fitted to Forward Prices. Sydney: University of Technology (10). In: *Research Paper Series.*

Copeland, Thomas E.; Weston, J. Fred; Shastri, Kuldeep (2008): Finanzierungstheorie und Unternehmenspolitik. Konzepte der kapitalmarktorientierten Unternehmensfinanzierung. 4. Auflage. München: Pearson Studium.

Copeland, Tom; Antikarov, Vladimir (2002): Realoptionen. Weinheim: Wiley-Vch Verlag.

Cox, John C.; Ross, Stephen A. (1976): The valuation of options for alternative stochastic processes. In: *Journal of Financial Economics* Vol. 3, No. 1–2, S. 145–166.

Cox, John C.; Ross, Stephen A.; Rubinstein, Mark (1979): Option Pricing: A Simplified Approach. In: *Journal of Financial Economics* Vol. 7, S. 229–263.

Crasselt, Nils (2003): Wertorientierte Managemententlohnung, Unternehmensrechnung und Investitionssteuerung. Frankfurt am Main: Peter Lang.

Crasselt, Nils; Tomaszewski, Claude (1999): Realoptionen – Eine neue Methode der Investitionsrechnung. In: *WIST Wirtschaftswissenschaftliches Studium* 28 (Heft 10), S. 556–559.

Crasselt, Nils; Tomaszewski, Claude (2002): Realoptionen: Systematisierung und typische Anwendungsfelder. In: *M+A Review* o.J., S. 131–137.

Crasselt, Nils; Tomaszewski, Claude (2011): Realoptionen. In: Busse von Colbe, Walther, Nils Crasselt und Bernhard Pellens (Hg.): Lexikon des Rechnungswesens. 5. Auflage. München: Oldenbourg Verlag, S. 647–651.

Dangl, Thomas; Kopel, Michael (2003): Die Bedeutung vollständiger Märkte für die Anwendung des Realoptionsansatzes. In: Ulrich Hommel, Martin Scholich und Philipp Baecker (Hg.): Reale Optionen. Konzepte, Praxis und Perspektiven strategischer Unternehmensfinanzierung. Berlin Heidelberg: Springer-Verlag, S. 37–62.

Danielsson, Jón (2011): Financial Risk Forecasting. The Theory and Practice of Forecasting Market Risk with Implementations R and MATLAB. Chichester, West Sussex: Wiley Finance.

Daxhammer, Rolf J.; Facsar, Máté (2012): Behavioral Finance. Verhaltenswissenschaftliche Finanzmarktforschung im Lichte begrenzt rationaler Marktteilnehmer. München: UVK Verlagsgesellschaft mbH.

Deng, Shi-Jie; Johnson; Blake; Sogomonian, Aram (2001): Exotic electricity options and the valuation of electricity generation and transmission assets. In: *Decision Support Systems* Vol. 30 (No. 3), S. 383–392.

Deng, Shi-Jie; Oren, Shmuel S. (2003): Incorporating operational characteristics and start-up costs in option-based valuation of power generation capacity. In: *Probability in the Engineering and Informational Sciences* Vol. 17 (No. 2), S. 155–181.

Denison, Christine A. (2009): Real Options and Escalation of Commitment: A Behavioral Analysis of Capital Investment Decisions. In: *The Accounting Review* Vol. 84 (No. 1), S. 133–155.

Denison, Christine A.; Farrell, Anne M.; Jackson, Kevin E. (2011): The Effect of Real Options Training on Managers‘ Risk Perceptions and Decision Models: Working Paper.

Dension, Christine A.; Farrell, Anne M.; Jackson, Kevin E. (2012): Managers' Incorporation of the Value of Real Options into Their Long-Term Investment Decisions: An Experimental Investigation. In: *Contemporary Accounting Research* Vol. 29 (No. 2), S. 590–620.

Deutsch, Hans-Peter (2008): Derivate und interne Modelle. Modernes Risikomanagement. 4. Auflage. Stuttgart: Schäffer-Poeschel Verlag.

Dixit, Avinash K.; Pindyck, Robert S. (1994): Investment under Uncertainty. Princeton, New Jersey: Princeton University Press.

Duller, Christine (2008): Einführung in die nichtparametrische Statistik mit SAS und R. Ein anwendungsorientiertes Lehr- und Arbeitsbuch. Heidelberg: Physika Verlag.

Eberlein, Ernst; Stahl, Gerhard (2003): Both sides of the fence: a statistical and regulatory view of electricity risk. In: *Energy Power Risk Management* Vol. 8 (No. 6), S. 34–38.

Eckey, Hans-Friedrich (2008): Deskriptive Statistik. Grundlagen Methoden Beispiele. 5. Auflage. Wiesbaden: Gabler Verlag.

Eckstein, Peter P. (2012): Angewandte Statistik mit SPSS. Praktische Einführung für Wirtschaftswissenschaftler. 7. Auflage. Wiesbaden: Gabler Verlag.

European Energy Exchange, http://www.eex.com, (2014–07–22).

European Energy Exchange – Transparenzplattform, http://www.transparency. eex. com/de, (2014–07–22).

Eisenführ, Franz; Weber, Martin (2003): Rationales Entscheiden. 4. Auflage. Berlin Heidelberg: Springer-Verlag.

Elliott, W. Brooke; Hodge, Frank D.; Kennedy, Jane Jollineau; Pronk, Maarten (2007): Are M.B.A. Students a Good Proxy for Nonprofessional Investors? In: *The Accounting Review* Vol. 82 (No. 1), S. 139–168.

Ellsberg, Daniel (1961): Risk, Ambiguity, and the Savage Axioms. In: *The Quarterly Journal of Economics* Vol. 75 (No. 4), S. 643–669.

Erdmann, Georg; Zweifel, Peter (2010): Energieöknomik. Theorie und Anwendungen. 2. Auflage. Berlin: Springer-Verlag.

Ernst, Dietmar; Häcker, Joachim (2002): Realoptionen im Investment Banking. Mergers & Acquisions, Initial Public Offering, Venture Capital. Stuttgart: Schäffer-Poeschel Verlag.

Ernst, Dietmar; Schneider, Sonja; Thielen, Bjoern (2012): Unternehmensbewertungen erstellen und verstehen. Ein Praxisleitfaden. 5. Auflage. München: Franz Vahlen GmbH.

Eydeland, Alexander; Wolyniec, Krzysztof (2003): Energy and Power Risk Management. New Developments in Modeling, Pricing, and Hedging. New Jersey: John Wiley & Sons.

Faber, Philipp (2007): Wertsicherung von Aktienanlagen, Wiesbaden.

Falk, Armin; Fehr, Ernst (2003): Why labour market experiments? In: *Labour Economics* Vol. 10, S. 399–406.

Fischer, Stanley (1978): Call option pricing when the exercise price is uncertain, and the valuation of index bonds. In: *Journal of Finance* Vol. 33 (No. 1), S. 169.

Frayer, Julia; Uludere, Nazil Z. (2001): What Is It Worth? Application of Real Option Theory to the Valuation of Generation Assets. In: *The Electricity Journal* Vol. 14 (No. 8), S. 40–51.

Friedl, Gunther (2003): Bewertung von Investitionen in die Entwicklung neuer Produkte mit Hilfe des Realoptionsansatzes. In: Ulrich Hommel, Martin Scholich und Philipp Baecker (Hg.): Reale Optionen. Konzepte, Praxis und Perspektiven strategischer Unternehmensfinanzierung. Berlin Heidelberg: Springer-Verlag, S. 377–397.

Friedman, Daniel; Sunder, Shyam (1994): Experimental Methods. A Premier for Economists. Cambridge: Cambridge University Press.

Gardner, Doug; Zhuang, Yiping (2000): Valuation of Power Generation Assets: A Real Options Approach. In: *Algo Research Quarterly* Vol. 3 (No. 3), S. 9–20.

Geman, Hélyette (2005): Commodities and Commodity Derivatives. Modeling and Pricing for Agriculturals, Metals and Energy. Chichester: Wiley & Sons Ltd.

Geske, Robert (1979): The Valuation of Compound Options. In: *Journal of Financial Economics* Vol. 7, S. 63–81.

Grimm, Veronika; Ockenfels, Axel; Zöttl, Gregor (2008): Ein Vergleich ausgewählter europäischer Strombörsen. In: *Zeitschrift für Energiewirtschaft* 32 Jg. (Heft 3), S. 162–170.

Hartmann, Thomas (2007): Bewertung von Kraftwerken und Verträgen im liberalisierten Strommarkt. Aachen: Klinkenberg Verlag.

Henking, Andreas; Bluhm, Christian; Fahrmeir, Ludwig (2006): Kreditrisikomessung. Statistische Grundlagen, Methoden und Modellierungen. Berlin Heidelberg: Springer-Verlag.

Herath, Hemantha S.B; Park, Chan S. (2002): Multi-Stage Capital Investment Opportunities as Compound Real Options. In: *The Engineering Economist* Vol. 47 (No. 1), S. 1–27.

Hey, John D. (1991): Experiments in Economics. Oxford: Basil Blackwell Ltd.

Hilpisch, Yves (2006): Options Based Management. Wiesbaden: Gabler.

Hirsch, Bernhard (2009): Controlling und experimentelle Forschung. In: Andreas Georg Scherer (Hg.): Methoden in der Betriebswirtschaftslehre. Wiesbaden: Gabler Verlag / GWV Fachverlage GmbH Wiesbaden, S. 167–205.

Hommel, Ulrich; Müller, Jürgen (2000): Tauschoptionen: Kernbausteine realoptionsbasierter Investitionsrechnung. In: *Finanz Betrieb* 2. Jg., S. 72–77.

Hommel, Ulrich; Scholich, Martin; Baecker, Philipp (Hg.) (2003): Reale Optionen. Konzepte, Praxis und Perspektiven strategischer Unternehmensfinanzierung. Berlin Heidelberg: Springer-Verlag.

Hommel, Ulrich; Scholich, Martin; Vollrath, Robert (Hg.) (2001): Realoptionen in der Unternehmenspraxis. Berlin Heidelberg: Springer-Verlag.

Howell, Sydney D.; Jägle, Axel J. (1997): Laboratory Evidence on How Managers Intuitively Value Real Growth Options. In: *Journal of Business Finance and Accounting* Vol. 24 (No. 7–8), S. 915–935.

Hull, John C. (2012): Optionen, Futures und andere Derivate. 8. Auflage. München: Pearson Studium.

Hungenberg, Harald; Wulf, Torsten; Stellmaszek, Felix (2005): Einsatzfelder und Operationalisierung der Realoptionstheorie. Implikationen für die wertorientierte Unternehmensführung. Berlin.

Iman, Ronald L. and Conover W. J. (1982): A Distribution- Free Approach to Inducing Rank Correlation Among Input Variables. In: *Communications in Statistics* Vol. 11 (No. 3), S. 311–334.

Janssen, Jürgen; Laatz, Wilfried (2013): Statistische Datenanalyse mit SPSS. Eine anwendungsorientierte Einführung in das Basissystem und das Modul Exakte Tests. 8. Auflage. Berlin, Heidelberg: Springer.

Jarass, Lorenz; Obermair, Gustav M. (2012): Welchen Netzumbau erfordert die Energiewende? – Unter Berücksichtigung des Netzentwicklungsplans Strom 2012. Münster: Verlagshaus Monsenstein und Vannerdat OHG.

Jost, Peter-Jürgen; Wolff, Florian C. (2003): Die subjektive Bewertung von Aktienoptionsplänen: Eine experimentelle Untersuchung. In: Egon Franck (Hg.): Marktwertorientierte Unternehmensführung. Anreiz- und Kommunikationsaspekte. Düsseldorf: Verl.-Gruppe Handelsblatt (Schmalenbachs Zeitschrift für betriebswirtschaftliche Forschung : Sonderheft, 50), S. 145–160.

Kahneman, Daniel; Tversky, Amos (1979): Prospect Theory: An Analysis of Decision under Risk. In: *Econometrica* Vol. 47 (No. 2), S. 263–292.

Kemp, Malcom (2011): Extreme Events. Robust Portfolio Construction in the Presence of Fat Tails. West Sussex: John Wiley & Sons.

Kester, W. Carl (1984): Today options for tomorrow's growth. In: *Harvard Business Review* Vol. 62 (No. 2), S. 153–160.

Koch, Christian (2001): Modell der binomialen Bewertung allgemeiner Tauschoptionen. In: *Finanz Betrieb* Vol. 3 (No. 2), S. 85–88.

Kogut, Bruce; Kulatilaka, Nalin (2001): Capabilities as Real Options. In: *Organization Science* Vol. 12 (No. 6), S. 744–758.

Kristensen, Henrik; Gärling, Tommy (1997): The Effects of Anchor Points and Reference Points on Negotiation Process and Outcome. In: *Organizational Behavior and Human Decision Processes* Vol. 71 (No. 1), S. 85–94.

Kroese, Dirk P.; Taimre, Thomas; Botev, Zdravko I. (2011): Handbook of Monte Carlo methods. Hoboken, NJ: Wiley.

Kruschwitz, Lutz; Husman, Sven (2012): Finanzierung und Investition. 7. Auflage. München: Oldenbourg Verlag.

Kulatilaka, Nalin (1993): The Value of Flexibility: The Case of a Dual-Fuel Industrial Steam Boiler. In: *The Journal of the Financial Management Association* Vol. 22 (No. 3), S. 271–280.

Kulatilaka, Nalin (1995): The Value of Flexibility: A General Model of Real Options. In: Lenos Trigeorgis (Hg.): Real Options in Capital Investment. Models, Strategies, and Applications. Westport: Praeger Publishers, S. 89–107.

Lankton, Nancy; Luft, Joan (2008): Uncertainty and Industry Structure Effects on Managerial Intuition About Information Technology Real Options. In: *Journal of Management Information Systems* Vol. 25 (No. 2), S. 203–240.

Laux, Helmut (2012): Entscheidungstheorie. 8. Auflage. Berlin, Heidelberg: Springer-Verlag.

Laux, Helmut; Schabel, Matthias M. (2009): Subjektive Investitionsbewertung, Marktbewertung und Risikoteilung. Grenzpreise aus Sicht börsennotierter Unternehmen und individueller Investoren im Vergleich. Berlin, Heidelberg: Springer-Verlag.

Lawrence, Michael; O'Connor, Marcus (1992): Exploring judgemental forecasting. In: *International Journal of Forecasting* Vol. 8 (No. 1), S. 15–26.

Levy, Jack S. (1992): An Introduction to Prospect Theory. In: *Political Psychology* Vol. 13 (No. 2), S. 171–186.

Libby, Robert; Bloomfield, Robert; Nelson, Mark W. (2002): Experimental research in financial accounting. In: *Accounting, Organization and Society* Vol. 27 (No. 8).

Luce, Duncan R.; Raiffa, Howard (1957): Games and Decisions. Introduction and Critical Survey. New York: Wiley & Sons Ltd.

Maines, Laureen A.; McDaniel, Linda S. (2000): Effects of Comprehensive-Income Characteristics on Nonprofessional Investors' Judgments: The Role of Financial-Statement Presentation Format. In: *Accounting Review* Vol. 75 (No. 2), S. 179–207.

Margrabe, William (1978): The Value of an Option to Exchange one Asset for Another. In: *The Journal of Finance* Vol. 33 (No. 1), S. 177–186.

McDonald, Robert; Siegel, Daniel (1986): The Value of Waiting to Invest. In: *The Quarterly Journal of Economics* Vol. 101 (No. 4), S. 707–727.

Meintrup, David; Schäffler, Stefan (2005): Stochastik. Theorie und Anwendung. Berlin Heidelberg: Springer-Verlag.

Menne, Peter (2010): Rohstoffindizes. In: Roland Eller, Markus Heinrich, René Perrot und Markus Reif (Hg.): Management von Rohstoffrisiken. Strategien, Märkte und Produkte. Wiesbaden: Gabler Verlag, S. 27–44.

Merk, Andreas (2011): Optionsbewertung in Theorie und Praxis. Theoretische und empirische Überprüfung des Black/Scholes-Modells. Wiesbaden: Gabler Verlag.

Merton, Robert C. (1973): Theory of Rational Option Pricing. In: *The Bell Jornal of Economics and Management Science* Vol. 4 (No. 1), S. 141–183.

Meyer, Bernhard Heiko (2006): Stochastische Unternehmensbewertung. Der Wertbeitrag von Realoptionen. Wiesbaden: Deutscher Universitätsverlag.

Miller, Kent D.; Shapira, Zur (2004): An empirical test of heuristics and biases affecting real option valuation. In: *Strategic Management Journal* Vol. 25, S. 269–284.

Mittag, Hans-Joachim (2014): Statistik. Eine Einführung mit interaktiven Elementen. 3. Auflage. Berlin, Heidelberg: Springer-Verlag.

Mosler, Karl; Schmid, Friedrich (2006): Wahrscheinlichkeitsrechnung und schließende Statistik. 2. Auflage. Berlin, Heidelberg: Springer-Verlag.

Müller-Gronbach, Thomas; Novak, Erich; Ritter, Klaus (2012): Monte Carlo-Algorithmen. Berlin, Heidelberg: Springer-Verlag.

Mun, Jonathan (2006): Modelling Risk: Applying Monte Carlo Simulation, Real Options Analysis, Forecasting and Optimization Techniques. New Jersey: Wiley & Sons Ltd.

Murphy, Ryan O.; Knaus, Simon D. (2012): Real options in the laboratory: An experimental study of sequential investment decision: Working Paper.

Myers, Stewart C. (1977): Determinants of Corporate Borrowing. In: *Journal of Financial Economics* Vol. 5 (No. 2), S. 147–175.

Neukomm, Mark (2004): Value-at-Risk-Quantifizierung unter Verwendung von Hochfrequenzdaten, Wiesbaden.

Neumann, John von; Morgenstern, Oskar (1944): Theory of Games and Economic Behavior. Princeton: Princeton University Press.

Obermeier, Thomas; Gasper, Richard (2008): Investitionsrechnung und Unternehmensbewertung. München: Oldenbourg Verlag.

Pampel, Thorsten (2010): Mathematik für Wirtschaftswissenschaftler. Berlin Heidelberg: Springer-Verlag.

Panos, Konstantin (2013): Praxisbuch Energiewirtschaft. Energieumwandlung, -transport und -beschaffung im liberalisierten Markt. 3. Auflage. Berlin, Heidelberg: Springer-Verlag.

Pellens, Bernhard; Fülbier, Rolf Uwe; Gassen, Joachim; Sellhorn, Thorsten (2014): Internationale Rechnungslegung. IRFS 1 bis 13, IAS 1 bis 41, IFRIC-Interpretationen, Standardentwürfe. 9. Auflage. Stuttgart: Schäffer-Poeschel.

Perridon, Louis; Steiner, Manfred; Rathgeber, Andreas (2012): Finanzwirtschaft der Unternehmung. 16. Auflage. München: Franz Vahlen GmbH.

Piekenbrock, Dirk; Hennig, Alexander (2013): Einführung in die Volkswirtschaftslehre und Mikroökonomie. 2. Auflage. Berlin, Heidelberg: Springer-Verlag.

Pike, Richard (1997): Discussion of Laboratory Evidence on How Managers Intuitively Value Real Options. In: *Journal of Business Finance and Accounting* Vol. 24 (No. 7–8), S. 937–941.

Pindyck, Robert S. (2004): Investments of Uncertain Cost: An Application to the Construction of Nuclear Power Plants. In: Eduardo S. Schwartz und Lenos Trigeorgis (Hg.): Real Options and Investment under Uncertainty. Cambridge, Massachusetts: The MIT Press.

Plott, Charles R. (1982): Industrial Organization Theory and Experimenatl Economics. In: *Journal of Economic Literatur* Vol. 20 (No. 4), S. 1485–1527.

Plott, Charles R.; Smith, Vernon L. (Hg.) (2008): Handbook of Experimental Economic Results. Amsterdam.

Pratt, John W. (1964): Risk Aversion in the Small and in the Large. In: *Econometrica* Vol. 32 (No. 1/2), S. 122–136.

Putney, John (2005): Modelling Energy Prices and Derivatives using Monte Carlo Methods. In: Vincent Kaminski (Hg.): Energy Modelling. Advances in the Management of Uncertainty. 2. Auflage: Risk Books, S. 71–89.

Raab, Gerhard (2006): Ist der Homo Oeconomicus noch zu retten? Das Bild vom Menschen in der Behavioral Finance. In: Verena von Nell (Hg.): Homo oeconomicus. Berlin: LIT (Forum Philosophie & Wirtschaft, 1), S. 107–124.

Raab, Gerhard; Unger, Alexander; Unger, Fritz (2010): Marktpsychologie. Grundlagen und Anwendung. 3. Auflage. Wiesbaden: Springer-Verlag.

Rams, Andreas (2001): Die Bewertung von Kraftwerksinvestitionen als Realoption. In: Ulrich Hommel, Martin Scholich und Robert Vollrath (Hg.): Realoptionen in der Unternehmenspraxis. Berlin Heidelberg: Springer-Verlag, S. 155–178.

Razali, Nornadiah Mohd; Wah, Yap Bee (2011): Power comparisons of Shapiro-Wilk, Kolmogorov-Smirnov, Lilliefors and Anderson-Darling tests. In: *Journal of Statistical Modeling and Analytics* Vol. 2 (No. 1), S. 21–33.

Rockenbach, Bettina (2004): The Behavioral Relevance of Mental Accounting for the Pricing of Financial Options. In: *Journal of Economic Behavior and Organization* Vol. 53 (No. 4), S. 513–528.

Romeike, Frank; Hager, Peter (2009): Erfolgsfaktor Risiko-Management 2.0. Methoden, Beispiele, Checklisten und Praxishandbuch für Industrie und Handel. 2. Auflage. Wiesbaden: Gabler.

Roth, Alvin E. (1995): Introduction to Experimental Economics. In: John H. Kagel und Alvin E. Roth (Hg.): The Handbook of Experimental Economics. Princeton, New Jersey: Princeton University Press, S. 3–109.

Rudolph, Bernd (2010): Derivative Finanzmarktinstrumente. Eine anwendungsbezogene Einführung in Märkte, Strategien und Bewertung. Berlin, Heidelberg: Springer-Verlag.

Ruppert, David (2004): Statistics and Finance. An Introduction. New York: Springer-Verlag.

Sachs, Lothar; Hedderich, Jürgen (2009): Angewandte Statistik. Methodensammlung mit R. 13. Auflage. Berlin: Springer-Verlag.

Samuelson, Paul A. (1965): Proof That Properly Anticipated Prices Fluctuate Randomly. In: *Industrial Management Review* Vol. 6 (No. 2), S. 41–49.

Savage, Leonard J. (1954): The foundations of statistics. New York: John Wiley & Sons.

Schira, Josef (2011): Statistische Methoden der VWL und BWL. Theorie und Praxis. 3. Auflage. München: Pearson Studium.

Schneider; Buzacott; Rücker (2005): Operative Produktionsplanung und -steuerung. München: Oldenbourg Verlag.

Schneider, Jens-Peter; Theobald, Christian (Hg.) (2013): Recht der Energiewirtschaft. Praxishandbuch. 4. Auflage. München: C.H. Beck oHG.

Schofield, Neil C. (2007): Commodity Derivatives. Markets and Applications. West Sussex: John Wiley & Sons.

Schwartz, Eduardo S.; Trigeorgis, Lenos (Hg.) (2004): Real Options and Investment under Uncertainty. Cambridge, Massachusetts: The MIT Press.

Sedlmeier, Peter; Renkewitz, Frank (2013): Forschungsmethoden und Statistik für Psychologen und Sozialwissenschaftler. 2. Auflage. München: Pearson Studium.

Shadish, William R.; Cook, Thomas D.; Campbell, Donald T. (2008): Experimental and quasi-experimental designs for generalized causal inference. Boston: Houghton Mifflin.

Shavit, Tal; Sonsino; Doron; Benzion, Uri (2002): On the Evaluation of Options on Lotteries: An Experimental Study. In: *The Journal of Psychology and Financial Markets* Vol. 3 (No. 3), S. 168–181.

Shoup, Gary (2012): The International Guide to Foreign Currency Management. New York: Fitzroy Dearborn Publishers.

Sibbertsen, Philipp; Lehne, Hartmut (2012): Statistik. Berlin, Heidelberg: Springer-Verlag.

Smit, Han T. J.; Trigeorgis, Lenos (1999): Growth Options, Competition and Strategy: An Answer to the Market Valuation Puzzle? In: Lenos Trigeorgis (Hg.): Real

Options and Business Strategy. Applications to Decision Making. London: Risk Books, S. 21–38.

Smith, Vernon L. (Hg.) (1990): Experimental Economics. Hants, Brookfield: Edward Elgar Publishing Ltd.

Soll, Jack B.; Milkman, Katherine, L.; Payne, John W. (2015): A User's Guide to Debiasing. In: Derek J. Koehler und Nigel Harvey (Hg.): Blackwell Handbook of Judgment and Decision Making: Wiley (in Kürze erscheinend).

Spector, Paul E. (1993): Research Design. In: Michael S. Lewis-Beck (Hg.): Experimental design and methods, Vol. 3. London: Sage Publ. (3), S. 1–74.

Staum, Jeremy (2009): Monte Carlo Computation in Finance. In: Pierre L' Ecuyer und Art B. Owen (Hg.): Monte Carlo and Quasi-Monte Carlo Methods 2008. Berlin, Heidelberg: Springer-Verlag, S. 19–42.

Stephan, Jörg (2006): Finanzielle Kennzahlen für Industrie- und Handelsunternehmen. Eine wert- und risikoorientierte Perspektive. Wiesbaden: Deutscher Universitätsverlag.

Ströbele, Wolfgang; Pfaffenberger, Wolfgang; Heuterkes, Michael (2012): Energiewirtschaft. Einführung in Theorie und Praxis. 3. Auflage. München: Oldenbourg Verlag.

Swieringa, Robert J.; Weick, Karl E. (1982): An Assessment of Laboratory Experiments in Accounting. In: *Journal of Accounting Research* Vol. 20, S. 56–101.

Thadewald, Thorsten; Büning, Herbert (2007): Jarque-Bera Test and its Competitors for Testing Normality – A Power Comparison. In: *Journal of Applied Statistics* Vol. 34 (No. 1), S. 87–105.

Thaler, Richard (1985): Mental Accounting and Consumer Choice. In: *Marketing Science* Vol. 4 (No. 3), S. 199–214.

Thaler, Richard (1999): Mental Accounting Matters. In: *Journal of Behavioral Decision Making* Vol. 12, S. 183–206.

Thaler, Richard; Benartzi Shlomo (2001): Naive Diversification Strategies in Defined Contribution Saving Plans. In: *The American Economic Review* Vol. 91 (No. 1), S. 79–98.

Thompson, Matt; Davison, Matt; Rasmussen, Henning (2004): Valuation and Optimal Operation of Electric Power Plants in Competitive Markets. In: *Operations Reseach* Vol. 52 (No. 4), S. 546–562.

Tietze, Jürgen (2010): Einführung in die Finanzmathematik. Klassische Verfahren und neuere Entwicklungen: Effektivzins- und Renditeberechnung, Investitionsrechnung, derivate Finanzinstrumente. 10. Auflage. Wiesbaden: Vieweg + Teubner.

Timmreck, Christian (2006): Kapitalmarktorientierte Sicherheitsäquivalente. Wiesbaden: Deutscher Universitätsverlag.

Tiwana, Amrit; Keil, Mark; Fichman, Robert G. (2006): Information Systems Project Continuation in Escalation Situations: A Real Options Model. In: *Decision Sciences* Vol. 37 (No. 2), S. 357–391.

Tiwana, Amrit; Wang, Jijie; Keil, Mark; Ahluwalia, Punit (2007): The Bounded Rationality Bias in Managerial Valuation of Real Options: Theory and Evidence from IT Projects. In: *Decision Sciences* Vol. 38 (No. 1), S. 157–181.

Tomaszewski, Claude (2000): Bewertung strategischer Flexibilität beim Unternehmenserwerb. Der Wertbeitrag von Realoptionen. Frankfurt am Main: Peter Lang.

Tourinho, Octavio A.F. (1979): The Valuation of Reserves of Natural Resources: An Option Pricing Approach. University of California, Berkeley.

Trigeorgis, Lenos (1986): Valuing Real Investment Opportunities: An Options Approach to Strategic Capital Budgeting. Harvard University.

Trigeorgis, Lenos (1991): Anticipated Competitive Entry and Early Preemtive investment in Deferrable Projects. In: *Journal of Economics and Business* Vol. 43, S. 143–156.

Trigeorgis, Lenos (Hg.) (1995a): Real Options in Capital Investment. Models, Strategies, and Applications. Westport: Praeger Publishers.

Trigeorgis, Lenos (1995b): Real Options: An Overview. In: Lenos Trigeorgis (Hg.): Real Options in Capital Investment. Models, Strategies, and Applications. Westport: Praeger Publishers, S. 1–28.

Trigeorgis, Lenos (1996): Real Options. Managerial Flexibility and Strategy in Resource Allocation. Cambridge.

Trigeorgis, Lenos; Mason, Scott P. (2004): Valuing Managerial Flexibility. In: Eduardo S. Schwartz und Lenos Trigeorgis (Hg.): Real Options and Investment under Uncertainty. Cambridge, Massachusetts: The MIT Press, S. 47–60.

Tseng, Chung-Li; Barz, Graydon (2002): Short-term generation asset valuation: A real options approach. In: *Operations Reseach* Vol. 50 (No. 2), S. 297–310.

Tversky, Amos; Kahneman, Daniel (1974): Judgement under Uncertainty: Heuristics and Biases. In: *Science* Vol. 185 (No. 4157), S. 1124–1131.

Tversky, Amos; Kahneman, Daniel (1981): The Framing of Decisions and the Psychology of Choice. In: *Science* Vol. 211 (4481), S. 453–458.

Tversky, Amos; Kahneman, Daniel (1986): Rational Choice and the Framing of Decisions. In: *The Journal of Business* Vol. 59 (No. 2), S. S251-S278.

Tversky, Amos; Kahneman, Daniel (1991): Loss Aversion in Riskless Choice: A Reference-Dependent Model. In: *Quarterly Journal of Economics* Vol. 106 (No. 4), S. 1039–1061.

Tversky, Amos; Kahneman, Daniel (1992): Advances in Prospect Theory: Cumulative Representation of Uncertainty. In: *Journal of Risk and Uncertainty* Vol. 5, S. 297–323.

Venkatramanan, Aanand; Carol, Alexander (2011): Closed Form Approximations for Spread Options. In: *Applied Mathematical Finance* Vol. 18 (No. 5), S. 447–472.

Vickrey, William (1961): Counterspeculation, Auction, and Competitive Sealed Tenders. In: *The Journal of Finance* Vol. 16 (No. 1), S. 8–37.

Vollrath, Robert (2003): Die Berücksichtigung von Handlungsflexibilität bei Investitionsentscheidungen. Eine empirische Untersuchung. In: Ulrich Hommel, Martin Scholich und Philipp Baecker (Hg.): Reale Optionen. Konzepte, Praxis und Perspektiven strategischer Unternehmensfinanzierung. Berlin Heidelberg: Springer-Verlag, S. 341–373.

Wang, Mei; Bernstein, Abraham; Chesney, Marc (2010): An Experimental Study on Real Option Strategies: Working Paper.

Weber, Martin; Camerer, Colin F. (1998): The disposition effect in securities trading: an experimental analysis. In: *Journal of Economic Behavior & Organization* Vol. 33, S. 167–184.

Weron, Rafal (2009): Heavy-tails and regime switching electricity prices. In: *Mathematical Methods of Operations Research* Vol. 69 (No. 3), S. 457–473.

Wertenbroch, Klaus; Skiera, Bernd (2002): Measuring Consumers' Willingness to Pay at the Point of Purchase. In: *Journal of Marketing Research* Vol. 39 (No. 2), S. 228–241.

Wilhelm, Jochen (2005): Unternehmensbewertung – Eine finanzmarkttheoretische Untersuchung. In: *Zeitschrift für Betriebswirtschaft* 75 Jg. (Nr. 6), S. 631–665.

Wöhe, Günter (2013): Einführung in die Allgemeine Betriebswirtschaftslehre. 25. Auflage. München: Vahlen.

Yavas, Abdullah; Sirmans, Clemon F. (2005): Real Options: Experimental Evidence. In: *The Journal of Real Estate Finance and Economics* Vol. 31 (No. 1), S. 27–52.

Zeng, Shihong; Zhang, Shuai (2011): Real Options Literature Review. In: *iBusiness* Vol. 3, S. 43–48.

Zwerenz, Karlheinz (2009): Statistik. Einführung in die computergestützte Datenanalyse. 4. Auflage. München: Oldenbourg.

Betriebswirtschaftliche Forschung im Rechnungswesen

Herausgegeben von Nils Crasselt, Rolf Uwe Fülbier,
Joachim Gassen, Bernhard Pellens und Thorsten Sellhorn

Band 1 Verena Hill: Rechnungslegungspolitik im Rahmen der Kaufpreisallokation. Eine theoretische und empirische Analyse deutscher kapitalmarktorientierter Unternehmen. 2011.

Band 2 Ulrich Küting: Rückstellungsbilanzierung nach HGB und IFRS. Normendeskription und empirische Analysen zur deutschen und internationalen Bilanzierungspraxis. 2011.

Band 3 Felix Fischer: Der Zusammenhang zwischen Rechnungslegung und Ausschüttungsbemessung. Eine empirische Analyse deutscher börsennotierter Aktiengesellschaften. 2011.

Band 4 Torben Auste: Einfluss von Lobbying auf den IFRS-Standardsetzungsprozess. 2012.

Band 5 Michael Fischkin: Determinanten der Prüferwahl und des Prüferwechsels auf dem deutschen Prüfungsmarkt für börsennotierte Unternehmen. Eine theoretische und empirische Untersuchung. 2012.

Band 6 Maximilian Lauerbach: Investitionssteuerung mit Risk Adjusted Performance Measures im Nicht-Finanzbereich. 2012.

Band 7 Marco Kreutzer: Wertorientierte Planung und Steuerung anhand des Residualgewinnkonzepts. Eine Analyse in Abhängigkeit vom zu Grunde liegenden Rechnungslegungssystem. 2012.

Band 8 Tim-Frederik Oehr: Sozio-ökonomische Aspekte der Regulierung der Rechnungslegung. 2012.

Band 9 Adam Strzyz: Determinanten der Dividendenpräferenz deutscher Privatanleger. 2013.

Band 10 Jane Fehr: Die künftige Leasingbilanzierung nach IFRS. Auswirkungen auf das Entscheidungsverhalten der Akteure. 2013.

Band 11 Thomas Kemper-Scharpegge: Einfluss der IFRS auf die Rechnungslegungspraxis. Eine theoretische und empirische Analyse in ausgewählten Ländern der EU. 2013.

Band 12 Nico Kavvadias: Forschungs- und Entwicklungskosten. Abschlusspolitische Gestaltungsspielräume und Determinanten für deren Ausübung. 2014.

Band 13 Theresa Weiß: Steueraggressivität börsennotierter und nichtbörsennotierter Unternehmen in Deutschland. Eine theoretische und empirische Analyse. 2014.

Band 14 Kai Lehmann: Managementprognosen und Analystenschätzungen. Empirische Untersuchung zum Prognoseverhalten von Unternehmen und Finanzanalysten. 2014.

Band 15 Patrick Kuschel: Komplexitätszunahme in der Finanzberichterstattung nach IFRS? Eine theoretische und empirische Analyse. 2015.

Band 16 Henric P. Fründ: Variable Managementvergütung mit Bonusbanken und Obergrenzen. Experimentelle Analyse der Anreizwirkungen. 2015.

Band 17 Friederike Hablizel: Pensionsverpflichtungen in der Rechnungslegung nach IFRS. Theoretische und empirische Analyse alternativer Bilanzierungskonzepte. 2016.

Band 18 Simon Werker: Bewertung und kognitive Wahrnehmung von Realoptionen. Simulationsbasierte und experimentelle Analysen im Kontext der Energiewirtschaft. 2016.

www.peterlang.com

www.ingramcontent.com/pod-product-compliance
Ingram Content Group UK Ltd.
Pitfield, Milton Keynes, MK11 3LW, UK
UKHW021836290926
8980IPUK00004B/489

9 783631 66889